语言学及应用语言学名著译丛

理 解 最 简 主 义

UNDERSTANDING MINIMALISM

〔美〕诺伯特·霍恩斯坦
〔巴西〕杰罗·努内斯　　　　著
〔德〕克莱安西斯·K.格罗曼

杨大然　熊建国　译

商务印书馆
The Commercial Press

作者简介

诺伯特·霍恩斯坦（Norbert Hornstein）

1979 年毕业于哈佛大学，获语言学博士学位，现为美国马里兰大学语言学系教授，*Linguistic Inquiry* 和 *Syntax* 期刊编委会成员。其研究领域包括句法学、句法-语义界面、生物语言学等，尤擅长对最简方案中技术操作的研究。

杰罗·努内斯（Jairo Nunes）

1995 年毕业于美国马里兰大学获语言学博士学位，现为康涅狄格大学语言学系副教授，曾担任美国南加州大学、马里兰大学、康涅狄格大学、德国汉堡大学以及荷兰莱顿大学等校的客座研究员、访问教授。

克莱安西斯·K. 格罗曼（Kleanthes K. Grohmann）

2000 年毕业于美国马里兰大学获语言学博士学位，现为塞浦路斯大学英语系教授。其研究领域包括理论语言学、生物语言学和语言发展等。

译 者 简 介

杨大然　语言学博士，现就职于杭州师范大学外国语学院，主要研究方向为形式句法学，研究兴趣包括句法-语义接口和英汉结构对比。

熊建国　语言学博士，现就职于浙江财经大学外国语学院，研究专长为形式语言学、语料库语言学、语言信息处理及机器辅助翻译。

语言学及应用语言学名著译丛
专家委员会

总　　序

　　商务印书馆出版的"汉译世界学术名著丛书"在国内外久享盛名，其中语言学著作已有 10 种。考虑到语言学名著翻译有很大提升空间，商务印书馆英语编辑室在社领导支持下，于 2017 年 2 月 14 日召开"语言学名著译丛"研讨会，引介国外语言学名著的想法当即受到与会专家和老师的热烈支持。经过一年多的积极筹备和周密组织，在各校专家和教师的大力配合下，第一批已立项选题三十余种，且部分译稿已完成。现正式定名为"语言学及应用语言学名著译丛"，明年起将陆续出书。在此，谨向商务印书馆和各位编译专家及教师表示衷心祝贺。

　　从这套丛书的命名"语言学及应用语言学名著译丛"，不难看出，这是一项工程浩大的项目。这不是由出版社引进国外语言学名著、在国内进行原样翻印，而是需要译者和编辑做大量的工作。作为译丛，它要求将每部名著逐字逐句精心翻译。书中除正文外，尚有前言、鸣谢、目录、注释、图表、索引等都需要翻译。译者不仅仅承担翻译工作，而且要完成撰写译者前言、编写译者脚注，有条件者还要联系国外原作者为中文版写序。此外，为了确保同一专门译名全书译法一致，译者应另行准备一个译名对照表，并记下其在书中出现时的页码，等等。

　　本译丛对国内读者，特别是语言学专业的学生、教师和研究者，以及与语言学相融合的其他学科的师生，具有极高的学术价值。第一批遴选的三十余部专著已包括理论与方法、语音与音系、词法与句法、语义与语用、教育与学习、认知与大脑、话语与社会七大板块。这些都是国内外语言学科当前研究的基本内容，它涉及理论语言学、应用语言学、语音学、音系学、词汇学、句法学、语义学、语用学、教育语言学、认知语言学、心理语言学、社会语言学、话语语言学等。

尽管我本人所知有限，对丛书中的不少作者，我的第一反应还是如雷贯耳，如 Noam Chomsky、Philip Lieberman、Diane Larsen-Freeman、Otto Jespersen、Geoffrey Leech、John Lyons、Jack C. Richards、Norman Fairclough、Teun A. van Dijk、Paul Grice、Jan Blommaert、Joan Bybee 等著名语言学家。我深信，当他们的著作翻译成汉语后，将大大推进国内语言学科的研究和教学，特别是帮助国内非英语的外语专业和汉语专业的研究者、教师和学生理解和掌握国外的先进理论和研究动向，启发和促进国内语言学研究，推动和加强中外语言学界的学术交流。

第一批名著的编译者大都是国内有关学科的专家或权威。就我所知，有的已在生成语言学、布拉格学派、语义学、语音学、语用学、社会语言学、教育语言学、语言史、语言与文化等领域取得重大成就。显然，也只有他们才能挑起这一重担，胜任如此繁重任务。我谨向他们致以出自内心的敬意。

这些名著的原版出版者，在国际上素享盛誉，如 Mouton de Gruyter、Springer、Routledge、John Benjamins 等。更有不少是著名大学的出版社，如剑桥大学出版社、哈佛大学出版社、牛津大学出版社、MIT 出版社等。商务印书馆能昂首挺胸，与这些出版社策划洽谈出版此套丛书，令人钦佩。

万事开头难。我相信商务印书馆会不忘初心，坚持把"语言学及应用语言学名著译丛"的出版事业进行下去。除上述内容外，会将选题逐步扩大至比较语言学、计算语言学、机器翻译、生态语言学、语言政策和语言战略、翻译理论，以至法律语言学、商务语言学、外交语言学，等等。我也相信，该"名著译丛"的内涵，将从"英译汉"扩展至"外译汉"。我更期待，译丛将进一步包括"汉译英""汉译外"，真正实现语言学的中外交流，相互观察和学习。商务印书馆将永远走在出版界的前列！

胡壮麟

北京大学蓝旗营寓所

2018 年 9 月

译者前言

　　对于从事语言学研究的人士来讲，若要系统地了解和掌握生成语法理论，当然应该去读诺姆·乔姆斯基（Noam Chomsky）本人的论著。然而，对于初学者来说，这些论著往往有些晦涩，阅读起来并非易事。更具挑战性的是，生成语法自上世纪 50 年代末诞生以来，其理论体系发生了多次重大革新，即便是通过阅读原著弄懂了某一阶段的思想内容，也难以从中窥得其全貌及理论更迭的动因。现如今，生成语法理论已发展到最简方案阶段，该体系对之前管辖和约束理论（以下简称"管约论"）的许多概念进行了重大修改，理论的简洁性发生了质的飞跃。那些想要深入了解最简方案的学习者，迫切需要一部能够以较为通俗的语言介绍从管约论到最简方案发展脉络的论著。剑桥大学出版社 2005 年出版的《理解最简主义》（*Understanding Minimalism*）一书正是为此目的而写。该书作为一本具有较高教学实用价值的最简句法教材，从不同模块全面阐述了最简方案相对于管约论所做的修正及替代模式，能够让读者清晰地了解最简方案的核心思想和理论优势，为他们进一步学习和研究最简方案打下了良好的基础。

　　该书的三位作者是诺伯特·霍恩斯坦（Norbert Hornstein）（现就职于马里兰大学语言学系），杰罗·努内斯（Jairo Nunes）（现就职于康涅狄格大学语言学系），克莱安西斯· K ·格罗曼（Kleanthes K. Grohmann）（现就职于塞浦路斯大学英语系）。这三位学者多年来一直活跃在生成语法领域，为引介和发展乔姆斯基的生成语法理论做出了重要贡献。这本书之所以选取管约论作为参照点，用三位作者的话说，原因有两个方面。首先，管约论是一个非常成功的语法理论，涵盖了大量值得借鉴的经验数据，为解决最简主义所强调的方法论问题提供了沃土。其次，管约论是目前应用"原则和参数模型"研究普遍语法的最完善的理论框架，从最简方案在方法论层面上的优势来审视管约论的理论构造是快速切入实质性问题的一条佳径。同时，作为一本句法学方面的教材，该书的每一章后面都提供了不少练习，这些练习并不预设任何有关最简方案的知识，而是旨在帮助读者通过该书的学习逐步熟悉最简方案的句法技术手段，并引导读者把这些技术手段运用到具体语料的分析中。

我们将此书译为中文，一方面是因为该书是最简方案引介方面的一部佳作，另一方面也期望通过这部译作帮助那些阅读英文原著有一定困难的读者更好地了解和熟悉当今的生成语法理论。为了让读者更好地阅读本书，我们下面先介绍一下每个章节的梗概，让读者在阅读正文之前对全书的内容有一个宏观的了解。

第一章　最简工程

开篇首章主要介绍了本书的写作目的、背景知识及全书章节安排，使读者对本书阐述的最简主义思想有一个宏观了解。本章从语言学的"柏拉图问题"讲起，即：为何儿童所习得的语言能力远远超过其接触到的"原始语言数据"？生成语法对此的解释是假定人类大脑中存在语言习得的生物基础，即"语言官能"，其初始状态即为"普遍语法"，包含原则和参数两部分。原则为人类语言所共有，无需习得，而基于"原始语言数据"而设定的参数制约着语言的变异，这一构想称为"原则和参数模型"（简称"原参模型"），该模型可以对"柏拉图问题"做出较好解答。原参模型下所建立的语言学理论要以优雅和简洁为标准，即追求"最简主义"。最简性的衡量以关于语言的一些"重大事实"为基础，从"方法性经济原则"和"实质性经济原则"两个维度去考量。管辖和约束理论

（Government and Binding Theory，简称 GB）和最简方案（the Minimalist Program，简称 MP）都以原参模型为理论边界，本书的核心内容就是以 GB 为参照标准，依靠最简性这一标尺从不同模块来审视 MP 相对于 GB 的优势所在。

第二章　最简主义背景下的一些构架问题

第二章前半部分介绍了 GB 的总体构架及其表征层次的功用和存在理据，后半部分阐述了最简主义视角下对表层结构（Surface Structure，简称 SS）和深层结构（Deep Structure，简称 DS）的反思及相应的替代方案。GB 中的 DS 是推导式的"初始点"，作为产生音系式（PF）和逻辑式（LF）表达式的输入项，其作用是确保形式／意义组对的统一。同时，题元指派也发生在该层面，使得题元角色与语法功能之间建立一一对应关系。SS 是推导式发生分裂的位置，该层面为格位指派、约束原则、空语类原则、寄生语缺的允准及语言变异的描写等语法机制提供了平台。然而，从最简主义视角来看，支持 DS 和 SS 的证据大都站不住脚。在 MP 体系中，格位核查取代了格位指派；隐性 wh-提升允许只提升相关 wh-疑问词，而不提升整个 wh-短语；显性／隐性移位的跨语言差异不以相对于 SS 的发生时机为依据，而是基于特征强弱和拖延原则来刻画。这些变化都为摒弃 SS 提供了有力证据，取而代之的是拼读操作（Spell-out）。同样，GB 中支持 DS 的证据，如控制／提升结构的差别、无主语的关系分句的生成等，在 MP 中都可通过合并和移位操作的具体实施得以解决，无需设置 DS 这样理论内部的表征层次，取而代之的是枚举词项集合（Numeration）。

第三章　题元域

这一章主要讨论题元角色和论元结构的关系，其中的一个重要假设是"谓词内部主语假说"（The Predicate-Internal Subject Hypothesis，简称 PISH），用以解释外部 / 内部论元的语义不对称性。本章提供了一系列证据（包括习语的提升结构、并列结构的提取限制、约束效应、漂移量化词的解读以及 VSO 语序的生成等）来证明该假说的合理性。对于双及物动词结构，为了维持 PISH，同时也能够解释客体论元与目标论元的非对称统制关系，需要在动词投射 VP 上层设置一个轻动词投射 vP，该组合称为"动词壳"（VP-Shell）。双及物动词的施事论元、客体论元和目标论元分别位于 Spec-vP、Spec-VP 和 V-Comp 位置。vP-VP 的套叠性动词壳结构还可以拓展到包含单一内部论元的简单及物句式，并用以解释传统上非作格动词和非宾格动词的结构差异。非作格动词可分析为带有同源宾语，与简单及物句式一样具有套叠性动词壳结构；而非宾格动词不带外部论元，它只构成单层的 VP 结构。

第四章　格域

这一章主要对比了 GB 和 MP 中格理论的技术操作机制，以此为格理论的实施设置统一的结构关系。GB 中的格指派是基于结构上的管辖关系，即管辖者（动词或介词）向被管辖者（名词成分）指派格位。但从"例外格标记"的情况来看，管辖关系的定义还需借助"语障"概念，格指派机制过于繁琐。从最简主义视角来看，格理论的技术实施应尽可能利用 X 阶标理论所建立的无代价性结构关系。从这一思想出发，MP 借助"动词壳假设"尝试运用标志语–中心语结构关系来统一解释各种成分的格核查。对动词宾语来说，它可以从动词补足语（V-Comp）显性移位至轻动词投射的标志语（Spec-vP）核查宾格。同理，对于介词宾语，它要从 P-Comp 位置移位至 Spec-PP 核查斜格，这一分析可以从形态丰富语言中后置介词和前置介词与显性和隐性一致的对应关系中得到证明。按照 MP 的思想，空语类 PRO 也必须受到格标记，它可以通过与无定的屈折成分处于标志语-中心语关系来核查空格。这样，所有的结构格都可以在无代价的标志语-中心语构造下进行核查，而无需诉诸人为设定的管辖概念。

第五章　移位与最简效应

按照前面提出的 PISH 和结构格核查机制，V-Comp 上的宾语要移位至外层 Spec-vP 核查宾语，而内层 Spec-vP 上的主语要移位至 Spec-TP 核查主格，这样就会造成主语语链和宾语语链相互交错的情况，违反了移位不允许跨越同类型成分的相对最简性原则。为了保证简单及物句的合法生成，同时也维持符合最简主义精神的相对最简性原则，MP 修正了最小域的定义，并提出了等距概念，即如果 α 和 β 两个位置处于同一个最小域内，则它们与其他任何位置的距离相等。借助等距概念，MP 可以在取消一致（Agr）投射的情况下，合理解释单及物和双及物结构的生成。在单及物结构中，轻动词 v 只核查直接宾语的宾格和一致特征；而在双及物结构中，除了上述特征之外，v 还可以核查间接宾语的与格和一致特征。剔除 Agr 投射更符合最简主义精神，因为主语一致（AgrS）和宾语一致（AgrO）在 LF 和 PF 上都没有独立解读，两者的设立完全是出于理论内部的原因。

第六章　短语结构

这一章讨论了管约论和最简主义下的短语结构方案。管约论下的短语结构方案称为 X 阶标理论，其目的是消除早期理论模型在短语结构方面存在的重复编码问题。该理论可以很好地捕捉短语结构的向心性、二分叉和母节点单一性等特点。在 X 阶标理论下，短语结构有中心语 X、最大投射 XP 和中间投射 X′三个层次，以及补足语、修饰语和标志语三个成分。这些层次和成分之间存在如后所述映射关系：补足语为中心语 X 的姊妹节点，标志语为最大投射 XP 的子节点，修饰语为 XP 的附加语。

最简主义下的短语结构方案称为光杆短语结构。在该方案中，阶标层次不是树形图中节点的内在属性，而是给定节点相对于其他节点的位置的体现，表现为中心语-补足语、标志语-中心语和中心语-修饰语等关系属性。据此，最小投射是从枚举词项集合中选择的词项，最大投射是不投射的句法实体，中间投射是既非最小投射也非最大投射的句法实体。光杆短语结构方案采用全新的加标（labeling）机制：节点直接用词项标示，不再使用 N、V 等语类标签。生成短语结构的基本操作称为合并。合并作用于从枚举词项集合中抽取或先前生成的两个元素，将它们组合起来，由中心语投射，形成生成的组合的标签。合并操作可重复执行，生成短语的基础结构。在此方案下，语言的递归性和短语结构的前述三个特点均成为合并操作的自然衍生结果。对于移位结构，最简主义引入复制移位理论，将移位视为复制和合并两个操作构成的序列操作，将以前理论视为空成分的语迹处理成被移成分的副本。

第七章 线性化

这一章首先讨论了管约论下的线性化方案及其存在的问题，然后从最简主义角度重点讨论了线性对应定理的主要优势。线性化是确定语序的过程，是发音-感知（A-P）系统对句法推导式的强制要求。在管约论下，语序被视为附加于短语结构关系之上的一种关系；方向性参数（the directionality parameter）规定不同语言中的中心语相对于补足语、标志语和修饰语的顺序，由此确定居前（precedence）关系并实现线性化。但语言事实表明，基于方向性参数的语序方案不能很好地解释句法关系与语序之间的关联关系。结果促使学者们从句法实体内部的非对称关系入手寻找线性化方案。凯恩（Kayne 1994）所提线性对应定理被认为是最简主义下满足 A-P 系统线性化要求的最优方式。线性对应定理认为，线性语序取决于不对称的成分统制关系。给定两个词项 α 和 β，若 α 不对称地成分统制 β 或者支配 α 的最大投射不对称地成分统制 β，则 α 居于 β 之前。在该方案下，居前关系从句法树读取而来，即句法关系决定语序，由此自然地解释了语序与句法现象之间的相关关系，为成分移位后所留副本的语音实现现象提供了较好的解释。

第八章　约束理论

约束理论三原则在管约论中占据举足轻重的地位，分别规定了照应语、代词和指称表达式三类名词性成分与句中其他名词性成分在指称上的共指关系以及这种关系的作用范围。具体地，原则 A 规定，照应语在其域中必须受到约束；原则 B 规定，代词在其域中必须自由；原则 C 规定，指称表达式必须自由。研究表明，这三个原则离不开深层结构，即句法成分尚未经历移位并且句中要用到的所有元素均已被整合到短语标记中的表征层次。然而，最简主义框架取消了深层结构和表层结构，只保留了音系式和逻辑式两个接口层次，因此需要重新审视约束理论的实施方式。通过组合运用复制移位理论和副本解读规约，可将约束效应统一整合到逻辑式层面，涵盖与约束理论相关的广泛经验事实，还能消除标引（index）等人为元素。相比基于表征层次的管约论方案，基于复制移位理论的最简主义方案更符合包含条件，进一步证明了复制移位理论的合理性，也使复制移位理论成为最简语言理论的基本组成部分。

第九章　特征可解读性与特征核查

这一章从最简主义角度讨论了基于管约论格理论的核查方案面临的问题，并阐释了最简主义框架下的特征移位和一致移位两种方案的运行机制和优势。在管约论下，移位方案需要诉诸拖延原则（the Procrastinate Principle）并且允许非循环合并，要区分显性移位和隐性移位，不仅有悖扩展条件，还违反了关于从枚举词项集合到逻辑式的映射的统一性条件。

在最简主义下，形式特征分为 [+ 可解读] 和 [- 可解读] 两类，前者可在逻辑式获得解读，后者不可，需在推导过程中删除，即在逻辑式不可见。特征核查理论由此目的驱动，并通过移位实现。特征移位和一致移位是这一思路下的两种移位方案。特征移位方案基于词汇主义视角，认为词项进入推导时已具备完整的屈折形态，词汇冗余规则规定给定形式特征的 [+ 可解读] 或 [- 可解读] 属性。[- 可解读] 特征通过核查操作删除。该方案把移位分为语类移位和特征移位两种，分别对应显性移位和隐性移位，二者均在显性句法部分实施。运算系统可视情况多次运用移位，最后对形成的实体运用拼读操作。相同条件下，特征移位优于语类移位。推导式中存在强 [- 可解读] 特征时，采用语类移位，否则运用特征移位。此方案无需区分显性移位和隐性移位，同时还能推出拖延原则涵盖的拖延效应。

一致移位方案基于非词汇主义视角，认为词库只明确 [+ 可解读] 特征，[- 可解读] 特征在推导过程中获得赋值。该方案把移位分为显性移位和一致两类，分别类似于特征移位方案中的语类移位和特征移位。显性移位由强特征驱动。在一致移位中，用于调节特征移位的局部性条件和最后手段条件交由探针-目标（probe-goal）体系负责。探针为带 [- 可解读] 特征的中心语，目标为带有与该特征相匹配的 [+ 可解读] 特征的元素。探针在其成分统制域中搜索处于活跃状态即尚有某个 [- 可解读] 特征未被核查的目标。探针搜到合适目标后，运算系统依据相关规则删除 [- 可解读] 特征。给定元素的所有 [- 可解读] 特征均完成核查后，该元素即失去活力，不能参与任何其他一致关系。特征移位和一致移位两种方案都不存在管约论下移位方案的相关问题，更符合最简主义的精神要旨。

第十章 推导经济性

　　这一章重点讨论了推导式的比较问题和语段推导理论。只有源于同一枚举词项集合并且在音系式和逻辑系两个接口均能收敛（converge）的推导式才能进行经济性比较。仅当更经济的选项（如合并）无法形成收敛的结果时，才能运用经济性较低的操作（如移位）。语言运算系统基于枚举词项集合进行操作，不直接访问词库。但存现句、内嵌句等彰显语言递归性的复杂语言现象显示，有必要进一步限制运算系统的操作范围。最简主义于是引入了语段推导理论。该理论认为，推导按语段（vP 或 CP）进行；枚举词项集合中的词项按语段分成词项子阵列（subarray），一个子阵列包含推导一个语段所需要的全部词项。推导时，运算系统先激活其中一个子阵列，通过结构构建操作，用该子阵列中的所有词项构建一个语段。该语段构建完毕时，运算系统拼读该语段中心语的补足语。若被拼读的表达式不收敛，运算过程终止，不再进行推导。如果表达式收敛，运算过程继续执行，系统激活一个新的子阵列，生成一个新的语段。如此反复，直到用完所有子阵列中的词项，整个推导过程方才结束。语段推导需要满足语段不透性条件，即语段 α 以外的操作不能访问 α 的中心语的补足语，只能访问中心语本身及其边缘，由此为实现循环移位、消除前瞻性问题提供了一种可行的方案。

目　　录

前　　言

　　学生们在"接触"最简主义时所面临的一个问题是存在"盲人摸象"的困扰，即难以弄清所提出的某些特定主张如何反映更为宏观的方案设想。在本书中，我们尝试为大家展示最简主义缘何是一个令人兴奋的研究方案，同时来解释激发此方案的那些更为宏观的问题如何化解为特定的技术主张。我们相信，能够帮助初学者掌握细节同时又通览全局的一个好方法是以管约理论（GB）为背景来介绍最简方案（the Minimalist Program）的各个方面。具体讲来，我们将展示最简主义思想如何激发我们反思并更新管约理论的假设和技术手段，使得我们能够在陈旧的 GB 体系中构建最简主义的崭新未来，并利用大家对于 GB "启动程序"的熟悉程度来为"未启动"的最简主义引擎施加一些牵引力，让大家不那么费力地登上最简主义这架"飞机"。最后，我们坚信读者将对最简主义的现状及其来龙去脉有一个非常清晰的了解，并能获取到足够的知识以便独立进行最简主义探索。

　　根据上述的教学法，本书有着特定的读者群。虽然我们没有预设读者熟悉最简主义，本书针对的是那些已经具备语言学和句法学背景的读者。理想的读者是已经上过 GB 课程的人，本书可以为他们介绍最简主义。本书不是在介绍句法学，也不是在介绍语言学。在开启最简主义的旅程之前，我们都要总结 GB 中相关的主要假设和技术手段。这些总结旨在帮助读者回忆 GB 背景下的相关材料，使得读者能够有的放矢。需要强调的是，这些 GB 章节只是总结，而不会对标准 GB 思想进行全面细致的展开。如果读者还未上过 GB 课程，跟随这些"箭靶"就非常有用，对相关背景材料的理解就会变得游刃有余。

　　前两位作者撰写了本书的大部分章节，第三位作者对每一章都进行了全面的审查，进行了颇有价值的修改和完善，校对了注释和参考文献，并确保章节内部以及每章之间的协调统一。

我们三位作者诚挚感谢那些读过全书（或部分）书稿，给予我们反馈，为我们提供语言事实以及在课堂上测试过书中部分章节的所有人士。我们要特别感谢 Marina Augusto、Christopher Becker、Cedric Boeckx、Željko Bošćković、Noam Chomsky、Norbert Corver、Marcel den Dikken、Ricardo Etxepare、Koldo Garai、Kay Gonzalez、Eleni Gregoromichelaki、Joy Grohmann、Jiro Inaba、Mary Kato、Winnie Lechner、Jürgen Lenerz、Anikó Lipták、Horst Lohnstein、Ruth Lopes、Eric Mathieu、Jason Merchant、Rafael Nonato、Masayuki Oishi、Jamal Ouhalla、Phoevos Panagiotidis、Eduardo Raposo、Martin Reitbauer、Henk van Riemsdijk、Ian Robert、Anna Roussou、Ed Rubin、Joachim Sabel、Raquel Santos、Usama Soltan、Volker Struckmeier、Juan Uriagereka、Amy Weinberg、Elena Shelkovaya-Vasiliou 及一位匿名审稿人的宝贵意见，感谢 Jacqueline French 出色的审稿工作，感谢 Dora Alexopoulou 为我们安全送达，同时感谢我们在剑桥大学出版社的两位编辑 Mary Leighton 和 Andrew Winnard。

我们为如下机构的学生讲授了书中的材料，我们要感谢他们提供了宝贵的反馈意见。这些机构包括：密歇根州立大学东兰辛分校（美国语言学学会暑期研究院）、布宜诺斯艾利斯大学、坎皮纳斯州立大学、费拉迪圣安娜州立大学、圣保罗大学、科隆大学、斯图加特大学、塞浦路斯大学和马里兰大学帕克分校。

第二作者还要感谢在其写作过程中巴西国家研究委员会（基金号：300897/96–0）和莱顿大学的巴西研究处所给予的支持。

诺伯特·霍恩斯坦　　　　　　　马里兰大学帕克分校
杰罗·努内斯　　　　　　　　　圣保罗大学
克莱安西斯·K.格罗曼　　　　　塞浦路斯大学

2005 年 6 月

缩略语表

[± 可解读]	（不）可解读［特征］
±an	（非）照应语
±pro	（非）代名词
1/2/3	第一 / 第二 / 第三［人称］
∀	全称量词 / 辖域
∃	存在量词 / 辖域
α	占位符
β	占位符
γ	占位符
Δ	空位
λ	逻辑式对象
π	语音式对象
$\phi-$	不可解读 ϕ 特征
$\phi+$	可解读 ϕ 特征
ϕ-feature	ϕ 特征［人称、数、性］
σ	［词汇］子阵列
θ-role	题元角色
A	可接受的收敛推导式
A (A⁰)	形容词（中心语）
A-movement	论元移位

A'-movement	非论元移位
AAEV	非裔美国黑人英语方言
ABS	通格
ACC	宾格
Adj	附加语
Agr (Agr^0)	一致（中心语）
AgrIO (AgrIO^0)	间接宾语一致（中心语）
AgrIOP	间接宾语一致短语
AgrO (AgrO^0)	［直接］宾语一致（中心语）
AgrOP	［直接］宾语一致短语
AgrP	［一般］一致短语
AgrS (AgrS^0)	主语一致（中心语）
AgrSP	主语一致短语
A-P	发音–感知［接口］
AP	形容词短语
ASL	美国手语
Asp (Asp^0)	体（中心语）
AspP	体短语
AUX	助动词
BEV	黑人英语方言
C	收敛的推导式
C(omp) (C^0)	标句词（中心语）
CAUS	致使（性）
c-command	成分统制
CH	语链
C-I	概念–意念［接口］
CL	附着形式

Compl	补足语
CP	标句词短语
D	所有可能推导式的集合
DET **D(et) (D^0)**	限定词（中心语）
DAT	与格
DEF	定指
D-linking	话语链接
DP	限定词短语
DS	深层结构
E	［某个］表达式
e	空节点
ec	空语类
ECM	例外格标记
ECP	空语类原则
EPP	扩展投射原则
ERG	作格
EXPL	填位成分
F$_1$-F$_6$	"重大事实"
FEM	阴性
FF	形式特征
FIN	限定性的
Foc (Foc^0)	焦点（中心语）
FocP	焦点短语
FT	将来时（小品词）
G	性
GB	管辖与约束［理论］
GEN	所有格

GF	语法功能
G$_L$	个别语法
H	［某个］中心语
HAB	惯用语
I(nfl) (I^0)	屈折（中心语）
i/j/k/l/m	标引［下标或上标］
INF	不定式
IO	间接宾语
IP	屈折短语
LCA	线性对应定理
LF	逻辑式［语义部门］
LI	词项
LOC	处所
MASC	阳性
m-command	最大投射成分统制
MinD	最小域
Move F	特征移位
Move-α	"随时随地移动任何成分"
N	数（特征）
N	枚举词项集合
N(N^0)	名词（中心语）
NEUT	中性
NOM	主格
NP	名词短语
OB	［直接］宾语
OBJ	宾语
OBL	斜格

OP	零/空算子
P	人称
P&P	原则参数［理论］
P(P⁰)	介词（中心语）
PART	小品词
PERF	完成体
PF	语音式［语音部门］
PG	寄生语缺
PIC	语段不透性条件
PISH	谓词内部主语假设
PL	复数
PLD	原始语言数据
POSS	领属成分、领属性
PP	前置词短语
PRES	现在时
PS	短语结构［规则］
PUNC	短暂性完成体
Q	疑问性标句词
QP	量化词短语
R-expression	指称表达式
S	句子
S′	S 以上的 Comp-投射
SC	小句
SG	单数
Spec	标志语
SS	表层结构
SU	主语

SUBJ	主语性
SUBJ-PRT	虚拟语气小品词
SUP	在上格
t	语迹
T(T^0)	时（中心语）
Top (Top^0)	主题（中心语）
TopP	主题短语
TP	时短语
TR	时小品词
TRAP	题元角色指派原则
UG	普遍语法
v (v^0)	轻动词
V (V^0)	动词
vP	轻动词短语
VP	动词短语
X/X'/XP	任意中心语 / 中间投射 / 短语

第一章

最简工程

1.1　本书主旨

本书将介绍最简分析的艺术，让那些对最简方案感兴趣的读者能够从事这方面的研究。要从事这个领域的研究，一方面要熟悉技术，这是掌握任何专业性方法的必要环节；另一方面要汲取驱动这个领域各方面发展的背景性假设。然而，与先前很多讲述语法的方法不同，我们认为"做最简方案"还包括对什么是有趣的问题或分析形成一种评价或审美的意识，而一般性的课本不会讲授这样的技能。因此，在开始介绍最简方案的主要内容之前，我们将花点时间勾勒我们心目中的最简工程，并陈述为何这一构想在此时如此重要。

但在此之前，我们来简要说明一下本书的受众。本书旨在向读者介绍语法理论的最简方法。但本书并非从零开始，而是假定读者已总体上熟悉生成语言学界普遍关心的问题，特别是具备生成句法学的一些细节知识。本书最适宜的读者应该在语法研究的"原则和参数"（Principles-and-Parameters，P&P）方法上，特别是对所谓"管辖和约束理论"（Government-and-Binding，GB）的模型有着良好的背景知识。[①] 但同时，

---

① 对生成语法的早期介绍请见如 Jacobs and Rosenbaum（1968）、Perlmutter and Soames（1979）和 Radford（1981）等在所谓"（扩展）标准理论"[（Extended) Standard Theory] 框架下的研究；最早对原则和参数模型内的 GB 理论进行介绍的是 van Riemsdijk and Williams

2 我们也尽力让那些对 GB 理论不太熟悉的读者能够读懂本书的讨论。为此，本书每一章的开头都会简要回顾一下 GB 时期与主题相关的研究方法。但这些回顾不会太全面，其目的是唤起读者已有但可能已经忘记的知识。同时，它也是后文讨论的出发点，勾勒出如何从最简主义来审视先前 GB 时期的研究状况。每一章的内容都阐述了从 GB 转换到最简视角的概念和经验上的证据。最重要的是，本书的内容并没有预设读者要熟悉甚至从事最简方案的研究。为了帮助读者从被动的接受转变为积极的参与，本书的讨论在涉及技术实操时会提供各种练习。这些练习让读者能够在一种安全可控的范围内来践行最简方案。为帮助大家记忆，本书最后列出了最简方案中的所有定义。

1.2　背景知识

生成语法从产生伊始，其核心任务就是要解释在语言习得过程中输入非常贫乏的情况下，儿童是如何获得语法能力的。自上世纪 50 年代中叶现代生成语言学诞生之初，儿童如何获得该能力的这一问题，即"柏拉图问题"（Plato's Problem）（见 Chomsky 1986b）就成为了该领域研究的核心问题。

"柏拉图问题"可以抽象性地描述如下：一种自然语言的成年母语者具有一套内化的规则，即"语法"，它能够生成无限数量的语法结构。习得该语法或语言的这一过程显然要受到母语者儿时所接触的语言数据的影响。即便是那些最不用心的观察者也会明显发现，在不同地区，如蒙特利尔、康塞桑-达斯阿拉瓜斯或黑尔福德长大的孩子与他们所说的语言，如

（接上页）（1986）和 Lasnik and Uriagereka（1988）。我们还推荐两本非常全面也易读的 GB 教材，即 Radford（1988）和 Haegeman（1994），它们作为本书的有益补充可让读者重温一些我们未能详细介绍的概念。Roberts（1996）和 Carnie（2001）也对 GB 进行了扎实的介绍，其中还包含了很多早期的最简思想。

英语、巴西葡萄牙语或德语（的一种变体）之间有些紧密的联系。然而，稍微进一步的调查也表明，儿童从有限的数据中所获得的语法信息，即"原始语言数据"（Primary Linguistic Data，PLD）并不足以解释成年母语者所获得的语言能力的所有细节。换句话说，所获得的能力，即说话者的语法能力，其复杂性远远超越了 PLD，即儿童所接触并获取到的所有语言信息。

为了弥补所获得的语言能力与 PLD 之间的"鸿沟"，生成语法学家们 3 假定，儿童在生物学上具有一种专门用于习得语言的内化能力——他们与生俱来地拥有一种"语言官能"（Language Faculty）[1]。过去五十年的研究对这一官能进行的描写与人类自然语言的两个显著特征相吻合：一是人类语言表面上具有多样性；二是尽管存在上述的语言刺激贫乏情况，人类仍然能够轻松习得语言。过去二十年间，学界对语言官能的描写已逐步达成共识，认为该描写可以充分地解释这两个密切相关的事实。其主要内容如下：

儿童与生具有一套构建语法的原则，即普遍语法（Universal Grammar，UG）原则。这些普遍性的原则就好比一种配方，通过使用特定的方法对原始语言数据进行组合、过滤、筛选和搅拌"焙制"出个别语法 G_L。如果不从烹饪法的角度讲，普遍语法也可以被视为一个函数，它以原始语言数据为输入项，以（英语、巴西葡萄牙语、德语等）个别语法为输出项。该过程如（1）所示：

（1）原始语言数据 → 普遍语法 → 个别语法

更具体地讲，普遍语法原则可以视为制约语法的普遍性条件。这些条件具有开放性参数，而参数的值是基于语言的经验设定的。这些开放性

---

[1]　与专门用于加工颜色、数字和视觉信息等其他官能一样，这一语言官能也是我们大脑中专门用于认知过程的区域之一。对于从普遍性的认知 / 哲学观点研究"心理模块性"的方法，请见 Fodor（1983）这部有影响力的专著；对于更为接近语言学领域的研究，请见 Curtiss（1977）、Smith and Tsimpli（1995）和 Jenkins（2000）等；对于最简主义内的最新观点，请见 Chomsky（2000, 2001, 2004）。也可参见 Carston（1996）和 Uriagereka（1999b）对福多和乔姆斯基提出的模块概念的讨论。

参数好比开关，每一组设置就构成了一种个别语法 G_L。从这个角度来讲，习得一种自然语言就相当于为这些开放性参数赋值，即儿童基于他们在语言环境中所接触到的原始语言数据来"设定"这些参数值。[①]

4　　来看这一主张中的两个重要特点。首先，语言习得过程对于语言/环境输入的细节非常敏感，原因在于参数的设定是以原始语言数据提供的信息为基础的。其次，所获得的语言知识并不局限于从原始语言数据所获得的知识，因为后者只是在普遍语法所提供的固定的普遍性原则的大背景下才能发挥作用。

　　进一步观察会发现，该模型的每个特点都与上面提到的两个基本特征相吻合。个别语法是为响应原始语言数据的特征而进行参数值设定的结果，这一事实造就了自然语言的丰富多彩。如果普遍语法有一种规整的演绎性结构，那么即使是一个参数值的单一变化也会对所习得的个别语法 G_L 的结构产生深远影响。[②] 因此，母语者的语言能力的具体细节总是要超

---

　　① 为了解释的方便，这段简要陈述精简了关于参数设定的诸多问题（相关讨论见 Hornstein and Lightfoot 1981、Manzini and Wexler 1987、Lightfoot 1991、Meisel 1995、Baker 2001、Crain and Pietroski 2001、Davis 2001 和 Fodor 2001，等等）。例如，我们要正确辨别语言的哪些特征以此种方式进行参数化，哪些结构可以出于参数设定的目的作为学习者的积极证据。我们还必须判定所有的参数都是与生俱来的，或是某些参数比其他参数"成熟"和激活得更早。另外一种可能性是，为了激活某一参数 P_1，另一参数 P_2 必须被设定一个特定值。此外，参数不一定只有"开"和"关"两个选项，在没有证据可证伪的情况下，或许还可以假定（某些）参数是以其中一个选项作为缺省值。还可以很容易地构想更为复杂的情况。对于参数模型中产生的计算复杂性的问题，请见 Berwick（1985）、Clark and Roberts（1993）、Gibson and Wexler（1994）和 Dresher（1998）等的研究。Cook and Newson（1996）和 Crain and Lillo-Martin（1999）中有一些关于生成语法框架下儿童语言习得的有帮助的介绍。对该方法的更全面的研究包括 Crain and Thornton（1998）、Lightfoot（1999）和 Guasti（2002）。

　　② 以空主语参数或 pro 脱落参数为例（见 Rizzi 1980），据称是研究较充分的参数之一（相关的讨论见 Jaeggli and Safir 1989 中收录的论文）。学界认为，上述参数设置为"开"，即允许空主语的语言同时也显示出缺乏 that-语迹效应（*that*-trace effects）和显性虚位词（expletive），并允许自由的主语倒装，主语的长距离 wh 移位，以及内嵌分句中的接应代词（见 Chomsky 1981: 240 及后）。

越原始语言数据所提供的信息。[1] 总之，说话者的语言能力是环境输入和普遍语法原则合力作用的结果。尽管这些原则非常复杂，却无需学习，因为它们是人类与生俱来的语言官能的组成部分。

对语言官能结构的这一构想被称为"原则与参数理论"（Principles-and-Parameters Theory）。[2] 再重申一下，它是目前针对语言官能的总体性结构所普遍认可的观点。最简方案（the Minimalist Program）采纳了这一普遍认可的观点。事实上，最简主义假设，原则与参数理论体系结构是任何充分性语法理论的边界条件。采用这一假设有一个非常显著的结果，它既改变了那些值得关注的问题的类型，同时也改变了对相互竞争的主张进行衡量时所依据的原则。我们来详细解释一下。

与科学探索的其他领域一样，语言学界的主张也是根据如下几个维度来衡量的：自然性、简洁性、朴素性、优雅性和解释力等。尽管所有这些量度经常共同发挥作用，但在实践中某些维度在特定的时期内会支配着其他维度。回想一下，可以说解释充分性（Explanatory Adequacy），即阐释柏拉图问题的能力，具有最大的权重。这一点反映在实际中就是，过去几十年的研究始终专注于发掘合适类型的语法限制。所谓"合适类型"，是指这些限制足够严格，只允许在原始语言数据的基础上习得语法知识；但同时又足够灵活，允许自然语言存在我们所观察到的变异。简而言之，为柏拉图问题寻求合适的答案一直是生成语言学界研究的主要驱动力，所提出的主张也主要是从这一需求角度来进行衡量的。但这并不意味着其他方法论的标准毫不相关。简洁性、朴

---

① 克里奥尔语（creole）的出现清楚地表明，母语说话者语言能力的复杂性远远超越了语言环境的复杂性。克里奥尔语具有自然语言的所有特征，但只是以一种极其贫乏的语言环境，即洋泾浜语（pidgin）作为输入项。对于克里奥尔语和洋泾浜语语法特征上差异的讨论，见 Holm（1988, 2000）、Bickerton（1990）、Lightfoot（1991）、deGraff（1999a）的研究以及 deGraff（1999b）的论文集等。

② 请见 Chomsky（1981, 1986b）对该模型的总体阐述，Chomsky and Lasnik（1993）的简要回顾以及第 1 页注释 1 中列举的介绍性文章。

素性、自然性等标准在裁定相互竞争的主张中也起着一定作用。然而，在实际中，这些标准一直处于弱势，因为它们要服务于为解决柏拉图问题而进行解释的需要。

在这一背景下，原则和参数样式的理论能够解决柏拉图问题这一共识必然会影响我们对于各种竞争性提案的排序：如果我们（大胆）假定原则和参数理论可以解决柏拉图问题，那么问题就变成在所构想的各种原则和参数模型中，哪一个是最好的。采用传统的理论评价标准可以解决这一问题。换句话说，一旦包含了解释充分性，即只考虑那些具有原则和参数体系结构的解释方法，便为长期困扰学界的柏拉图问题的解决开启了追求简洁、优雅和自然的大门，并成为实现理论充分性的重要衡量手段。最简方案就是具体应用上述标准来对普遍语法进行分析。但此项任务绝非易事。为了朝着这个方向努力，最简主义必须探究在当前所取得的研究背景中如何将朴素、自然、优雅和简洁这些概念具体化。换句话说，我们的任务不仅是老生常谈地说更简洁、更优雅、更自然的理论是最好的，还要找到一种方法为这些理论寻求经验的支持。

总之，一旦我们采用原则和参数理论作为理论充分性的边界条件，评估的基准就转变为那些更为传统的标准，如优雅、简洁，等等。那么研究的问题就变成了弄清楚在语言学研究的特定领域如何来解读这些总体性的评价手段。由于我们接下来要专注于句法领域，最简主义日程上最重要的一项是如何弄清什么是更自然或不太自然、更朴实或不太朴实、更优雅或不太优雅的句法解释。需要注意的是，没有什么理由认为将这些方法论应用于语言学研究只有唯一的方法（或只有极少数的方法）。从经验上讲，或许有很多可选的方法来实现这些概念。若果真如此，则没有独一无二的最简主义方法；相反，我们会有一系列的最简方案，每一个都由相似的总体性要求所引发，但所提出的解释针对的是各种特定的评价标准，甚至对于同样的标准有着不同的权重。

如果最简主义确实能够促成一种研究氛围，其中各种可选的、同样具有"最简性"但实质上彼此不同的语法理论能够欣欣向荣，这无疑令人振奋，因为这样就有可能将这些可选项相互比较以找到它们各自确定无疑的优势所在。之所以要强调这种可能性，是因为它突显了最简主义的一个重要特点，即最简主义不是一种理论，而是一种研究的方案。这一方案的成功在于，通过努力构建它的主要思想，最终能够发展出各种有趣的分析和适合的理论。从这个意义上讲，不存在唯一的最简理论，尽管可能有一系列的方法会从相似的来源获得灵感。理论有真假之分，而方案只有能产和贫瘠之别。最简主义旨在发现是否有可能在当前句法研究的特定背景下来解读那些理论评估的总体性方法论标准，朝着富有成效且令人生趣的方向发展。当前所面临的问题并不是基于这些方法论的标准对相互竞争的主张进行选择，而是要先制定出一个重要的变体形式。

最后一点，并不存在先验性的理由认为用上述方法来研究语法问题一定能够成功。语言官能也可能是"丑陋的"、"不优雅的"、"不简洁的"、"不自然的"、极度臃肿的。若是这样，最简工程将会失败，但我们不去尝试就不可能知道结果如何。当然，如果该方案最终成功了，接下来的问题就是为什么语言官能具有诸如优雅和简洁这样的特征。[①]

1.3　重大事实、经济性和一些最简工程

现在摆在我们面前的问题是如何将优雅、优美、简洁、自然等概念融入当前的语言学范畴。解决该问题的一个方法是动用与语言相关的一些重要事实，这些事实是任何值得思考的理论都绕不开的。那么我们可以将这些"重大事实"作为衡量理论充分性的更进一步的边界条件。我们已经有

---

① 　请见 Uriagereka（1998, 2002）、Chomsky（2000, 2001, 2004）以及 Lasnik, Uriagereka and Boeckx（2005）等。

了这样的一个重大事实，即这一理论具有原则和参数构架。关于语言和语言能力的其他重大事实如下所示，这些事实构成了对普遍语法进行最简探索的额外边界条件。

事实 1：句子是基本的语言单位。

事实 2：句子是形式（声音 / 符号）和意义的配对。

事实 3：句子由更小的表达单位（词和词素）构成。

事实 4：这些更小的单位组成了具有层级结构的单位，即短语，它大于词但小于句。

事实 5：句子显示出异位特征，即在某一位置出现的表达单位会在另一位置得到解读。

事实 6：语言具有递归性，即在任何一种自然语言中句子的长度都没有上限。

事实 1—6 是无可争议的。学习语法的学生早就注意到自然语言所具有的这些特征。此外，我们还将看到，这些事实，再加上下面两种类型的经济条件会勾勒出各式各样的最简工程。第一个经济条件包含我们熟知的与理论简约性和朴素性有关的"奥卡姆剃刀"（Occam's Razor）一类方法论思想，即在其他所有条件相同情况下，两个基本关系比一个更差，三个理论实体比四个更好，四个模块比五个更好。简而言之，越多越差，越少越好。我们把这些类型的思想称为"方法性经济原则"（Principles of Methodological Economy）。

此外还有第二套最简性的考量手段。我们将这些原则称为"实质性经济原则"（Principles of Substantive Economy）。这里我们尤为重视最少费力概念并将其作为语法原则的天然来源。我们认为，局部性条件和规范性过滤所反映的事实是，语法以节俭的方式构建，以使现有的资源最大化。跬步胜于大步［即"最短移位"（Shortest Move）］，规则应用较少的推导优于规则应用较多的推导，移位只有在必要时才用（即操作具有自利性），同时语法表征式中不允许任何闲置的表达成分［即遵循"完全解读"（Full Interpretation）］。这些实质性经济概念体现了语法研究中不断涌现的主导思想。生成语法历史上的一些证据包括（关于该问题的更多细节见第 1 页注释 1 中提及的文献）："A 冠 A 条件"（the A-over-A Condition）（Chomsky 1964），"最小距离原则"（the Minimal Distance Principle）（Rosenbaum 1970），"邻接条件"（ the Subjacency Condition）（Chomsky 1973），"优越性条件"（ the Superiority Condition）（Chomsky 1973），"相对最简性"（Relativized Minimality）（Rizzi 1990），以及"最小约束要求"（the Minimal Binding Requirement）（Aoun and Li 1993）。从最小费力角度来重新定义这些原则和条件是很自然的。最简主义主张遵循这些经济原则从概念上统一所有的语法操作。

这些两种经济性概念再加上前面列举的六个重大事实促成了一条特定的研究策略：寻求一种最简单的理论，它包含的操作最省力，同时也能容纳上述重大事实。这一主张实际上举足轻重。我们下面来看一些相互作用的具体实例以勾勒出各种最简工程。

任何自然语言中句子的长度都是无限的（见事实 6），这一事实表明，在任何一种自然语言中都存在无限数量的句子。例如，我们总是可以将一个句子嵌入、再嵌入而创造出一个新的句子。这进一步表明语法的存在，即存在可以反复应用的规则以产生无限数量的不同结构。句子同时具有形式和意义特征这一事实（即事实 2）表明，语法的句子性输出是与两个系统发生交互作用：一个是赋予句子发音–感知（Articulatory-Perceptual，A-P）特征的系统，另一个是为句子提供概念–意向（Conceptual-Intentional，C-I）特征的系统。[①] 更具体地讲，如果我们考虑的是一个包含多层次的理论，如管辖和约束风格的理论，这意味着一定存在某些语法表征层次与负责 A-P 和 C-I 特征的认知系统发生互动。事实上，如果存在任何层次的话，逻辑式（LF）和语音式（PF，有时也称音系式）这两个层

---

① "发音–感知［或感觉运动（sensorimotor）］"这一术语可以被理解为独立于输出系统的模块，以便同时涵盖口语和手语（见 Chomsky 1995: 10 注 3）。

次是一定存在的。^①从这个意义上讲，LF 和 PF 是概念上必需的。进一步来说，由于方法论的经济性优先考虑那些只需要这两个层次的语法理论，一个最简工程将会向我们展示除了 LF 和 PF 之外的其他所有层次都可以被剔除，同时在所涵盖的经验事实上不受影响。

更具体地讲，从 GB 风格的理论背景下，这相当于要表明深层结构（DS）和表层结构（SS）原则上是可以剔除的，而在经验事实上不发生重大的损失。这进一步要求我们重新考虑（甚至可能要重新分析）支持这些层次的证据。比如，在 GB 风格的理论中，递归是深层结构的一个决定性特征。基于事实 6，递归的机制必须是任何语法的一个组成部分；因此，要剔除 DS 就要求我们重新考虑语法体系中如何融入递归。我们将在第二章和第六章讨论该问题。

来看看第二种最简工程。以上思路所得出的结论是，语法必须与 C-I 和 A-P 系统发生交互。鉴于此，来源于这一事实的语法原则应被给予厚遇。例如，如果某些类型的语法实体在到达 C-I 或 A-P 接口时不可解读，那么包含这些实体的语法结构（即短语标记）将在这些接口层次上无法识别（即无法读取）。那么，我们可以很自然地假设，这些结构是不合法的，除非包含这些不羁实体的结构在这些接口层次获得解读之前先将它们处理掉。如果这样，我们可以认为这些接口层次上施加了所有语法实体必须遵循的光杆输出条件。基于这一观点，那些探索光杆输出条件以限制语法结构的解释方法是非常自然也是非常合理的。更多细致的讨论请特别参看第二、七、九章。

我们来进行更深一步的探讨。实质经济性促使我们考虑线性序列是
10 如何生成的（"相关的推导资源是什么？这些资源如何得到经济性的使用？"），以及它们是如何获得解读的（"接口层次上的光杆输出条件是

---

① 对于那些试图剔除所有表征层次的最简主义方法，请参见 Uriagereka（1997, 1999c）；Epstein, Groat, Kawashima and Kitahara（1998）和 Epstein and Seely（2005）。

什么以及对于语法输出结果的限制条件是什么？"）。换句话说，我们应该探寻如何对推导式进行"最简化"以及如何准确地理解"完全解读条件"。[①] 例如，我们应该考虑那些费力最少的理论，如要求推导要短、移位在局部内、操作要简单，或者要求没有空投射或空操作，等等。总之，鉴于以上阐述的总体背景，我们将开始寻求两种类型的语法条件：与接口层次上的过滤效应相对应的条件（光杆输出条件）和与语法的推导特性相对应的条件（经济性条件）。我们不太赞成那些通过其中某一种方式来阻止解读的过滤机制。该问题请特别参看第四至七章以及第十章。

　　来看看最简思想所引发的另一组问题。什么是系统中最基本的组成元素，诸如基本实体，基本关系以及基本操作，等等？如果存在短语且短语是以 X 阶标形式组建的，如标准理论所假设的那样，那么它就提供了一系列优先性的关系。在 X 阶标理论中，短语（至少）有三个组成部分——中心语，补足语和标志语——并引发（至少）两种关系，中心语-补足语和标志语-中心语。鉴于自然语言都包含短语这一显著事实（见事实 4），普遍语法应该着眼于短语以及短语结构所探寻的这两种关系。因此，简洁性方面的建议是 UG 最多应该包含这些实体和关系。举个例子，这意味着句子可以分析为各种类型的短语而不是特质性的结构。这就是管辖和约束理论已经得出的基本结论。将句子标记为 IP 或 CP 意味着学界在这方面已经达成一致。

　　短语是任何语法理论中最小的必要组成部分，认识到这一点进一步表　11

---

① 全书中，我们将始终假设语言官能的计算系统具有"弱"推导性（"弱推导性"的含义是其承认 PF 和 LF 两个表层层次，从定义上讲两者都是表达式）。最简方案的弱表征性版本见 Brody（1995），而强推导性版本见 Epstein, Groat, Kawashima, and Kitahara（1998）和 Uriagereka（1999c）等。除了偶尔的陈述之外，我们将在第十章讨论一些支持推导性方法的论据。强推导性方法之间的评判性比较，包括诸如 Pollard and Sag（1994）的"中心语驱动短语结构语法"（Head-driven Phrase Structure Grammar）（见 Sag and Wasow 1999 的全面介绍）等基于限制条件的理论框架以及最简主义的各种推导性方案，见 Johnson and Lappin（1997, 1999）。Lasnik（2001a）在原则和参数阵营 / 最简主义框架内对推导性 / 表征性争论中涉及的一些问题进行了简要总结。

明我们应该重新审视在各种基本语法关系中是否需要管辖关系。鉴于我们已经有了另外两种关系（即中心语-补足语和标志语-中心语关系），方法论上的朴素性促使我们去除这一多余的概念。在所有情况相同的情况下，我们采用管辖关系的前提条件是目前已经拥有的 X 阶标关系被证明在经验事实上缺乏解释力。

现在，在没有管辖的情况下重新思考普遍语法结构本身就是一个巨大的工程。读者可能已经认识到（并将很快再次意识到），GB 理论内部的每个语法模块在阐述其操作过程和原则时都运用了管辖关系；在格位和题元指派、语迹允准、约束域的建立以及决定 PRO 的分布中都有管辖关系的身影。在 GB 理论内部，是管辖关系将各种不同的模块统一在一起。因此，出于方法论上的思考剔除管辖关系需要重新审视每一个语法模块，看看如果不使用管辖，我们能否（以及如何）获得其在解释经验事实上的优势。我们尤其要考虑用那些只运用"自然"关系的解释方法来取代管辖，这些关系存在于 X 阶标理论中所蕴含的概念上必需的（见事实 4）短语理论之中。第三章的题元理论、第四章的格理论和 PRO 原则以及第八章的约束理论都将讨论该问题。

当然，我们还可以更进一步，我们可以重新审视 X 阶标理论本身。它的自然性体现在何处？存在短语这一事实并不意味着它们就具有 X 阶标结构。因此，我们应该探究短语组建的哪些特征仅仅是来自于短语存在的这一基本事实，哪些需要更多细致的证明。例如，阶标层次是短语的基本特征，亦或仅仅是其他更为基本关系的反映？中心语以最大投射为补足语和标志语这一事实是一个基本原则，亦或是一个更为根本的原则的反映？X 阶标理论在多大程度上是无证自明的，又有多少是来自于短语必须被构建和解读这一事实？我们将在第六章回顾这些问题。

来看最后一个示例。如上所述，异位是自然语言的一个重大事实（见事实 5）。为了讨论的方便，我们假设异位是由于语法具有像典型的 GB 解释方法中假设的那些移位规则，如疑问句中的 wh 移位或被动句中的

NP 移位。那么我们可以发问，从最简主义的基本思想来看，GB 中的移 12
位理论多大程度上是合理的？在标准的 GB 理论中，移位被定义为一种会
留下语迹的操作。语迹是概念上必需的吗？或许部分是的，因为它们为解
码如下事实提供了一种机制，即表达式可以在不同于它们表面上出现的位
置获得解读，并以此来定义异位这一概念。但异位本身能够推出 GB 理论
中语迹是无词汇内容的带标语类（即 [e]ᵢ）这一观点吗？异位现象的存在
是否足以成为下面这一主张的基础，即语迹是受到特殊允准条件如"空语
类原则"（Empty Category Principle）的制约，而这些条件总体上并不应用
于词项？这些问题还是一个谜团。

　　GB 中的语迹是语法内部的结构概念，需要特殊的要求来制约它们的
分布。从历史上讲，语迹产生的主要动因是，在移位是自由的（即基于像
移位 α 这样的规则）这一背景下，语迹在限制过度生成方面发挥了作用。
它们的特殊性质（如移位后只剩下语音为空的语类）以及对它们施加的限
制条件（如它们必须受到恰当管辖）都是从上述思想出发而设立的。然
而，从纯粹的概念角度讲，语迹是令人生疑的理论内部实体。在最简主义
中，移位不是自由的（与 GB 的看法相反）而只是在必要时发生，即其必
要性在于需要产出一个解读性界面可以读取的实体，语迹的特质性和必要
性似乎与最简主义在方法论上格格不入。若果真如此，我们不应该将语迹
设定为语法的基本元素，除非有很强的经验证据支持这一结论。

　　假设你同意上述说法。那么什么能够取代语迹呢？词和短语是我们单
独需要的（见事实 3 和事实 4）。那为何不假设语法用它们来定义异位现
象呢？换句话说，假设语迹并非新型的表达成分，而只是已存在的概念上
必要成分的复制品。如果我们的主要目的是容纳异位，这似乎比设定一
个全新的结构概念要简单。简而言之，GB 中的语迹必须在经验上获得支
持；在所有条件相同的情况下，语迹的复制理论更有优势。我们将在第
六、七、八章详细进行论述。

　　语迹的情况也同样适用于其他语法内部的要素，如 PRO、空算子和

语链等等。它也对诸如空语类原则（ECP）和谓词等模块的价值提出质
13 疑，这些模块的目的是监管这些空（语法内部）成分的分布。但所有这些
并不意味着最佳的普遍语法理论不包含这样的实体或原则。然而，最简主
义的推理表明，采用这些原则的前提是有很强的经验证据支持这种做法。
从概念角度讲，提出这些实体或原则的人应该承担证明的义务。至少，基
于最简主义的考虑促使我们重新考虑这些结构概念的经验基础，并判定它
们在经验上的优势是否值得我们付出方法论上的代价。

在后续章节的详细讨论中我们将看到，上述的各种思考可以轻易地进
行扩展和加强。这表明，上面列出的与方法性和实质性经济原则相一致的
六项重大事实其实可以衍生出有趣的研究项目。我们将在本书的后续章节
来进行展示。当我们将这些思考所引发的提议与循规蹈矩的思想进行对比
时，会发现这些思考更加卓有成效。对于最简主义的不羁尝试来讲，GB
框架是一个值得敬仰的参考标本。

1.4　用 GB 作为参照标准

GB 是迄今为止提出的最为成功的原则参数理论，因此它为前面所阐
述的最简主义角度的方法论思考提供了一个有用的起始点。接下来，我们
将始终以（某一种）标准的 GB 方法为基本假设，以此来审视我们可否做
得更好。事实上，GB 理论将为我们设定一个基准，任何与之竞争的最简
主义分析都要与之吻合或与之抗衡。

作为一个总体规则，我们将首先讨论 GB 各个模块的经验基础。这意
味着我们要探究如格理论和 X 阶标理论等背后的证据。而后，我们将审
视 GB 对于相关语法现象的解释方法（其主导思想以及技术操作）是否真
的是我们所能提出的最好方法。在此方面，我们将探讨从最简主义角度讲
是否存在不理想的地方。比如，GB 是否运用了不理想的组成元素，或是
依赖于不是概念上必需的操作或层次？而后我们将继续考察或许是更优的

最简主义替代方案。

比如，再来看句子是形式和意义组对这一基本事实。在 GB 中，这一重大事实（即事实 2）是通过设置 PF 和 LF 层次来解释的。以 GB 为出发点，最简主义的一个合理问题是，其他的两个 GB 层次，即 DS 和 SS 是否可以去除；如果不能，又是什么原因。可以看到，如果我们经历了这样一个由最简主义驱动的过程，即便我们最终得出的结论是 DS 或 SS（或者可能两者都）得到保留，我们也将对于两者存在的证据有一个更为深入的了解。当然，更大的可能性是，我们或许发现 DS 和 SS 非常方便，但并非真的必要。反过来，这一发现会促使我们去审视某些技术上的替代方案是否仍然会让我们得到与设置这些层次同样的结果——但又完全不需要这些层次。乔姆斯基（Chomsky 1993）进行了这一尝试，提出我们接受一个包含四个层次的理论（如 GB 一样，包含 DS、SS、PF 和 LF）或许有些草率。

一种分析从最简主义看值得怀疑并不意味着它一定不正确，牢记这一事实非常重要。重申一下，最简主义是一个工程：只是基于我们所了解的知识来洞察语言官能的设计有多么完美。语言官能存在很多设计缺陷这一点完全合情合理，得出这样的结论是因为我们意识到最好的解释会包含某些不可避免的冗余或粗糙之处。还有一种可能是，GB 总体上是正确的，当我们考虑了所有相关的事实之后，会发现它是我们可以构建的最佳的语法理论。从最简主义视角来看，即使这一结论也非常有趣。因为它表明，虽然初衷不同，我们最终也会得出 GB 大体正确这一结论。接下来你们将会看到，这并非是很多人已经得出的结论。然而，它可能是很多人本可以得出或仍可能得出的结论。这并不会消除人们从最简主义角度来分析 GB 框架内解释的兴趣。因为最简主义让我们有机会来重新思考我们的各种主张的经验和理论基础，这样做总是很有价值的。

综上，读者将会看到，从最简主义角度的思考所产生的语法与标准的 GB 框架内的语法有着完全不同的"面貌"。接下来的一个目标就是带领读者了解目前最简主义旗帜下所思考的一些复杂问题。

1.5　基本框架

最简方案探索的假设是，语言官能是接口条件的最佳实现方式。换句话说，它是一个没有冗余的最优系统，特定的语言现象不是由语言的原则强加形成的，语言系统受制于倾向花费最小努力的经济性限制条件。这一方案还回答了语言系统在与行为系统的互动上对语言系统要施加什么条件的问题（光杆输出条件）。

15　　早期的原则和参数所持有的假设是，语言系统具有多个表征层次来编码关于语言表达式的系统信息。其中一些层次是概念上必需的，因为它们的输出项输送给与语言系统发生交互的行为系统。最简方案将可能的语言表征层次的类别限制在那些概念上必需的层次上，即那些与行为系统相互作用的层次。

作为一个工作假说，这些行为系统被定义为 A-P 系统和 C-I 系统。分别与 A-P 和 C-I 系统发生交互作用的语言层次是 PF 和 LF。假设两者是仅有的接口层次，PF 和 LF 可以被设想为语言系统的组成部分，为行为系统提供指令。从最简主义视角来看，语言系统的所有原则和参数要么应该从 LF 或 PF 上的可解读性角度来进行阐述（或许是作为行为系统的解读模式），要么应作为运算系统中各种操作的副产品。那么语言表达式就应该是接口条件的最优实现，其中的最优性是由 UG 所规定的经济条件所决定的。

另一个假设是，语言官能包含词库和运算系统（见第 11 页注 1）。词库指定那些进入运算系统的词项及其个性特征，其中不包含任何由 UG 的原则或语言的特征所能预测的成分。运算系统将这些词项组成一个组对（π，λ），其中 π 是 PF 实体，λ 是 LF 实体。组对（π，λ）受到"完全解读条件"（Full Interpretation）的制约，该原则是"表征经济性"（Representational Economy）（属于实质性经济的组成部分）的一种原则，它要求该组对的所有特征必须在相关接口上得到解读。如果 π 和 λ 是合法的实体（即满足"完全解读条件"），我们就说推导式分别在 PF 和 LF 上收敛（converge）。如果 π 或 λ 不满足"完全解读条件"，我们就说推导式在相关层次上崩溃（crash）。

一个推导式被定性为收敛当且仅当它在 LF 和 PF 上都收敛。这样，如果 D 是产生组对（π，λ）的可允许的推导集合，收敛推导的集合 C 就是 D 的子集，其成员在 LF 和 PF 上都满足"完全解读条件"。也就是说，可解读的句法实体的集合是语言所能构建的所有组合的子集。[①] 从"推导经济性"（Derivational Economy）（其也是实质性经济思想的一部分）上考虑，会进而选择可解读的组对（π，λ）是以最佳方式构建的那些推导式。换句话说，可接受推导的集合 A 构成了最优性思想所选择的集合 C 的子集。图 1 为这几个集合的关系提供了一个直观的总结。 16

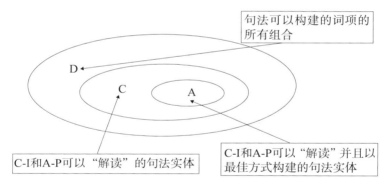

图 1：推导之间子集关系

本章描绘了最简方案的总体面貌。在后面的章节中，我们将详细阐述这一总体概念，并应用这些总体性的术语来讨论最简主义的具体方面。

---

① Chomsky（1995: 221）观察到，如果出于经济目的将非收敛的推导也考虑在内，那么不运用任何操作的推导总会阻碍运用某种操作的推导。这样，只有收敛的推导才能从经济性角度来进行比较。

1.6 《理解最简主义》的布局

正如我们在 1.1 节结尾所说，每一章的开头都先简要介绍 GB 时期对当前主要问题的研究方法，而后我们提出一个或几个从最简主义角度进行理解的替代方法。此外，每一章还包含内容相关部分的练习，旨在让读者能够对所获得的知识进行运用（并更进一步）。我们来看看每一章还有哪些具体内容。

第二章回顾 GB 的基础知识，包含两个问题，语法的总体架构（表征
17　层次和模块结构）及其条件、原则和操作（管辖、移位等）。而后我们将提出关于 GB 语法的复杂架构是否真的必要这一方法论问题，聚焦于表征层次。我们的回答一律都是否定的。因为这一否定的回答给理论框架带来很多后果，我们将详细考察 GB 内所假设的一些相关的条件、原则和操作。我们将逐一拆解所提出的那些支持 DS 和 SS 的经验和理论证据，得出的结论是两者都不是必需的层次。这一问题已经提上日程，后续的章节将沿着本章提出的思路讨论如何更加全面地应用所引入的新手段。

在第三章，我们将讨论题元域，即通常所说的论元结构及其与句法结构的关系和依存方式。我们将聚焦于两个方面，外部论元的实现［即"谓词内主语假设"（the Predicate-Internal Subject Hypothesis）］和双及物结构的内部论元结构（从 VP 壳或从引入 vP，即轻动词投射的角度）。本章将为全书所假设的 VP 结构奠定基础。

一旦题元关系最简化，就应该处理格域的问题，我们将在第四章进行这一步。本章对于传统格理论从最简主义角度进行了反思，并支持采用统一的结构关系，即标志语–中心语构造来允准格特征。正如前面一章讨论 VP 结构一样，本章也将讨论屈折成分的细致组成，将其从 Agr 投射的角度进行分解，或者不将其分解而是与 vP 的多重标志语相联系。

第五章将重温屈折成分的这些可能结构，并引入最简主义研究的温床：移位的相对最简性。我们还将讨论特征在句法运算中的地位。我们将

把所谓的最简性效应与单个特征相联系，而非与中心语或短语相联系。

第六章将探索短语结构。在回顾 X 阶标理论的基本特征之后，我们将基于单一的合并操作从结构构建角度勾勒出一个更为动态的方法处理句法结构。这一光杆短语结构理论和我们之前的假设也存在诸多联系，它至少促成了两件事：第一，可以剔除 GB 关于句子结构是预先形成的概念，这一点我们在第二章剔除 DS 时也提到过；第二，语迹理论可以简化为移位的复制理论。

第七章的议题是句法成分线性化。我们将引入一个映射程序——线性对应定理（the Linear Correspondence Axiom，LCA），并讨论它与跨语言 18 的语序变异之间的关系。我们还将表明，语迹（复制）的删除是由语法所提供的线性化程序决定的。

第八章将对 GB 内的约束理论提出一个替代方案，该方案摒弃了标引，也无需借助除 LF（和 PF）之外的表征层次。特别是，我们将表明，在 DS 和 SS 上应用某些约束条件的那些标准的论据可以只从 LF 上进行表达。我们利用移位的复制理论来探索语言中的约束特征。出于显而易见的原因（即本书的写作目的！），这一章提出的方法不仅在概念上非常理想，而且也强有力地表明，从最简主义对经典的约束条件，即原则 A、B 和 C 进行刻画在技术上也是可行的。

在第九章，我们聚焦于核查理论，该理论在前面几章也曾用来处理句法结构中特定词项特征的（如格特征）的允准。我们将这一讨论置于更为广阔的视角下，通过考察特征可解读性和特征核查之间的关系来解决核查究竟包含哪些元素的问题。

第十章引入近来最简主义研究中的相关理论进展，如合并优于移位以及枚举词项子集和语段的概念。此时，最简方案的整体面貌已经呈现出来，以便读者进行应用。从这个意义上讲，第十章这一压轴章节作为一面放大镜让我们得以一窥最简主义研究目前的情况。

继续翻阅来享受其中的内容吧！

第二章

最简主义背景下的一些构架问题

2.1　引言

　　（至少本书所呈现的）最简主义是以 GB 为出发点的，其原因有两个方面。首先，GB 是非常成功的语法理论，具有非常有趣的理论结构以及大量的实证经验。前面一种特征为解决最简主义所突出强调的方法论问题提供了沃土。后面一种特征能够运用理论证据来阐明那些前瞻性理论，让我们的讨论突破方法论的局限。其次，GB 是目前用原则参数模型来研究普遍语法的一个最为完善的体系。因此，从最简方案在方法论层面上的优势来审视 GB 风格的理论是快速切入实质性问题的一条佳径。好，让我们开始吧。

　　2.2 小节将回顾大多数（即使不是所有）GB 风格的理论所共有的一些主要的构造特征。随后的 2.3 小节将介绍最简方案对于语法的 GB 构造的一些质疑，重点关注其表征层面，并用批判的眼光来评判支持表层结构和深层结构的证据。剔除表层结构和深层结构的做法将引入最简方案中的一些重要概念和技术性提案，在后面的章节中我们将进一步探讨。本章的要点是建立一种简化性构造的语法，只包含真正的接口层次，逻辑式（LF）和语音式（PF）。2.4 小节将总结并勾勒出当前所构建的语法形式。

2.2　GB 风格理论的主要特征 [①]

2.2.1　总体构架

首要一点，GB 具有原则和参数构造。这意味着 UG 是由原则和带有开放值的参数所组成，参数的值根据经验，即初始语言数据（PLD）来设定。原则和参数理论背后的驱动力是为了解释语言领域的"柏拉图问 20 题"。由于天生具备带有开放参数值的普遍性原则，我们就可以解释关于语言习得的两个基本事实：（i）尽管一个儿童在其语言能力定型过程中所能运用的语言数据极度匮乏，他（她）的习得速度却非常之快，（ii）不同语言展现出纷繁复杂的表层变异。如果原则与参数模型大致正确的话，上述两个问题均可得到充分的解释。语言习得的轻松之处在于儿童天生具有丰富的内在原则。反过来，语言的变异则是源于不同的参数值所造成的迥然不同的输出结果。

2.2.2　表征层次

GB 理论确定了语法表征的四个重要层次：深层结构（D-Structure，DS）、表层结构（S-Structure，SS）、逻辑式和语音式。这些层次是具有特定功能和实质性特征的形式化实体。我们分别来看这几个层次。

2.2.2.1　深层结构

DS 本质上被描述为短语标记，在该层次表征的是纯粹的"语法功能"，即语法功能和题元角色之间的一一对应关系。这意味着在 DS 层，表达式的逻辑/题元角色与其语法功能完全吻合：逻辑主语是深层结构的（语法上的）主语，逻辑宾语是深层结构（语法上的）宾语，等等。因此，

[①]　本节作为概述部分回顾了 GB 的基本概念。更加全面而翔实的阐述请参见 Radford（1988）、Haegeman（1994）、Roberts（1996）或 Carnie（2001）等研究。

在 DS 层，题元上活跃的所有位置必须被占据，无题元输入的位置则必须为空。

举一两个例子来帮助我们理解上述思想。来看例（1）中的动词：

（1）John persuaded Harry to kiss Mary.

从题元角度讲，"劝说"需要一个"劝说者"，一个"被劝说者"和一个命题性的补足语，而"亲吻"需要一个"亲吻者"和一个"被亲吻者"。鉴于例（1）是可接受的句子，其中的每个题元角色都必须与深层结构表征式的填充位置相对应，如（2）所示：

（2）深层结构：

[John 劝说者 persuaded Harry 被劝说者 [*ec* 亲吻者 to kiss Mary 被亲吻者] 命题]

像例（1）这样结构的细节在这儿并不重要。重要的是一旦我们假定深层结构的概念存在，例（2）中与"亲吻者"相关联的位置就必须被填充，尽管填充成分并没有语音上的实现。换句话说，该位置是由（语音上的）空语类（empty category, *ec*）所填充。在 GB 理论中，（2）中的空语类是一个强制受控的 PRO，其先行语是 Harry。

相反，我们来看下面两组句子的动词。

（3）a. John seems to like Mary.

　　　b. It seems that John likes Mary.

"喜欢"指派两个题元（"喜欢者"和"被喜欢者"），而 seem 只向其命题性补足语指派一个题元。关键是，在（3a）中它并不向 John 占据的位置指派题元，如（3b）所示，该位置可以由一个虚位词 it 填充。这意味着（3a）中的 John 并不是基础生成于当前位置，而必须是通过转换方式移到这里。因此，（3a）中深层结构表征式的主句主语位置不能由任何成分，甚至是空位成分来填充，如（4）所示，Δ 位置是绝对的空位置。

（4）深层结构：

[Δ seems [John 喜欢者 to like Mary 被喜欢者] 命题]

从功能特征上讲，DS 被定义为推导式的"初始点"；也就是说，它是短语结构操作加上词项插入后输出形成的短语标记，并作为转换操作的输入项。由于 DS 是应用短语结构规则的层次，它也是存在语法递归性的层次。同时，DS 作为产生 LF 实体和 PF 实体的句法运算的输入项，它也能确保形式/意义组对相互统一，因为这两个实体是基于相同的词项来源的。归根结底，任何充分性的语法理论都必须确保与下面例（5）相关联的 PF 输入项其意义是"玛丽喜欢约翰"，而不是"我认为玛丽不喜欢约翰"。

（5）Mary likes John.

在 GB 理论中有一些有趣的证据支持 DS。最有力的证据与如何区分提升和控制有关，该问题我们将在 2.3.2.2 小节详细讨论。也有一些反对 DS 层的有趣证据，我们将在陈述最简方案对 DS 的反对意见时回顾这些证据。

2.2.2.2 表层结构

从功能上讲，SS 被刻画为推导式发生分裂的位置，将一个拷贝送往 PF 进行音系解读，将另一个拷贝送往 LF 进行语义解读。从本质上讲，SS 是诸多语法模块发生交互作用的短语标记。因此，在该层面上会进行格指派，会对约束理论的一些方面进行审视，会对空算子进行识别，会应用 ECP 的一些方面（论元语迹的 γ-标记），"邻接原则"也在该层面起作用。[①] 此外，SS 也被用来描绘语言差异。例如，英语的 wh 移位发生在 SS 之前，而汉语的 wh 移位则发生在 SS 之后；在法语中 V 至 I 移位发生在 SS 之前，而在英语中则发生在 SS 之后。[②]

可以说，SS 是 GB 理论中所有表征层次的"王后"。它是最具有理论内部特点的语法层次，大量的模块应用于该层次以剔除不合法的推导式。

[①] 关于 SS 特征的更多讨论以及为何某些条件（而非其他条件）能且只能应用于 SS，请重点参见 Chomsky（1981：第三章；1986b）以及 Lasnik and Saito（1984）。

[②] Huang（1982）提出，wh 移位可以在 SS 之前或之后进行；因此，在原位 wh 语言（如汉语和日语）中，wh 短语发生隐性移位。同理，Pollock（1989）基于 Jackendoff（1972）和 Emonds（1976, 1978）的研究认为，动词移位可以发生在 SS 之前或之后。

最简方案中提出的最有趣的一系列论述之一是认为 SS 既不可或缺又不尽如人意。我们将在后面阐述这些论述。

2.2.2.3 PF 和 LF

PF 和 LF 是 GB 内部的接口层次。这意味着它们提供必要的语法信息来对一个句子进行音系和语义解读。对于在这两个层次上应用哪些操作，学界曾提出各种看法。其中最重要的一个是"空语类（ECP）过滤式"，其功能是清除那些在 LF 上带有未被允准语迹的推导式。[①] 约束理论和控制模块也被认为是应用于 LF。相反，鉴于 PF 不是一个短语标记，任何句法条件都不大可能单独应用于 PF。然而，这并不排除一种可能性，即在句法结构进行构建的同时，从 SS 向 PF 映射的过程中应用某些句法条件。[②]

2.2.3 "T 模型"

GB 的另一个核心特征是，语法具有一个 T 型组织，即 SS 是唯一与另两个层次直接相联系的层次，如（6）所示：

（6）GB 的语法 T 模型

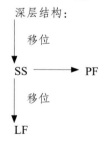

从 SS 向 LF 映射的过程中应用的移位操作与在分裂之前应用的移位

---

① 空语类原则规定，语迹必须被恰当管辖（见 Chomsky 1981, 1986a; Kayne 1981; Lasnik and Saito 1984, 1992 等）。

② 例如，Aoun, Hornstein, Lightfoot, and Weinberg（1987）提出中心语管辖应用于语法的 PF 层面。

操作完全一样，唯一的区别在于一个是显性的（从 DS 到 SS），一个是隐性的（从 SS 到 LF）。然而，由于 LF 和 PF 彼此不直接相关联，在 SS 之后得到的移位，即隐性移位的输出项在 PF 上得不到反映。隐性移位操作的例子包括 wh-移位、虚位词替换以及照应语提升，我们将在适当时候进行讲解。

2.2.4　投射原则

投射原则（the Projection Principle）能够使推导保持一致性，它要求早期结构中的一些信息，如题元信息等，必须在后面的推导层次，尤其是 DS、SS 和 LF 上得到保留（PF 不受此限制）。该原则的一个结果是语迹必须保留在 DS 上蕴含的题元和结构信息。如果一个动词在 DS 上带一个宾语，投射原则要求，它在 LF 上也要带一个宾语。如果宾语发生移位，它原先位置的一些痕迹就必须被保留，否则动词将会被"去及物化"（detransitivize），违反投射原则。事实上，投射原则要求每个移位成分必须留下一个语迹，以标识该移位发生的初始位置。

在 GB 理论中，投射原则的内容通常被扩充而包含一个规定，即所有的小句都必须有主语。这就是所谓"扩展投射原则"（Extended Projection Principle，EPP）。[①]

2.2.5　转换性组件

GB 理论包含一个非常简单的转换性组件。它包括两个规则：约束（Bind）和移位（Move）。约束允许 DP 自由加标，移位允许任何成分在任何时间移到任何位置。根据投射原则，移位要留下语迹，形式为 $[_x\ e\ ]$，即语音内容为空的成分 X。从定义上讲，语迹无语音内容，与发生移位的

---

① EPP 由 Chomsky（1982）首先提出。我们将在 2.3.1.3 和 9.3.3 讨论其在最简方案中的地位。

成分同标。

2.2.6　模块

转换性组件的两个总体性规则会过度生成大量不可接受的结构。为了弥补这些非常笼统的规则，GB 语法采用了一组具有特定信息的模块，它们相互作用以排除那些不理想的过度派生，并"准备"一个短语标记进行 PF 和 LF 的解读。这些模块包括格特征（格理论）、题元角色（题元理论）、约束构造（约束理论）、语迹允准（ECP 和邻接条件）、短语结构（X 阶标理论）以及控制关系（控制理论）。[①] 我们可以在推导的不同节点来检查这些不同种类的信息。例如，不符合 X 阶标理论的具体要求的短语标记在 D 结构被剔除，格理论决定一个代词在 SS 上获得什么样的语音实现，而约束理论是在 LF 上排除那些不合格的 DP 同标现象。

2.2.7　管辖

GB 中最基本的语法关系是管辖（Government）。GB 模块在概念上的统一性在于它们的条件都运用了常规的管辖关系。如上所述，GB 模块所包含的信息类型千差万别。因此，题元角色不同于格特征，照应语不同于边界节点，相互代词不等于空语类，等等。这些多样的模块能够在概念上得以统一是源于这样一个事实，即它们的范围/适用性都局限于从管辖角度定义的域。格是在管辖关系下指派的，题元角色也是一样。约束是在应用管辖者概念所定义的最小域内进行核查。ECP 和邻接条件是从语障（barriers）角度来阐述的，而语障这一概念是通过管辖来定义的。因此，通过这一关键性关系，可以使那些迥然不同的模块获得一种抽象的概念一致性。

---

① 　对于早期从最简主义角度审视 GB 模块的地位、历史以及位置的研究，请参见 Webelhuth（1995b）中收录的论文。

2.3 最简主义的质疑

尽管 GB 理论获得成功,至少从最简主义角度来看,我们有理由来反 25
思 2.2 节所回顾的那些标准的 GB 假设。重温一下引发最简主义研究的那
个问题:关于任何充分的原则和参数理论最小的边界条件在多大程度上也
是最大的边界条件? 我们从方法性和实质性经济条件角度来审视这些最简
性条件(见 1.3 和 1.5)那么接下来的问题是,这些条件是否足以从经验
上构建起 UG 中各种切实可行的解释。换句话说,仅仅考虑这些条件我们
究竟能走多远?

在本章的后续部分,通过对四层次假说的考察,我们开始从最简主
义的方法论背景出发来重新审视 GB 的广泛的系统性特征。如 2.2.2 小节
所述,GB 在一个句子的结构分析中确定了四个关键性层次,即 DS、SS、
LF 和 PF 表征式。为什么是四个层次? 从最简主义角度看,如果说哪些
层次是必需的(见第 10 页和第 11 页注释),LF 和 PF 应该是无可争议
的。回想一下,关于自然语言的一个"重大事实"是语言是形式和意义的
组对。LF 和 PF 分别是针对概念–意向(Conceptual-Intentional)系统和发
音–感知(Articulatory-Perceptual)系统的语法输入。由于任何充分性的
语法必须为每个句子提供形式和语义解读,任何充分的语法就必然包含一
个 PF 解读和一个 LF 解读。从这个意义上讲,LF 和 PF 是任何充分性语
法模型在概念上必需的组成部分。

那么 SS 和 DS 呢? 我们来分别进行讨论,先来看 SS。

2.3.1 对表层结构的反思

SS 是一个理论内部的层次,这意味着它不是由第一章所陈述的那些
总体性原则所激发的。因此,SS 产生的动因是经验上的,而非概念上的。
需要强调的是,这并不是一种批评。它只是一种观察,引发我们对另一

问题的思考，即：假设 SS 存在的证据究竟有多么充分？如果我们抛弃 SS 存在的假设，会失去什么样的经验基础？

表面上看，我们会失去很多。首先，在 GB 中，格理论和约束理论都应用于 SS，同样也包括 GB 理论中各个版本的语障概念中的 γ-标记。[①] 其次，SS 具有重要的描述性功能，它划定了显性和隐性句法的边界。由于很多语言差异是从应用于 SS 之前和之后的规则角度进行解释的，表面上看，如果剔除 SS，我们将失去刻画这些变异的描述性来源。[②] 最后，有各式各样的现象似乎与 SS 密切相关。例如，寄生语缺的允准就是一个典型的例子。[③] 因此，表面上看，即使没有概念上的动因存在，SS 仍具有重要的经验价值。

然而，最简工程的目标是明确：要说明这些表象具有欺骗性，我们有可能不需要 SS 的协助就能解释同样（甚至更多）的经验问题。这就是乔姆斯基（Chomsky 1993）对于格理论、约束理论和跨语言差异所要努力实现的目标。我们来回顾一下他的理据。

2.3.1.1 对格理论的思考：指派 vs. 核查

标准的 GB 理论中格理论的概念是，DP 为了形式合法，必须在 SS 上由管辖它的动词、介词或有定的屈折成分（Infl）向其指派格位。[④] 为什么要在 SS 上进行？因为学界认为格与 LF 和 PF 两者都相关，但与 DS 不相关。

---

① 参见 Lasnik and Saito（1984）关于 γ-标记的概念及其在恰当管辖中的应用，更多讨论参见 Chomsky（1986a）和 Lasnik and Saito（1992）。

② Pollock（1989）和 Chomsky（1991）都明确表达了这一观点。也可参见 Huang（1982）关于 wh 移位，Rizzi（1996）关于 pro 允准，以及 Freidin（1991）中收录的论文等等。

③ 早期对寄生语缺的描写，见 Taraldsen（1981）、Chomsky（1982, 1986a）、Engdahl（1983）、Kayne（1984）。Culicover and Postal（2001）收录了近来的一些文章，也请参见 Nunes（1995, 2001, 2004）、Nissenbaum（2000）和 Hornstein（2001）。

④ 我们并不讨论格是指派给 DP 还是 NP 的问题。为了陈述的方便，我们假设它指派给了 DP。

例（7）和例（8）的被动和提升结构分别显示为何在 DS 上不进行格位指派。

（7）a. He was seen.

b. 深层结构：

$$[_{IP} \Delta \text{ was} + \text{Infl} [_{VP} \text{seen he}]]$$

c. 表层结构：

$$[_{IP} \text{he}_i \text{ was} + \text{Infl} [_{VP} \text{seen t}_i]]$$

（8）a. He seems to be likely to win.

b. 深层结构：

$$[_{IP} \Delta \text{ Infl} [_{VP} \text{seems} [_{IP} \Delta \text{ to} [_{VP} \text{be likely} [_{IP} \text{he to win}]]]]]$$

c. 表层结构：

$$[_{IP} \text{he}_i \text{ Infl} [_{VP} \text{seems} [_{IP} \text{t}_i \text{ to} [_{VP} \text{be likely} [_{IP} \text{t}_i \text{ to win}]]]]]$$

在（7a）和（8a）的深层结构中，代词 he 都不受向其指派格位的成分的管辖，（7b）中的 seen 是个被动动词，（8b）中内嵌最深的屈折成分是非限定性的。那么这些事实表明，被动化剥夺了一个动词的进行（宾格）格位标记的能力。非限定性并没有赋予屈折成分指派（主格）格位的能力；只有当代词移位到限定性屈折成分的标志语（specifier）位置时［见（7c）和（8c）］，它才能被指派格位（两句都是主格）。因此，格理论不能应用于 DS；否则，（7a）和（8a）的句子都将错误地被排除掉。

注意，我们说（7）和（8）的格位指派必须在代词移位后发生并不意味着它一定发生在 SS。那么为什么不能假设它发生在 LF 或 PF 上呢？来看 LF。回想一下语法的 T 模型（见 2.2.3），隐性操作的输出没有语音实现。那么如果在 LF 上指派格位，PF 上就不会得到体现。然而，格理论的根源在于，DP 所获得的格位显然具有音系上的后果。英语的代词如被指派主格，则显现为 he、she 等；如被指派宾格，则显现为 him、her 等；诸如拉丁语和德语等其他语言中，所有 DP 的格位标记在音系上都有所反映。因此，格位不能在 LF 上进行指派。

那 PF 呢？论述还是与语法的 T 模型构造有关。近来的大多数 GB

版本假设格理论和题元理论是通过（9）中的可见性条件（Visibility Condition）联系在一起的。[①]

（9）可见性条件

DP 的题元角色在 LF 可见当且仅当它被指派格位。

可见性条件的经验证据来自于（10）中两句的对比，其中包含空算子（null operators）。[②]

（10）a. I met the man [OP_i that Mary believed t_i to be a genius].

b. *I met the man [OP_i that it was believed t_i to be a genius].

28　根据这一貌似有理的假设，即（10）中的空算子是 DP（代表 the man），可见性条件要求 DP（或其语链，即 <OP_i, t_i>）被指派格位，尽管它们并没有语音内容。因此，（10）中的对比是来自于这样一个事实，即在（10a）中，空算子（的语迹）可以被活跃性的 believed 指派格位，但不能被（10b）中被动的 believed 指派格位。换句话说，（10b）的不可接受性被分析为违反了"题元准则"（Theta-Criterion），即最深层分句的"主语"角色在 LF 不可见，因为其语迹没有受到格标记。那么总体上讲，如果在 PF 上指派格位，DP 所携带的题元角色就在 LF 上不可见，任何包含论元性 DP 的句子都将违反题元准则。因此我们的结论是格位一定不能在 PF 上指派。

---

①　见 Chomsky（1981 第五章）对于"可见性条件"的早期讨论，该讨论基于 Aoun（1979）的思想，特别是 1977 年让-罗歇·韦尼奥（Jean-Roger Vergnaud）写给诺姆·乔姆斯基和霍华德·拉斯尼克的在语言学界广为流传的一封信（另见 Vergnaud 1982）。

②　空算子（也称为零算子）由 Chomsky（1982）引入，与显性算子相对（Chomsky 1981），是指那些没有语音实现但展现出算子特征（如能够允准变量等）的成分。请见 Jaeggli（1982）、Stowell（1984）、Aoun and Clark（1985）、Haïk（1985）、Browning（1987）、Authier（1988）、Lasnik and Stowell（1991）和 Contreras（1993）等关于空算子的特征和存在证据的论述。在诸如（10）的关系分句的例子中，空算子是 wh 关系名词的隐性对应成分，如下面（i）中的 who。根据这一分析（如 Chomsky 1986a 和 Chomsky and Lasnik 1993），（10a）中的 that 被分析为一个常规标句词，而不是一个非疑问性的关系代词。

（i）I met the man [who_i Mary believed t_i to be a genius].

简而言之，GB 中的格理论要求格位的指派发生在 DS 之后，进入 PF 和 LF 之前。所有这三个要求 SS 层次都符合，因此似乎是进行格位指派的合适位置。鉴于格理论能够得到强有力的经验证据，这看上去是一个证明 SS 存在非常好的证据。

然而，这里的表象具有欺骗性。乔姆斯基（Chomsky 1993）的研究表明，上面的结论本质上是基于在 GB 内格位执行方式的一种毫无根据的技术性假设，如果我们采用的技术稍有不同（但同样充分），SS 的必要性就会消失。具体来讲，上面的论证是基于格是被指派的这一假设。我们现在有必要思考一下什么是格位指派。

我们通过（7a–c）中推导的具体细节来详细地看一看，其中粗体的 NOM（主格）表明该特征是由限定性的屈折成分（was）指派的。

（11）He was seen.

（12）a. *深层结构*：

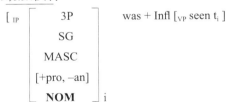

b. *表层结构*：

在（11）的深层结构表征式中，代词是作为未指定格位的特征丛（feature [29] bundles）插入的，限定性屈折成分内在性地承载主格，如（12a）所示。该代词而后移位至 [Spec, IP]，屈折成分的主格特征被"传送"至代词的特征矩阵（feature matrix）中，生成（12b）所示的表层结构表征式。最后，修正后的特征矩阵在 PF 上实现为 he。

因此，GB 中的标准格理论机制假设：（i）在词汇插入时 DP 没有格；（ii）格是在推导过程中获得的。有了这样一种技术，我们上面看到，格理论就必须发生于表层结构才能具有经验上的充分证据。然而，我们为什么假设格理论是以这种方式运行的？如果我们假设（i）DP 在 DS 上就有格特征；（ii）这些特征合适与否是在推导中被核查的，会有什么不妥吗？

来看一下这样的核查解释如何应用于（11）推导，如（13）所示，其中去掉了下标的特征核查（相关的特征 NOM 用粗体表示）：

（13）a. 深层结构：

$$[_{IP} \; \Delta \; was + Infl_{\mathbf{NOM}} \; [_{VP} \; seen \; he_{\mathbf{NOM}} \;] \;]$$

b. 表层结构：

$$[_{IP} \; he_{\mathbf{NOM}} \; was + Infl_{\mathbf{NOM}} \; [_{VP} \; seen \; t \;] \;]$$

代词在深层结构插入时，它的特征被完全指定，如（13a）所示，它的形式是 he 而不是特征丛，但它的格特征在结构中无法被允准，因为它未被一个承载格的成分所管辖。该代词随后移位至 [Spec, IP]，在该位置其格特征与管辖它的屈折成分的格特征相配对。一旦这些特征匹配，格理论即得到满足，该代词在结构中得到允准。

总体上讲，DP 并不是由一个管辖它的中心语来指派格位；相反，我们认为 DP 的格特征必须通过与一个管辖它的中心语的格特征匹配才能得到允准。我们用核查来取代指派。似乎没有经验上的理由支持格位指派优于格位核查。然而，令人意外的是，如果我们假设格位是核查而不是指派的，那么上面支持 SS 的论据则统统消失。在后面的章节，我们将从最简主义角度来重新审视格理论，并改变 GB 方法中的一些根本性假设。然而，目前的讨论并不依赖于对格理论做任何重大的修正。而只是依赖于用核查来取代指派。所有其他的都保持不变。乔姆斯基认为，这一微小的技术修正足以削弱基于格位来支持 SS 的理据。

30　　来看一下具体细节。回想一下前面说在 SS 而不是 LF 上核查格，支持这一说法的主要理据是格会产生语音上的后果：he 不同于 him，she 不同于 her 等。鉴于我们假设语法具有 T 模型，我们不能假设格是在 LF 指派的。然而，上面我们提出了新的机制，这个问题就消失了。如果所有的 DP 在 DS 上已经指定了格位，它们的音系 / 语音组件已经具备了相关的信息，如一个代词实现为 he 而不是 him。我们只要确保合适的格位出现在合适的位置。例如，he 出现在限定性屈折成分的标志语位置（[Spec, IP]），而不是出现在及物动词的宾语位置。然而，这样的核查可以推迟到 LF 进行并且不会付出经验上的代价，那么如果我们用核查取代指派，并假设格过滤式应用于 LF（诸如"在 LF 上所有的格必须被适当地核查"），那么没有 SS 的情况下一切依然顺利。

下面几个具体的例子证明情况确实如此。

（14）a. *Mary to leave would be terrible.

b. *It was seen them.

c. *John loves they.

在格位指派中，（14a）不合法是因为 Mary 没有格（回想一下管辖它的不定式不能指派格位），违背了格过滤式。而在格位核查中，Mary 有格特征，但没有成分对其进行核查，因为管辖它的中心语是非限定性屈折成分，它不是格位活跃的中心语；因此，Mary 的格没有被核查，违背了 LF 上的格过滤式。（14b）是同样道理。被动动词 seen 不是格指派者，也不是格核查者。那么，依据指派方法是 them 得不到格，而依据核查方法是 them 的宾格得不到核查，违反了格过滤式。（14c）稍有不同。这里 they 的格位错误，它是主格而不是宾格。在格位指派中，这是因为 loves 只能指派宾格，而 they 受到 loves 的管辖。同理，我们可以假设 loves 只能核查宾格，主格标记的 they 与承载宾格的 loves 两者在格位上不匹配，导致句子不合法。

最后，来看下面（15a）的存现结构（existential construction）。不同

31 版本的 GB 理论和最简主义都对存现结构有不同的分析。[①] 我们将在第九和第十章更为详细地讨论这些结构。我们这里只是想提出，除了依靠 SS，从格指派角度的分析或许需要对理论手段进行极大的丰富。来看其中的原因。

　　（15）a. There is a cat on the mat.

　　　　 b. *表层结构*：

　　　　　　　[$_{IP}$ there^i is + Infl [$_{SC}$ [a cat]^i [on the mat]]]

很多分析认为，（15b）中的 DP a cat 不是一个格标记位置，因为它没有受到限定性 Infl 的管辖（见 4.2 对于格理论中管辖作用的回顾）[②]。如果是这样，它应该违反 SS 上的格过滤式，句子会被错误地排除掉。为了防止这个不理想的结果，我们在理论中引入一个新的元素——语链。[③] 语链既包含常规的移位形成的语链，也包含像（15b）中（there^i, [a cat]^i）这样的"虚位词-联系词"组对，这两个成员是通过同上标机制联系在一起的。根据这样一种分析，（15b）中的限定性屈折成分将会给 there 指派格位，这与标准的指派主格的情况一样。该特征将传递给与 there 同上标的联系词，使得 DP a cat 能够满足 SS 上的格过滤式。

　　而对于基于核查的替代方案，我们只需要说明（15a）中的 a cat 在到

---

　　① 对于虚位词 / 存现结构的大量文献，请参见 Chomsky（1981, 1986b, 1991）、Belletti（1988）、Authier（1991）、Lasnik（1992a）、Chomsky and Lasnik（1993）、Rothstein（1995）和 Vikner（1995）等在 GB 框架下的研究，以及 Chomsky（1993, 1995, 2000）；den Dikken（1995b）；Groat（1995）；Lasnik（1995c）；Castillo, Drury, and Grohmann（1999）；Boeckx（2000）；Grohmann, Drury, and Castillo（2000）；Hornstein（2000）；Felser and Rupp（2001）；Bošković（2002b）; Nasu（2002）和 Epstein and Seely（2005）等在最简主义框架下的研究（见 Sabel 2000 的简要回顾）。

　　② 在（15b）中，我们假设 a cat on the mat 构成一个小句（small clause），它是一种具有特定特征的谓词结构（相关讨论请参见 Cardinaletti and Guasti 1995 中收录的论文等等）。然而，随着下面论述的展开，没有什么分析依赖于这一假设；小句或许就是一个常规的 VP，其外部论元是 a cat，其中心语提升至屈折成分。

　　③ 参见 Burzio（1986）和 Chomsky（1986b）的讨论。

达 LF 时必须与屈折成分核查其（主格）格位。如果 a cat 隐性移位至一个被屈折成分管辖的位置，例如它嫁接在 IP 上，如（16）所示，它的格位将被核查，在 LF 上满足格过滤式。[①]

（16）逻辑式：

$$[_{IP} [a cat]_i [_{IP} there is + Infl [_{SC} t_i [on the mat]]]]$$

这样，理论的一致性就可以得到保持。唯一需要特别说明的是 there 的特征规定：核查方法必须假设它没有格特征。但这一假设似乎就相当于指派方法中默认的一个假设：即 there 不能"保留"（即必须"传递"）它获得的格特征。在所有条件情况相同的情况下，方法论上的考虑就会让我们选择核查而不是指派。

总之，就与格位相关的标准情况来讲，核查方法基本上可以覆盖指派方法的经验证据。然而，用核查来取代指派，我们可以假设格过滤式应用于 LF 上，而无须再提及 SS。这说明我们之前基于格位来支持 SS 的理据是依赖一个可以轻易避免的技术手段，这些理据不应该阻碍我们朝着抛弃 SS 的最简工程的方向进发。此外，我们也看到，依赖对存现结构的分析，指派技术与格过滤式应用于 SS 的说法相结合其效果并不理想，它除了标准的格位指派之外，还要求格位"传递"，使问题变得愈发复杂。

练习 2.1

用核查的术语来解释下面句子的问题，其中（id）的本意是 "she likes herself"，其中 she 发生了从宾语到主语位置的论元移位。

（i）a. *Her likes he.

b. *John doesn't expect she to leave.

c. *It was believed her to be tall.

d. *She likes.

---

① 该方法见 Chomsky（1986b）。

练习 2.2

　来看主谓一致是如何运作的。有两种可能的方法：一是 DP 向限定性 V 指派一致特征；二是 DP 核查限定性 V 的一致特征。请结合下面的句子讨论上面两种方法。

　　（i）a. The men are/*is here.

　　　　b. There *are/is a man here.

　　2.3.1.2 对约束理论的思考：wh 移位中什么发生了移位？

　　在乔姆斯基（Chomsky 1993）讨论的约束理论中也有一组支持 SS 的理据。我们首先回顾一些初步的背景知识，然后来陈述这些理据。

　　首先，我们通过（17）和（18）的实例来审视约束原则中原则 C 的应用。

　　（17）a. *He$_i$ greeted Mary after John$_i$ walked in.

　　　　　b. *深层结构 / 表层结构 / 逻辑式*：

　　　　　　*[he$_i$ [greeted Mary [after John$_i$ walked in]]]

　　（18）a. After John$_i$ walked in, he$_i$ greeted Mary.

　　　　　b. *深层结构*：

　　　　　　*[he$_i$ [greeted Mary [after John$_i$ walked in]]]

　　　　　c. *表层结构 / 逻辑式*：

　　　　　　[[after John$_i$ walked in]$_k$ [he$_i$ [greeted Mary t$_k$]]]

原则 C 规定，指称语或指称性表达式必须是自由的，即不能与任何统制它的（代）名词成分同标。这样，如果我们要在 DS 上运行原则 C，就会错误地预测（17a）和（18a）都不合法，因为它们具有相同的 DS 表征式，如（17b）和（18b）所示，在这两个表征式中 he 都成分统制 John。相反，如果原则 C 在 SS 或 LF 上运行，我们就会得到正确的结果：（17a）被判定不合法，而（18a）为合法；关键在于，（18c）中的状语从句移位后，代词并不成分统制 John。目前的问题是对于这两个层次，原则 C 应该应用于哪个层次上。为了回答这个问题，我们将考察包含隐性 wh 移位的稍复杂的例子。

来看下面的例（19）。（19）包含两个 wh 成分，是一个多重疑问结构。此类句式的一个特点是允许（在英语中必然存在）一个组对式的解读。即它们要求回答中将 wh 成分进行配对解读。对于（19）的一个合适的回答是将吃东西的人与被吃的东西联系在一起，如（20）所示。

(19)　Who ate what?

(20)　John (ate) a bagel, Mary (ate) a croissant, and Sheila (ate) a muffin.

大多数的 GB 分析都假设，处于原位的未移位的 wh 短语（即在显性句法结束后仍留在后面）隐性移位到一个与疑问性标句词相联系的位置。[①]　34

若是如此，（19）中做宾语的 wh 短语在表层结构处于原位，如下面的（21a）所示，但隐性移位到包含显性移位的 wh 短语的位置，生成如（21b）所示的 LF 表征式。从语义上讲，我们可以将（21b）理解为（20）中的配对回答的深层结构，CP 位置的两个 wh 成分形成一个"被吸纳的"算子，该算子覆盖（潜在）答案的组对［对（19）来说就是吃者和被吃的东西构成的组对］。[②]

（21）a. 表层结构：

　　　$[_{CP}$ who$_i$ $[_{IP}$ t$_i$ ate what $]]$

　　b. 逻辑式：

　　　$[_{CP}$ what$_k$ þ who$_i$ $[_{IP}$ t$_i$ ate t$_k$ $]]$

在上述背景之下，我们来考虑一下标准的 GB 理论对（22）—（24）中约束现象的分析：

（22）a. Which picture that Harry$_i$ bought did he$_i$ like?

　　b. 表层结构/逻辑式：

　　　$[_{CP}$ [which picture that Harry$_i$ bought]$_k$ did $[_{IP}$ he$_i$ like t$_k$ $]]$

（23）a. *He$_i$ liked this picture that Harry$_i$ bought.

　　b. 表层结构/逻辑式：

---

①　见 Huang（1982）及后续的诸多研究。

②　相关的讨论见 Higginbotham and May（1981）。

*[_CP_ he_i liked this picture that Harry_i bought]

（24）a. *Which man said he_i liked which picture that Harry_i bought?

　　b. _表层结构_：

　　　*[_CP_ [which man]_k [_IP_ t_k said he_i liked which picture that Harry_i bought]]

　　c. _逻辑式_：

　　　[_CP_ [which picture that Harry_i bought]_m + [which man]_k [_IP_ t_k said he_i liked t_m]]

如上所示，对于（22a）和（23a）来讲，两者的逻辑式和表层结构的表征式基本一致，如（22b）和（23b）所示，但（24a）的逻辑式和表层结构则大不相同，如（24b–c）所示，原因在于做宾语的 wh 成分发生了向主句 [Spec, CP] 的隐性移位。

　　我们来考察一下上例中 he 和 Harry 之间潜在的同指关系。如果约束原则 C 应用于 LF，我们可以正确地预测（22a）中可能存在的同指关系（因为在 LF 上，Harry 不受 he 的成分统制）和（23a）中不可能存在同指关系（因为在 LF 上，Harry 受到 he 的成分统制），但也会错误地预测（24a）中的同指关系应该是可能的，因为当做宾语的 wh 成分移位后，Harry 最终处于一个不受 he 成分统制的位置。另一方面，如果原则 C 应用于 SS，我们就会得到正确的结果：（22a）中的同指是允许的，而（23a）和（24a）则将被排除。因此，从约束理论来讲我们似乎有理据支持 SS。

　　然而，表象再一次欺骗了我们。注意，上面支持 SS 的论证是基于这样一个假设，即（24a）的逻辑式是（24c），即隐性 wh 移位会使整个 wh 短语发生移位。相反，如果我们假设，为了建立一个足以进行问题解读的结构，隐性的 wh 提升只移位 wh 成分，那么（24a）的逻辑式应该是（25），而不是（24c）。

　　（25）_逻辑式_：

　　　*[_CP_ which_m + [which man]_k [_IP_ t_k said he_i liked [t_m picture that Harry_i

bought]]]

由于（25）中的 Harry 受到代词的成分统制，二者的同指关系违背了约束原则 C。换句话说，现在从经验上讲我们有充分理由应用另一种 LF 表征式来解释（22）—（24）的同指可能性。

这样，上面提到的支持 SS 的证据就相当于假设隐性 wh 提升涉及整个 wh 短语的移位。那么这样的假设有什么理由呢？事实上，那些理由非常薄弱。[①] 即使我们假设多重问句中的配对解释要求 wh 成分发生隐性移位，这并不表明它要求整个 wh 表达式，而不是仅相关的 wh 疑问词发生移位。除了我们观察到的在显性句法中我们可以移动整个 wh 短语，几乎没有什么理由认为在隐性句法中我们也必须这样移位。事实上，即使在显性句法中，也不一定总是需要移动整个 wh 短语。

我们来看看（26）和（27）所示的法语和德语的例子。[②]

（26）*法语*

    a. [Combien de livres]$_i$ a-t-il   consulté t_i?
    多少   的 书   已经-他 查阅

    b. Combien$_i$ a-t-il   consulté [t_i de livres] ?
    多少   已经-他 查阅   的 书

    c. *[De livres]$_i$ a-t-il consulté [combien t_i] ?
      的 书   已经-他 查阅 多少
    他已经查阅了多少本书？

（27）*德语*

    a. [Was für   Bücher]$_i$ hast du t_i gelesen?
    什么 为了 书   已经 你 读

36

---

① 相关讨论见 Hornstein and Weinberg（1990）。

② Obenauer（1976）首先注意到这些范例。法语中的现象也可参见 Obenauer（1984, 1994）、Dobrovie-Sorin（1990）、Rizzi（1990, 2001）、Adger（1994）、Laenzlinger（1998）、Starke（2001）和 Mathieu（2002），其中包括一致的作用，副词放置以及语义解读的问题。van Riemsdijk（1978）观察到（27）中德语现象的相关性。综合性的讨论以及更多的参考，请参见 Butler and Mathieu（2004），他们用统一的方法讨论了这些分裂性结构中所涉及的句法和语义问题。

b. Was$_i$ hast du [t$_i$ für Bücher] gelesen?

什么 已经 你 为了 书 读

c. *[Für Bücher]$_i$ hast du [was t$_i$] gelesen?

为了 书 已经 你 什么 读

你读了什么书？

抛开细节部分（如为何介词短语允许悬空，即为何介词短语 de livres 或 für Bücher 可以留在后面），（26a–b）和（27a–b）显示，诸如 combien 或 was 这样的 wh 疑问词的移位不需要携带它的补足语结构。相应地，（26b–c）和（27b–c）的对比表明，wh-问句成功收敛的必要条件是 wh-疑问词被恰当地允准。

更能说明问题的是（28）中的英语结构，（28a）中的关系从句 Harry likes 与 wh 短语 which portrait 一并发生移位，而（28b）中的关系从句则未发生移位。

（28）a. Which portrait that Harry likes did he buy?

b. Which portrait did he buy that Harry likes?

从结构上讲，（28b）与（25）所示的 LF 表征式相似。有趣的是，我们发现它同样不允许 he 和 Harry 之间存在同指关系，而（28a）则恰恰相反，其中的关系从句与 wh-短语一起发生显性移位。[①]请注意，如果（28b）中的关系从句不发生隐性移位嫁接于 which portrait，[②]那么它的 SS 和 LF 表征式将是一样的，如下面的（29）所示。这样，我们也可以从 LF 层面来解释（28a）和（28b）在同指可能性上的差异。（29a）满足约束原则 C，而（29b）则违反该原则。

---

① 早期相关例子的一些讨论可以参见 van Riemsdijk and Williams（1981）、Freidin（1986）和 Lebeaux（1988）。

② 可以有很多方法阻止（28b）中关系分句的隐性嫁接。例如，我们可以假设隐性移位携带尽可能少的成分，或者假设在同等条件下，在 LF 上修饰变量要优于修饰算子。不管怎样，我们似乎可以消除那个引发问题的前提而不带来太多的麻烦。参见 Hornstein and Weinberg（1990）、Chomsky（1993）以及 8.3.1 和 9.4。

（29）a. 表层结构 / 逻辑式： 37

[[which portrait that Harry$_k$ likes]$_i$ did he$_k$ buy t$_i$]

　　b. 表层结构 / 逻辑式：

*[[which portrait]$_i$ did he$_k$ buy [t$_i$ that Harry$_k$ likes]]

以上例子表明，关键的问题实际上不是原则 C 在哪个层面应用，而是在 wh-移位下什么成分发生移位，即为什么随迁（pied-piping）在某些情况下是可选的，而在其他情况下是必须的。如果我们不让这个独立的问题干扰当下讨论的事项，那么可以放心地说，以例（22）—（24）为基础从约束理论角度支持 SS 的证据是站不住脚的。鉴于 LF 是理论上驱动的表层层次，那么从方法论上来考虑，我们会更倾向于上面阐述的基于 LF 的分析，而不采用传统的基于 SS 的分析。

练习 2.3

在下面（i）中，himself 有歧义，它既能以主句为先行语，也能以从句主语为先行语，但在（ii）中，它必须解读为从句的主语。讨论一下这样的不对称性是否（以及如何）通过本章中讨论的两种隐性 wh 移位方法（即 wh 短语整体移位或只有 wh 成分移位）得到解释。

（i）　[[which picture of himself$_{i/k}$]$_m$ did Bill$_k$ say John$_i$ liked t$_m$]

（ii）　[who$_k$ said John$_i$ liked [which picture of himself$_{i/*k}$]]

练习 2.4

假设 ECP 应用于 LF，解释一下为何下面的例子可以为本章中讨论的某种 wh 隐性移位方法提供证据。（就当前目的而言，假设对于判断的描述是基本正确的；要重温 ECP，请见第 1 页注释 1 提到的任何一份 GB 文献。）

（i）　Which man said that which events were in the park?

（ii）　*Which event did you say that was in the park?

（iii）　*Who said that what was in the park?

2.3.1.3 移位参数、特征强度和拖延原则

另外一种支持 SS 的论据与跨语言差异有关。众所周知，不同语言在显性特征的诸多方面存在差异。例如，英语 wh-问句是通过将 wh-表达式移位到 CP 的标志语即 [Spec, CP] 位置构成的，而汉语（普通话）的 wh-表达式则不发生移位，而是留在原位：[1]

（30）What did Bill buy?

（31）*汉语普通话*

比尔买了什么？

类似地，像法语等语言中主动词显性提升至有定屈折成分，而在英语中这些动词则留在原文；因此，在英语中主动词在修饰 VP 的副词之后，而法语中主动词在修饰 VP 的副词之前。[2]

（32）John often drinks wine.

（33）*法语*

Jean bois souvent du   vin.

让　　喝　　经常　　介词　酒

让经常喝酒。

GB 对于这些差异的处理方式是说汉语中 wh-疑问词发生隐性移位，而英语中是显性移位；英语中主动词是隐性移位，而法语中是显性移位。换句话说，标准的假设是所有语言在 LF 层面都是一致的，显性移位的例子告诉我们所有语言在 LF 上是什么样子。这一假设背后的理据是我们熟知的刺激贫乏论：关于 LF 层面可能的变体形式是来自于原始语言数据中寥寥无几的例子（如果存在的话）。一旦 LF 参数未能得到可靠的设定，那么 LF 应该没有变体形式，而是在所有语法中都是一样的。[3] 进一步的

---

① 见 Huang（1982）的开创性研究及后续的诸多研究。

② 经典的参考文献包括 Emonds（1978）的早期讨论以及 Pollock（1989）这篇影响深远的论文。

③ 相关讨论见 Higginbotham（1983，1985）、Hornstein and Weinberg（1990）、Chomsky（1993）、Hornstein（1995）以及本书的 9.4 节。

讨论我们留到第九章，我们暂且假设事实就是如此。那么在 SS 之后，英语主动词嫁接在屈折成分上，而汉语的 wh 短语移位至 [Spec, CP]。

某些语言中的移位操作必须在 SS 之前，而其他语言中在 SS 之后，这样的表述从描写角度讲凸显了 SS 的重要性，因此似乎为 SS 的设立提供了经验上的支持证据。需要重申的是，这样的论述是否真正说明有必要设立一个区分显性和隐性移位的层面还是令人生疑的。在包含 SS 的 GB 风格理论的诸多假设中有这样一条，即语言的差别在于操作应用的位置不同，因为一些形态上的差异迫使一种操作必须在 SS 之前或之后应用。例如，波洛克（Pollock 1989）和乔姆斯基（Chomsky 1991）从特征强度区 39 分了法语和英语，即只有强屈折成分能够在 SS 之前支撑主动词。然而，根据乔姆斯基（Chomsky 1993）的观察，一旦我们依赖像形态特征强度这样的东西，根本就不再需要诉诸 SS 层面。

来看下面的另一种分析。正如关于格理论的讨论中所说（上文 2.3.1.1），假设移位是由特征核查的需求驱动的。进一步假设特征有两个类别：弱特征和强特征。强特征在语音上无法"被消化"，因此必须在语法分裂之前得到核查；相反，弱特征在语音上可以接受，只需要在 LF 进行核查即可。最后，我们假设语法是"懒惰的"，即直到必须核查特征的时候才核查；我们将这一条件称为"拖延原则"（Procrastinate）。那么，既然弱特征不需要进行显性核查，拖延原则要求它们进行隐性核查。相反，如果强特征在语法分裂前未被核查，推导式将在音系上不合法。因此强特征必须通过显性移位得到核查。我们现在可以说，语言之间所显示的差异只是特征强弱的问题。来看看这一点如何应用于上面的例子。

单纯采纳波洛克的方法，我们可以说英语和法语中屈折系统的特征是一样的，差别仅在于强度不同：法语的有定屈折成分具有强 V 特征，而英语的有定屈折成分具有弱 V 特征。那么，法语中的动词必须显性移位以核查屈折成分的强 V 特征，使其在音系上变为惰性；相反，由于英语中屈折成分的 V 特征无须显性核查，根据拖延原则，动词将发生隐性移位。因此，法语中的主动词在表层位于 VP 副词之前，而在英语中则是在 VP 副词之后，如（34）和（35）所示：

（34）*法语*

    a. *深层结构*：

       $[_{IP} ... Infl_{强\text{-}V} \quad\quad [_{VP} \text{adverb} [_{VP} V ...]]]$

    b. *表层结构 / 逻辑式*：

       $[_{IP} ... V_i + Infl_{强\text{-}V} \quad [_{VP} \text{adverb} [_{VP} t_i ...]]]$

（35）*英语*

    a. *深层结构 / 表层结构*：

       $[_{IP} ... Infl_{弱\text{-}V} \quad\quad\quad [_{VP} \text{adverb} [_{VP} V ...]]]$

    b. *逻辑式*：

       $[_{IP} ... V_i + Infl_{弱\text{-}V} [_{VP} \text{adverb} [_{VP} t_i ...]]]$

40　　那么英语的助动词呢？众所周知，与主动词相反，英语的助动词，如 be（以及助动词 have、假位 do 和情态动词 may、shall、can 等）处于否定词等 VP 边界成分之前，如（36）所示：[①]

（36）a. John is not here.

       b. *John plays not here.

依据上面阐述的方法，最自然的方法就是将这一特质性编码到助动词本身的词条中，即说明 be 的 V 特征是强特征，要求与屈折成分发生显性核查。[②] 一个常见的做法是将助动词直接插入屈折成分。请注意，由于助动词是功能成分（与主动词或名词等词汇成分相反），这一提议与原则参数理论内部的标准假设保持一致，即参数性的变体应该与功能成分紧密相关。[③]

对于 wh- 移位，我们可以假设疑问性标句词的 wh- 特征在英语中为强特征，在汉语中为弱特征，以此解释两类语言的差别。因此，为了使推导式在 PF 上成功收敛，英语中的 wh 短语必须显性移位以核查 C^0 的 wh-

---

① 见 Jackendoff（1972）、Emonds（1976, 1978）、Pollock（1989）等以及后来的诸多研究。

② 相关讨论见 Lasnik（1995a）和 Roberts（1998），Roberts（2001）回顾了与中心语移位有关的普遍性问题及相关的诊断式。

③ 这一观点首先由 Borer（1984）和 Fukui（1986, 1988）提出。

特征，而在汉语中，wh-成分只是隐性移位以满足拖延原则，如（37）和
（38）所示：

（37）*英语*

    a. *深层结构*：

      [$_{CP}$ C $_{强\text{-}wh}$ [$_{IP}$ ... WH ...]]

    b. *表层结构 / 逻辑式*：

      [$_{CP}$ WH$_i$ C$_{\text{强-wh}}$ [$_{IP}$ ... t$_i$ ...]]

（38）*汉语普通话*

    a. *深层结构 / 表层结构*：

      [$_{CP}$ C $_{弱\text{-}wh}$ [$_{IP}$ ... WH ...]]

    b. *逻辑式*：

      [$_{CP}$ WH$_i$ C$_{\text{弱-wh}}$ [$_{IP}$ ... t$_i$ ...]]

注意：如果 C^0 的 wh-特征是强特征，如英语中的，那么单一 wh-短语的 41
显性移位足以核查该强特征，而拖延原则阻止其他已有的 wh-短语发生显
性移位，如（39）所示：

    （39）a. Who gave what to whom?

         b. *Who what to whom gave?

然而，如果 wh-短语本身的 wh-特征是强特征，所有的 wh-短语都应该
发生显性移位以核查它们的强特征。保加利亚语中的情况大概如此，如
在多重疑问句中，所有的 wh-短语都发生显性移位，如（40）所示。[1] 由
于 wh-成分属于功能语类（它们是限定词），与它们特征强度相关的参数
变异应该并不令人意外；差异似乎应该在于特征强度的落脚点（C^0 或是
wh-限定词）。

    （40）*保加利亚语*

        a. *Koj   dade kakvo na kogo?

          谁－主格 给   什么 对 谁－宾格

---

    ①   经典的参考文献是 Rudin（1988a）。相关的讨论及进一步的参考，请见 Sabel
（1998）、Richards（2001）、Bošković（2002a）以及 Boeckx and Grohmann（2003）等等。

b. Koj   kakvo na kogo   dade?

    谁-主格 什么 对 谁-宾格 给

    谁给了什么给谁?

一旦我们采纳特征强度这一概念,要求所有分句在 SS 上都必须有主语的 EPP 原则就可以重新描述为屈折成分具有强限定词(D)或强名词(N)特征;因此,在运算发生分裂之前,某个带有 D/N 特征的成分必须占据 [Spec, IP],以使强特征得到适当的核查。

总之,与我们最初的印象相反,从参数变异角度来探索显性 / 隐性的差别并不要求启用 SS 这一概念。基于特征强度的技术再加上经济原则(拖延原则)或许就是我们解释语言间变异所需的所有手段。那么一个值得思考的问题是,这种特征的运用是优于还是劣于先前 GB 时期将规则应用于 SS 之前和之后的解释方法。乍一看,两者没有太大区别,因为在两种方法中我们都没有解释为什么移位要以那样的方式进行。若问为什么英语的 wh-短语发生显性移位,而汉语的 wh-短语发生隐性移位。回答是没有任何原则性的解释。它们本身就是那个样子。那么,在标准的 GB 理论中,我们并没有解释为什么某一操作在一种语言中发生在 SS 之前,而在另一种语言中发生在 SS 之后。同样,我们从特征强度角度也没有解释诸如为什么某些特征在英语中是强特征而在汉语中是弱特征的问题。比较清楚的是,诉诸特征并没有比假设某些特征在 SS 之前某些在 SS 之后更糟糕。

那么它对我们有好处吗?也有也没有。在强 / 弱特征的基础之上并没有给出任何特别原则性(或是特别深入)的解释。对它们做出假定太容易,因此几乎没有任何的解释力。然而,在当前的情况下,基于特征的方法告诉我们一件有趣的事:语言变异并没有为像 SS 这样的层面提供任何证据。原因是我们可以采用同样充分且同样具有原则性的技术,而这样的技术根本不需要 SS。这个结论很有趣,因为它表明 SS 或许是我们技术实现上的一个人为规定的东西,而不是一个具有很强的概念或经验理据支持的层面。

2.3.1.4 巴西葡萄牙语中的 wh-移位一览

但即使是从极具描写性的层面来讲，如果从特征强度的角度，而不是从操作相对于 SS 的时机角度来分析移位的参数，我们或许也可以得到一个更为简洁的体系。例如，来看看下面巴西葡萄牙语中有关 wh-移位的事实描写。①

（其中 wh-短语用粗体显示）

A. 如果主句中的疑问性 C^0 语音为空，wh-移位是可选的，但如果是一个显性的疑问标句词，则 wh-移位是必须的。

（41）*巴西葡萄牙语*

　　a. **Como** você consertou o　　carro?
　　　 怎么　你　修理　定冠词 汽车

　　b. Você consertou o　　carro **como**?
　　　 你　修理　定冠词 汽车 怎么
　　　 你怎么修理那辆车？

（42）*巴西葡萄牙语*

　　a. **Como** que　　　você consertou o　　carro?
　　　 怎么 从句引导词 你　修理　　定冠词 汽车

　　b. *Que　　　você consertou o　　carro **como**?　43
　　　 从句引导词 你　修理　　定冠词 汽车 怎么
　　　 你怎么修理那辆车？

B. 内嵌性疑问分句内部的 wh-移位是必须的，无论标句词为空还是显性的。

（43）*巴西葡萄牙语*

　　a. Eu perguntei **como**（que）　　você consertou o　　carro.
　　　 我 问　　怎么 从句引导词 你　修理　定冠词 车

---

① 关于巴西葡萄牙语中 wh-移位的讨论，见 Mioto（1994）和 Kato（2004）等。为了陈述的方便，我们暂且不考虑移位 wh-短语和原位 wh-短语在语义解释上可能存在的差异。

　　　b. *Eu perguntei (que)　　　você consertou o　　　carro **como**.
　　　　我　问　　从句引导词　你　修理　　定冠词 车　怎么
　　　　我问你是怎么修理的那辆车。

C. 如果没有跨越孤岛，内嵌分句内部的（论元的）wh-移位是可选
　　的，但如果有孤岛阻隔（孤岛用括号表示），则该移位被禁止。

　（44）*巴西葡萄牙语*

　　　a. **Que livro** você disse que　　　ela comprou?
　　　　哪个 书　你　说　　从句引导词 她　买-过去时

　　　b. Você disse que　　　ela comprou **que livro**?
　　　　你　说　　从句引导词 她 买-过去时 哪个 书
　　　　你说她买了哪本书？

　（45）*巴西葡萄牙语*

　　　a. ***Que livro** você conversou com o　　　autor [que　　　escreveu]?
　　　　哪个 书　你　谈话　　跟　定冠词 作者 从句引导词 写

　　　b. Você conversou com o　　　autor [que　　　escreveu **que livro**]?
　　　　你　谈话　　跟　定冠词 作者 从句引导词 写　　哪个 书
　　　　你跟那位写这本书的作者谈话的是哪本书？

D. 内在无语篇链接的 wh-成分的移位是必须的：[①]

　（46）*巴西葡萄牙语*

　　　a. **Que diabo** você bebeu?
　　　　什么 魔鬼 你　喝-过去时

　　　b. Você bebeu　　　**que diabo**?
　　　　你　喝-过去时 什么 魔鬼
　　　　你究竟喝了什么鬼东西？

44　（41）—（46）的范式显示，我们不能简单地说巴西葡萄牙语中的 wh-移
　　位可以在 SS 之前，也可以在 SS 之后，因为在某些情况下显性移位是必

----

　　① Pesetsky（1987）引入"语篇链接"［D(iscourse)-linking］这一术语来指称 which N 形
　式的 wh-短语；内生性或"侵略性"非语篇链接 wh-短语是指那些从来没有语篇链接解读的
　wh-短语（见 den Dikken and Giannakidou 2002）。关于语篇链接对疑问句的句法和语义解释的
　影响的进一步讨论，见 Grohmann（1998, 2003a），Pesetsky（2000）和 Hirose（2003）等等。

须的，而其他情况下则不可能发生。从分析角度讲，如果我们想严格地从 SS 之前还是之后应用的角度来对结构进行参数化，则会让我们陷入麻烦。

通过基于特征的方法，我们对上面例子的解释是：在巴西葡萄牙语中，（i）空的（即语音上为空的）内嵌疑问标句词，显性移位标句词 que 和内在的非语篇链接成分都具有强 wh-特征，引发显性移位［见（42），（43）和（46）］；（ii）存在两种主句的空疑问性 C⁰，一个具有强特征，另一个具有弱特征。① 根据这一观点，（41）和（44）的可选性具有迷惑性，因为每个"选项"都与不同的 C⁰ 相联系。当孤岛阻隔时，wh-强制性处于原位［见（45）］只是表明，基于具有强特征的 C⁰ 并不存在收敛的推导式。

再重申一遍，我们并不是声称采用上面提出的特征规定就可以解释（41）—（46）的范式。这一声称毫无说服力。我们只是说，基于特征强度的技术可以轻松地对事实进行充分描写，但基于移位相对 SS 的时机的标准方法则似乎需要过多的粉饰。鉴于此，我们完全可以考虑摒弃 SS。

练习 2.5

对于下面（ia）等句式的标准分析是，wh-移位以一种从 [Spec, CP] 到 [Spec, CP] 的连续循环的方式进行，如（ib）所示：假设显性的 wh-移位是由核查一个强 wh-特征所驱动，那么要想推导出（ia）还要进行什么假设呢？这些假设能阻止过度衍生吗？能够正确地排除像（ii）这样不合法的句子吗？如果不能，尝试用别的方法来解释（i）和（ii）。

（i）a.What do you think John bought?

　　b. [CP whati do you think [CP ti John bought ti]]

（ii）*You think what John bought.

---

① Kato（2004）的研究表明，这些空标句词每一个都与不同的语调轮廓（intonational contour）相联系。

练习 2.6

在法语中，主句中的 wh-移位是可选的，而如果 wh-成分在从句中，则它的移位不是可选的（见 Chang 1997、Bošković 1998、Cheng and Rooryck 2000 等），如下面的（i）和（ii）所示：正文中针对巴西葡萄牙语提出的分析方法能适用于（i）和（ii）中的法语例子吗？如果不能，尝试用别的方法来进行解释。

（i）*法语*

    a. Qui as　tu vu?
       谁　已经 你 看见

    b. Tu as　vu　qui?
       你 已经 看见 谁
       你看见了谁?

（ii）*法语*

    a. Qui a　dit Pierre que　　Marie a　vu?
       谁 已经 说 皮埃尔 从句标记词 玛丽 已经 看见

    b. *Pierre a　dit que　　Marie a　vu qui?
       皮埃尔 已经 说 从句标记词 玛丽 已经 看见 谁
       皮埃尔说玛丽看见了谁?

练习 2.7

下面（i）和（ii）的例子表明，某些语言不允许长距离的 wh-移位，而是采用类似虚位词的 wh-成分（如本例中的 was "什么"）和真正的疑问短语的短距离移位（见 McDaniel 1986，1989；Lutz, Müller and von Stechow 2000 中的论文）。对于练习 2.6 的回答你能解释这些例子吗？如果不能，该如何修正你先前的回答以便能解释这些新例子？

（i）*德语*（某些方言）

    *Wen glaubt Hans dass　　Jakob gesehen hat?
    谁　认为 汉斯 从句引导词 雅各布 看见　已经
    汉斯认为雅各布看见了谁?

（ii）德语（所有方言）

Was glaubt Hans wen   Jakob gesehen hat?
什么 认为 汉斯 从句引导词 雅各布 看见   已经
汉斯认为雅各布看见了什么？

2.3.1.5 对拖延原则的一点说明

最后一点。请注意，拖延原则是作为一种优先原则提出的。因此，拖延原则属于第一章提到的最简主义方法所运用的第二种类型的条件。它并不是一种反映接口上解读要求的光杆输入条件（如 PF 上要求强特征必须得到核查）；相反，它是通过对推导式进行排序来刻画推导过程本身：符合拖延原则的推导要优于那些不符合该原则的推导，即便是违背该原则的推导也可以生成被接口层面所解读的语法实体。我们的直觉就是，符合拖延原则的推导更为经济，最经济的推导优先被选择。

采用如拖延原则之类的原则给最简主义提出了更多的问题。一个主要的问题是为什么隐性操作要优于显性句法中的操作。这只是一个简单的事实吗？抑或它是来源于与语法系统所采用的操作类型相关的更为普遍性的思想？换句话说，该原则是语法系统之外的成本指数，抑或是从运算程序的内在特征中自然产生的？很显然，第二种说法更加理想。我们将在第九章再来探讨这些问题，提出拖延原则可以按照上面的思路来说明其合理性。

2.3.1.6 运算分裂和拼读

在继续讲解之前我们还需要解决一个更为尖锐的问题。显性和隐性操作的区别难道不就预设存在一个像 SS 这样的表征层次？也就是说，鉴于运算必须发生分裂以便形成一个 PF 实体和一个 LF 实体，那么 SS 作为这种分裂发生的表征层次其合理性不就可以从概念上得到证明吗？

简单的回答是"不能"。包含 T 模型的理论假定向 C-I 和 A-P 输入的短语标记在结构上不同，尽管两者拥有共同的推导来源，因此，运算系统必须发生分裂。那么我们假设（与 Chomsky 1993 一样），在推导中的某一点，运算系统采用拼读（Spell-Out）规则，该规则将与音系解读相关的结构和与语义解读相关的结构分离开来，然后将两者分别送往合适的接口层次。现在，设定 SS 就相当于说在每个推导中有一个点来应用拼读，这个点就是 SS，有一些过滤性条件在这个点上来应用（见 2.2.2.2 中关于 SS 的特性）。然而，这一 T 模型与一个缺乏说服力的主张相一致，即在每个推导中拼读都在某一点上应用，但不一定是每个推导中的同一点（甚至不一定是只应用一次）；那么，拼读的应用可以受到系统中普遍性条件的管辖，而不需要受制于过滤性条件并假设这些过滤性条件使其成为一个表征层次。

47 　　我们来看看逻辑上的可能性。如果某个运算中没有应用拼读，我们就不会得到一个推导式，因为没有形成组对（π, λ）；因此，拼读必须至少应用一次。如果只应用一次拼读就足以使推导式收敛，经济上的考虑就会阻止更多拼读的发生。[①] 如果在强特征被核查之前应用拼读，那些未核查的特征将使推导在 PF 上崩溃；因此，"显性移位"必须在拼读之前发生。另一方面，如果拼读之前发生的一个移位操作只是核查弱特征，该推导（如果能够收敛的话）将被拖延原则排除；因此，如果不包含强特征，弱特征的核查必须通过"隐性移位"来进行，即在拼读之后进行。那么，如果在推导过程中，拼读的应用是以上述方式单独受到收敛条件和经济条件的制约，我们完全可以解释显性/隐性的区分而不受到 SS 这一表征层次的牵绊。

　　因此，T 模型所要求的运算分裂本身并不能够有力地证明必须将 SS 加入理论之中。

---

　　① 　然而，原则上讲，如果拼读的一次应用会导致推导崩溃，收敛条件或许要求多次应用拼读（见 Uriagereka 1999c, 2002; Chomsky 2000 和 Nunes and Uriagereka 2000 等）我们在下面的 7.5 和 10.4.2 讨论讨论这种可能性。

2.3.1.7 小结

我们已经看到有一些方法论上的原因寄希望于 SS 不存在：它并不是概念上必需的，因为它并不是一个接口层次。此外，我们还回顾了 GB 中支持保留 SS 的理据，结论是设定该层次的经验证据也很薄弱。我们看到，这些证据只有基于某些地位可疑的技术性假设才能成立。如果用其他的手段来取代这些假设，我们所得到的解释在经验上和标准的 GB 解释一样充分，但并不用包含 SS 这一表征层次。这表明 GB 中 SS 的地位从经验上讲并不像人们所普遍认为的那样稳固。还有其他一些证据支持设立 SS 层次，我们在掌握更多的技术手段之后再来讨论这些证据。然而，目前我们所希望说明的是，从经验上来讲要剔除 SS 显然不是没有希望的。

最后一点。到目前为止的论证还是非常保守的。我们主要从表面价值上审视 GB 技术手段背后的概念构架，并看到一些小的技术改变能让我们去除原本看似根深蒂固的建构性特征，即 SS 层次的设定。后面我们将对 GB 提出更为激进的修正。然而，重新审视一些细节对于我们欣赏 GB 本身竟然有这么多益处，这出乎我们的意料。 48

2.3.2　重新审视深层结构

我们现在来更为具体地审视 DS 在 GB 中是如何刻画的，看看从最简主义来审视的话它的基础有多牢固。

从本质上讲，DS 可以描述为词汇特征与语法会面的层次。因此，在这个层次上逻辑宾语就是句法宾语，逻辑主语就是句法主语，以此类推。在 DS 的短语结构内部来满足这些词汇特征是由两个语法模块来管辖的，题元理论（Theta Theory）和 X 阶标理论（X′-Theory）。题元理论确保只有题元位置能够得到填充，X 阶标理论确保所有句法实体的短语组织具有相同的总体模式、编码中心语-补足语（head-complement）、标志语-中心语（Spec-head）和附加语-中心语（adjunct-head）的结构关系。

DS 也是实现语法递归性的层次。回想一下，1.3 节所讨论的"重大事实"之一是，句子可以具有任意长度。我们在 DS 上对这一事实的解释是允许一个语类 A 内嵌于另一个 A 类型的语类，如下面（47）所示，并且对一个特定结构中附加成分或并列成分的数量不设上限，如（48）和（49）所示。事实上，鉴于移位和识解过程（总体上）不增加句子的长度，决定句子长度主要是 DS 的一个功能。

（47）a. [_{DP} [_{DP} the boy] 's toy]

b. [_{PP} from out [_{PP} of town]]

c. [_{IP} John said that [_{IP} Mary left]]

（48）a. [a tall man]

a. [a tall bearded man]

b. [a tall bearded man with a red shirt]

（49）a. [John and Mary]

a. [Peter, John, and Mary]

b. [Susan, Peter, John, and Mary]

最后，DS 从功能上可以定义为短语结构操作和词汇插入的输出项，同时是显性移位操作的输入项。因此它是句法推导的"起始点"，确保组对（π, λ）中成员的匹配性。

当我们询问 DS 是否存在，或它是否必需时，我们实际上是在问是否有必要设立一个符合上述所有要求的语法表征层次。下面我们来讨论这些要求背后的概念和经验证据，来看看在最简主义的视角之下它们是否能够成立。①

2.3.2.1 递归和合并操作

我们上面已经看到，DS 是对递归性进行编码的层次，从这个意义上

---

① 在 GB 理论中，DS 也是应用方向性参数（directionality parameters）的层次，例如，某种语言中动词是在其补足语之前还是之后在很多学者看来是在 DS 上决定的（见 Koopman 1984 和 Travis 1984 等）。我们将语序的讨论留到第七章进行，在那章中我们将从 Kayne（1994）的"线性对应定理"（Linear Correspondence Axiom）视角来重新审视方向性参数。

讲，DS 是语法的生成引擎。我们当然想在体系中保留递归机制，因为它能够解释关于人类语法的一个"重大事实"，即句子在长度上没有上限。那么我们应该回答的问题是语法递归性是否与 DS 有着内在的联系。换句话说，如果我们摒弃 DS 是否一定会失去递归性？迅速地回顾一下这个领域的历史会让我们马上得出否定的答案。关于 UG 的早期方法可以充分解释递归性，但不用设立 DS；[①] 取而代之的是将词汇原则组合起来使得结构越来越大的规则。那么我们应该能够回归到这样的理论，在不设立 DS 的情况下解释语法的递归性。我们来看看该怎么做。

假设我们有一个存储词汇原子的词库和一个将词项组合起来的语法操作，将它们组成符合 X 阶标理论的短语结构。我们将这种操作称为"合并"（Merge）。具体的细节将在 6.3.2 小节讨论。我们暂且假设合并提取两个句法实体，用两者形成一个新的句法成分。例如，为了推导出下面的例（50），合并提取两个词项 saw 和 Mary 构成（51a）中的 VP；该 VP 随后再与屈折成分合并，生成（51b）中的 I'。合并沿着（51c–g）的途径继续应用，最终生成（51g）的 IP。

（50）John said that Bill saw Mary.

（51）a. saw + $_{合并}$ Mary →

　　　　[$_{VP}$ saw Mary]

　　b. VP + $_{合并}$ Infl →

　　　　[$_{I'}$ Infl [$_{VP}$ saw Mary]]

　　c. I' + $_{合并}$ Bill →

　　　　[$_{IP}$ Bill [$_{I'}$ Infl [$_{VP}$ saw Mary]]]

　　d. IP + $_{合并}$ that →

　　　　[$_{CP}$ that [$_{IP}$ Bill [$_{I'}$ Infl [$_{VP}$ saw Mary]]]]

　　e. CP + $_{合并}$ said →

　　　　[$_{VP}$ said [$_{CP}$ that [$_{IP}$ Bill [$_{I'}$ Infl [$_{VP}$ saw Mary]]]]]

　　f. VP + $_{合并}$ Infl →

50

① Chomsky（1965）认为递归是在 DS 进行编码。近期的相关讨论见 Frank（2002）。

$[_{I'}$ Infl $[_{VP}$ said $[_{CP}$ that $[_{IP}$ Bill $[_{I'}$ Infl $[_{VP}$ saw Mary $]]]]]]$

g. I′ + 合并 John →

$[_{IP}$ John $[_{I'}$ Infl $[_{VP}$ said $[_{CP}$ that $[_{IP}$ Bill $[_{I'}$ Infl $[_{VP}$ saw Mary $]]]]]]]$

（50）的句子是语法递归的标准例子，因为其结构中涉及一个 VP 内嵌于另一个 VP，一个 I′ 内嵌于另一个 I′，一个 IP 内嵌于另一个 IP，如（51g）所示。我们需要记住重要的一点是，这样的递归可以在不提及 DS 的情况下得到恰当解释。因此，递归本身并不是设立 DS 的充分证据。

应该承认，这是我们可以提出的反对 DS 的最薄弱的一种证据。它只是说我们可以不设立 DS，而提供另一种方法来解释人类语言的递归性特征。然而，当我们人为设置了一个概念上缺乏动因的表征层次，而另一种似乎可行的技术完全可以胜任本该 DS 来做的工作，这就足以引起最简主义的注意。下面我们将看到，在考虑一些经验事实的时候，我们可以提出更为有力的证据来反对 DS。

2.3.2.2 控制和提升结构

采纳 DS 在经验上的主要动因是它能让我们解释提升和控制结构的差别。因此，我们来回顾一下这两类结构的主要特征，看看基于 DS 的方法是如何解释的。

提升和控制结构在如下方面存在显著差异：①

A. 控制结构的主语被解读为相对于控制和内嵌的谓词都存在语义联系，而提升结构的主语则解读为只与内嵌谓词存在语义联系。因此，在如（52a）所示的控制结构中，Mary 被解读为"希望者"（hoper）和"亲吻者"（kisser），但在如（52b）所示的提升结构中，Mary 只是一个"亲吻者"，但绝不是一个"看似者"（seemer）。

51

———————————

① 早期的研究见 Rosenbaum（1967），Bowers（1973）和 Postal（1974），近期的研究见 Bošković（1997, 2002b），Hornstein（1998, 1999, 2001, 2003）和 Grohmann（2003b, 2003c）等。

（52）a. Mary hoped to kiss John.

　　　b. Mary seemed to kiss John.

B. 虚位词可以占据提升结构的主语位置，但不能占据控制结构的主语位置。

（53）a. It 虚位词 seems that John leaves early.

　　　a. *It 虚位词 hopes that John leaves early.

（54）a. There 虚位词 seemed to be a man at the party.

　　　a. *There 虚位词 hoped to be a man at the party.

C. 习语语块可以占据提升结构的主语位置，但不能占据控制谓词的主语位置：

（55）a. The shit seemed to hit the fan.

　　　b. *The shit hoped to hit the fan.

（56）a. All hell seemed to break loose.

　　　a. *All hell hoped to break loose.

D. 提升结构是"语态透明的"（voice transparent），但控制结构不是。因此，尽管（57）中的句子基本上可以相互解释（在相同的语境下都为真），但（58）中的句子意义显然不同。

（57）a. The doctor seemed to examine John.

　　　a. John seemed to be examined by the doctor.

（58）a. The doctor hoped to examine John.

　　　a. John hoped to be examined by the doctor.

　　我们来看看在 GB 风格的理论中如何解释这些差异。回想一下，在 GB 中，DS 是短语组构中单纯表征题元特征的层次；因此，所有的词汇/题元特征必须在 DS 上得到满足。以（52a）的控制结构为例。由于动词 hope 要求带有一个名词作为补足语（即希望的状态）和一个"希望者"作为外部论元，在一个包含 hope 的句子中要想合法，其 DS 中的主语和宾语位置必须"被填满"，如下面的（59）所示。同理，内嵌动词 kiss 必须释放其"亲吻者"和"被亲吻者"的语义角色。这意味着（59）中与 52

kiss 相关联的主语位置必须在 DS 上被填充，尽管并没有语音上实现的成分占据该位置。在 GB 中，该位置应该由（语音上的）空语类 PRO 填充，它后续与主句主语同标，所产生的解读中 Mary 似乎同时具有两个不同的语义角色。

（59）深层结构：

[Mary $_{希望者}$ hoped [PRO $_{亲吻者}$ to kiss John $_{被亲吻者}$] $_{命题}$]

注意，（59）中内嵌主语位置上的空语类不能是一个语迹。为什么不行呢？因为按照定义，语迹是由移位产生的，但 DS 应该是所有移位操作之前的层次。事实上，GB 对 DS 的定性与受控 PRO 这种成分存在的必要性紧密相连。由于动词可以带非限定性补足语，如（52a）所示，DS 上的要求迫使我们必须设立像 PRO 这样的空语类，它不是由移位形成的。

现在来看一下当提升动词带非限定性补足语时，DS 对它有什么限制。例如，（52b）的动词 seem 以一个命题为补足语，但其主语是非题元性的。因此，在 DS 上 Mary 不能占据该位置。另一方面，（52b）的内嵌动词 kiss 指派两个题元角色，但只有一个论元出现在内嵌分句中。那么，（52b）的 DS 表征必须让 Mary 生成于内嵌分句中，让主句主语位置为空，如（60）所示：

（60）深层结构：

[Δ seemed [Mary $_{亲吻者}$ to kiss John $_{被亲吻者}$] $_{命题}$]

基于（60）的 DS，Mary 移位到主句主语位置以满足 EPP 特征并核查其主格，生成（61）中的 SS。由于在推导过程中，Mary 只与"亲吻者"角色相联系，因此它只能得到这种解读。那么这样就解释了提升结构和控制结构在语义上的差异［上文（A）中所列的特征］。

（61）表层结构：

[Mary$_i$ seemed [t$_i$ to kiss John]]

如果如上所述，控制结构和提升结构在 DS 层次被赋予不同的结构，（B）—（D）中的其他差异都可以得到顺理成章的解释。控制谓词不允许虚位词出现在其主语位置［见（53b）和（54b）］这一事实是由于其在 DS 上违反了"题元准则"：控制谓词必须指派外部题元，而虚位词是不带题元角色的成分。相反，由于提升动词的主语位置是非题元性的，它可 53 以由虚位词填充［见（53a）和（54a）］。

同理，我们可以合理地假设习语语块不能带有常规的题元角色，它们被排除于题元位置之外。[①] 例如，像（55b）这样的句子应该由下面（62a）结构的内嵌主语位置提升 the shit 而来；然而，（62a）不是合法的 DS 表征式，因为 hope 没有释放"希望者"的题元角色。因此，（55b）没有合法的推导式。相反，对于提升结构就没有任何问题，因为主句主语的位置是非题元位置；因此，（62b）是（55a）合法的 DS 结构。

（62）a. _深层结构_：

　　*[△ hoped [the shit to hit the fan]]

　　b. _深层结构_：

　　[△ seemed [the shit to hit the fan]]

最后，提升和控制结构在"语态透明度"的差异是来自于他们的 DS 表征式。例如，在（57）的提升结构中，John 在主动和被动结构的 DS 中被赋予相同的题元角色，如下面（63）所示。相反，在（58）的控制句式的 DS 表征式中，John 带有不同的题元角色，如（64）所示。

（63）a. _深层结构_：

　　[△ seemed [the doctor to examine John 被检查者]]

　　b. _深层结构_：

　　[△ seemed [to be examined John 被检查者 by the doctor]]

（64）a. _深层结构_：

　　[the doctor hoped [PRO to examine John 被检查者]]

　　b. _深层结构_：

　　[John 希望者 hoped [to be examined PRO by the doctor]]

总之，通过假设 DS 的存在，我们能够推导出提升结构与控制结构之

---

① 相关的讨论见 Marantz（1984）等。

间错综复杂的差异。这是一个重要的问题。现在我们的问题是是否需要 DS 来解释这些差异，或者是否有其他的解决办法。

我们首先来仔细看看题元关系在哪里建立以及是如何建立的。在 GB 中，题元准则应用于 DS 层，并且由于"投射原则"的要求（见 2.2.4），也同时应用于 SS 和 LF 层。假设 LF 是到语义接口的规则映射的输入项，我们似乎有理由认为，像施事、受事等概念在 LF 上进行编码，因此在 LF 上设置题元准则这样的规则是有意义的。那么题元准则也应用于 DS 上吗？注意，投射原则通过在后续的各个表征层次中检验某些类型的信息来确保这些信息在推导过程中得到保留。因此，投射原则最终使得运算系统内部会出现冗余。尤其是 DS 上编码的题元关系实际上是 LF 上编码的题元关系的一个子集。那么假设我们要消除这种冗余，而是依据最简主义的思路提出一个空假设，即题元准则只应用于概念上必需的 LF 层次，那么我们现在如何只依靠在 LF 上检验提升结构和控制结构的题元特征来解释两者之间的差异呢？

（65）中的 Mary 可以通过（66）的结构被解读为"希望者"和"亲吻者"，但在（67）的结构中却不可以，我们来重新审视一下这背后的理据。

（65）Mary hoped to kiss John.

（66）[Mary$_i$ hoped [PRO$_i$ to kiss John]]

（67）*[Mary$_i$ hoped [t$_i$ to kiss John]]

如果我们相信 DS 的存在，并进而假设题元准则也必须应用于该层次，我们则被迫选择（66）中的表征式，因为在（67）中，Mary 在 DS 上没有处于主句的主语位置，在该层次上违反了题元准则。然而，如果我们不认为 DS 的存在是理所当然的，我们仍然可以通过每个结构所采用的不同类型的空语类来认定（66）是（65）的合理的表征式。我们可以假设 PRO 和语迹之间的差异在于题元关系必须通过词汇插入来建立，而不能通过移位建立。对事实的重新阐释似乎也可以做出正确的区分，但不必预设 DS

的存在。

更准确地说，我们假设递归 / 生成性是合并操作的结果，如 2.3.2.1 小节所提出的那样，并采纳（68）中的原则，我们称之为"题元角色指派原则"（the Theta-Role Assignment Principle，TRAP）。

（68）题元角色指派原则

题元角色只能在合并操作中被指派。

注意：TRAP 并没有指明应用于某一个表征层次上。相反，它是对语法操作的限制条件。从这个意义上讲，它与像题元角色必须在管辖关系之下被指派这样的要求并无二致。根据 TRAP，（66）中的结构是合格的，因为当 PRO 与内嵌句中的 I′ 合并后，"亲吻者"角色被指派给 PRO，当 Mary 与主句的 I′ 合并后，"希望者"的角色被指派给 Mary。因此，当题元准则应用于 LF 后，该推导式将被判定是收敛的。相反，尽管（67）中的 Mary 在与内嵌句的 I′ 合并后可以获得"亲吻者"角色，它不能获得"希望者"角色，因为它是通过移位而非合并与主句发生联系的。一旦"希望者"未被释放，（67）就在 LF 上违反了题元准则，推导因此崩溃失败。

同理，（52b）的提升结构的 LF 表征式应该是（69a），而不是（69b）。（69a）是合法的，因为 Mary 与内嵌句的 I′ 合并后获得其题元角色，而后移位到非题元位置。相反，在（69b）中，Mary 与主句 I′ 合并后未获得题元角色，违反了题元准则，导致推导式在 LF 上崩溃。

（69）a. _逻辑式_：

[Mary$_i$ seemed [t$_i$ to kiss John]]

b. _逻辑式_：

*[Mary$_i$ seemed [PRO$_i$ to kiss John]]

现在来看看 TRAP 如何解释前面讨论的提升与控制结构的其他差异。虚位词可以占据提升动词的主语位置，因为该位置是非题元位置。如（70a）所示。相反，在（70b）中，虚位词 it 作为一个不带题元角色的成分，在与主句的 I′ 合并后不能被指派"希望者"角色。由于该角色未被释放，则违反了题元准则，推导式在 LF 上崩溃。

（70）a. 逻辑式：

[it 虚位词 seems [that John leaves early]]

b. 逻辑式：

*[it 虚位词 hopes [that John leaves early]]

对于与习语块相关的 LF 表征式，下面的（71a）与（67）相似，前者也是因为"希望者"角色未被释放而违反了题元准则；关键是，该题元角色在 shit 的移位中不能被释放。PRO 由于缺少词汇内容而不能形成习语表达，根据这一合理的假设，在（71b）和（72b）中，PRO 与内嵌句的 I′ 合并后不能获得"习语性"题元角色，违反了题元准则的要求。（72a）也应该被题元准则所排除，因为 the shit 与主句 I′ 合并后没有被赋予题元角色。那么，包含习语表达式的唯一收敛的推导式就是（72b），其中 the shit 在合并后获得习语性题元角色，并移位到非题元位置。

（71）a. 逻辑式：

*[[the shit]$_i$ hoped [t$_i$ to hit the fan]]

b. 逻辑式：

*[[the shit]$_i$ hoped [PRO$_i$ to hit the fan]]

（72）a. 逻辑式：

*[[the shit]$_i$ seemed [PRO$_i$ to hit the fan]]

b. 逻辑式：

[[the shit]$_i$ seemed [t$_i$ to hit the fan]]

最后，对于"语态透明度"存在于提升而非控制结构中的解释与之前一样，唯一的区别在于它是以 LF 为对象来阐述的。即在 LF 上，对于（73）的提升结构而言，John 在主动和被动句中都展现出相同的题元角色，但在（74）的控制结构中题元角色却不同。我们只是用 LF 替代 DS 来解释这一差异，这不足为奇。回想一下，在 GB 中，投射原则要求从一个句法层次到另一个句法层次题元信息不发生改变。

（73）a. 逻辑式：

[[the doctor]ᵢ seemed [tᵢ to examine John 被检查者]]

b. 逻辑式：

[[John 被检查者]ᵢ seemed [tᵢ to be examined tᵢ by the doctor]]

（74）a. 逻辑式：

[[the doctor] hoped [PRO to examine John 被检查者]]

b. 逻辑式：

[John 希望者 hoped [PROⱼ to be examined tⱼ by the doctor]]

总之，（68）中的 TRAP 能让我们合理区分提升结构和控制结构，而无须假设我们需要一个像 DS 这样的层次。其中的原因不难发现。TRAP 在推导系统中的作用与 DS 在 GB 中的作用完全一样，在两种方法中它们都负责剔除向题元位置的移位。因此，结果证明实际上我们并不需要 DS 层次来解释提升和控制结构之间的对比。它是充分不必要条件。这一区分或许是支持 DS 的主要经验证据，就目前情况来看，可以说设定 DS 的事实基础已经被严重动摇。在接下来的两小节，我们将会看到其基础将受到更大冲击。57

练习 2.8

哪个是下面（i）中句子的 DS 表征式？请为你的分析提供独立的证据（见本章中控制结构与提升结构的差异），而后讨论上面提到的 TRAP 是否也能对这些结构做出解释。

（i）a. John was persuaded to kiss Mary.

（ii）b. John was expected to kiss Mary.

练习 2.9

在本节中，我们在推导性方法中讨论 TRAP，即假设句法实体是在规则应用的限制条件的约束下以循序渐进的方式逐步形成的；因此，（68）中的 TRAP 被定义为题元角色指派的限制条件。

但 TRAP 也可以在表征性方法中被重新解读，根据表征性方法，计算系统是在"生成"这一操作的一次性应用下便生成句法实体，而后对于已构建的实体应用允准性条件。根据这一观点，TRAP 可重新定义为 LF 上的关于论元语链（A-chains）的合格性条件（见 Brody 1995），与下面（i）的条件相似。

（i）给定一个论元语链 CH，只有其链尾（即最低的一环）可以被题元标记。

想一想本节讨论的提升结构和控制结构，看看它们的差异能否从（i）的角度全部得到正确的解释。对于在句法运算的表征性方法中设置 DS 的必要性我们能够得出什么结论？

2.3.2.3 无主语的关系分句

回想一下，DS 从功能上被定义为短语结构规则和词汇插入的输出项，同时是移位操作的输入项。我们已经考虑了上述刻画的前半部分。现在我们来看看 DS 作为移位的输入项。

以（75）的推导为例，在 GB 中它是以（76）所示的形式进行的。

（75）I wonder who you said asked what Bill ate.

（76）a. *深层结构*：

[I wonder [$_{CP}$ Δ C^0 [$_{IP}$ you said [$_{CP}$ Δ C^0 [$_{IP}$ who asked [$_{CP}$ Δ C^0 [$_{IP}$ Bill ate what]]]]]]]]

b. *表层结构*：

[I wonder [$_{CP}$ who$_k$ C^0 [$_{IP}$ you said [$_{CP}$ t$_k$ C^0 [$_{IP}$ t$_k$ asked [$_{CP}$ what$_i$ C^0 [$_{IP}$ Bill ate t$_i$]]]]]]]]

58 在（75）的 DS 的生成中，每个 [Spec, CP] 都是空位置，如（76a）所示，而后这些位置由 who 和 what 的移位所占据。

在 GB 中，DS 不仅要先于每一个移位操作，移位操作本身也必须以至下而上的连续循环方式进行。[①] 大致来讲，移位必须首先发生在内嵌更

---

① 对于循环的讨论，早期研究见 Chomsky（1965, 1973）和 Freidin（1978），近期研究见 Freidin（1999）、Svenonius（2001, 2004）和 Grohmann（2003b, 2003c）。

深的 CP 中，而后应用于内嵌较浅的 CP 中。换句话说，（76b）的表层结构的推导首先要移动 what，而后移动 who。对于句法推导采取这种循环性方法是有事实依据的。

　　来看看下面例（77）的句子。如果移位必须以循环方式进行，我们就可以解释它因为违反"邻接条件"而不可接受。对于（78）所示的 DS，（79a）中的 how 移位至最低的 [Spec, CP] 符合"邻接条件"（Subjacency），但在（79b）中 what 随后向更高的 [Spec, CP] 的移位则违反"邻接条件"。

　　（77）*I wonder what you asked how John fixed?

　　（78）<u>深层结构</u>：

　　　　[I wonder [$_{CP}$ Δ C^0 [$_{IP}$ you asked [$_{CP}$ Δ C^0 [$_{IP}$ John [$_{VP}$ [$_{VP}$ fixed what] how]]]]]]

　　（79）a. [I wonder [$_{CP}$ Δ C^0 [$_{IP}$ you asked [$_{CP}$ how$_i$ C^0 [$_{IP}$ John [$_{VP}$ [$_{VP}$ fixed what] t$_i$]]]]]]

　　　　b. <u>表层结构</u>：

　　　　　*[I wonder [$_{CP}$ what$_k$ C^0 [$_{IP}$ you asked [$_{CP}$ how$_i$ C^0 [$_{IP}$ John [$_{VP}$ [$_{VP}$ fixed t$_k$] t$_i$]]]]]]

然而，如果移位可以以非循环方式进行，则（77）可能存在像（79b）这样的推导，因为其中并未违反"邻接条件"。对于（78）所示的 DS，what 可以先向较低的 [Spec, CP] 移位，而后移到较高的 [Spec, CP]，如下面（80a–b）所示。假设删除操作在可还原情况下可以自由应用（即只要不引起显性表达信息的缺失便可以应用）[1]，那么它可以删除 what 的中间语迹，生成（80c）。最后，how 可以移位到空的 [Spec, CP] 位置，生成与（79）中的表征式一样的 SS 表征式，但其中没有移位违反"邻接条件"。

　　（80）a. [I wonder [$_{CP}$ Δ C^0 [$_{IP}$ you asked [$_{CP}$ what$_k$ C^0 [$_{IP}$ John [$_{VP}$ [$_{VP}$ fixed t$_k$] how]]]]]]　59

　　　　b. [I wonder [$_{CP}$ what$_k$ C^0 [$_{IP}$ you asked [$_{CP}$ t$_k$ C^0 [$_{IP}$ John [$_{VP}$ [$_{VP}$ fixed t$_k$] how]]]]]]

---

　　① 对于可还原条件下的自由删除，见 Chomsky（1965, 1977）、Kayne（1975, 1976）、Chomsky and Lasnik（1977）和 Lasnik and Saito（1984）等的研究。

c. [I wonder [$_{CP}$ what$_k$ C^0 [$_{IP}$ you asked [$_{CP}$ Δ C^0 [$_{IP}$ John [$_{VP}$ [$_{VP}$ fixed t$_k$] how]]]]]]

d. *表层结构*:

[I wonder [$_{CP}$ what$_k$ C^0 [$_{IP}$ you asked [$_{CP}$ how$_i$ C^0 [$_{IP}$ John [$_{VP}$ [$_{VP}$ fixed t$_k$] t$_i$]]]]]]

鉴于这些关于循环的论述以及 DS 作为移位操作的观点,我们应该问一问在没有 DS 的体系中如何来阐述这些思想,结构的生成性又如何通过构建句法结构的合并操作来得到解释。我们在 2.3.2.1 小节看到合并操作的连续应用可以产生类似 DS 表征式的结构。那么当其中包含移位操作时会发生什么情况呢?所有的合并操作必须先于所有的移位操作吗?如果合并和移位交替应用会出现问题吗?

以下面(81)的简单句为例。(82)中显示的推导式有什么问题吗?其中(82e)的 wh- 短语先移位到 [Spec, CP],而后其余的结构再通过合并操作进行组合。

(81) I wonder what Bill ate.

(82) a. ate + $_{合并}$ what →

[$_{VP}$ ate what]

b. VP + $_{合并}$ Infl →

[$_{I'}$ Infl [$_{VP}$ ate what]]

c. I′ + $_{合并}$ Bill →

[$_{IP}$ Bill [$_{I'}$ Infl [$_{VP}$ ate what]]]

d. IP + $_{合并}$ C^0 →

[$_{C'}$ C^0 [$_{IP}$ Bill [$_{I'}$ Infl [$_{VP}$ ate what]]]]

e. *移动* what →

[$_{CP}$ what$_i$ C^0 [$_{IP}$ Bill [$_{I'}$ Infl [$_{VP}$ ate t$_i$]]]]

f. CP + $_{合并}$ wonder →

[$_{VP}$ wonder [$_{CP}$ what$_i$ C^0 [$_{IP}$ Bill [$_{I'}$ Infl [$_{VP}$ ate t$_i$]]]]]

g. VP + $_{合并}$ Infl →

[$_{I'}$ Infl [$_{VP}$ wonder [$_{CP}$ what$_i$ C^0 [$_{IP}$ Bill [$_{I'}$ Infl [$_{VP}$ ate t$_i$]]]]]]

h. I′ + $_{合并}$ I →

[$_{IP}$ I [$_{I'}$ Infl [$_{VP}$ wonder [$_{CP}$ what$_i$ C^0 [$_{IP}$ Bill [$_{I'}$ Infl [$_{VP}$ ate t$_i$]]]]]]]

我们或许会想起 DS 先于所有移位的这一假设，将其作为另一种方法来排除一个成分移位到未填充的题元位置这样的例子。但是，我们在 2.3.2.2 已经看到，如果我们假设题元角色必须在合并而非移位操作下进行指派［即（68）的 TRAP］，那么这些不合法的例子都可以得到充分的解释。如 60 果是这样，似乎没有什么理由认为移位操作必须在所有的合并操作之后发生。事实上，有一些有趣的证据证明事实恰恰相反。[①]

来看下面（83）的葡萄牙语句子，其中包含"无中心语的关系分句"（headless relative clause）[②]。直觉上讲，com quem "跟谁"被理解为既是 conversa "谈话"的补足语，也是 concorda "同意"的补足语。但如果是这样，该句的 DS 表征式是什么呢？如果 com quem 生成于内嵌宾语位置，如（84）所示，主句动词的选择性 / 题元特征就无法得到满足，因为它并不能选择一个命题性补足语，如（85）所示。

（83）*葡萄牙语*

　　　Ele só conversa com quem　　ele concorda.

　　　他　只　谈话　　　跟 谁-宾格 他 同意

　　　他只跟与他意见一致的人讲话。

（84）*深层结构*：

　　　[IP ele　só conversa [CP ele concorda com quem]]

　　　　 他　只　谈话　　　他　同意　　 跟　谁-宾格

（85）*葡萄牙语*

　　　*Ele conversou que　　　　ela saiu.

　　　 他　 谈话　　 从句标记词 她 离开

　　　*他谈到她离开了。

---

　①　这一论证是基于 Kato and Nunes（1998）的研究。

　②　如其名称所示，无中心语关系分句就是没有中心名词的关系分句，有时也称为"名词性关系分句"。下面括号内的表达式显示了英语中的这种结构。近来的综述和参考文献见 Grosu（2003）等的研究。

　（i）a. Call me [what you want].

　　　 b. Tell us [when you are ready].

　　　 c. [Where to eat] is every night's question.

那么假设在 DS 上，（83）中的 com quem 生成于主句动词的宾语位
置，空算子 OP 生成于内嵌宾语位置，如（86a）所示；该 OP 后续将移位
至 [Spec, CP]，与主句的补足语同标，产生相关的语义解释。

（86）a. 深层结构：

[$_{IP}$ ele só conversa [com quem] [$_{CP}$ ele concorda OP]

他 只 谈话 跟 谁-宾格 他 同意

b. 表层结构：

[$_{IP}$ ele só conversa [com quem]$_i$ [$_{CP}$ OP$_i$ ele concorda t$_i$]

他 只 谈话 跟 谁-宾格 他 同意

61　　（86）中给出的推导式的问题是，根据标准的假设，空算子只能是
DP，而不能是 PP。来看下面（87）中的对比。[①]空算子可以被（87a）中
的 DP the person 恰当允准，但不能被（87b）中的 PP at the person 恰当
允准。

（87）a. [Mary laughed at [$_{DP}$ the person]$_i$ [$_{CP}$ OP$_i$ John was looking at t$_i$]]

b. *[Mary laughed [$_{PP}$ at the person]$_i$ [$_{CP}$ OP$_i$ John was looking t$_i$]]

这样，基于 DS 的理论的一个不尽如人意的结论似乎是，没有合适的
DS 表征式能够表征（83）中 com quem 的"双重补足语"身份。

现在假设我们剔除 DS，并假设合并和移位操作可以交替进行。那么
（83）的推导或许是以如下形式进行的。合并操作的多次应用组成了内嵌
分句，如下面（88a）所示。由于补足语 PP 发生了显性移位，根据 2.3.1.3
小节的讨论我们假设，C^0 具有强 wh 特征，在 com quem 移位与 CP 发生
嫁接后得到核查，如（88b）所示。而后（88b）的结构与 conversa 合并，
再通过多次的合并操作，我们最终得到（88d）的结构。

（88）a. 合并的多次应用：

[$_{CP}$ C $_{强\ wh}$ ele conversa com quem]

他 同意 跟 谁-宾格

---

① 相关讨论见 Jaeggli（1982）、Aoun and Clark（1985）、Stowell（1984）、Haïk（1985）、
Browning（1987）、Authier（1988）、Lasnik and Stowell（1991）和 Contreras（1993），等等。

　　b. *移动* com quem:

　　　[CP [com quem] i [CP C ele conversa ti]]

　　　　　跟　谁–宾格　　他 同意

　　c. *合并* conversa :

　　　[VP conversa [CP [com quem] i [CP C ele conversa ti]]]

　　　　　谈话　　　　　跟　谁–宾格　　他 同意

　　d. *合并的更多应用*

　　　[ele só conversa [CP [com quem] i [CP C ele conversa ti]]]

　　　　他 只 谈话　　　　　跟　谁–宾格　　他 同意

我们讨论的关键步骤是（88b–c）。根据乔姆斯基（Chomsky 1993），假设嫁接于 XP 的成分可以核查其中心语 X 的相关特征（更多讨论见第五章），（88b）中嫁接的 PP 核查 C 的强特征，使得表达式在 PF 上收敛。　62

　　此外，conversa "谈话" 和 CP 的合并形成的结构使得该动词与移位的 PP 处于一种相互成分统制的位置（关键是 PP 没有被 CP 所支配）。根据标准的假设，这一位置关系能够建立题元 / 选择性要求。因此，该推导式可以在 LF 上收敛，因为内嵌句和主句动词的题元 / 选择性要求在推导过程中都能得到满足。注意，（88c）中对 PP 的题元指派完全符合 TRAP。尽管 PP 在前一个推导步骤中发生了移位，它并未通过移位被指派题元角色；题元角色的指派只有当动词 conversa 与 CP 合并时才能发生。

　　上面的思路显示，如果移位和合并交替进行不仅不会有问题，如果不这样做或许还有可能在事实上出现问题。具体讲来，如果假设（i）DS 必须在移位操作之前；(ii) 所有的题元 / 选择性特征必须在 DS 上进行核准，那么对于包含无中心语关系分句的结构就不存在合理的 DS 表征式。换句话说，要想成功地对这些结构进行分析，我们似乎只能放弃 DS。很显然，如果这样的论证思路正确的话，那么它就是反对 DS 存在的有力证据。

> **练习 2.10**
>
> 在练习 2.9 中，我们看到如下面（i）所示的 TRAP 的表征性形式作为 LF 的合格性条件可以有效区分提升结构和控制结构。现在来看看（ii）中的无中心语关系分句，讨论一下它能否（以及如何）通过（i）来得到恰当的解释。
>
> （i）给定一个论元语链 CH，只有其链尾（即最低的一环）可以被题元标记。
>
> （ii）Mary would laugh at whomever she would look at.

2.3.2.4 余论：对循环性的简述

如果合并和移位操作可以自由地交替进行，有人可能会提出一个显而易见的问题：循环性该如何处理呢？我们将在第八到十章进行深入讨论，这里暂且假设与我们所讨论的（77）相关的经验证据要求循环性也应该应用于不包含 DS 的体系。事实上，我们来概括一下这个要求，该要求同样适用于合并操作。我们假设（89）中的"扩展条件"（Extension Condition），其中的根性句法实体是指不被任何句法实体所支配的句法树。

63

（89）"扩展条件"（初始版本）

合并和移位的显性应用只能以根性句法实体为目标。

现在来看下面（90）中句子的推导。合并的两次应用都以根性句法实体为目标，产生（91b）的结构。

（90）The woman saw George.

（91）a. saw + _{合并} George→

[_{VP} saw George]

b. VP + _{合并} Infl →

[_{I'} Infl [_{VP} saw George]]

如果运算系统继续合并 woman 和 I'，如下面（92a）所示，那么后续的推导式将无法收敛。关键问题是，（89）中的"扩展条件"阻止（92a）中的 the 与 woman 合并，因为 woman 不再是一个根性句法实体，在 the 与根句 IP 的合并产生的结构中，woman 并没有形成一个成分，如（92b）所示：

（92）a. I′ + _{合并} woman →

[_{IP} woman [_{I′} Infl [_{VP} saw George]]]

b. IP + _{合并} the →

[_{DP} the [_{IP} woman [_{I′} Infl [_{VP} saw George]]]]

因此，"扩展条件"迫使 the 和 woman 在它们成为 IP 的组成部分之前就发生合并，如（93）所示：

（93）　a. saw + _{合并} George →

[_{VP} saw George]

b. VP + _{合并} Infl →

[_{I′} Infl [_{VP} saw George]]

c. the + _{合并} woman →

[_{DP} the woman]

d. I′ + _{合并} DP →

[_{IP} [_{DP} the woman] Infl [_{VP} saw George]]

注意，在（93c）的合并操作应用之前，运算系统中存在三个根性句法实体：the、woman 和 I′。一旦我们放弃 GB 中的假设，即运算系统在移位发生之前在单一的短语标记内来安排所有结果，上述方法不足为奇。事实上，在构建一个句子时，我们通常会有很多"小树"，而后将它们组合成一棵大树。在下一节，我们将看到要想解释一些 tough 结构，即使是标准的 GB 理论也要诉诸多于一个的短语标记。

练习 2.11

根据（89）中假设的"扩展条件"，请推导出（i）中的句子，并解释为什么其中一个句子在推导的某个阶段必须包含两个复杂的小树，而另一个则不需要。

（i）a. I greeted John and Mary.

b. John and Mary greeted me.

2.3.2.5 Tough-移位结构

如（94）所示的所谓 tough 结构对于 GB 假设的 DS 提出了一个严重

的经验问题。[①]

（94）*Moby Dick* is hard for Bill to read.

如果我们假设存在 DS，则似乎没有办法解释这种类型的结构。我们首先来探究这种结构的一些特征。

用（95）中的 these books 替换（94）中的 *Moby Dick* 改变了系动词的一致特征，这一事实表明，这些成分占据的是主句的主语位置。

（95）These books are hard for Bill to read.

另一方面，（94）中的 *Moby Dick* 在题元上似乎与内嵌的宾语位置相联系，即它被理解为"被读的东西"。（94）可以解读为（96）进一步证明了这一点，在（96）中 *Moby Dick* 实际占据内嵌宾语位置，主句主语是由虚位词来填充的。

（96）It is hard for Bill to read *Moby Dick*.

乍看起来，我们面对的是从题元位置到非题元位置的移位。事实上，如（94）的 tough 结构确实展现出传统移位诊断式的特点。那么，如果一个孤岛介于主句主语和 read 的宾语之间，我们就得到一个不可接受的句子，如（97）的带 wh-孤岛的例子。

（97）*These books are hard for Bill to decide when to read.

65　　然而，问题是这是什么类型的移位还相当不清楚。例如，假设（94）中的 *Moby Dick* 从内嵌宾语位置直接移位到主句主语位置，如（98）所示：

（98）[*Moby Dick*$_i$ is hard [for Bill to read t$_i$]]

作为论元移位的语迹，（98）的 t$_i$ 是一个照应语，应该受到内嵌分句的约束，以满足约束原则 A。由于 t$_i$ 在该域内未受到约束，该结构应该被排除。（98）的结构被排除也是出于最简性的原因（见第五章）：*Moby Dick*

---

① 有大量的文献讨论过 tough 结构。早期的研究见 Postal and Ross（1971），Lasnik and Fiengo（1974），Chomsky（1977, 1981），Williams（1983），Culicover and Wilkins（1984），Levine（1984）和 Jones（1985），等等。关于这些结构的最简主义分析见 Hornstein（2001）。对 GB 和最简框架下的 tough 结构的综述也可参见 Hicks（2003）。

在移至主句主语的过程中，跨越了内嵌的主语。最后，*Moby Dick* 的移位动因也有点不明确（特别是从最简方案的角度来看）。论元移位一般是由格要求驱动的，但（98）的内嵌宾语位置已经是格标记位置。那么似乎可以得出结论，不管它是一种什么类型的移位，一定不是论元移位。

乔姆斯基（Chomsky 1981）提议这实际上是一种非论元移位，空算子 OP 移位靠近 tough 结构的谓词，与之形成一个复杂谓词。例如，（94）的结构应该显示为（99）。

　　（99）[*Moby Dick* is [hard [OP$_i$ [for Bill to read t$_i$]]]]

在（99）中，空算子的移位形成了复杂谓词 [hard [OP$_i$ [for Bill to read t$_i$]]]，它是表述主语 *Moby Dick* 的谓词。事实上，（99）的主句主语位置是一个题元位置，因为 *Moby Dick* 在主谓关系下获得了题元角色。

现在看来，复杂谓词并不像它们看上去的那么另类。[①] 例如，我们在包含关系分句的结构中就发现了它们，这些结构中的一个句子可以充当一种巨大的形容词。来看例（100）：

　　（100）a. John read a book that Bill enjoyed.

　　　　　　b. [John read [[a book] [OP$_i$ [that Bill enjoyed t$_i$]]]]

在（100）中，a book that Bill enjoyed 构成一个句法成分，携带"被读物"的角色。而且，a book 从直觉上也可理解为扮演"供享受物"的角色。我们知道关系分句是通过非论元移位形成的。因此，（100b）中"供享受物"角色的长距离指派看上去与众不同，实际上它是对一个空算子进行的局部题元指派，该空算子随后发生移位，形成一个开放谓词。在主谓关系下，该谓词的论元由 a book 填充，后者随后被解读为 Bill 所"享受"的东西。

乔姆斯基的提议是对 tough 结构进行同样的分析，差别仅在于形容词

66

---

　　①　事实上，自 Chomsky（1955）起复杂谓词的概念就已经在句法理论中形成了；见 DiSciullo and Williams（1987）等对小句结构的研究。近来对诸多结构的广泛性研究，见 Neeleman（1994）以及 Alsina, Bresnan, and Sells（1997）中收录的论文。也请参见 Ackerman and Webelhuth（1998）从 HSPG 理论对复杂谓词的分析。

与其补足语形成了一个复杂谓词。我们假设这一解释是正确的，来看看它对 DS 有什么启示。

该分析对 DS 提出的第一个问题与（99）中主句主语的题元地位问题有关。（96）已经表明，tough 谓词的主句主语并非内在的题元位置，因为它可以由虚位词来占据。这意味着在空算子发生非论元移位且复杂谓词已形成后，（99）中主句主语位置只是一个题元位置。回想一下，我们已经看到与无中心语关系分句类似的一个例子（见 2.3.2.3）；其中主动词的题元 / 选择性要求只有在 wh 短语移位后才能得到满足。如果（99）中的主句主语位置只在空算子移位后才成为题元位置，那么什么时候插入 *Moby Dick* 呢？如果是在 DS 上，那么当主句主语是题元位置时它无法被插入。如果在空算子移位后插入，那么结论是我们实际上可以在 DS 后将词项插入题元位置。无论采用哪种方法，都会使 DS 的两个主导性主张之间产生矛盾，一是 DS 在所有移位操作之前，二是所有题元位置都在 DS 上填充（见 2.2.2.1）。

乔姆斯基尝试解决这一问题，他削弱了 DS 上的要求，允许词项在推导过程中插入并在 LF 上获得题元指派。[①] 事实上，词项插入和题元指派是彼此分离的。因此，（93）的 DS 应是（101a）；*Moby Dick* 应在 SS 之前插入，而后在 LF 上通过主谓关系获得题元角色（这里标注为 i=j，表示 i 与 j 同标）：

（101）a. 深层结构：
  [is [hard [for Bill to read OP]]]

  b. 表层结构：
  [*Moby Dick*$_j$ is [hard [OP$_i$ [for Bill to read t$_i$]]]]

  c. 逻辑式 (i = j)：
  [*Moby Dick*$_j$ is [hard [OP$_j$ [for Bill to read t$_j$]]]]

---

① 见 Williams（1983）对于 DS 上的（严格性）题元要求的这一修正，Williams（1994）也有所提及。

这一修正的问题是，不仅是原子性的词项，复杂短语也可以成为 tough 结 67
构的显性主语。来看（102a）的句子。根据上面的提议，该句的 DS 应是
（102b）：

    （102）a. These books are hard for Bill to read.

        b. 深层结构：

           [are [hard [for Bill to read OP$_i$]]]

现在我们不能简单地说 these books 将在 SS 之前插入，因为它不是一
个原子性词项，而是一个短语。也就是说，除了允许词项插入发生在 DS
之后，我们还需要一种机制在 DS 后组建短语。

原则上讲短语可以无限复杂，因此，在 DS 之后搭建结构的问题或
许在标准的 GB 内部更为突出。我们可以将包含谓词的短语作为 tough 结
构的主语，如（103a）所示；甚至可以是包含 tough 结构本身的短语，如
（103b）所示。如果（103）中主句主语内部的谓词可以在 DS 后指派题元
角色，那么为什么"基础"句式的谓词不可以？

    （103）a. The books that Mary enjoyed are hard for Bill to read.

        b. *Moby Dick* being hard to read is tough for Bill to understand.

有趣的是，如果我们摒弃 DS，则 tough 结构就不会有问题。回想一
下，如果剔除了 DS，移位和合并操作就可以交替进行。那么（94）的推
导可以以（104）所示的形式进行。

    （104）a. 多次应用合并 →

        [$_{C'}$ for Bill to read OP]

        b. 移动 OP →

        [$_{CP}$ OP$_i$ [for Bill to read t$_i$]]

        c. CP + $_{合并}$ hard →

        [$_{AP}$ hard [$_{CP}$ OP$_i$ [for Bill to read t$_i$]]]

        d. AP + $_{合并}$ is →

        [$_{I'}$ is [$_{AP}$ hard [$_{CP}$ OP$_i$ [for Bill to read t$_i$]]]]

        e. I' + $_{合并}$ *Moby Dick* →

        [$_{IP}$ *Moby Dick* is [$_{AP}$ hard [$_{CP}$ OP$_i$ [for Bill to read t$_i$]]]]

68 在 read 与空算子合并并进行后续的合并后，我们得到（104a）中的 C'。空算子而后移位，产生（104b）的 CP。在 CP 与 hard 合并后，如（104c）所示，二者形成一个复杂谓词，可以向外部论元指派题元角色。因此，在（104e）中 *Moby Dick* 与 I' 合并成为主句主语后，它将得到题元标记。注意：这样的题元标记符合（68）中的 TRAP，该原则重复于（105）；事实上，它与通常向 [Spec,IP] 的题元指派并无二致。

（105）题元角色指派原则

题元角色只能在合并操作中被指派。

总之，tough 结构的与众不同之处不在于它们在哪个层次释放题元角色，而在于它们包含复杂谓词而非简单谓词。更重要的是，我们似乎只有在假设 DS 不存在的情况下才能对其进行充分解释。当然，这是我们能够提出的反对 DS 的一种最强有力的论据。

练习 2.12

在本节中，我们看到复杂谓词的形成是通过空算子的移位，这对 GB 中的 DS 概念构成了反证，因为题元角色可以在移位操作后被指派。但如果再仔细审视一下，应用空算子的做法本身似乎已经破坏了 DS 立足的基础。其中的原因可以看看（i）中句子的 DS，讨论一下其中的动词 ate 和 drank 如何以及在什么位置能够使它们的选择性要求得到满足。

（i）a. The bagel I ate was delicious.

b. The caipirinha I drank was excellent.

2.3.2.6 起始点和枚举词项集合

我们最后来看 DS 在 GB 中扮演的一个重要角色，即作为推导的起始点。由于 DS 是词汇插入的层次，它能够确保 PF 和 LF 彼此相容，因为两者是基于同一个词汇来源，任何充分性的语言模型都必须保证这一点。在推导结束时，我们想让我们的理论能够预测与（106）相联系的 PF 输入表达的语义是 John left（约翰离开了）而不是 I don't think John left（我认为约翰没有离开）。

（106）John left.

从最简主义角度来讲，出于经济原因也是需要一个起始点的。如果运 69
算系统能够随时直接获取词库中的词项，它似乎无法决定某个推导何时能
够结束，这会导致很多不理想的经济性运算。我们来看其中的原因。

一个自然的假设是，从经济原则考虑，较短的推导优于较长的推导。
基于这一点，来看如下的问题。我们看到，DS 的递归性特征在最简主义
中是通过合并操作实现的，该操作将词项组合，构成短语。如果运算系统
可以随时进入词库取词，（106）的推导原则上应该排除掉（107）的推导，
因为前者显然要求的合并操作更少，因此相比（107）更为经济。

（107）Mary said John left.

如果我们假设运算系统并非自由地直接进入词库取词，而是只进入一
个词项集去取词，该词项集作为推导的起始点，那么就可以避免上述不理
想的结果。那么，如果经济原则的比较对象只是有着共同起始点的推导，
即来自相同的词项集，（106）和（107）这两个推导式就不会从经济原则
角度去比较，因为两者的起始点不同；因此，这两个推导都能被允许，因
为其中一个不会妨碍另一个的发生。在 GB 中，这些不同的起始点对应着
不同的 DS 表征式。那么对于最简主义的问题就是在不启用 DS 的情况下，
如何寻求一个推导的起始点。

我们需要一个推导的起始点以保证 PF 和 LF 之间的匹配性，并防止
出现不理想的经济运算，但这并不意味着我们一定需要 DS。回想一下，
DS 远不只是一个起始点。它是一个正式的句法实体，受到很多语法合格
性条件的限制；也就是说，DS 必须遵守 X 阶标理论、题元准则等等。因
此，DS 是 GB 中的一个语言表征层次。如果我们想要一个基于上述原因
的起始点，但又不想设定概念上不需要的表征层次，那么我们只需要一个
形式上的句法实体，它不受任何语法条件的限制，唯一的要求是它包含运
算系统所需的相关词项原子。

乔姆斯基（Chomsky 1995）提出，这样的初始点是枚举词项集合，

70 它是一系列的（LI, i）组对，其中 LI 是词项，i 表示运算中可以获取该词项的次数。例如，（108a）中句子的推导式的枚举词项集合必须包含两个 that 和一个 buy，如（108b）所示。

（108）a. That woman might buy that car.

b. $N = \{might_1, that_2, buy_1, woman_1, car_1\}$

对于一个给定的枚举词项集合 N，运算系统是通过"选择"（Select）操作来提取其中的词项。选择操作从枚举词项集合提取一个成分，该词项的指数就减少 1 个。例如，对于（108b）中的 N，运算系统会选择 car，而后选择 that，分别形成如下面（109）和（110）所示的 N′ and N″。这两个词项而后可以合并，形成 DP，如（111）所示。随后多次应用选择操作会清空枚举词项集合中的词项，而后连续应用合并会生成与（108a）对应的结构，如（112）所示。只有当枚举词项集合的词项被清空后，才能说一个运算完成了推导，即推导式必须用尽枚举词项集合中的所有词项。

（109）a. $N′ = \{might_1, that_2, buy_1, woman_1, car_0\}$

b. car

（110）a. $N″ = \{might_1, that_1, buy_1, woman_1, car_0\}$

b. car

c. that

（111）a. $N″ = \{might_1, that_1, buy_1, woman_1, car_0\}$

a. car + 合并 that → [DP that car]

（112）a. $N‴ = \{might_0, that_0, buy_0, woman_0, car_0\}$

a. [IP [DP that woman] [I′ might [VP buy [DP that car]]]]

如果相关的起始点是枚举词项集合，那么就可以阻止（106）和（107）的推导式之间的比较，我们可以假设两个推导式在下列条件下可以出于经济性目的进行比较：(i) 两者都是收敛的推导（否则，最经济的推导将一定是不包含任何词项的推导）；(ii) 两者基于相同的初始枚举词

项集合。如果运算系统一次只能进入一个枚举词项集合取词，也可以保证 PF 和 LF 之间的匹配性；也就是说，PF 和 LF 是基于相同的词项来源构建的。

关于枚举词项集合有两点需要特别指出。第一，完全可能存在像下面（113）中列出的那些看似"疯狂"的枚举词项集合。当然，这些枚举词项集合都不可能构建出收敛的推导式。然而，这一点也可以在接口层次上预先设定。如果对于什么是合格或不合格的枚举词项集合加入语法上的规定，就相当于重蹈 DS 的覆辙。由于 PF 和 LF 已经可以负责剔除那些崩溃的推导式，就没有必要去剔除（113）中的枚举词项集合，因为它们所形成的推导式将在 LF 和 / 或 PF 上崩溃。

71

（113）a. $N_1 = \{tree_{43}, of_2, buy_1\}$

　　　b. $N_2 = \{with_{11}, about_{33}, Mary_2, John_7\}$

　　　c. $N_3 = \{see_7, man_1, Infl_{53}\}$

第二个需要牢记的重要方面是这是一个语言能力的模型，而非语言运用的模型。因此，对于一个说话人在某一话段中选择某些词项而不选择其他词项并未做出特别说明。顺便还要注意，从这个方面讲，这与假设 DS 存在的体系没什么差别（即为什么说话人选择这个 DS 而不选择另一个 DS？）该提议的主要思想是，构建句法结构的运算系统每次并不是从整个词库中取词，而是从词项集中取词。

我们将在第十章进一步讨论枚举词项集合的形成，但就当前目的而言，我们将如上所述，假设句法推导的起始点是枚举词项集合。

练习 2.13

为了防止（106）阻碍（107）的推导式，我们假设只有具有相同起始点的推导才能从经济性角度进行比较。如此，就生成（106）和（107）的枚举词项集合而言，解释一下为何我们仍然需要假设一个推导必须穷尽其枚举词项集合中的所有词项。

练习 2.14

假设存在 2.3.1.1 小节中描述的核查理论，说说为何（i）中的句对可以从共同的枚举词项集合中推导出来，而（ii）中的句对却不能。

（i）a. John said that Peter loves Mary.

b. Peter said that John loves Mary.

（ii）a. John loves Mary.

b. Mary loves John.

---

72 **练习 2.15**

DS 的一个特征是它是单一的根性句法实体。相反，枚举词项集合作为一个词项集，连句法实体都不是。讨论一下在运算中要求单一根性句法实体是否有用，如果有用，那么从最简角度来讲，该要求应该在什么位置进行陈述。

2.3.2.7 小结

在前面的几个小节，我们考察了 GB 设定 DS 为句法表征层次的主要动因。我们看到，我们不需要设定一个表征层次来解释句法生成性，也不需要将其作为推导的起始点。其他看似合理的技术手段（合并操作和枚举词项集合的概念）也可以起到同样的作用。那么 DS 的假设应该主要出于经验上的原因。然而，我们发现，基于 DS 的体系内在所具有的结构构建与移位彻底分离的做法实际上会引发严重的经验问题，从无中心语关系分句和 tough 移位结构的讨论中可以清晰地看到这一点。更重要的是，我们仅仅假设了关于题元指派的条件（即它可以在合并而非移位下进行），这样就可以获得 DS 所具有的一些优势特点，如解释提升与控制结构之间的差异，但又不必陷入上面提到的经验问题。实际上，我们有一个更好的理论，既能够充分覆盖经验上的证据，同时又无须承担方法论上的负担去设定一个概念上没有动因的表征层次。这让我们看到一个希望，即方法论上最理想的理论也有可能充分覆盖经验上的证据。

2.4　当前的假想

DS 和 SS 是关于普遍语法的 GB 模型的核心特点。在最简主义中我们尽力只保留那些概念上必需的层次，从这一点来讲，DS 和 SS 与 PF 和 LF 形成鲜明对比，前两者在方法论上并非必需的。本章回顾了前人提出的支持 SS 和 DS 的各种证据。我们看到，随着技术手段的改变，我们可以在假设 DS 和 SS 不存在的情况下，解除这些证据同时来"挽救"相关的事实。更为重要的是，在某些情况下我们甚至得出结论：只有在摒弃其中一个表征层次的情况下，一系列的经验现象才能得到解释。我们并没有穷尽性地回顾前人用来支持 SS 和 DS 的所有经验事实。然而，我们已经审视了比较有代表性的样本。似乎可以得出的结论是，我们有理由认为，剔除 DS 和 SS 在经验上不会带来非常昂贵的代价（如果有的话）。因此，至少就这些问题来讲，从最简主义来解释（如第一章所列举的）显著事实的目标是一个切实可行的工程。接下来我们将假设更多的问题能够被克服，并查看一下恪守最简主义的目标还将会给 GB 带来什么样的变化。

我们目前所探讨的语法构想可以用升级版的 T 模型来表示，如下面（115）所示。给定一个枚举词项集合 N（由词项 A、B、C 等组成，每个词项都带有表示其出现次数的索引），运算系统通过选择操作获取 N 中的词项，并通过合并和移位来搭建句法结构。在推导中的某一点，运算系统运用拼读操作，将运算分成两个部分，分别送往 PF 和 LF。送往 LF 的映射被称为隐性组件，送往 PF 的映射称为语音 / 音系组件；拼读之前的运算称为显性句法。

（114）最简主义的语法 T 模型

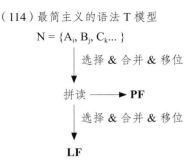

对于任何句法运算，如果运算系统不运用足够多的选择操作，则枚举词项集合中的词项将不会被穷尽，我们将不会得到句法推导式。如果在拼读之前有任何的强特征未被核查，推导将在 PF 上崩溃。此外，如果显性移位的发生只能核查弱特征，"拖延"这条经济原则将排除该推导。最后，只有当两个推导都能够收敛并且从相同的枚举词项集合开始，两者才能出于推导经济性的目的进行比较。

为了确保我们尽可能地忠于最简工程，我们将进一步假设从给定的枚举词项集合 N 到 LF 实体 λ 的映射受到两个条件的制约：[1]

（115）包含条件（Inclusiveness Condition）
逻辑式（LF）的实体 λ 只能由枚举词项集合中词项的特征构成。

（116）统一性条件（Uniformity Condition）
隐性组件中的操作必须与显性句法中的操作一致。

包容性条件旨在防止我们引入那些从词项特征角度无法定义的理论元素。另一方面，统一性条件方式旨在防止我们重新诉诸像"类似的操作必须在拼读之前 / 之后应用"这样的规定。注意，从原则上讲，如果（从接口层次上来讲）这些不同的操作有独立动因，统一性条件并没有排除显性和隐性句法运用不同操作的可能性。如果没有独立的动因，那么违反统一性条件意味着拼读实际上被视为一个表征层次，负责排除显性应用"隐性操作"中的不理想情况。语音组件的运算并不受制于这些条件，因为它们采

---

① 见 Chomsky（1995: 228–229）。

用的是不同的操作，可以添加枚举词项集合中不存在的信息（如语调等）。

这些条件所形成的有力的限制手段对很多传统的 GB 实体提出了质疑，也对目前所讨论的一些最简主义的假设提出了质疑。例如，包容性条件让我们质疑如何从一个给定的枚举词项集合的词汇特征角度来描述语迹和空算子。进而，对于为何如拖延原则所规定的那样，拼读前后的移位在推导成本上存在差异，或者为何如扩展条件所规定的，拼读前的移位必须是循环性的，而拼读后的移位则不一定，统一性条件都要求对此有独立的解释（见 2.3.1.3）。我们将在后面几章重新讨论这些问题，在那些章节中我们将提出更适合最简主义工程的方法。

练习 2.16

如 2.2.5 小节所说，GB 允许对 DP 自由加标索引。GB 的这一特征与包容性条件和统一性条件相容吗？如果不相容，构想一下应该如何以与这两个条件相容的方式来对加标进行重新阐述。

练习 2.17

在 2.3.1.2 小节中，下面（i）的不可接受性是从 LF 角度来解释的，即假设其 LF 结构是（iia），而非（iib）。该分析与包容性条件和统一性条件相容吗？如果不相容，讨论一下在什么情况下对（i）的 LF 分析可以满足这两个条件。

（i）*Which man said he$_i$ liked which picture that Harry$_i$ bought?

（ii）a. 逻辑式：

*[$_{CP}$ which$_m$ [which man]$_k$ [$_{IP}$ t$_k$ said he$_i$ liked t$_m$ picture that Harry$_i$ bought]]

b. 逻辑式：

[$_{CP}$ [which picture that Harry$_i$ bought]$_m$ [which man]$_k$ [$_{IP}$ t$_k$ said he$_i$ liked t$_m$]]

第三章

题元域

3.1　引言

我们再回到基本事实。1.3 节列出的"重大事实"之一，是句子是由短语按照层级形式组建而成。鉴于我们是以 GB 作为出发点，这一重大事实可以通过 X 阶标理论得到解释。根据 X 阶标理论，（ⅰ）短语是中心语的投射；（ⅱ）某些成分由于处于这些投射之内而成为短语的组成部分，（ⅲ）短语之内的成分是有层级顺序的。更具体地说，短语是向心性句法实体，补足语处于中心语的直接投射之内，而标志语处于中心语的直接投射之外。基于这一背景，名为"最简工程"的第一章不再将"管辖"作为语法理论中的基本关系。剔除"管辖"的概念动因是，一旦我们需要短语这个东西，原则上我们应当坚持短语自身的结构关系。这样，如果利用中心语–补足语和标志语–中心语（以下简称 Spec-head）这两种关系，在方法论上是无代价的。同理，如果假设我们需要这两种关系之外的其他关系，代价就是"昂贵的"。特别是基于这一讨论，管辖就属于方法论上的累赘，应该被剔除。

本章中，我们来看看管辖在题元理论领域内是否可以被取消，题元理论负责允准题元或 θ 角色。[①] 具体讲来，我们将在 3.2 和 3.4 节讨论涉及外

---

① 后 GB 时期对 GB 中题元理论的综述见 Williams（1995）。

部论元的结构中的题元指派，在 3.3 节讨论双及物谓词。在论述中我们将介绍对（X 阶标）短语结构，即 VP 层的一些修正，我们将提出所谓 "VP 壳" 的两个版本。3.5 节是本章的小结。

3.2　外部论元　　

3.2.1　外部论元的题元标记和管辖

GB 中区分了内部论元和外部论元。[①] 典型的内部论元是宾语，它们的题元角色由其联系的动词所决定。相反，典型的外部论元是主语，它们的题元角色似乎部分由内部论元所决定。来看下面范式中的例句：[②]

（1）a. She took the book.

b. She took a rest.

c. She took a bus.

d. She took a nap.

e. She took offence.

f. She took office.

g. She took her medicine.

h. She took her time.

表面上看，上面每个结构中的 she 扮演着不同的角色，该角色与每句中宾语的角色相关。因此，某人拿了一本书（takes a book）与某人乘公交车（takes a bus）或休息（takes a rest）大不相同。［这里我们暂不考虑一些奇特的情况，如巨型怪兽哥斯拉拿起公交车（take a bus）的方式与我们拿书的方式完全一样］事实上，每个例子中的 taking 都有所相同。一个不太严谨的解释是认为 take 在词库中存在很多同音异义的词条，每个词条表达一种用法；具体有多少动词有这样多样化的语义解释取决于它们带什么样的宾语（如 throw a fist vs. throw a fit, kill a knight vs. kill a night，等等）。因此，要弄清一

① 见 Williams（1981）和 Marantz（1984）等，简要的综述见 Williams（1995）。
② 这些例句最早由 Marantz（1984）提出，近来在 Kratzer（1996）等的研究中有所提及。

个动词的不同词条究竟向主语指派什么样的题元角色是件非常麻烦的事。

　　如果假设存在外部 / 内部论元的区别，并假设外部题元角色，即主语获得的题元角色实际上不是由动词单独指派，而是由整个 VP（动词加上其内部论元）所指派，我们就可以轻而易举地解释上述差异。若果真如此，（1）中各例的 she 之所以具有不同的语义角色，严格讲来是因为内部论元的不同造成的 VP 之间存在差异；换句话说，（1a）中的 she 是从 take the book 获得语义角色，（1b）中的 she 是从 take a nap 获得语义角色。该假设仍维持单词条观点来解释为何像 take 这样的动词其语义解释取决于它所结合的宾语。动词与宾语的结合，其最小形式是包含动词和宾语的 V′，是与决定外部题元角色相关的谓词结构。

78

　　我们假设上述观点是正确的，来看看 GB 所允许的题元指派的句法构造如何对外部论元进行题元标记。无可争议的一点是，题元指派的构造在某种意义上必须是局部的。毕竟，我们不想让一个特定结构中的任何动词向任何 DP 指派题元角色，而只向离它较近的 DP 指派题元角色。问题是"较近"该如何来定义。

　　在 GB 中，局部性的相关概念是从管辖角度来定义的，就当前目的而言我们按照如下的（2）和（3）来定义管辖：[①]

　　（2）管辖

　　　　α 管辖 β 当且仅当：

　　　　（i）α 成分统制 β 且

　　　　（ii）β 成分统制 α。

　　（3）成分统制（C-Command）

　　　　α 成分统制 β 当且仅当：

　　　　（i）α 不支配 β；

　　　　（ii）β 不支配 α；

　　　　（iii）支配 α 的第一个分支节点也支配 β；并且

---

　　① 见 Reinhart（1976）、Chomsky（1981, 1986a）或 Aoun and Sportiche（1983）等关于成分统制和管辖的各种定义。

（iv）α 不等于 β。

因此，只有当 α 管辖 β 时 α 才能向 β 指派题元角色[1]，根据这一假设，（4）中的动词 saw 一定管辖 Mary，并且 VP saw Mary 一定管辖 John。

（4）John saw Mary.

早期的 GB 分析中为（4）设置如（5）所示的表征式，上面所要求的管辖关系不是什么问题。[2] 事实上，（5）中内部和外部论元的题元标记都是在姊妹节点之间（即相互成分统制），即管辖的"核心"情况下进行：saw 是 Mary 的姊妹节点，VP 是 John 的姊妹节点。

（5）[$_s$ John INFL [$_{VP}$ saw Mary]]　　　　　　．　　79

然而，如（6）所示，一种更为细致的分句结构采纳了二分叉和向心性结构（见第六章）[3]，其中 VP 和主语彼此不再成分统制，那么必须解释外部题元是如何得到题元标记的。

（6）[$_{IP}$ John [$_{I'}$ I^0 [VP saw Mary]]]

一种可能性是除了管辖之外，还采用标志语–中心语关系。具体讲来，（6）中的 VP 可以在管辖关系下向 I^0 指派题元角色，而后该角色将通过标志语–中心语关系指派给 John。[4] 另一种可能性是放松管辖的概念，从最大投影统制（m-command）而非成分统制的角度对其进行定义，如下面的（7）和（8）所示。[5] 由于（6）中的 VP 和 John 共享所有的最大投射

---

① 　见 Chomsky（1981: 36–37）。

② 　回想一下，GB 所假设的原始结构实际上是 [$_s$ NP Infl VP]（Chomsky 1981），其中 S 代表句子，它是从早期生成语法模型中传承下来的 [见 Chomsky（1957, 1965, 1970）以及标准理论和扩展标准理论（Extended Standard Theory）的所有文献]。

③ 　（6）中的结构形成于 Chomsky（1986a）。早期有关 X 阶标术语下的短语结构的讨论见 Jackendoff（1977），关于分句结构的讨论见 Bresnan（1972）、Fassi Fehri（1980）和 Stowell（1981）；早期支持二分叉的论据也可参见 Kayne（1984）。

④ 　Chomsky（1986a）对先前 Chomsky（1981）和 Marantz（1984）的研究进行了拓展，明确假设 VP 向主语的这种题元指派是以 Infl 作为媒介。

⑤ 　最大投射统制的概念由 Aoun and Sportiche（1983）引入，这里所采纳的是 Chomsky（1986a）的描述。

（即 IP），VP 将最大投射统制并管辖 John，以此对其进行题元标记。

（7）管辖

α 管辖 β 当且仅当

（ i ） α 最大投射统制 β

（ ii ）且 β 最大投射统制 α。

（8）最大投射统制

α 最大投射统制 β，当且仅当

（ i ） α 不支配 β；

（ ii ）β 不支配 α；

（ iii ）每一个支配 α 的最大投射也支配 β；且

（ iv ）α 不等于 β。

注意：如果 VP 和外部论元生成的位置之间存在任何的最大投射，则这两个提议都将面临问题。例如，假设对于（6）中的宾语存在一个介于其中的一致投射，称之为 AgrOP，如（9）所示。

（9）[IP John [I′ I⁰ [AgrOP AgrO [VP saw Mary]]]]

由于 AgrO 参与宾语的一致特征和宾格特征的核查（见第四和第五两章的讨论），外部论元不应生成于其标志语位置。那么，即使 AgrO 可以将它从 VP 获得的题元角色重新指派给它的标志语，（9）中的 John 也没有与之处于合适的 Spec-head 构造来获得这一题元角色。此外，（9）中的 VP并未最大投射统制 John，因为 AgrOP 支配 VP 但不支配 John；因此，VP也无法依据（7）中给出的管辖的概念指派外部题元角色。

我们不会试图改变管辖的概念，以规避如例（9）等结构带来的潜在问题。上面的简短讨论显示，将管辖作为出发点会导致一些附带条件的引入，而最简主义的简约精神告诉我们要尽可能避免添加理论上的手段。我们看看是否可能去探索一个另外的初始点。

练习 3.1

有学者观察到，V + OB 的变体在不同语言中都存在大量的习语（见 Marantz 1984），如：

——英语的 hit the roof、kick the bucket 和 screw the pooch；

——巴西葡萄牙语的 esticar as canelas "死"（字面义 "伸展胫骨"），quebrar um galho "解决问题"（字面义 "折断树枝"），以及 pintar o sete "行动起来"（字面义："画数字 7"）；

——德语的 die Luft anhalten "缄口不言"（字面义 "让空气停止"），(nicht) die Kurve kriegen "（不）抽时间做某事"（字面义 "弯腰"），以及 sich den Kopf zerbrechen "绞尽脑汁"（字面义 "打破脑袋"）。

在这些情况下，V + OB 作为一个语义单位，可以以任何适当的 DP 为主语。与 V+OB 的情况相反，SU+V 形式构成的习语即便是有，也少之又少，该形式的习语是指 SU+V 构成一个语义单位，它可选择任何适当的 DP 作为宾语。运用课文中回顾的内部论元和外部论元的区别来详细解释一下为什么会存在这样的对比，并讨论一下习语如何产生又该如何存储在词库中。

3.2.2 谓词内部主语假说

暂时假设目前我们所使用的都是最简主义可以接受的句法关系，即来自于短语结构概念的句法关系。那么我们该如何处理外部论元呢？显然，它们的题元角色无法在中心语-补足语关系下进行指派，因为这是内部论元获得题元标记的句法构造。那就只剩下标志语-中心语关系了。如果我们假设所有与中心语 H 有关的题元角色都是在 H 投射的内部指派的，那么认为外部论元生成于中心语的标志语位置是合理的，它们可以在该位置与中心语进入题元关系。我们将这一假设称为 "谓词内主语假设"（the Predicate-Internal Subject Hypothesis，简称 PISH）。[①]

根据 PISH，在（4）的推导中，John 必须以（10）所示的构造形式进入推导。

---

① 在 GB 背景下，有众多学者提出过主语始于 VP 之内的想法，其中包括 Zagona（1982）、Kitagawa（1986）、Speas（1986）、Contreras（1987）、Kuroda（1988）、Sportiche（1988）以及 Koopman and Sportiche（1991）［他们创造了 "动词短语内主语假设"（VP-Internal Subject Hypothesis）这一术语］。对于 PISH 的系统回顾见 McCloskey（1997）。

（10）[$_{VP}$ John [$_{V'}$ saw Mary]]

在（10）中，John 是 saw 的标志语，同时也处于直接支配动词及其内部论元的投射的"外部"。最后一点很重要，因为它能够让我们区分内部和外部论元，我们在 3.2.1 小节看到，这一区别值得关注。英语的 I^0 具有强 D/N 特征（即满足 EPP 要求），那么（11）中的 John 必须在拼读前移位到 [Spec, IP]，形成（11）的结构（见 2.3.1.3）。

（11）[$_{IP}$ John$_i$ [$_{I'}$ I^0 [$_{VP}$ t$_i$ [$_{V'}$ saw Mary]]]]

因此，实际上我们能够找到一个遵守最简主义的表征式，其中不使用管辖概念（即取代 X′ 的理论概念），同时又可以解释内外部论元的区别。还要注意，（10）中的构造符合题元角色只能在合并操作下指派的主张（见 2.3.2.2）：（10）中的 John 在与 [saw Mary] 合并时获得题元标记。

在下一节我们将看到，PISH 除了是最简主义中必要的概念之外，在经验证据上也能获得强有力的支持。

3.2.3 支持 PISH 的一些经验证据

3.2.3.1 习语和提升

82　　习语的一个非常有趣的特点是它们都与句法成分相对应。因此，我们会发现大量的例子中都是动词与其宾语形成习语性表达，而不包含主语，如 hit the roof，但我们似乎没有发现包含主语和动词形成的不包含补足语的习语。[①] 如果我们假设（12）中的 VP 结构就可以解释这一系统性的差异。

（12）[$_{VP}$ SU [$_{V'}$ V OB]]

在（12）中，动词与其补足语形成一个独立于主语的句法成分，即 V′，但主语和动词无法单独形成一个成分；因此，我们发现习惯性表达的形式总是 [X [**V OB**]]（如 John / Mary / the students **hit the roof**），而不是 [**SU [V**

---

① 最初的观察见 Marantz（1984），关于该问题的讨论见 Bresnan（1982）和 Speas（1990）等。

X]（如 ***The roof hit** John / Mary / the students），其中粗体成分形成一个习语，而 X 是非习语性组成成分。

这样，习语性可以作为检验句法成分性的测试手段。事实上，我们已经用习语来证明，出现在提升结构的主语位置的成分是通过移位占据的（见 2.3.2.2）。我们通过（13）中的例句回顾一下这一主张。

（13）a. The shit hit the fan.

　　　b. The shit seemed to hit the fan.

（13a）具有习语性解读，意思是事情变得很糟糕。这里的关键是，该句中的 the shit 是无指的，却成为更大的句子性习语的一部分。而（13b）进一步表明，当 the shit 出现在提升动词 seem 的主语位置时，仍可获得习语性解读。由于习语必须（在推导中的某一点）形成一个句法成分，并且提升谓语对其主语没有选择性限制，我们可以得到的结论是，（13b）中的 the shit 是从内嵌句提升到了主句 IP。

（13b）对提升结构的分析同样适用于情态动词、体态动词、各种时态以及否定句。那么，如下的句子都可以获得习语性解读。

（14）a. The shit may/should/might/can hit the fan.

　　　b. The shit hit / will hit / is hitting / has hit the fan.

　　　c. The shit did not hit the fan.

（14）表明，情态动词的出现、各种时态体态变化，或者否定都不影响习 83
语性解读。如果 PISH 确实是正确的，（13b）和（14）中的习语性解读自然会得到保持，习语的结构应如（15）所示。

（15）[$_{VP}$ the shit [$_{V'}$ hit the fan]]

基于（15），该句子性习语之所以对其所内嵌的句子的情态、极性词、时态或体态不敏感，就是因为它不包含任何这样的信息。习语只是（15）中的 VP 部分；余下的部分都是非习语性的，是在推导过程中加入的。例如，（14a）几句的派生过程是情态动词与（15）中的 VP 合并，而后 the shit 上移核查 EPP，如下面的（16）所示。换句话说，时态、情态动词、否定和体态词的作用都相当于提升谓词。

（16）[IP [the shit]i [I' may/should/might/can [VP ti [V' hit the fan]]]]

（17a）的推导与（13）和（14）中句子的推导类似，其中包含习语 hit the roof：

（17）a. John hit the roof.

　　　b. [IP Johni [I' I⁰ [VP ti [V' hit the roof]]]]

（16）和（17b）的唯一区别是，（16）的习语是整个 VP，而（17b）的习语只包括动词和宾语。因此，即使主语发生变化，（17）仍维持习语性解读，如（18）所示。

（18）John / Mary / the students will/has/didn't hit the roof.

注意，我们的主张并不是习语必须排除如时态等屈折信息。与其他成分一样，IP 和 CP 原则上可以与习语性解读相联系，我们确实发现了带有这些结构的固化结构，如（19）所示。

（19）a. A rolling stone gathers no moss.

　　　b. Is the Pope catholic?

和我们所预料的一样，即使这些结构内部的组成部分发生变化，也不会失去习语性，如（20）和（21）所示（由 # 号表示）。

（20）a. #A rolling stone gathered / might gather / is gathering no moss.

　　　b. #A rolling stone seemed to gather no moss.

（21）a. #Was the Pope catholic?

　　　b. #Mary wonders whether the Pope is catholic.

84　　概括一下，如果我们假设主语在 [Spec, IP] 合并，就无法解释某些句子性习语对与屈折投射相联系的信息不敏感这一事实。原因如下：如果（13a）与下面的结构相联系，我们可以默认习惯性表达可以在句法上非连续，因为屈折中的时态信息并非固化，如（14）所示；但如果我们采取这一主张，那就无法解释为什么不存在像 **[SU [VX]]** 这种非连续性习语，其中的主语和动词形成习语性表达，而不包含宾语。

（22）[IP [the shit] [I' I⁰ [VP hit the fan]]]

另一方面，如果我们认为 PISH 是正确的，这两个事实都可以得到解释。也就是说，PISH 能让我们维持习语（在推导中的某一点）必须与句法成分相对应这一合理假设。这样，（13）中句子性习语对与屈折相关的信息不敏感，其原因在于习语与 VP 结构相对应，如（15）所示，其中 the shit 移位至 [Spec, IP]，如下面（23）所示。之所以不存在主谓关系，即 [**SU** [**VX**]] 模式的习语，是因为在该结构中主语和动词并未形成一个成分。

（23）$[_{IP} [\text{ the shit }]_i [_{I'} I^0 [_{VP} t_i [_{V'} \text{hit the fan}]]]]$

3.2.3.2 并列结构限制

关于并列结构一个众所周知的事实是，尽管以全盘（across-the-board，简称 ATB）方式从所有并连语中提取成分是允许的，但（一般来讲）我们无法从单一的并连语中提取成分。[①]（24）中可以看到这一并列结构限制的效果，其中从第一个并连语中提取成分会形成严重不合法的句子，除非这一提取与第二个并连语中的提取同时发生。

（24）a. *$[_{CP} \text{what}_i \text{ did } [_{IP} \text{John eat } t_i] \text{ and } [_{IP} \text{Bill cook hamburgers}]]$

b. $[_{CP} \text{what}_i \text{ did } [_{IP} \text{John eat } t_i] \text{ and } [_{IP} \text{Bill cook } t_i]]$

先抛开全盘性提取的细节讨论，我们下面来看（25）中的并列结构。

（25）The girls will write a book and be awarded a prize for it.

若及物分句的主语生成于 [Spec, IP]，（25）应具有下面（26）的结构。鉴于（26）中只有一个并连语中存在语迹，其违反了并列结构限制，我们会错误地预测（25）中的句子不可接受。

（26）$[_{IP} [\text{ the girls }]_i \text{ will } [_{VP} \text{write a book}] \text{ and } [_{VP} \text{be awarded } t_i \text{ a prize for it}]]$

如果采纳 PISH，则不会出现该问题，第一个并连语的主语生成于

---

① 这一重要观察要归功于 Ross（1967），他的研究激发了关于全盘性问题的很多后续研究。更多关于全盘性和并列的经典文献包括 Jackendoff（1977）；Williams（1978）；Gazdar, Pullum, Sag, and Wasow（1982）；Sag, Gazdar, Wasow, and Weisler（1985）和 Goodall（1987）等。概括性的总结也可参见 Munn（1993）。

[Spec, VP]，如（27）所示。[①]

（27）[IP [the girls]i will [VP ti write a book] and [VP be awarded ti a prize for it]]

注意，（27）的每个并连语中都有一个语迹。那么根据 PISH，（27）的结构实际上是全盘提取的情况，与（24b）类似。因此，PISH 可以直接解释为什么如（25）所示的句子中并列结构限制似乎没有发挥作用。

3.2.3.3 约束效应

PISH 也可以得到约束现象的支持。[②] 来看（28）中的句对。

（28）a. Which stories about each other did they say the kids liked?

b. ... but listen to each other, they say the kids won't.

在（28a）中，照应语 each other 有歧义，它既可以以主句主语为先行语，也可以以内嵌句主语为先行语。而在（28b）中，each other 不能被主句主语允准，它只能解读为 the kids。问题是，既然（28b）与（28a）似乎在结构上类似，是什么原因使得（28b）中的 each other 无法被 they 约束。

86　　PISH 为我们提供了答案。如果 PISH 是正确的，（28）中两句的内嵌主语一定是在 [Spec, VP] 位置合并，而后上移至 [Spec, IP]，如（29）所示：

（29）a. [VP [the kids] [V' liked [which stories about each other]]]

b. [VP [the kids] [V' listen to each other]]

在主语提升以及后续的运算后，我们得到了（30）中简化了的表征式。

（30）a. [CP [which stories about each other]i did [IP they say [CP ti [IP [the kids]k[VP tk liked ti]]]]]

b. [CP [VP tk listen to each other]i [IP they say [CP ti [IP [the kids]k won't

————————

①　Burton and Grimshaw（1992）基于 Schachter（1976, 1977）；Williams（1977）；Gazdar（1981）；Goodall（1987）和 van Valin（1986）中的一个早期的观察提出了这一论证。

②　Huang（1993）基于 Cinque（1984）和 Barss（1986）的研究提出了这一论证。

t$_i$]]]]

现在暂且不考虑约束理论中原则 A 的具体运算细节（参见 8.2.2 的讨论），
（28b）中的照应语之所以不像（28a）那样存在歧义，原因现在很清楚了。
（30b）中的语迹 t$_k$ 是照应语的局部约束成分，因此阻止其受到主句主语的
约束。因此，PISH 在一些约束问题的解决上扮演着重要角色。

3.2.3.4 漂移量化词

来看下面几个语义解释几乎相同的句对。

（31）a. All the men have left the party.

　　　b. The men have all left the party.

（32）a. The women each seemed to eat a tomato.

　　　a. The women seemed to each eat a tomato.

（33）a. Both the girls may sing arias in the production.

　　　a. The girls may both sing arias in the production.

每个组对的第二句都包含一个"漂移量化词"（all、each 和 both）。在所
有句子中，漂移量化词与组对的第一句中与之构成直接成分的 DP 在语
义上相联系。那么，以（31b）的 all 为例，它与 the men 的语义联系与
（31a）中一模一样。这表明，漂移量化词结构是通过移位形成的，如下
所示。量化词和 DP 在推导中的某一点形成一个直接成分，称为"量化短
语"（Quantifier Phrase），在后续的一个步骤中，DP 或许会移出该成分，
只留下悬空的量化词。例如，（31b）应该是按（34）的模式生成的。[1]

（34）[$_{IP}$ [the men]$_i$ [$_{I'}$ have [$_{VP}$ [$_{QP}$ all t$_i$] left the party]]]

漂移量化词的分析并非没有争议。[2] 然而，它也有一个非常有利的事
实证据。在很多语言中，漂移量化词与它所关联的成分存在一致关系。例
如，在葡萄牙语中，漂移量化词在性和数上与它所联系的名词一致，如

---

① 关于这一论证的发展见 Sportiche（1988）。

② 涉及漂移量化词［文献中亦称为浮游（floated）或搁浅（stranded）量化词］的移位
和非移位问题，见 Bobaljik（2003）和 Bošković（2004）的全面回顾以及其中的大量参考文献。

（35）所示。

（35）*葡萄牙语*

a. As   meninas tinham todas/*todos   almoçado
　定冠词 女孩　助动词 都-阴性-复数 / 都-阳性-复数 吃午餐
　女孩们都已经吃了午餐。

b. Os   meninos tinham todos/*todas   almoçado
　定冠词 男孩　助动词 都-阳性-复数 / 都-阴性-复数 吃午餐
　男孩们都已经吃了午餐。

同样，德语的类似结构中，漂移量化词与它所关联的成分展现出格上的一致性，如（36）中的最小组对所示，其中心理动词 [1] gefallen "使……高兴"的主语获得与格，而常规及物动词 mögen "喜欢"的主语被标记为主格。[2]

（36）*德语*

a. Diesen   Mädchen gefällt der   Peter
　这些-**与格** 女孩　　取悦　定冠词-**主格** 彼得
　*alle/allen.
　所有-**主格** / 所有-与格
　这些女孩都喜欢彼得。

b. Diese   Mädchen mögen den   Peter
　这些-**主格** 女孩　　取悦　定冠词-**宾格** 彼得
　alle /*allen.
　所有-**主格** / 所有-与格
　这些女孩都喜欢彼得。

---

　①　心理动词（psychological verbs）构成谓词的一个特殊类别，其论元发生"颠倒"，即主语是客体，而宾语是经历者（见 Belletti and Rizzi 1988）。相关的讨论见 den Besten（1985）、Bouchard（1995）和 Pesetsky（1995），等等，关于德语的集中讨论见 Fanselow（1992）和 Abraham（1995）。

　②　德语的格标记最明显地体现于限定词（定冠词或指示词）；例如，（36）中的 Mädchen（女孩）一词所有的格（主格、宾格、所有格、与格）和所有的数（单数和复数）形式都相同，唯一可能的例外是所有格单数 Mädchens，但这种用法已经越来越少。关于德语中漂移量化词的更多讨论，见 Bayer（1987）、Giusti（1989）和 Merchant（1996）。

我们在（35）和（36）中发现的一致性与那些量词不悬空的对应句子中的一致模式相似，如下面（37）和（38）所示。如果漂移量化词结构确实是按照（34）中的移位方式形成的，这正是我们所期待的结果。

(37)*葡萄牙语*

    a. Todas/*todos   as   meninas

       都−阴性−复数/都−阳性−复数   定冠词−阴性−复数   女孩

       tinham   almoçado

       助动词   吃午餐

      所有女孩都吃了午餐。

    b. Todos/*todas   os   menin

       都−阳性−复数/都−阴性−复数   定冠词−阳性−复数   男孩

       tinham   almoçado

       助动词   吃午餐

      所有男孩都吃了午餐。

(38)*德语*

    a. Der   Peter gefällt *alle/allen   diesen

       定冠词−**主格** 彼得 取悦 所有−**主格**/所有−**与格** 这些−**与格**

       Mädchen.

       女孩

      所有这些女孩都喜欢彼得。

    b. Alle /*allen   diese   Mädchen mögen

       所有−**主格**/所有−**与格** 这些−**主格** 女孩   取悦

       der   Peter

       定冠词−**宾格** 彼得

      所有这些女孩都喜欢彼得。

那么，如果漂移量化词的分析是正确的话，则能够为 PISH 提供进一步的支持，因为搁浅的（或漂移的）量化词可以标记主语所生成的 VP 内位置。

3.2.3.5 VSO 语序

某种类型的语言展现出如下面（39）所示的词序。其中的一个例子是爱尔兰语（盖尔语），它是典型的动词居前语言。[1]

（39）有定动词 > 主语 > 补足语

（40）*爱尔兰语*

　　Thóg sí teach dófa 　　 ar an 　　 Mhullach Dubh.

　　建立 她 房子 为他们 　上 定冠词 Mullaghduff

　　她在 Mullaghduff 为他们建了一栋房子。

PISH 让我们更容易地理解像（40）这样的例子。它们可以分析为 (41)，其中有定动词移位至 Infl，而主语留在原位。

（41）$[_{IP}\ V_i + Infl\ [_{VP}\ SU\ [\ t_i\ OB\ ]\ ]\ ]$

　　除了简单词序之外，各种不同的事实表明，（41）的结构在很多语言中都有所体现。我们来看两个例子。首先来看黑人英语（Black English Vernacular）一些方言中的否定倒装，如（42）所示：[2]

（42）*黑人英语*

　　a. Ain't nothin' happenin'.

　　b. Didn't nobody see it.

　　乍看起来，如（42）所示的句子包含否定助词向 C^0 的移位，与标准方言中的助动词倒装一样。若是如此，如果 C^0 有语音实现，这样的移位应该受到阻碍。然而，在某些方言中，即使 C^0 有成分填充，似乎也允许这样的倒装。例如，拉波夫、科恩、罗宾斯和刘易斯（Labov, Cohen, Robins, and Lewis 1968）报告了像（43）这样的例子，其中涉及以显性 C^0 为中心语的关系分句，这样的例子在某些方言中是可接受的。[3]

（43）*黑人英语*

---

[1]　关于爱尔兰语的主语和主语位置请特别参看 McCloskey（1997）。（40）来自 McCloskey（2001: 161）。

[2]　对于黑人英语［也称为非裔美国英语变体（African-American English Vernacular）］的经典研究是 Labov, Cohen, Robins, and Lewis（1968）的研究。Sells, Rickford, and Wasow（1996）和 Green（2002）近来对 BEV/AAEV 的句法特征进行了探讨。

[3]　关于这些带显性 C^0 的例子的可接受性存在一些争议（见 Sells, Rickford, and Wasow, 1996）。

I know a way that can't nobody start a fight.

如（44）所示，否定倒装也可出现在没有 that 的分句以及内嵌问句中，这些句式中都不允许标准方言中的助动词移位。

（44）*黑人英语*

a. It's a reason didn't nobody help him.

b. I know ain't nobody leaving.

如果（42）—（44）的否定助词确实没有向 C^0 移位，则主语占据的位置必须高于主动词，但低于 Infl 上的助动词。PISH 提供了这样一个位置：（42）—（44）的主语已处于 [Spec, VP]，这是它初始生成的位置。

来看西阿尔斯特和德里城英语，这里简称为爱尔兰英语。[①]这些方言 90 的一个区别性特征是它们有祈使性标记 gon（来自 go on），如（45）所示。

（45）*爱尔兰英语*

Gon make us a cup of tea.

这些方言中有一种 VP 省略，表明 gon 处于 C^0 位置。例如，（46）的省略与（47）中的相似，后者根据标准分析助动词处于 C^0。

（46）*爱尔兰英语*

A: Gon make us a cup of tea.

B: Gon you.

（47）A: He made a cup of tea.

B: Did he?

假设这样的分析是正确的，让我们来看下面的（48a）。如果 gon 在 C^0 位置，则动词必须低于 C^0 同时主语必须低于动词。这与下面的思想相一致，即这些结构中的主语保留在原位，而动词已移位至 I^0。根据这一观点，（48a）将以（48b）的形式进行表征。如（49）所示，弱代词可以出现于主语的左侧，这一事实进一步表明，主语并不处于高位，因为我们假

---

① 这些例子来自于 McCloskey（1997）；也可参见 Henry（1995）对贝尔法斯特英语方言的相关特征的研究。

设弱代词必须从它们的初始位置移走。[①]

（48）*爱尔兰英语*

  a. Gon open you that door.

  b. [$_{CP}$ gon [$_{IP}$ open$_i$+ I^0 [$_{VP}$ you [$_{V'}$ t$_i$ that door]]]]

（49）*爱尔兰英语*

  Gon make us you that cup of tea.

  总之，PISH 能够让我们解释那些动词没有移至 C^0 的结构中呈现的 VSO 词序。

3.2.4　小结

91 正如 2.2.7 小节所说，GB 将管辖的概念作为理论基石，因为正是基于这一概念那些纷繁复杂的模块才能获得概念统一性的量度。GB 中的各种不同的关系都是从管辖角度进行陈述的，题元指派也不例外：内部论元和外部论元都是在姊妹关系下进行题元标记，这是管辖的核心范例。然而，在 20 世纪 80 年代后期随着分句结构的精细化，外部论元的题元标记需要一系列的修正，这对于将管辖作为制约题元标记的句法构造的思想提出了质疑。

  作为对这些质疑的回应，GB 中提出了"谓词内主语假设"。PISH 允许外部论元在局部范围内进行题元标记，这种方式也与将屈折成分分解为若干功能语类的做法相契合（见 4.3 的讨论）。从最简主义的视角来看，GB 内发展出 PISH 是受欢迎的，因为该假说只依赖于 X 阶标理论所提供的句法关系，即标志语–中心语和中心语–补足语关系，而没有利用管辖这一概念。

  如 3.2.3 小节所回顾的，从概念角度得到的这一良好结果也获得了大量的经验支持，这一事实表明，如果剔除管辖这一概念也许会更好，至少

---

  ① 对于弱代词（与强代词和/或附着代词相对）的讨论，见 Cardinaletti and Starke（1999）和 Grohmann（2000a）等的研究以及 van Riemsdijk（1999）中的语料。

就题元理论来说是如此（见 4.3 和 8.3 的更多讨论）。那么，我们此后以 PISH 所蕴含的基本思想为假设，并以下一节将讨论的 VP 结构的进一步精细化为基础，随着讨论的深入对其进行革新。

练习 3.2

我们只从动词性谓语角度讨论了 PISH，但 PISH 并不只限于此。应用于动词性谓语的思想也可以扩展到其他的谓语成分。基于该思想，讨论一下（i）中的句子结构。

（i）a. This book seems nice.

b. The cat is on the mat.

c. Peter is a linguist.

d. The students were considered to be smart.

e. Everything appeared to be in order.

f. Mary's criticism of John was unfair.

练习 3.3

92

下面（ia）句有歧义，其中的照应语 each other 可以以主句主语或内嵌句主语为先行词；相反，（ib）中的照应语只允许解读为内嵌句主语（见 Huang 1993）。以 PISH 为假设，解释一下为何（ib）中的照应语不允许解读为主句主语。

（i）a. They weren't sure which stories about each other the kids read.

b. The teachers weren't sure how proud of each other the students were.

练习 3.4

请说明（i）中的句子主语与 were 没有题元关系，并讨论这个句子如何符合"并联结构限制"。

（i）The kids were relentless and out of control.

3.3　双及物动词

3.3.1　难题

假设 PISH 是正确的，我们现在来看看包含两个内部论元的句式结构。乍看起来，（50）中句子的 VP 部分应该表征为（51）。[①]

（50）Mary gave a book to John.

（51）
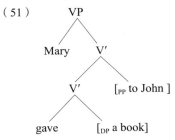

在（51）中，内部和外部论元的区别得到保持：外部论元生成于 [Spec, VP]，内部论元生成于较低的 V 投射内部。对于两个内部论元的合并顺序，可能的情况是客体相比目标与动词的关系更近；因此，动词首先与客体合并，所形成的投射再与目标合并。

然而，细究起来，（51）的表征式面临一些严重的问题。来看下面例（52）—（55）的句子。[②]

（52）a. I presented/showed Mary to herself.

　　　b. *I presented/showed herself to Mary.

（53）a. I gave/sent [every check]$_i$ to its$_i$ owner.

　　　b. ??I gave/sent his$_i$ paycheck to [every worker]$_i$.

（54）a. I sent no presents to any of the children.

---

① 见 Chomsky（1981）等。

② 这些例子以及后续的很多讨论都来自于 Larson（1988: 338）。相关的讨论见 Barss and Lasnik（1986）、Larson（1988, 1990）和 Jackendoff（1990）等，近来的研究见 Anagnostopoulou（2003）和 Beck and Johnson（2004），简要的回顾见 Emonds and Ostler（2005）。

b. *I sent any of the packages to none of the children.

（55）a. Which check did you send to whom?

b. *Whom did you send which check to?

在（52）—（55）的每组句子所显示的构造中，成分统制应该说是一个标配：在（52）中，反身代词必须受到 Mary 的成分统制，以满足约束理论中的原则 A；在（53）中，代词必须受到量化词的成分统制才能解读为约束变量；在（54）中，否定极性词 any 必须受到以否定量化词 no/none 为中心语的成分的成分统制以获得允准；在（55）中，一个 wh 成分不能跨过另一个成分统制它的 wh 成分移位至 [Spec, CP]，因为这将违反"优越性条件"或"最简性条件"（Minimality Condition）（见第五章的讨论）。

如果双及物句式的结构如（51）所示，那么（52）—（55）的范式则无法得到解释。暂时先不管外部论元，每个组对中的第一句抽象表征为（56），第二句抽象表征为（57）。

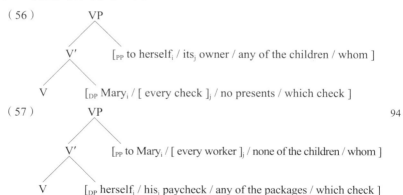

反身代词 herself，约束代词 its/his 和否定极性词 any 在（56）和（57）中都没有受到相关允准词的成分统制，（56）中是由于 V′ 的阻隔，（57）中是由于 to 为中心语的介词短语的阻隔。因此，（51）的结构会让我们做出错误的预测，即预测（52）—（54）中句子组对应该都不可接受。同理，鉴于（56）和（57）中的两个 wh 成分彼此不成分统制，其中任意一个

wh 短语的移位应该满足"优越性条件"或"最简性条件",因此两个句子预期都是可接受的,这一结果不尽人意,如(55)所示。

然而,如果实际上是 VP 内部的客体名词成分统制目标性 PP,那么(52)—(55)的对比就能得到解释,如(58)和(59)所示。

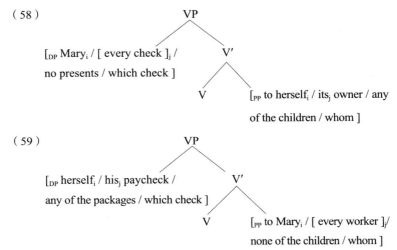

（58）

$[_{DP}$ Mary$_i$ / [every check]$_j$ / no presents / which check]

VP
V′
V
$[_{PP}$ to herself$_i$ / its$_j$ owner / any of the children / whom]

（59）

$[_{DP}$ herself$_i$ / his$_j$ paycheck / any of the packages / which check]

VP
V′
V
$[_{PP}$ to Mary$_i$ / [every worker]$_j$ / none of the children / whom]

在(58)而非(59)中,herself、its/his 和 any 受到它们相关允准词的成分统制,这就解释了为何(52)—(54)中的第一句可以接受,而第二句不可接受。此外,(58)中 which check 的移位要跨过并不成分统制它的 wh 短语,而(59)中 whom 的移位则跨过成分统制它的 wh 成分 which check,违反优越性或最简性条件,这就造成了(55a)和(55b)的对比。

我们可以假设,(56)和(57)的结构实际上是正确的,并假设(52)—(55)中所要求的成分统制关系是通过客体名词在后续推导中向更高位置的移位所建立的。然而,有大量证据表明事实并非如此。以(60)中斜体的习语表达式为例。①

---

① 这些例子来自于 Larson（1988: 340）。

（60）a. Lasorda *sent* his starting pitcher *to the showers*.

b. Mary *took* Felix *to the cleaners / to task / into consideration*.

c. Felix *threw* Oscar *to the wolves*.

d. Max *carries* such behavior *to extremes*.

在（60）的每个句子中，动词及其补足语 PP 看似都跨过了直接宾语，组成了一个非连续的习语。然而，如 3.2.3.1 小节所讨论的，我们有强有力的理由相信（在推导中的某一点）习语必须形成一个直接成分。因此，可以肯定的是，（在推导中的某一点）（60）中的动词和补足语形成了一个直接成分，这一直接成分确实包含直接宾语。如果将这一概括应用于非习语性的双及物结构，（52）—（55）中包含两个直接宾语的相关结构实际上应该是（58）和（59），而与我们最初的（50）中的句子相联系的结构是（61）。

（61）

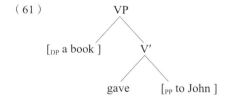

（61）的结构刻画了客体名词成分统制目标这一事实，形成了（52）—（55）的对比，并且让我们能够依据习语必须形成直接成分这一假设来分析（60）中的 [V PP] 形式的习语。

可以证明（61）的正确性的另一条证据是 DP 与 PP 之间的语义依赖性。回想一下，简单及物结构中外部论元的语义解释是由动词和内部论元共同决定的（见 3.2.1）。既然（61）中的 DP 相比 PP 处于更外部，原则上讲我们应该预期 DP 的解读根据 PP 的变化而变化。[①]（62）中的句子表明的确如此，其中 Felix 根据补足语 PP 的内容变化而受到不同方式的影响。

——————————

① 见 Larson（1988: 340–341）的讨论。

96

（62）a. John took Felix to the end of the road.

b. John took Felix to the end of the argument.

c. John took Felix to the brink of disaster.

d. John took Felix to the cleaners.

如果直接和间接宾语之间的相对层级确如（61）所示，我们现在的问题是如何让其与 PISH 相融，如（63）所示，其中（50）的外部论元加入了（61）的结构中。

（63）

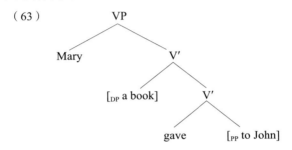

在英语中，当 Mary 提升至 [Spec, IP] 核查 EPP 特征之后，主动词并未移位至 I^0，根据这一标准假设，我们应该获得（64a）的结构，它产生了（64b）这一不可接受的句子。

（64）a. $[_{IP}$ Mary$_i$ $[_{I'}$ I0 $[_{VP}$ t$_i$ $[_{V'}$ $[_{DP}$ a book] $[_{V'}$ gave $[_{PP}$ to John]]]]]]

b. *Mary a book gave to John.

因此，我们的任务是构建一个结构能够保留 PISH 的所有优势以及（61）的部分结构，同时又能正确地预测出直接成分的线性顺序。下面我们回顾解决该问题的两种方法，从 GB 内的一个主张入手，而后回顾其在最简主义内的重新阐述。

3.3.2 动词壳 I

上面回顾的拉森（Larson 1988）对于这些难题的解决办法是将下面（65）的 VP 结构赋予双及物句式。例如，（50）应该具有（66）的结构。

（65）$[_{VP}$ [外部论元] $[_{V'}$ e [VP [直接宾语] $[_{V'}$ 动词 [间接宾语]]]]]

（66）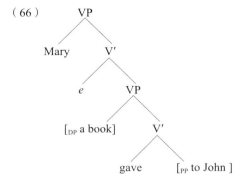

（66）包含两个动词"壳"：一个以 gave 为中心语的壳和一个中心语为空的壳。在 X′ 架构中，空中心语只是一个位置占位符，没有独立的论元要求。相反，（66）中的动词 gave 仍然要释放它的外部题元。为了释放题元，它随后移位至空中心语位置，向上层 VP 壳的标志语位置指派外部题元角色，如（67）所示。

（67）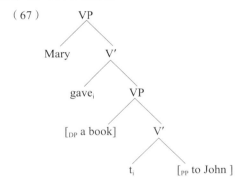

基于（67）的结构，正确的词序是通过外部论元上移至 [Spec, IP] 推导出的，如（68）所示。

（68）$[_{IP}$ Mary$_k$ $[_{I'}$ I^0 $[_{VP}$ t$_k$ $[_{V'}$ gave$_i$ $[_{VP}$ $[_{DP}$ a book] $[_{V'}$ t$_i$ $[_{PP}$ to John]]]]]]]]

在下一节，我们将为上层壳提供另一种解释，不牵涉空动词的概念。

3.3.3 动词壳 II

3.3.2 节给出的分析提供了一个潜在的证据反对 GB 中构想的 DS。注意，并非所有的题元角色都是在 DS 指派的，双及物句式中的外部题元只有在动98 词移位后才能被指派。[①] 尽管这与我们在无中心语关系分句和 tough 结构的讨论非常契合（见 2.3.2.3 和 2.3.2.5），该分析的其他方面从最简主义的角度看是不理想的，原因在于它们从根本上要假设 DS 存在其他一些特征。具体讲来，它只允许空中心语只为在单根的树形图中占据一个位置而存在。

如果我们采用最简主义立场，认为句法结构最终是由词项组成（1.3 节的重大事实之一），那么就不可能存在涉及空中心语投射的结构分析。那么我们回到这样一个问题，即如何使 PISH 的合理方面以及（61）的部分结构与表层词序相一致。

基于黑尔和凯泽（Hale and Keyser 1993）及其他学者的研究，乔姆斯基（Chomsky 1995）为这一难题提出一种解答，即假设上层的动词壳不是空中心语的投射，而是一个语音上为空的"轻"动词的投射，其抽象形式如（69）所示（与（65）进行比较）。

（69）[$_{vP}$ [外部论元] [$_{v'}$ v [$_{VP}$ [直接宾语] [$_{v'}$ 动词 [间接宾语]]]]]

粗略来讲，轻动词的意义严重依赖于其补足语的意义。如 3.2.1 节所讨论的，下面例（70）每句中的 taking 都不尽相同。其原因在于，这些句中的 take 是一个轻动词，其意义依赖于 shower 和 nap 的意义。那么，可以认为轻动词及其补足语形成了一个复杂谓语。[②]

（70）a. John took a shower.

b. John took a nap.

基于（69）中的方案，（50）中句子的 VP 结构［重复于下面的（71a）］应该如（71b）所示，其中上层 VP 壳的中心语是一个语音上为空的轻动词。

---

① 相关讨论见 Jackendoff（1990）。

② 关于诸多语言中轻动词的讨论，见 Grimshaw and Mester（1988）、Hale and Keyser（1993, 2002）、Trask（1993）、Baker（1997）、Miyamoto（2000）、Lin（2001）、Baker（2003）和 Adger（2004），等等。

（71）a. Mary gave a book to John.　99

b.
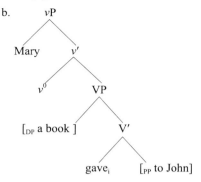

如果轻动词具有强 V 特征，可以引发实义性动词的显性移位，就可以得到（71a）的表层语序，如（72）所示；而后主语移位至 [Spec, IP]，如（73）所示。

（72）
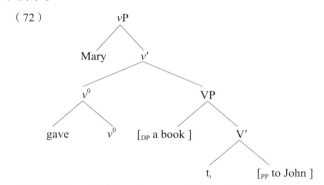

（73）$[_{IP}$ Mary$_k$ $[_{I'}$ I^0 $[_{vP}$ t$_k$ $[_{v'}$ gave$_i$+v^0 $[_{VP}$ $[_{DP}$ a book] $[_{v'}$ t$_i$ $[_{PP}$ to John]]]]]]]

某些类型的连动结构（serial verb constructions）为该方法提供了支持证据，连动结构可以分析为包含一个显性的轻动词。例如，基于（71b）的双层壳结构，如果（74）和（75）中具有 take 义的动词相当于（71b）中的 v，那么其中连续动词形成的直接成分的语序恰恰在我们的意料之中。①

———————

① den Dikken and Sybesma（1998）提出了对（74）（引自 Lefebvre, 1991: 55）和（75）的具体分析。

100

（74）丰语（*Fongbè*）

Kòkú **só** flãsé hélé Àsíbá

Koku 拿 法语 教 Asiba

Koku 教 Asiba 法语。

（75）汉语普通话

张三把书给我。

总之，动词壳结构所给出的表征形式（具有以下特点）：（ⅰ）与 PISH 相符；（ⅱ）展现了内部论元/外部论元的区别（外部论元位于 [Spec, *v*P]，而内部论元在 VP 之内）；（ⅲ）解释了内部论元之间所要求的成分统制关系；（ⅳ）既能产生如英语等带有语音上为空的轻动词的语言中正确的表层语序，也能产生如丰语和普通话等具有显性轻动词语言的正确的表层语序；（ⅴ）与短语结构由词项组成这一思想吻合，该思想是 1.3 节中列出的重大事实之一（见 6.3 关于光杆短语结构的进一步讨论）。

练习 3.5

下面（ia）的句子不允许 him 和 John 同指，这表明代词 him 成分统制 John，形成约束原则 C 效应。然而，如果（ia）的结构是采用（ib）的形式，就不会获得这样的成分同指关系统制。即便我们将 to 分析为与格的形态标记，而非一个真正的介词，情况依然如此。在双层动词壳结构的分析中，能够得到两者之间合适的成分统制关系吗？

（ⅰ）a. It seems to him$_{k/*i}$ that John$_i$ is a fool.

b. [$_{IP}$ it [$_{VP}$ [$_{V'}$ seems [to him]] [$_{CP}$ that John is a fool]]]

练习 3.6

在本节，我们已经见到了从壳结构角度来分析双及物结构的证据，上层以轻动词为中心语，下层以内容动词为中心语。是否有理由支持将这一分析扩展至包含名词化的双及物结构？换句话说，（ⅰ）中的名词性结构是否应该从轻名词角度来分析？

（i）a. John's gift of a book to Mary

b. John's donation of money to the church

练习 3.7

除了如下面（i）的常规双及物结构，很多语言也允许如（ii）所示的双宾语结构，其中的收信人实现为 DP，而非 PP，它位于客体之前。基于 3.3.1 一节的测试，确定（ii）中两个 DP 之间的成分统制关系，并基于轻动词投射的双层 VP 壳假说勾勒出双宾语句式的一个总体结构。

（i） a. [Mary gave [DP three books] [PP to her friend]]

b. [I wrote [DP a letter] [PP to my wife]]

（ii） a. [Mary gave [DP1 her friend] [DP2 three books]]

b. [I wrote [DP1 my wife] [DP2 a letter]]

3.4 重温 PISH

在 3.3 一节，我们看到为双及物结构设置双层动词壳的各种动因。此外，如 3.3.3 一节讨论，将外部论元定位于 [Spec, *v*P]，将内部论元定位于 VP 投射之内，可以较好解释内部 / 外部论元之间的区别。假设上述分析是正确的，关于简单性及物结构以及各种类型的不及物结构会带来一些问题。本节将讨论其中一些问题。

3.4.1 简单及物动词

以下面（76）的句子为例。基于前面的讨论，这里有两个明显的问题。首先，我们有一个还是两个动词壳？其次，外部论元在什么位置？

（76）TV violence harms children.

有充分的理由认为，即使是（76）这样的简单性及物结构也包含双层动词壳，外部论元（在推导的某一点）占据 [Spec, *v*P] 位置，如（77）

所示。①

    （77）[~vP~ [TV violence] [~v~ *v* [~VP~ harms children]]]

102   来看下面对（76）的语义解释，即带有轻动词 do 的（78）。（78）的主语位于轻动词 do 的标志语，理应获得致使性题元角色，如（79）所示。如果将（76）与（77）这样的结构联系在一起，那么（76）和（78）中外部题元的指派则具有相同的模式。鉴于两者的意义相似，这是一个理想的结果。

    （78）TV violence does harm to children.

    （79）[~vP~ [TV violence] [~v'~ does [~NP~ harm [~PP~ to children]]]]

    类似的分析可以应用于下面（80）的句对。（80a）蕴含（80b）这一事实表明，John 在两句中具有相同的题元角色。如果（80）中的 John（在推导的某一点）占据 [Spec, *v*P] 位置，无论内容动词与一个还是两个内部论元发生联系，都可以解释上述事实。

    （80）a. John threw the ball to Mary.
        b. John threw the ball.

    采用双层壳结构分析简单及物结构的另一个概念上的优势，是它可以解释布尔齐奥准则（Burzio's Generalization）所阐述的宾格与外部题元之间的巧合关系。② 根据该准则，只有当一个动词题元标记其主语时，该动词才能向其宾语指派（结构性）宾格。以（81）中的致使/起动句式组对为例。

    （81）a. The army sank the ship.
        b. The ship sank.

在（81a）中，致使性 sink 向 ship 指派外部题元，并向 the ship 指派宾格。相反，在（81b）中，起动性 sink 并不指派外部题元，也无法对其宾语进行格标记；那么 the ship 必须移位至 [Spec, IP] 以进行格标记。如果简单及物结构也包含两个动词壳，且外部论元生成于外层壳的标志语位置，那

---

①   Hale and Keyser（2002）近来讨论了简单及物动词对 PISH 的影响。
②   见 Burzio（1986）的观察和相关讨论。

么布尔齐奥准则可以阐释为一个关于轻动词作用的陈述：轻动词既负责外部题元的指派，也负责宾格的核查。因此，如果（81）中致使/起动组对的动词结构按照（82）的思路来分析，即致使结构包含两个动词壳，而起动结构包含一个动词壳，两者的不同特征就可以得到合理解释。

103

（82）a. [$_{vP}$ [$_{DP}$ the army] [$_v$ v [$_{VP}$ sank [$_{DP}$ the ship]]]]

　　　b. [$_{VP}$ sank [$_{DP}$ the ship]]

　　某些语言中的致使结构必须包含一个动词性致使标记，这为我们从动词壳角度来区分致使/起动组对提供了独立的证据。例如，在卡纳达语（Kannada）中，（83a）的致使结构要求出现致使标记 -is-，如（83b）和（83c）的对比所示。[①]

　　（83）*卡纳达语*

　　　　a. Neer　　　kud-i-tu.

　　　　　水－宾格　开－过去时－第一人称单数－中性

　　　　水开了。

　　　　b. *Naan-u　neer-annu　kud-id-e.

　　　　　我－主格　水－宾格　开－过去时－第一人称单数

　　　　我烧开了水。

　　　　c. Naan-u　　neer-annu　kud-is-id-e.

　　　　　我－主格　水－宾格　开－致使－过去时－第一人称单数

　　　　我烧开了水。

基于从（82）的结构对（81）的分析，如果（83c）中的 -is- 实际上是个显性实现的轻动词，与（82a）中语音上为空的 v 类似，那么英语和卡纳达语就可以得到统一的解释。

　　与此相关的一点涉及主动/被动组对，如（84）所示。

　　（84）a. John built that house last year.

　　　　b. That house was built (by John) last year.

　　众所周知，被动结构被分析为包含一个抑制宾格指派的过程，改变外

_____

① 见 Lidz（2003）。

部题元的地位，使之实现为（by 引导的）一个状语。[1] 若简单及物结构中所设置的轻动词既指派外部题元，也指派宾格，那么影响轻动词的形态过程可以同时改变其格位和题元性质就不足为奇。

104　　　最后一点，在有些语言中，轻动词的语音实现并不像英语的限制那么严格，而是一种表达简单及物性结构的常用方法，如（85）的巴斯克语和（86）的藏语所示。[2]

（85）巴斯克语

Jonek　　　Aitorri　　　 min　 egin dio.
乔恩–**作格** 埃托尔–**与格** 伤害 做　助动词
乔恩伤害了埃托尔。

（86）*藏语*

Thubten-gyis Lobsang-la　　kha　byskal-song.
土旦–**作格**　洛桑–**处所格** 嘴　发送–**完成体**
土旦亲吻了洛桑。

　　总之，从概念上和实证上来看，用来解释双及物结构的双重壳结构可以拓展到包含单一内部论元的及物结构，如（87）所示，其中 X 是词汇范畴的符号标记，它可以与轻动词形成一个复杂谓语。[3]

（87）

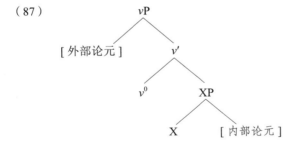

---

①　GB 内的相关讨论见 Jaeggli（1986）和 Baker, Johnson, and Roberts（1989）。

②　见 Uribe-Etxebarria（1989）和 Laka（1993）对巴斯克语的讨论，以及 DeLancey（1997）对藏语的讨论。

③　相关的讨论见 Hale and Keyser（1993, 2002）、Baker（1997, 2003）和 Marantz（1997），等等。

练习 3.8

（ia）可以解释为（ib），这表明在这两个结构中 -en 和 make 都是轻动词（见 Hale and Keyser 1993, 2002 的讨论）。倘若事实果真如此，请为下面的句子提出相应的结构。

（ⅰ）a. John thickened the gravy.

b. John made the gravy thicker.

练习 3.9

用带轻动词的双重壳讨论一下为何（ia）可以解释为（ib），但不能解释为（ic）（相关的讨论见 Hale and Keyser 1993，2002）。

（ⅰ）a. John put the boxes on the shelves.

b. John shelved the boxes.

c. John boxed the shelves.

练习 3.10

前文中，下面的（ia）蕴含（ib）这一事实，表明两句中的外部论元在同一个位置，即 [Spec, *v*P] 生成。如果该论断正确的话，它对于（ⅰ）中直接宾语的位置以及（ⅱ）和（ⅲ）中间接宾语的位置有什么样的启示？为下面所有的句子给出相对应的结构，讨论一下它们是否存在问题。

（ⅰ）a. John threw the ball to Mary.

b. John threw the ball.

（ⅱ）a. This reasoning leads us to a puzzling conclusion.

b. This reasoning leads to a puzzling conclusion.

（ⅲ）a. They served wine to the guests.

b. They served the guests.

> **练习 3.11**
>
> 在英语中，动词 give 也可以用作轻动词，例如可以用 kick 说成 give a kick。有趣的是，这样的轻动词句式采用双宾语结构（见练习 3.7），而不是介词性的双及物结构，如下面（i）和（ii）所示。你能想到为什么会是这样吗？
>
> （i）a. John kissed Mary.
>
> b. John gave Mary a kiss.
>
> c. #John gave a kiss to Mary.
>
> （ii）a. I'll try the oysters.
>
> b. I'll give the oysters a try.
>
> c. #I'll give a try to the oysters.

3.4.2 非宾格和非作格动词

GB 内的一个标准假设是，单论元动词可以分为两大类：非作格动词，其唯一论元与及物动词的外部论元表现一致；非宾格动词，其唯一论元与内部论元表现一致。[1] 分段来看（88）—（90）中的范式。[2]

（88）意大利语

a. Giovanni ha /*è comprato un libro.

乔瓦尼　has/is 买　　一 书

乔瓦尼买了一本书。

b. Giovanni ha /*è telefonato.

乔瓦尼　has/is 打电话

乔瓦尼打了电话。

c. Giovanni è/* ha arrivato.

乔瓦尼　is / has 到达

乔瓦尼到了。

---

① 见 Perlmutter（1978）颇具影响的"非宾格假说"（Unaccusativity Hypothesis）。相关的讨论见 Burzio（1986）和 Levin and Rappaport-Hovav（1995）等。

② 见 Burzio（1986）对意大利语的讨论以及 Eliseu（1984）对葡萄牙语的讨论。

（89）*葡萄牙语*

    a. A　　　Maria　comprou　os　　　livros.

      定冠词 玛丽亚 买　　　定冠词 书

      玛丽亚买了那些书。

    b. Comprados　　　　　　　os　　　livros, ...

      买–过去分词–阳性–复数 定冠词 书

      在那些书被买了之后，……

    c. *Comprados　　　　　　　a　　　　Maria, ...

      买–过去分词–阴性–单数　定冠词 玛丽亚

      在玛丽亚买了（东西）之后，……

    d. Chegada　　　　　　　　a　　　　Maria, ...

      到达–过去分词–阴性–单数 定冠词 玛丽亚

      在玛丽亚到达之后，……

    e. *Espirrada　　　　　　　　a　　　　Maria, ...

      打喷嚏–过去分词–阴性–单数　定冠词 玛丽亚

      在玛丽亚打喷嚏之后，……

（90）a. John smiled (a beautiful smile).

    b. John arrived (*an unexpected arrival).

在（88）中，我们看到像意大利语 telefonare（打电话）这样的动词与及物动词一样，都选择助动词 avere（类似英语的 have）；而非宾格动词 arrivare（到达）则选择助动词 essere（类似英语的 be）。而（89）的结构显示，葡萄牙语中如 chegar（到达）等非宾格动词的论元与及物动词的内部论元表现一致，两者都可以出现于分词性时间分句；相反，如 espirrar（打喷嚏）等非作格动词的论元与及物动词的外部论元则不可以。最后的（90）表明，如 smile 等非作格动词可以带同源宾语为补足语，而如 arrive 等非宾格动词则不可以。

传统上这两类动词的区别是从唯一论元的生成位置角度来解释的：非作格的唯一论元生成于标志语位置，而非宾格动词的唯一论元则生成于补足语位置，如（91）所示。

（91）a. 非作格动词：[$_{vP}$ DP [$_{v'}$ V]]

　　　 b. 非宾格动词：[$_{vP}$ V DP]

因此，意大利语中只有要求标志语的动词才选择 avere（类似英语 have）[见（88a, b）]，葡萄牙语中只有真正的补足语可以允准分词性时间分句[见（89b, d）]，非宾格动词不能带同源宾语[见（90b）]，因为它们的补足语位置已经被占据[如（91b）]。

基于简单及物结构中外部论元结构位置的讨论，我们现在可以仔细推敲一下（91）的结构。首先我们注意到，这两种动词的结构差异技术上要求其理论中要采纳空投射。正如第六章所详细讨论的那样，（91a）中像 V′ 这样的空投射从最简主义角度看很值得怀疑，因为它们改变了标签，但未改变结构成分属性。我们完全可以说，（91b）中的 V 和 DP 合并后，形成了一个新成分，即 VP。但（91a）中的 V 与什么成分合并才能形成 V′ 呢？换句话说，（91a）中 V 和 V′ 的区别偏离了最简主义的指导思想，两者的区别无法单纯从进入运算的词汇原子角度进行陈述。

那么我们假设，非作格动词的外部论元与及物动词的外部论元生成于同一位置，即 [Spec, vP]，如（92a）所示，其中 X 仍是词汇中心语的符号标记，它可以与 v 形成一个复杂谓语。[①]

108　　　　（92）

如果非作格动词的结构如（92）所示，我们不仅能够表征非作格 / 非宾格的区别以及内部 / 外部论元的区别，也可以为（93）这样的组对句式

---

① 如 6.3.1 节所讨论的，（92）中 X 同时作为最小和最大投射的双重角色无需诉诸空投射。

的外部论元安排一个统一的结构位置。

（93）a. John sighed.

　　　b. John gave a sigh.

（93a）包含非作格动词，（93b）的改述句带有一个显性轻动词。根据（92）中表征式中所蕴含的方法，（93a）和（93b）中的 John 分别在语音上为空的隐性轻动词和显性轻动词 give 的标志语位置，即 [Spec, *v*P] 位置被指派外部题元。

　　巴斯克语等语言中可以找到支持该主张的有趣证据，该语言中的及物和非作格句式都展现出显性轻动词，即下面（94）—（95）中粗体的 egin（类似英语 do），与非宾格句式形成鲜明对比，如（96）所示。[①]

（94）巴斯克语（及物句式）

　　a. Jonek　　　Mireni　　　min **egin**　dio.

　　　乔恩-*作格*　米伦-*与格*　伤害　做　　助动词

　　　乔恩伤害了米伦。

　　b. Jonek　　　kandelari　　putz **egin** dio.

　　　乔恩-*作格*　蜡烛-*与格*　吹　　做　　助动词

　　　乔恩吹灭了蜡烛。

（95）巴斯克语（非作格句式）

　　a. Emakumeak　　　barre **egin** du.

　　　女士-*有定*-*作格*　笑　　做　　助动词

　　　那位女士笑了。

　　b. Nik　　　eztul **egin**　　　　dut.

　　　我-*作格*　咳嗽 做　助动词

　　　我咳嗽过了。

（96）巴斯克语（非宾格句式）

　　a. Emakumea　　　erori　da.

　　　女士-*有定*-*绝对格*　摔倒　助动词

　　　那位女士摔倒了。

109

---

① 相关的讨论见 Uribe-Etxebarria（1989）和 Laka（1993）等。

b. Kamioiak   etorri dira.

    卡车-定指-复数   到达   助动词

    那些卡车到了。

    总之，我们已经看到在非作格动词领域中重新解读 PISH 既有概念上的动因，也有实证上的动因，非作格结构包含一个轻动词为中心语的动词壳，外部论元生成于 [Spec, vP] 位置。

练习 3.12

    我们看到，有了轻动词 v 的帮助，我们无须借助空投射就可以解释非宾格与非作格动词的区别。讨论一下我们能否在 3.3.2 节讨论的原始的拉森 VP 壳方法下获得同样的结果。

练习 3.13

    我们看到，下面（i）中两句的动词结构不同，smile 与由语音为空的轻动词为中心语的额外一层结构相联系，这种差异代表了非作格/非宾格核心区别。假设如此，对于它们相应的名词性结构你有什么看法？（ii）中是否也存在非作格/非宾格的区别？如果存在，结构上该如何进行表征？

    （i）a. John smiled.

          b. John arrived.

    （ii）a. John's smile

          b. John's arrival

3.5　结语

    我们已经考察了一系列支持外部论元的生成位置低于 [Spec, IP] 的事实，这与最简主义所支持的假设也相吻合，即论元的题元位置应该处于它们题元上相联系的中心语投射的内部（PISH）。详细考察了双及物句式之

110

120

后，我们可以得出结论，在动词领域内，PISH 可以从动词壳角度进行阐述。具体讲来，双及物句式、简单及物句式和非作格句式的外部论元生成于轻动词投射的标志语位置，而内部论元生成于内容动词为中心的壳结构内部。

回想一下，我们探索 PISH 的动因之一是想要从语法关系的基本类别中剔除管辖关系。我们已经展示了如何通过采纳 PISH 来剔除管辖概念。有大量的经验证据支持 PISH，这一事实表明，就本例而言，"追求最简主义"在方法论上和经验上都具有明显优势。在方法论的考虑和经验证据上的考察能够相契合总是让人欢欣鼓舞。

第四章

格　　域

4.1　引言

我们在 2.3.1.1 小节看到，GB 内将表层结构定义为一个表征层次的重要原则之一是格过滤式。格理论应该应用于表层结构的这一思想是以下面几点为基础的：（i）经验上的证据是 DP 根据其所带的格位类型不同会有不同的语音形式，如下面（1）所示；（ii）如（2）所示的实例对比，表明语链 CH =（ OP_i, t_i）尽管缺少语音内容，但必须在逻辑式上有格［假定为满足"可见性条件"（the Visibility Condition）］；（iii）在技术上我们假设 DP 在深层结构中本身并未指定格位。

（1）[$_{IP}$ he $_{主格}$ [$_{I'}$ I^0 [$_{vP}$ t admires him $_{宾格}$]]]

（2）a. I met the man [OP_i that Mary believed t_i to be a genius].

b. *I met the man [OP_i that it was believed t_i to be a genius].

如果 DP 是在 DS 之后在运送至 PF 和 LF 组件之前被指定格位，那么将 SS 作为排除无格 DP 的合适层面是有道理的。根据这一观点，例（1）中的主语代词从其基础生成位置移位至 [Spec, IP] 并从 I^0 处获得主格之后，它可以在 SS 上满足格过滤式；因此，它在 LF 上满足可视性条件，其语音上实现为 he，而非 him 或 his。

因此，从格指派角度对格理论的这一技术性实施需要设定一个非接口层面。2.3.1.1 小节陈述了乔姆斯基和拉斯尼克（Chomsky and Lasnik

1993）以及乔姆斯基（Chomsky 1993）在论著中所勾勒的一个主张，它为标准格理论所要解释的语言事实提供了另一种解释方法，而无须依赖 SS。该主张提出，词项（包括功能中心语）进入推导时期特征已经确定，运算系统决定一个给定的表达式 X 是否合格的方法是通过将 X 的特征与合适的中心语的特征进行核查。从这个角度来讲，（1）中的 he 进入推导时被指定为带有主格，其移位至 [Spec, IP] 与有定的 I^0 进行核查，根据假设，有定的 I^0 只能核查主格。如果（1）中的主语是所有格代词 his，其格特征就无法被 I^0 核查，从而产生不合法的句子。

　　鉴于上述两种格理论的技术实施都能够解释核心的语言事实，两者似乎在概念优越性上不相上下，在 2.3.1.1 一节中最简主义思想让我们选择从核查角度来阐述的格理论版本，因为其无需非接口性表征层面。在下面的 4.4 节我们将看到，当涉及一些复杂的范式时，从核查角度所实施的格理论在经验证据上也更有优势。

　　基于核查理论，我们现在来重温发生格核查所要求的结构配置。在 GB 理论中，格是在管辖关系下指派的。这并不奇怪，因为管辖是 GB 模型的几个模块所统一采用的结构关系（见 2.2.7）。然而，如 1.3 和 3.2.1 节所述，从最简主义角度看管辖关系很不理想。回想一下，关于语言的一个"重大事实"是，语言是由短语组成，它比词大比句子小（见 1.3 重大事实 4）。任何短语的核心都是其中心语，并且一个给定的句法直接成分基本上以两种方式进入一个短语：以短语中心语的补足语或标志语。因此，我们的一个重大事实已经引发了两种独有的关系。从最简主义的视角来看，这带来了一个问题：既然我们已经有了两种"免费的"关系，为什么还要设定第三种关系（即管辖关系）？

　　在第三章，我们审视了建立题元关系所需的结构配置，得出的结论是，在题元域中，中心语-补足语和标志语-中心语这两种关系已经足够，而没有必要诉诸管辖关系。乍看起来，这一理想的结论无法拓展至格问题，因为在某些情况下格允准似乎包含非局部性关系，如例外格标记

（ECM）的结构配置。下面我们将看到，这样的表象或许也有迷惑性，我们可以构想出一个无须借助于管辖的解决方法，该方法在经验上具有更充分的证据。

在 4.2 节中，我们首先重温 GB 中关于格指派的核心配置。[①] 而后在 4.3 节，我们基于标志语–中心语提出一种替代方法，4.4 节我们讨论一些经验上的后果，4.5 节得出结论。

下面来具体阐述。

4.2　GB 中格指派的结构配置

在 GB 理论中，管辖的基本结构关系包括姊妹节点关系（即相互成分统制），如（3）所述。

（3）管辖

　　α 管辖 β，当且仅当

　　（i）α 成分统制 β，且

　　（ii）β 成分统制 α。

因此，典型的例子是动词和介词将格位赋给与它们处于姊妹关系的 DP，如（4）所示：

（4）a. [$_{VP}$ V DP]

　　　　　　宾格

　　　b. [$_{PP}$ P DP]

　　　　　　斜格

除了中心语–补足语关系之外，格指派也发生在标志语–中心语关系中，如（5）所示，其中有定的 Infl 向代词指派主格，所有格限定词 's 向 John 指派所有格。

---

①　见 Webelhuth（1995a）对格理论的回顾，该文献从 GB 之前的格指派（Chomsky 1970）以及早期的最简主义方法（Chomsky 1993）两种视角来进行阐述。

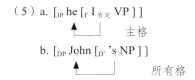

（5）a. [_IP he [_I' I_有定 VP]]

主格

b. [_DP John [_D' 's NP]]

所有格

　　一种关系（格允准）要求两种不同的结构关系，这一事实已经引发了 GB 模型中很多研究者的关注。实际上，有学者提出，（4）和（5）中　114 所示的两种结构关系应该统一于更新的管辖概念之下，如下面的（6）所示①。在该定义中，一个中心语 H 的补足语和标志语最大投射成分统制 H，同时被 H 最大投射成分统制（它们都被同一个最大投射所支配）；因此，H 管辖其补足语和标志语。换一种说法来讲，标志语–中心语关系被视为管辖的一种子关系。

　　（6）管辖

　　　　α 管辖 β，当且仅当

　　　　（ⅰ）α 最大投射成分统制 β，且

　　　　（ⅱ）β 最大投射成分统制 α。

　　（7）最大投射成分统制

　　　　α 最大投射成分统制 β，当且仅当

　　　　（ⅰ）α 不支配 β；

　　　　（ⅱ）β 不支配 α；

　　　　（ⅲ）每个支配 α 的最大投射也支配 β；且

　　　　（ⅳ）α 不等于 β。

　　注意：（4）和（5）的结构配置中所探寻的短语关系来自于结构构建中合并操作的应用，属于无代价的操作（见 2.3.2.1）。因此，从最简主义视角来看，只有满足经验上的要求才应该将包含新关系［即（7）中的最大投射成分统制］的（6）融入格理论之中。

　　暂时将这一点抛在脑后，我们现在来看一些"例外格标记"（"exceptional" Case-marking）的例子，如（8）中（简化的）表征式所示。

_____

① Aoun and Sportiche（1983）首先从最大投射成分统制角度来阐述管辖关系。

（8）a. [John [$_{VP}$ expects [$_{IP}$ her to win]]]

　　 b. [[$_{CP}$ for [$_{IP}$ him to leave]] would be terrible]

在（8a）中，her 受到 ECM 动词 expect 的格标记；在（8b）中，him 受到标句词 for 的格标记。那么，如果 expect 因被动化而失去格指派能力，或者 for 被删除的话，我们就会得到不合法的句子，如下面的（9）所示。（8）中句式所引发的问题是，这些句式无法在中心语–补足语和标志语–中心语这两种基本关系下得到解释：（8）中的每个代词都占据一个不定 IP 的标志语位置，因此对于其格指派成分来说，它们既不是补足语 115　也不是标志语。从（6）中的管辖概念来阐述的方法存在同样的问题；因为代词及其格标记成分未受到相同最大投射的支配（IP 支配代词但不支配其格标记成分），在（8a）有 expects 不管辖 her，在（8b）中 for 也不管辖 him。

（9）a. *[it was [$_{VP}$ expected [$_{IP}$ her to win]]]

　　 b. *[[$_{CP}$ him to leave] would be terrible]

GB 尝试通过从语障角度重新定义管辖关系来回避该问题，基本上是（10）和（11）所示的定义。[①]

（10）管辖

　　　α 管辖 β，当且仅当

　　　（i）α 最大投射成分统制 β，且

　　　（ii）不存在语障支配 α 但不支配 β。

（11）语障

　　　α 是语障当且仅当

　　　（i）α 是最大投射且

　　　（ii）α 不是补足语。

根据（11），（8a）和（8b）的 IP 对于处于其标志语位置的代词来说都不是语障，因为它是［（8a）中动词和（8b）中介词的］补足语。因此，

----

① Chomsky（1986a: 9）首次阐述了（10）中的管辖概念以及一个更为复杂的语障概念。

expects 和 for 支配 [Spec, IP] 上的代词且可以给它们赋格。

然而，这一提议即便成功，这样的统一处理从最简主义角度看也令人生疑。首先，从概念角度来看，它超越了无代价的纯粹局部短语关系；其次，（10）中的管辖概念也不是很自然，因为它包含了混杂的结构关系，而不是自然的群组；最后，语法体系中还融入了另一种理论概念（即语障的概念）。

综上，我们应该尽所有可能采用具有独立动因的手段。鉴于短语的存在是人类语言的一个重大事实，短语所探索的关系从概念上讲是必需的。那么。语法的最简理论应该利用且只利用这些短语关系。然而，例外格核查似乎无法与这个简化的构想相契合，因此 GB 在解释格关系时要诉诸管辖这一概念。出于这些考虑，我们要重新分析一下格理论，看看最简主义的解释方法是否可行，在概念上是否优于 GB 的分析。来看我们可以组成一种什么样的理论方法。

4.3　关于格理论的统一性标志语-中心语方法

在 4.2 节中我们看到，GB 理论关于格位的方法将中心语-补足语关系作为格标记的典型结构关系。事实上，管辖可以被视为动词-宾语这一基本关系的一种概括，用以涵盖所有相关的经验事实。我们曾表明，这种处理方法在概念上存在诸多弊端，我们应该寻求另一种关于格位的结构配置。回想一下两种从最简主义来讲无代价的关系。一旦中心语-补足语的概括面临概念上的问题，我们就只剩下标志语-中心语关系作为唯一的"最佳"选择。那么问题是，我们需要做出什么假设来实施一种理论，使得其中每种类型的结构格都可以在标志语-中心语的结构关系下进行核查。换句话说：让我们假设每种类型的结构格都与主格的核查方式一样，那么我们必须进行什么样的假设来实施这样一种方法呢？

我们将在下面几节探索这一方法，集中讨论那些似乎无法适用于标志

116

语−中心语分析的格配置。

4.3.1 分裂式屈折成分假设下的宾格核查

GB 内的一个标准假设是，分句是屈折成分的终极投射。（12）中分句的表征式清晰地表达这一点。

（12）[$_{IP}$ DP [$_{I'}$ I^0 VP]]

GB 内大量的深入研究致力于探索屈折成分以及各个功能语类的本质特征。屈折成分首先被视为中心语，负责在 DS 上表达屈折信息；因此，学界假设其携带时态／体态词缀（或抽象特征）以及主语一致词缀（或抽象特征）。[①] 然而，事实不仅是如此。如（13）—（15）所示，某些语言除了主语一致之外，还展现出宾语一致（宾语一致用粗体表示）。[②]

（13）*巴斯克语*

Gizon-ek   eskutitza-k   Amaia-ri

男人−作格.复数   信−绝对格.复数   阿玛亚−与格

darama-**zki**-**o**-te.

带来−第三人称复数.绝对格−第三人称.与格.作格

那些男人给阿玛亚带来几封信。

（14）*布鲁夏斯基语*

i:sɛ   pfʊt   jɛ   ma:-r

那个 精神 第一人称.单数 第二人称.复数−为

---

① 见 Chomsky（1981）。GB 内与屈折成分相关的一些主要研究包括 Rizzi（1982）、Emonds（1985）、Kayne（1985, 1989, 1991, 2000）、Roberts（1985, 1993）。Uriagereka（1988）、Pollock（1989）、Belletti（1990）、Chomsky（1991）和 Rouveret（1991）。近来颇有帮助的见解，请参见三卷本的"句法制图"（syntactic cartography）（Cinque 2002, Belletti 2004, and Rizzi 2004），以及 Baltin and Collins（2001）、Bošković and Lasnik（2005）和 Lasnik and Uriagereka（2005）的素材。

② （14）中的 D 的注解是"由词汇决定、一般位于前缀一致语素之前的动词前缀"（Holmer 2002: 18，援引 Lorimer 1935 的例子）。（15）中的是一个合成的一致语素，它既表达主语一致，也表达宾语一致。请注意：除了主语和直接宾语一致之外，（13）也展现出与间接宾语的一致（更多讨论见 5.4.1.3）。

d-**i**:-uʃ-ʌm.

D–第三人称.复数.阳性–展现–第一人称.单数

我将为你展现那种精神。

（15）*易洛魁语*

Sak　**shako**-nuhwe'-s　　　　　　　　　　　ne　Uwari

赛克 阳性.单数.主语＋阴性.单数.宾语–喜欢–习惯　NE　玛丽

赛克喜欢玛丽。

　　事实上，像（13）—（15）这样的一致模式可以很容易地融入我们的理论。一旦屈折成分与动词性屈折形态发生联系，它原则上应该也能够承载宾语一致词缀（或抽象特征）。

　　20 世纪 80 年代末，学界清楚地认识到，无论屈折成分的具体内容是什么，（12）中的 IP 结构对于移位操作，特别是对于不同语言中不同类型的动词移位来说缺少足够的着陆位置。例如，波洛克（Pollock 1989）的重要研究表明，法语中限定主动词必须位于 à peine（几乎不）等副词成分和否定成分 pas（不）之前，而其对应的非限定形式可以选择性地位于 à peine 之前，但不能位于 pas 之前，如（16）—（19）所示。

（16）*法语*

　　a. [V $_{有定}$ à peine]

　　b. *[à peine V $_{有定}$]

　　c. [V $_{有定}$ pas]

　　d. *[pas V $_{有定}$]

（17）*法语*　　　　　　　　　　　　　　　　　　118

　　a. Pierre　parle　à peine　l'italien.

　　　皮埃尔　讲　　几乎不　意大利语

　　b. *Pierre　à peine　parle　l'italien.

　　　皮埃尔　几乎不　讲　　意大利语

　　　皮埃尔几乎不讲意大利语。

　　c. Pierre　ne　parle　pas　l'italien.

　　　皮埃尔　CL　讲　　不　意大利语

d. *Pierre　　ne　pas　parle　l'italien.

皮埃尔　　CL　不　讲　　　意大利语

皮埃尔不讲意大利语。

（18）*法语*

a. [V $_{无定}$ à peine]

b. [à peine V $_{无定}$]

c. *[V $_{无定}$ pas]

d. [pas V $_{无定}$]

（19）*法语*

a. Parler　　　à peine　l'italien ...

讲–无定　几乎不　意大利语

b. À peine　parler　　l'italien ...

几乎不　讲–无定　意大利语

c. *Ne Parler　　　pas　l'italien ...

CL　讲–无定　不　意大利语

d. *Ne pas Parler　　l'italien ...

CL　不　讲–无定　意大利语

不讲意大利语……

基于（17）和（19）的事实，波洛克认为，法语中的限定动词必须移位到一个既高于 pas 也高于 à peine 等副词的结构位置，而非限定动词也可以选择性移位到高于 à peine 但低于 pas 的位置。他提出，屈折成分实际上分裂成两个中心语，一个表达时态的 T 中心语和一个负责（主语）一致的 Agr 中心语，T 的结构位置高于 Agr，如（20）所示。

（20）[$_{TP}$ ...T ... (pas) ... [$_{AgrP}$ ...Agr (à peine) [$_{VP}$ ...V ...]]]

基于（20）的结构，如果法语的限定动词强制性移位至 T，而非限定动词选择性移位至 Agr，则（17）和（19）语言事实可以得到解释。

乔姆斯基（Chomsky 1991）同时考虑了直接宾语一致和主语一致，119 为（20）中的分句结构提出了一种改进的分析，假设存在两种 Agr 投射：与主语一致有关的 AgrS 和与宾语一致有关的 AgrO，如（21）所示。

（21）

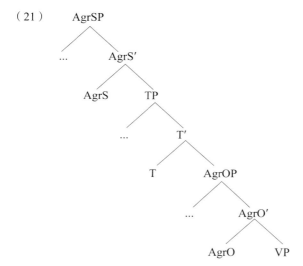

对于目前的讨论有趣的一个方面是，（21）的结构是基于不同的理论基础提出的，它具有格理论的基本组成成分，但并未诉诸管辖。先来看主格的核查如何进行。我们假设，在推导的某一点 T 附加在 AgrS 上形成了主格和主语一致之间的整体联动（更为细致的讨论见 5.4.1）。和之前一样，在主语从 VP 内位置移位至 [Spec, AgrSP] 之后，主格和主语一致的核查可以发生在标志语–中心语的局部关系下，如（22）所示。

（22）[$_{AgrSP}$ SU$_k$ [$_{AgrS}$′ T$_i$ + AgrS [$_{TP}$ t$_i$ ... [$_{VP}$ t$_k$ ...]]]]

如果宾格核查与主格核查相一致，那么宾语不应在其基础位置核查宾格，而应移位至某个标志语位置。那么，假设在推导中的某一点该动词提升至 AgrO，如同（22）中的 T 提升至 AgrS 一样。现在，宾格核查与宾语一致也可以在标志语–中心语配置下进行，如（23）所示。

（23）[$_{AgrOP}$ OB$_k$ [$_{AgrO}$′ V$_i$ + AgrO [$_{VP}$ ... t$_i$ t$_k$]]]

120

回想一下，我们假设词汇项在进入推导时已经带有屈折形态，同时假设在 LF 之前必须进行特征核查（见 2.3.1.1）。那么，（22）和（23）中的结构配置是显性还是隐性移位的结果只是简单的强特征还是弱特征的问题（见 2.3.1.3）。例如，在英语中，我们认为（22）中的配置是显性移位形成的，而（23）中的配置是隐性移位形成的（更多讨论见下面 4.4.2）；也就是说，英语中的 AgrS 具有强 D 特征（EPP 特征），该特征引发主语在拼读之前移位，而 AgrO 具有弱 D 特征，其在拼读之后核查以满足"拖延原则"（见 2.3.1.5）。

那么，抛开一些不相关的细节问题，句子（24a）的逻辑式结构应该如（24b）所示。

（24）

a. He saw her.

b. $[_{AgrSP}$ he$_s$ $[_{AgrS'}$ T$_i$ + AgrS $[_{TP}$ t$_i$ $[_{AgrOP}$ her$_O$ $[_{AgrO'}$ saw$_v$ + AgrO $[_{VP}$ t$_s$ $[_{v'}$ t$_v$ t$_o$]]]]]]]

这一推论可以直接拓展至 ECM 结构。如（8a）所示的例子，重复如下面（25），应该与（25b）中（简化的）LF 结构相联系。

（25）

a. John expects her to win.

b. LF: [John $[_{AgrOP}$ her$_i$ $[_{AgrO'}$ expects$_v$ + AgrO $[_{VP}$ t$_v$ $[_{IP}$ t$_i$ to win]]]]]

在（25b）中，代词从不定分句的标志语隐性移位至支配 ECM 动词 expects 的 AgrO 投射的标志语位置。在 expects（隐性）嫁接至 AgrO 之后，宾格的核查和宾语一致就可以在局部标志语-中心语关系下进行。

综上，基于有关格标记的 GB 假设，将管辖应用于 ECM 结构必须要引入一些极其复杂的手段。而对于上面讨论的修正的最简主义假设，则不存在类似的复杂操作，因此，我们可以在格域内实现概念上的统一，实现令人满意的结果。唯一的明显代价是要假设英语的宾格核查可能涉及隐性宾语移位至格核查位置（一些证据及更多讨论见下面 4.4）。然而，我们要注意隐性移位是系统允许的一个选项。

这样的推理有个有趣的结果。我们在 2.3.1.1 小节看到，用核查取代指派可以让我们剔除 SS。我们看到，为了基于标志语-中心语关系对格位配置实施一种经验证据充分的方法，我们还是需要核查。来看看其中的原因。暂时假设格是指派的，而不是核查。那么，如果（24a）或（25a）中的 her 未处于格结构配置，在该位置就无法被指派格。这意味着它必须移位至合适中心语的标志语位置以获得格。但要注意，它语音上实现为宾格。问题是如何在该代词移位至合适的格标记位置之前向其指派宾格。

目前的答案很明显：该代词实现为宾格，因为它进入推导时就具有这一特定格位。换句话说，her 并非通过指派获得特定的格位；相反，它进入推导时所携带的格位通过与合适的中心语（在标志语-中心语关系下）进行核查。注意，这样的核查在 LF 上进行没有任何问题。如果该代词的格位与 V + AgrO 的特征不匹配，那么推导就会崩溃；如果两者匹配，则皆大欢喜（见 2.3.1.1）。那么，这里的核查就是让代词获得正确的显性格位形态，同时在隐性句法中对其进行核查。简言之，如果我们假设在英语等语言中，宾语在显性句法中处于 VP 之内，从无代价的标志语-中心语关系对格域进行统一处理就要求一种格理论的核查方法（见 4.4 的进一步讨论）。

练习 4.1

在本节，我们已经展示了如何不采用管辖，而只借助标志语-中心语关系来解释主格和宾格关系。鉴于成分统制也是一种看似具有独立要求的关系，来看下面处理格位的另一种方法：DP 和与之距离最近并对其成分统制的携带格位的中心语进入格位关系。描述一下这一主张如何解释下面（i）中的句子。它与格位的核查观相融还是与指派观相融？讨论一下其与基于标志语-中心语关系的方法相比，有哪些潜在的优势和劣势。

（i）She saw him.

122

4.3.2 VP 壳假设下的宾格核查

在第三章，我们讨论了从双动词壳角度来分析及物句式的诸多理由，该结构抽象表示如（26）。

（26）[$_{vP}$ SU [$_{v'}$ v [$_{VP}$ V OB]]]

在（26）中，轻动词 v 负责指派外部题元，同时负责核查宾格（符合布尔齐奥准则；见 3.4.1），而主动词 V 负责对内部论元进行题元标记。

我们将在 5.4.2 小节进一步看到，该分析让我们没有必要设定一个 AgrO 投射。关键问题是，一旦我们放弃 DS，并假设句法结构是通过合并和移位操作的应用组合而成（见 2.3.2.1），一个语类原则上所拥有的标志语的数量应该是无限的（进一步的讨论见 6.3）。在目前的例子中，（26）的轻动词原则上可以允准另一个标志语，允许宾语在标志语–中心语关系下核查其格位并发生宾语一致，如（27）所示：

（27）[$_{vP}$ OB$_o$ [$_{v'}$ SU [$_{v'}$ V$_v$ + $_v$ [VP t$_v$ t$_o$]]]]

从相关的方面来讲，（27）的构造与带 AgrO 投射（23）的构造并无差别。我们将在第五章讨论究竟选择（23）还是（27）。这里重要的一点是，根据一些非常可信的假设，即便我们有理由不设定 AgrO，宾格的核查也是发生在标志语–中心语的构造之下。和之前一样，一旦我们假设宾格核查在 LF 之前必须发生（见 2.3.2.1 和 4.3.1），（27）的构造是显性还是隐性形成的就成了强特征和拖延原则的问题。对（28a）而言，如果定分句的标志语隐性移位至与 expects 相联系的轻动词的标志语位置，对 ECM 结构这一棘手问题的分析就可以不必诉诸管辖，如（28b）的（简化）结构所示。

123

（28）a. John expects her to win.

b. LF: [John$_k$ [$_{vP}$ her$_i$ [$_{v'}$ t$_k$ [$_{v'}$ expects$_v$ + $_v$ [VP t$_v$ [t$_i$ to win]]]]]]

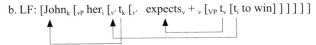

读者或许已经注意到，在应用 AgrO 和轻动词解决宾格核查的两种方法中，宾语都要越过处于 [Spec, VP/vP] 的主语（的语迹），同时主语可以跨越处于 [Spec, AgrOP/vP] 的宾语，显然违反里齐（Rizzi 1990）的"相对最

简性"（Relativized Minimality）原则。此外，两种方法都默认如下面（29）所陈述的"扩展条件"（见 2.3.2.4），该条件允许隐性宾语移位以非循环方式进行。然而，如 2.4 节所述，这一点与"统一性条件"相悖，因为其在体系中所引入的显性和隐性句法之间的非对称性并无可靠证据；这进而带来了一个不理想的后果，即拼读最终被视为句法的一个表征层面。

（29）扩展条件（初始版本）

合并和移位的显性应用只能以根性句法实体为目标。

我们将在第五和第九章详细讨论这些问题。现在，要记住的相关一点是，GB 内独立提出两个迥异的假设，即"分裂屈折假说"（the Split-Infl Hypothesis）和"动词壳假设"（VP-Shell Hypothesis）已经包含了宾格允准的最简分析所需的基本组成部分，该分析探寻无代价的标志语-中心语关系并剔除非局部的管辖概念。

练习 4.2

基于课文中对 ECM 的分析，该如何分析（8b）中的 for-to 句式［重复于下面（i）］？

（i）[$_{IP}$ [$_{CP}$ for [$_{IP}$ him to leave]] would be terrible]

4.3.3　斜格的核查

现在我们来重新审视 GB 中所假设的结构性斜格指派的句法构造：

（30）[$_{PP}$ P DP]

如果结构格核查总是寻求标志语-中心语关系，斜格应该也是在标志语-　124 中心语构造下，而非（30）中的中心语-补足语构造下进行核查。

例如，假设我们将基于 Agr 的方法拓展至斜格的核查，并假设（30）中有一个支配 PP 的 Agr 投射。若是如此，在介词嫁接于 Agr^0，并且带斜格的 DP 移位至 [Spec, AgrP] 之后，斜格就应该在标志语-中心语构造下进行核查，如（31）所示。

（31）[AgrP DP$_k$ [Agr′ Pi + Agr [PP t$_i$ t$_k$]]]

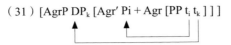

与宾格的核查类似，构造（31）是在拼读前还是拼读后形成取决于 Agr 中心语的特征强弱。例如，在英语中，Agr 应具有弱特征，（31）所示的移位依据拖延原则，应发生在隐性组件中。

有两个事实表明，遵循这些思路的方法实际上是正确的。第一个事实是，在一些语言中，介词展示出显性一致，如（32）的匈牙利语所示。[①]

（32）*匈牙利语*

  a. én-mögött-**em**

   我–在后面–所有格. 第一人称. 单数

  b. te-mögött-**ed**

   你–在后面–所有格. 第二人称. 单数

  c. mi-mögött-**ünk**

   我们–在后面–所有格. 第一人称. 复数

  d. ti-mögött-**etek**

   你们–在后面–所有格. 第二人称. 复数

   在我 / 你 / 我们 / 你们后面

在（32）中，如果我们假设斜格核查是按照（31）所示的构造进行，那么介词和它们所选择的 DP 之间存在一致就不足为奇。

更重要的是，激发一致和充当介词或后置词之间似乎存在一致对应关系。如凯恩（Kayne 1994: 49）［援引 Ken Hale（个人通讯）］所观察到的，前置词短语中的一致通常出现于采用后介词的语言中，但不出现于采用介词的语言中。这一关联性与我们在主语一致中遇到的情况非常相似。在标准的阿拉伯语中，主语–动词语序引发"完全"一致，即动词与主语在所有特征上（性、数、人称）都存在一致；相反，动词–主语的语序并未引发数的一致，如（33）所示。[②]

125

---

 ① 这些数据由 Anikó Lipták 提供（个人通讯）。

 ② 事实上，标准的描述是在 VS 语言中只能获得性一致。见 Mohammad（1990）；Aoun, Benmamoun, and Sportiche（1994）和 Ouhalla（1994）等。

（33）*标准阿拉伯语*

    a. ʔal-ʔawlaad-u　　　　naamuu.

    定冠词-孩子-主格　　　睡觉-第三人称.复数.阳性

    b. Naama　　　　　　　　　　l-ʔawlaad-u.

    睡觉-第三人称.单数.阳性　定冠词-孩子-主格

    孩子们睡觉了。

假设（33）中语序的差异依赖于主语是否显性移位至 [Spec, IP/ AgrSP]，如（34）所示（见 2.3）。标准的主语一致以及前置词短语内部的一致中的对比模式似乎都表明，形态一致的丰富性依赖于标志语-中心语的结构配置是显性还是隐性形成的：若（34a）是显性形成的则是完全一致，若是隐性形成的则是部分一致。

（34）a. $[_{IP}\ SU_k\ V_i + I^0\ [_{VP}\ t_k\ [_{v'}\ t_i\ ...\ ]\ ]\ ]$

    b. $[_{IP}\ V_i + I^0\ [_{VP}\ SU\ [_{v'}\ t_i\ ...\ ]\ ]\ ]$

在前置词短语一致的情况中，如果（31）中的结构配置是显性获得的，即我们面对的是后置词而不是前置词，则会发生显性一致。这样的关联在匈牙利语等语言中清晰可见，其中只有从不发生一致的前置词才允许介词-名词的语序，[①] 如（35）和（36）所示。

（35）*匈牙利语*

    a. én-mögött-em

    我-在后面-所有格.第一人称.单数

    b. *mögött-em　　　　　　　　　én

    在后面-所有格.第一人称.单数　我

    在我后面

（36）*匈牙利语*

    a. *a　　　hídon　　　át

    定冠词　桥.超格　在上面

126

---

①　这一观察来自 Marácz（1989: 362）。见 Kayne（1994: 140，注 43）在 LCA 下的阐释以及 7.4 节的更多讨论。近来对匈牙利语介词短语的讨论，见 É. Kiss（2002）。

b. át　　　　a　　　　hídon
在上面　定冠词　桥.超格

在桥上面

葡萄牙语的介词 mesmo（甚至）也存在类似的模式。当它出现在论元之前时，它必然不存在一致，如（37a）所示。当它在论元之后时，它可以与名词存在性和数一致，如（37b）所示。

（37）*葡萄牙语*

a. Mesmo as　　　　meninas　criticaram　o　　　professor.
甚至　定冠词　女孩们　批评　　　定冠词　老师

b. As　　　meninas mesmas　　　　　criticaram　o　　　professor.
定冠词 女孩们　甚至.阴性.复数　批评　　　定冠词　老师

甚至连女孩们都批评那位老师。

总结一下，如果我们假设斜格核查必须发生在标志语–中心语配置下，我们不仅能够找出结构格核查一系列结构配置的规律性，同时也可以捕捉到前置短语内部的一致和前置词短语中心语与其选择的成分之间语序的有趣关联。

练习 4.3

结合文中对前置词的分析，讨论一下英语中诸如 thereafter、therein、thereabout、hereon、herewith、hereof 等表达应该如何分析以及它们是如何产生的。

练习 4.4

在很多语言中，"主动"和"被动"分词的差异，在于只有后者带有（强制性）一致特征，如下面葡萄牙语的句对所示。鉴于文中所讨论的显性一致形态和结构配置之间的关联性，（i）中独特的一致形态该如何得到解释？对上一问题的回答也能解释（ii）中的一致模式吗？

127

（i）　a. Maria　tinha regado　　　　　as
玛丽亚 had　浇水.过去分词 定冠词.阴性.复数

plantas.

植物 . 阴性 . 复数

玛丽亚已经给这些植物浇水了。

　　b. As　　　　　　　　plantas　　　　foram

定冠词 . 阴性 . 复数　植物 . 阴性 . 复数　were

regadas.

浇水 . 过去分词 . 阴性 . 复数

这些植物浇水了。

（ii）As　　　　　　　　plantas　　　　tinham sido

定冠词 . 阴性 . 复数　植物 . 阴性 . 复数　had　　be. 过去分词

regadas.

浇水 . 过去分词 . 阴性 . 复数

这些植物已经浇水了。

4.3.4 PRO 和格理论

　　一旦我们探求一种无需依赖管辖概念的格理论方法，就必然涉及关于
（38）中所陈述的所谓"PRO 法则"（PRO Theorem）的一些讨论。

　　（38）PRO 法则

　　　　PRO 必须不受到管辖。

　　PRO 法则的来源是，（i）约束理论中从管辖语类角度所定义的原则
A 和原则 B 的约束域［见（39）］，而管辖语类又是从管辖的角度定义的
［见（40）］；（ii）PRO 作为具有照应语和代词两种特征一种混合语类的规
定［见（41）］。[①]

　　（39）a. 原则 A

　　　　照应语在其管辖语类中必须受到先行词约束。

　　　　b. 原则 B

　　　　代词在其管辖语类中必须不受到先行词约束。

---

① GB 中对于 PRO 特征的详细阐述见 Haegeman（1994: 第 5 章）等。

（40）管辖语类

　　α 是 β 的约束语类当且仅当

　　（ⅰ）α 是支配 β 的最小 XP 且

　　（ⅱ）α 是 β 的管辖者。

（41）PRO 的特征

　　PRO：[+ 照应语，+ 代词]

基于（39）和（41），PRO 满足原则 A 和原则 B 的相互矛盾的要求
128 的唯一方法是置之不理；即如果 PRO 不满足两个原则的应用要求，就会
同时满足这两个原则。比如，如果 PRO 没有管辖语类，则原则 A 和 B 都
无法应用；这样 PRO 就不会违反两个原则，当然就是遵守这两个原则。
基于（40），PRO 缺少管辖语类的一个方法是缺少一个管辖者；这样就
有了（38）的 PRO 原则。最后，一旦（38）成立，我们的结论就是，也
不能对 PRO 进行格标记，因为 GB 内的格指派必须发生在管辖关系之下
（见 4.2）。

这一构想中的一个概念问题是，它默认需要管辖概念中非常复杂的表
述。为了讨论的方便，以（6）中的概念为例，重复于下面的（42），我
们在 4.2 节看到，它允许像（43）这样的结构中的有定屈折成分管辖其标
志语并向后者指派主格。

（42）管辖

　　α 管辖 β，当且仅当

　　（ⅰ）α 最大投射成分统制 β，且

　　（ⅱ）β 最大投射成分统制 α。

（43）

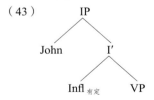

现在来比较（43）和（44），后者是 PRO 出现的典型构造。

（44）

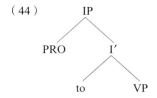

（43）和（44）的结构配置相同；因此，根据（42），每个 IP 的中心语都应该管辖其标志语。这对（44）来说不是一个理想的结果，因为 PRO 将有一个管辖语类（IP），无法同时满足原则 A 和原则 B。GB 内的解决办法是诉诸 Infl 的特征规定，提出有定屈折成分可以是管辖者，而无定屈折成分则不可以。[①] 然而，这似乎不是一个自然的处理方法。例如，这相当于假定，只有 X 具有特定的词项特征时，直接成分 X 才可以成分统制直接成分 Y。

　　这一方案的另一个问题是，如果 PRO 未受到格标记，它将违反"可见性条件"，该条件要求论元语链无论是否具有语音内容都要受到格标记（见 2.3.1.1）。在所有情况相同时，以 PRO 为中心语的语链应该和以空算子为中心语的论元语链一样，都必须被指派格。

　　对 PRO 分布的这一分析在 GB 内也做出了经验上的错误预测。例如，它预测 PRO 一般应该允许从一个被管辖位置移位到一个非管辖位置。尽管这一点肯定与（45a）相符，其中的 PRO 从受被动动词管辖的位置移位至不定屈折成分的标志语位置，（45b）的情况则不同，其中 PRO 从受介词管辖的位置移出应该产生合法的结果。[②]

　　（45）a. [it is rare [PRO$_i$ to be elected t$_i$ in these circumstances]]

　　　　　b. *[it is rare [PRO$_i$ to seem to t$_i$ that the problems are insoluble]]

---

①　比如，Chomsky（1981: 50）指出，"屈折成分带有时态时管辖句子主语"。

②　更多讨论见 Chomsky and Lasnik（1993），下文（45b）和（46）的文献来源、Bouchard（1984）、Lasnik（1992a）、Chomsky（1993）、vanden Wyngaerd（1994）、Martin（1996）以及 Landau（1999）等；不同角度的讨论见 Hornstein（1998, 1999, 2001）和 Boeckx and Hornstein（2003, 2004）。

乔姆斯基和拉斯尼克（Chomsky and Lasnik 1993）绘制了关于 PRO 分布的另一种方法来解决这些问题。[①] 其基本观点是，事实上 PRO 必须受到格标记，但它在词汇上指定为需要空格（格的一个新的子类，就像主格和宾格等一样）。假设无定屈折成分在词汇上被指定为可以指派空格，那么 PRO 的分布就可以遵循格位匹配。换句话说，就像宾格位置排除一个所有格代词一样，格位的不匹配也会排除 PRO 处于有定屈折成分的标志语的可能。

130　　依据该方法，从"可见性条件"来讲 PRO 并非例外，允准 PRO 的结构配置无需启用词项特征。这样，（45）中的对比就可以概括为，一个给定的成分不能从格标记位置移位到另一个格标记位置（见 9.3），如下面（46）所示。在（45a）中，PRO 从被动谓词内的无格位置移至 [Spec, IP]，依据格理论它在该位置可以得到允准。另一方面，在（45b）中，PRO 出现在可以指派/核查斜格的结构位置（见 4.3.3），无法从中移出［见（46a）］；然而，如果它不移位，其空格特征和与介词相联系的斜格特征两者在特征上不相容，导致推导崩溃。

（46）a. *[it is rare [for John$_i$ to seem to t$_i$ that the problems are insoluble]]

b. [it is rare [for it to seem to John that the problems are insoluble]]

注意，从空格角度对 PRO 分布的解释必须摒弃 PRO 是一个代词性照应语［见（41）］的假设。如果（44）中的 PRO 受到 to 的管辖，根据（40）它的确有一个管辖语类，即支配它的最小 IP。由于（44）中的 PRO 在 IP 内不受约束，PRO 必须是代词而不是照应语。那么在强制控制环境中 PRO 的照应语解读应该不是从原则 A 角度来解释，而是应该借助一些手段，或许是借助控制模块。

在本书中，我们无法从最简主义视角对 PRO 的分布和解读进行详细的讨论。[②] 上述讨论的关键问题是，如果 PRO 获得格标记，我们可以维

---

①　该方法产生的观点最早由 Bouchard（1984）提出，其中 PRO 的分布与格理论联系在一起。Martin（1996, 2001）详细阐述了 Chomsky and Lasnik（1993）的空格方法。

②　见 Hornstein（1998, 1999, 2001, 2003）和 Boeckx and Hornstein（2003, 2004）等。

持本章所阐述的用脱离管辖的方法来解释格理论。更具体地讲，空格的核查应该和我们已讨论的其他格位一样，即在基本的标志语-中心语关系下进行。这也让我们能够朝着从 UG 中去除管辖概念的方向更进了一步，原因是它使我们能够用一种借助标志语-中心语关系的基于格的方法来取代 GB 内对 PRO 分布的标准解释，该解释与管辖概念存在内在的联系（即通过 PRO 法则）。我们已经表明，通过将 PRO 与空格相关联，我们所形成的系统不仅在概念上更加精致，而且在经验证据上也更加充分，它可以 131 排除像（45b）这样的句子。

练习 4.5

　　对比一下空格和主格的特征，两者有什么共性和差异？

练习 4.6

　　在 GB 中，（i）中的对比所依据的假设是，（ia）中的 PRO 受到 seems 的管辖，但在（ib）中不受管辖。基于从空格角度对 PRO 分布的重新分析，（i）中的对比该如何解释？

　　　　（i）a. *[it seems [PRO to visit Mary]]
　　　　　　b. [John wanted [PRO to visit Mary]]

练习 4.7

　　下面（i）的不可接受性原则上可以简单归因于 PRO 的空格与介词 to 的斜格在形态上不匹配。然而，对于（ii）而言，其中 John 与其初始和派生位置的格特征都相匹配，该句的不可接受性表明，无论特征是否匹配，DP 都不能从一个格相关位置发生论元移位。假设的确如此，讨论一下这一限制能否在对于格关系的核查或指派方法中得到更好的解释。

　　　　（i）　*[it is rare [PRO$_i$ to seem to t$_i$ that the problems are insoluble]]

(ii) a. *[it is rare [for John$_i$ to seem to t$_i$ that the problems are insoluble]]

b. *[John$_i$ seems [t$_i$ left]]

4.4　一些经验后果

在 4.3 节，我们已经做了一些必要的技术工作，以形成一种不依赖管辖而坚持无代价的标志语–中心语构造的格理论。这一方法的一个后果就是，DP 核查在高于它们获得题元标记的位置核查（结构）格。尽管这或许与 GB 内主格和所有格的核查并无二致，它与 GB 内对宾格和斜格指派的标准分析却形成鲜明对比，后者认为格位置和题元位置总体上是相同的。

132　　例如，来看（47）的句子。

（47）Mary entertained John during his vacation.

在 GB 中，（47）将被赋予下面（48）的（简化的）LF 结构，其中的宾语处于基础位置。相反，根据 4.3 节所勾勒的标志语–中心语关系下的统一性格位理论方法，（47）将被赋予（49）中（简化的）某种 LF 结构，取决于我们是依靠 AgrOP 还是 vP（见 4.3.1 和 4.3.2）

（48）

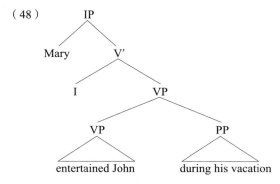

（49）a.

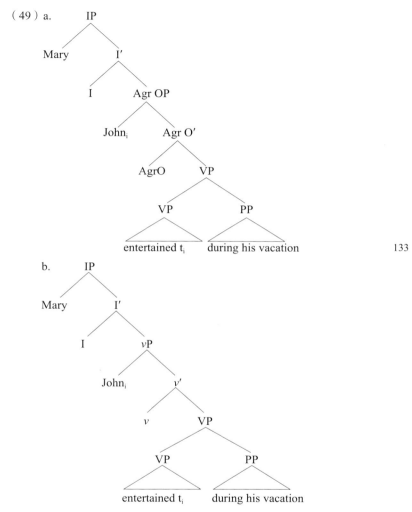

133

每种方法中宾语所占据的位置都有所不同，这一事实在经验上有着有趣的后果。我们在下面章节讨论其中的两个后果。出于演示的目的，我们将以 AgrO 分析作为标志语–中心语方法的代表，将其与标准的 GB 方法进行比较。

4.4.1 宾格核查和成分统制域

（48）和（49a）中，对于状语性 PP 来说，宾语的成分统制域是不同的。（49a）中，宾语成分统制 PP 所支配的成分，而在（48）中则并非如此。因此，（49a）中宾语原则上可以约束 PP 状语内的成分，而在（48）中则不可以。因此，问题就是宾语的约束域是像最简主义解释中所期待的那么宽泛，还是像 GB 框架中所期待的那样狭窄。我们来看一些具体的案例。

来看下面（50）中的句子组对。

（50）a. The men entertained Mary during each other's vacations.

b. *The men's mother entertained Mary during each other's vacations.

（50）的对比是约束理论原则 A 效应的经典呈现［见（39a）］。由于像 each other 这样的互指代词需要复数性先行语，（50）中只有 the men 有资格作为合适的先行语。在（50a）中，the men 处于主语位置，且成分统制附加语的内部成分；因此，它可以约束并允准照应语 each other；相反，在（50b）中，the men 并不成分统制—因此也不约束—照应语，句子被原则 A 所排除。

134　　现在来看（51）中的有趣例子。[①]

（51）Mary entertained the men during each other's vacations.

这里我们有一个完全合法的句子，该句子理解为 the men 和 each other 之间建立起照应性联系。这样，必然的情况是互指代词事实上受到 the men 的约束，原则 A 得到满足。有趣的是，在 4.3 节勾勒的关于格理论的最简主义方法会产生这样理想的结果，而 GB 方法则不行。如上所述，依据 GB 理论，宾语在 LF 保持在其基础位置，如下面的（52）所示；而依据标志语–中心语方法，它移位至高于附加语的位置，如（53）所示。因此，the men 在（53）中可以约束照应语，而在（52）中则不可以。因此，

---

① 最初的讨论见 Lasnik and Saito（1991）。

（51）的可接受性在最简主义的标志语-中心语方法下可以得到预测，而在基于管辖的标准方法下则无法解释。

（52）

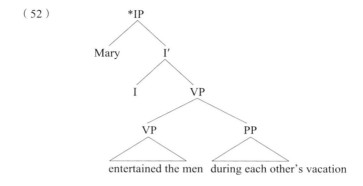

（53）

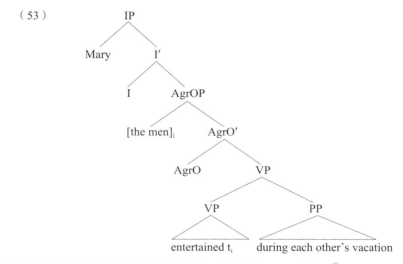

上面显示的逻辑式可以直接拓展至（54）中的 ECM 结构。[1]　　　135

―――――――――――

[1]　早期讨论见 Postal（1974），近期的讨论见 Saito（1991）、Bošković（1997）和 Runner（2005）。Lasnik（1999）提出对 ECM 的最简主义分析，与当前演示的思想一致。

（54）a. The DA proved the defendants; to be guilty during each other;'s trials.

　　b. *Joan believes him; to be a genius even more fervently than Bob;'s mother does.

　　c. The DA proved none of the defendants to be guilty during any of the trials.

在 GB 理论中，内嵌主语在不定式小句的标志语位置得到格标记，如下面（55）所示。基于（55），不应该出现（54）中各句的可接受性模式。例如，（55a）的相互代词 each other 不受 the defendants 的成分统制；因此，对应的句子应该不可接受，这恰恰与事实相反。类似地，由于（55b）的 him 和 Bob 未进入成分统制关系，依据原则 B 和原则 C，两者之间应该允许同标，（54b）的句子按照本意应该可以接受，这也与事实相反。最后，（55c）的结构所预测的结果也不正确：any 作为否定极性成分，应该受到一个否定成分的约束，但在（55c）中并非如此；因此，（54c）应预测为不可接受，这个结果也不对。

（55）a. [the DA [VP [VP proved [IP [the defendants]; to be guilty]] [PP during [each other];'s trials]]]

　　b. *[Joan [VP [VP believes [IP him; to be a genius]] [PP even more fervently than Bob;'s mother does]]]

　　c. [the DA [VP [VP proved [IP none of the defendants to be guilty]] [PP during any of the trials]]]

　　相反，根据 4.3 节最简主义的解释，内嵌主语（在 LF 上）移位至高于主句 VP 的标志语位置，如下面（56）所示。因此，内嵌主语实际上成分统制修饰主句动词的附加语，这样我们就可以解释（54）中的事实。在（56a）中，the defendants 依据原则 A 约束 each other；在（56b）中，Bob 受到 him 的成分统制并与其同标，违反原则 C；在（56c）中，否定极性成分 any 被成分统制它的否定成分 none of the defendants 所恰当允准。因此就有了（54）中各句的可接受性的模式。

136

（56）a. [... [_{AgrOP} [the defendants]_i [_{VP} [_{VP} proved [_{IP} t_i to be guilty]] [_{PP} during [each other]_i's trials]]]]

b. [... [_{AgrOP} him_i [_{VP} [_{VP} believes [_{IP} t_i to be a genius]] [_{PP} even more fervently than Bob_i's mother does]]]]

c. [... [_{AgrOP} [none of the defendants]_i [_{VP} [_{VP} proved [_{IP} t_i to be guilty]] [_{PP} during any of the trials]]]]

请注意，正如我们一直所假设的那样（更多讨论见 4.4.2），如果（56）中内嵌主语到主句 [Spec, AgrOP] 的移位发生在隐性组件中，我们可以将（54a）和（54b）的可接受性模式作为一个独立的证据，来证明约束理论不能应用于 LF 之前这一最简主义假设的正确性（见 2.3.1.2）。也就是说，如果原则 A 和原则 C 在 LF 之前进行检验——如在 SS 层——（54a）将被原则 A 所排除，（54b）将符合原则 C。这些都不是我们想要的结果，这一事实表明约束原则不能在 SS 等非接口层面上进行运算。

读者或许注意到，最简主义方法进一步预测（54）的句子与（57）的句子形成鲜明对比。

（57）a. The DA proved the defendants_i were guilty during each other_i's trials.

b. Joan believes he_i is a genius even more fervently than Bob_i's mother does.

c. The DA proved none of the defendants were guilty during any of the trials.

如果（54）的几个内嵌主语都出于赋格原因移出内嵌分句，（57）中的内嵌主语应该保持在内嵌的 [Spec, IP] 位置，因为它们在该位置可以核查主格。因此，预测的结果是，（57a）和（57c）应该不可接受，（57b）的同标应该得到允许。遗憾的是，（54）和（57）中各句的对比并不像我们预想的那样鲜明。其中，（54b）和（57b）的对比最为鲜明。其他两例只存在细微差别。回想一下（57a，c）与（54a，c）的相关对比证明了 during 短语修饰主句动词（proved）。附加语修饰内嵌分句的解读则与此句无关，因为我们预期附加语受到相关先行词的成分统制。考虑到了这些条件，（54）和（57）的对比似乎支持这样一种说法，即 ECM 主语的位置要高于有定分句的内嵌主语位置。

总结一下，从无代价的标志语-中心语关系来讲，似乎有一些经验证据支持最简主义关于格理论的方法。同时也存在一些问题。然而，该证据还是倾向于支持 4.3 节所勾勒的分析的总体思想。

> **练习 4.8**
>
> 　讨论一下（51）和（54）中的例子能否在练习 4.1 所提出的方案下得到解释，根据该分析，一个 DP 与最近成分统制它的带格的中心语建立格关系。

4.4.2　宾格核查和显性宾语移位

4.3 节中的观点假设一个标记为宾格的 DP 在到达 LF 之前移位至格核查位置。这与其之前在显性语法中的移位保持一致。一些有趣的证据证明这样的可能性实际上是可以实现的。下面我们回顾其中的一些证据。

英语的一些方言允许如（58）所示的那种省略结构，该结构被称为"假缺位"（pseudogapping）。[①]

（58）John ate a bagel and Susan did a knish.

（58）的第二个联合成分被理解为 Susan ate a knish（苏珊吃了一块炸饼），其中的 eat（吃）省略了。同理，下面（59a）和（59b）的第二个联合成分分别解读为 Susan gave a knish to Mary（苏珊给了玛丽一块炸饼）和 Susan expected Sam to eat a bagel（苏珊期望玛丽吃一块百吉饼）。（59）中句子的问题是，如果它们与（60）一样，都是通过可理解成分的删除派生而来，那么删除将以非直接成分为目标。

---

　① 见 Lasnik（1995b, 1999）对生成主义方法内该结构地位的简要回顾，其认为 Levin（1978, 1979）创造了"假空缺"这一术语。

（59）a. John gave a bagel to Mary and Susan did a knish.

　　　b. John expected Mary to eat a bagel and Susan did Sam.

（60）a. John gave a bagel to Mary and Susan did give a knish to Mary.

　　　b. John expected Mary to eat a bagel and Susan did expect Sam to eat a bagel.

有人可能会认为（60）中的每个推导都包含两个删除操作，而不是一个以非连续成分为目标的删除。然而，如果真是这样，我们原则上应该期待删除操作可以独立应用于每个直接成分。换句话说，如果删除操作只作用于（60a）中的 give 或（60b）中的 expect，那么我们原则上应该期待一个合法的结果，如下面的（61）所示。但（62）不可接受，这表明事实并非如此。 138

（61）a. John gave a bagel to Mary and Susan did give a knish to Sam.

　　　b. John expected Mary to eat a bagel and Susan did expect Sam to eat a knish.

（62）a. ??John gave a bagel to Mary and Susan did a knish to Sam.

　　　b. *John expected Mary to eat a bagel and Susan did Sam to eat a knish.

因此问题就是，如果语法只以直接成分为操作对象，（60）中的删除操作如何起作用？关于格理论的最简方法可以用来帮我们解决这一问题。我们假设，以宾格核查为目的的宾语移位可以显性进行。若果真如此，（60）中第二个联合成分的简化结构将如（63）所示。

（63）a. [Susan did [$_{AgrOP}$ [a knish]$_i$ [$_{VP}$ give t$_i$ to Sam]]]

　　　b. [Peter did [$_{AgrOP}$ Sam$_k$ [$_{VP}$ expect t$_i$ to eat a bagel]]]

那么基于（63）的结构，删除就可以以 VP 为目标，如（64）所示，形成（60）中的句子。换句话说，宾语和 ECM 主语显性提升至它们的格位置，让我们从删除可以只作用于句法的直接成分这一标准假设的角度来解释假缺位结构。

（64）a. [Susan did [$_{AgrOP}$ [a knish]$_i$]]

b. [Peter did [$_{AgrOP}$ Sam$_k$]]

对于假缺位的这一分析也带来一个问题，即为什么（63）中的结构必须引发删除操作，而不能形成下面的表层形式：

（65）a. *John gave a bagel to Mary and Susan did a knish give to Sam.

b. *John expected Mary to eat a bagel and Susan did Sam expect to eat a bagel.

假设英语的动词具有某种强特征。根据假设，强特征在 PF 上不可解读，必须通过某种手段使其在显性组件中成为惰性成分。在 2.3.1.3 小节中，我们已经探讨了可以通过显性特征核查来实现的可能性。假缺位似乎表明，直接成分的删除或许也可以规避强特征的不可解读性。换句话说，如果（63）中动词的强特征没有被核查，删除操作就必须发生以便该推导在 PF 上汇集，这样就有了（60）和（65）的对比。①

进一步讲，我们暂时假设英语的宾格总是显性核查，来看看这对于像（66）这样的简单及物结构有什么意义。

（66）John ate a bagel.

（66）清楚地表明，宾语不是在动词前读出。那么，如果 a bagel 显性移出了 VP，动词也一定发生了显性移位（回想一下我们假设动词具有强特征），移位到一个比 a bagel 更高的位置。方便起见，我们将相关投射称为 XP。那么（66）的显性结构必须是像（67）所示的那样。

（67）[$_{IP}$ John [$_{XP}$ ate$_i$ + X^0 [$_{AgrOP}$ [a bagel]$_k$ [$_{VP}$ t$_i$ t$_k$]]]]

这似乎存在很多毫无作用的移位。这样有什么价值吗？也许有。来看看副词的分布。副词悬挂的位置还不是十分明确。然而，我们非常有理由假设它们的悬挂位置可以低至 VP，或者是高至 I′（至少其中一些是这样）。下面（68）中的句子也表明，副词应该限制在与它们所修饰的动词所在的同一个分句内。这样，（68a）中的 very sincerely 可以解读为修饰 believes，

---

① 见 Lasnik（1999）提出的这一方案以及更多的讨论。

139

而（68b）中的则不可以。①

（68）a. John very sincerely believes Mary to be the best candidate.

b. #John believes that Mary very sincerely is the best candidate.

对我们当前的目的来说有趣的是，下面的（69）状语修饰要表达本来意义时似乎完全可以接受。问题在于，如果 Mary 处于内嵌句的 [Spec, IP]，如（70）所示，very sincerely 就不是与动词 believe 处于同一个分句中；因此，（70）应具有（68b）而不是（68a）的结构。

（69）John believes Mary very sincerely to be the best candidate.

（70）[John believes [$_{IP}$ Mary [$_{I'}$ very sincerely [to be the best candidate]]]]

注意，（69）所产生的问题在 GB 关于 ECM 结构的格指派解释和 4.3.1 和 4.3.2 小节中提出的标志语–中心语方法中同样存在，后者提 ₁₄₀ 出 ECM 主语只在隐形组件中移位到核查宾格的相应位置。然而，如上面提议的那样，假设宾格核查显性发生。那么（69）的显性结构应该与（67）一致，如（71）所示，其中 Mary 和 believes 都发生了显性移位。

（71）[$_{IP}$ John [$_{XP}$ believes$_i$ + X′ [$_{AgrOP}$ Mary$_k$ [$_{VP}$ very sincerely [$_{VP}$ t$_i$ [$_{IP}$ t$_k$ to be the best candidate]]]]]]]

在（71）中，very sincerely 嫁接于主句 VP，因此可以修饰 believe。这样，假设英语的宾格可以在显性句法中核查，（69）中 very sincerely 看似不同寻常的修饰能力就可以得到一个简单的解释。

练习 4.9

假设宾格关系是以本节所提出的方式来建立的，讨论一下是否还有其他原因支持格核查优于格指派。

---

① 关于状语修饰的论据最早来自于 Postal（1974）。见 Koizumi（1993）和 Runner（1995），近来更多的讨论见 Runner（2005）的综述。

4.5　结语

　　本章回顾了 GB 内关于格指派 / 核查句法构造的一些假设。除了局部的中心语–补足语和标志语–中心语关系之外，GB 还使用了非局部的管辖概念，目的是将这两个基本关系统一起来，以解释一些"例外的"格标记情况。我们初始的假设是名词成分进入推导时其格特征已经指定（见2.3.1.1），我们提出了一个关于格理论的最简主义方案，其中剔除了管辖概念。更具体来说，我们探索的可能性是每个结构格都在无代价的标志语–中心语构造下进行核查。结果很有趣，我们这么做不仅可以解释关于结构格的核心经验证据，还可以解释那些标准 GB 分析中若不借助特别手段就无法轻松解释的语言事实。这一结果从最简主义观点来看非常有趣，因为我们的解释可以扩展到更多的事实，同时可以剔除管辖概念，从方法论上更为适合的标志语–中心语构造的角度将所有的格关系统一起来。

第五章

移位与最简效应

5.1　引言

在第三章，对于论元是在词汇投射内进行题元标记的这一结论我们探究了其背后的理据。具体讲来，我们讨论了"谓词内部主语假说"的诸多证据，根据该假说，外部论元是在动词投射内部获得题元标记。例如，根据 PISH，（1）中的 he 在与 V′ 或 v′ 合并时获得题元角色，这取决于我们假设它是单层 VP 壳还是包含轻动词 v 的双层 VP 壳（见 3.3），分别如（2）中两个结构所示。

　　（1）He greeted her.
　　（2）a. he + $_{合并}$ [$_{V'}$ greeted her] →
　　　　　　 [$_{VP}$ he [$_{V'}$ greeted her]]
　　　　 b. he + $_{合并}$ [$v′$ v [$_{VP}$ greeted her]] →
　　　　　　 [$_{vP}$ he [$v′$ v [$_{VP}$ greeted her]]]

在第四章，我们进而讨论了另一个主张的概念和经验证据，即在到达 LF 前，DP 必须以统一的方式在其题元标记域的外部核查其结构格要求。[①] 更具体地讲，我们根据（2）中的两个理论可能性，讨论了两者可能的核查方式，分别如（3）中的简化表征式所示。

---

① 近来从题元和一致或格域角度对这一二分法的阐述见 Grohmann（2000b, 2003b）。

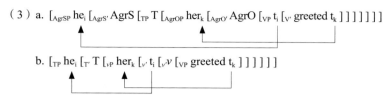

（3）a. [AgrSP hei [AgrS' AgrS [TP T [AgrOP herk [AgrO' AgrO [VP ti [V' greeted tk]]]]]]]]

142   b. [TP hei [T' T [vP herk [v' ti [v v [VP greeted tk]]]]]]]

根据（3a）描绘的单层 VP 壳方法，主语论元在推导中的某一点必须移位至 [Spec, AgrSP] 以核查其主格，而宾语移位至 [Spec, AgrOP] 核查其宾格。另一方面，根据（3b）的双层 VP 壳方法，宾语移位至外层的 [Spec, vP] 核查其宾格，而主语移位至 [Spec, TP] 核查其主格。

我们将在 5.4 节具体讨论选择上面描绘的哪一种方法。与当前目的相关的是，在两种方法中，主格和宾格链相互交错；如（3）所示，移位的宾语位于主格和它的语迹之间，而主语的语迹又处于移位的宾语及其语迹之间。然而，这样的交错与标准的 GB 理论相悖，后者认为移位要受到最简性思想的限制，粗略讲来，就是阻止某一成分跨越另一个"相同类型"的成分。换句话说，PISH 与论元应该在题元标记域的外部核查结构格的主张相结合会导致一个错误的预判，即如（1）所示的简单及物结构应该表现出最简效应，因此不可接受。

鉴于标准 GB 理论中的最简性概念具有重要的经验证据，因此最简主义的任务就是要寻求一种最简性的替代概念允许诸如（3）中的各种移位，同时仍然维持标准最简性的益处。本章的讨论尝试沿着这个方向进行。在 5.2 节，我们首先简要回顾在 GB 中最简性所涵盖的核心事实。在 5.3 节，我们详细说明（3）中描绘的推导与标准的最简性概念有哪些冲突。5.4 节讨论两个选择：一个是从单层 VP 壳和 Agr 投射角度［见（3a）］，另一个是从不含 Agr 投射的双层 VP 壳角度［见（3b）］。最后，5.5 节从特征而非投射角度给出一些支持相对最简性的证据，5.6 是本章内容的小节。

5.2 GB 内的相对最简性

GB 框架的一个主要思想是，移位受到最简性的限制，如（4）所示。[①]

（4）相对最简性（Relativized Minimality）

      X 题元统制 Y 只有当不存在这样一个 Z：

      （i）Z 是一个典型的潜在题元统制 Y 的成分，且

      （ii）Z 成分统制 Y 但不成分统制 X。

这一版本的最简性中的"题元管辖"概念既包括中心语管辖也包括先行语管辖，其背后的理念是移位的距离必须尽可能短，即如果位置 P 上没有成分，而某一个成分可以占据位置 P，则该成分的移位不能越过位置 P。另一种阐述方式是（对于当前目的来讲同样理想），需要满足更高投射的某种要求，如核查格特征，wh 特征或 V 特征，必须由原则上可以符合该要求的距离最近的成分来满足。（4ii）规定，距离远近的相对概念从成分统制角度来定义的。Y 比 Z 离 X 更近，当且仅当 X 成分统制 Y 且 Y 成分统制 Z，如下面（5）中的结构所示。注意，在（5）中，W 和 Z 未处于成分统制关系，因此，W 和 Z 谁也不比对方离 X 更近。

（5）

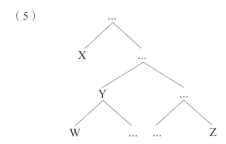

    注意，这种限制有种最简主义的"味道"。它将简短性要求置于移位操作之上，从最小费力角度看很有意义，因为它为特征核查操作划定

---

    ① 该定义引自 Rizzi（1990: 7）。参见 Rizzi（2001），其从更符合最简主义的角度对其进行了革新，而没有采用管辖概念。

了一条自然的界限，以此减少（操作性）运算的复杂性；例如，一个 DP 需要核查其格特征，但一旦有另一个 DP 在比其更高的位置合并，则前者的格特征无法得到核查。从这个意义上讲，最简性是一种置于移位等语法操作之上的天然性条件（特别是那些被视为由特征核查驱动的移位）。

此外，也存在有趣的经验证据支持最简性。来看（6）—（8）中的范式。

（6）a. [it$_i$ seems [t$_i$ to be likely [that John will win]]]

    b. [John$_i$ seems [t$_i$ to be likely [t$_i$ to win]]]

    c. *[John$_i$ seems [that it is likely [t$_i$ to win]]]

（7）a. [who$_k$ [t$_k$ wondered [how$_i$ you fixed the car t$_i$]]]

    b. [how$_i$ did you say [t$_i$ John fixed the car t$_i$]]

    c. *[how$_i$ do you wonder [who$_k$ [t$_k$ [fixed the car t$_i$]]]]

（8）a. [could$_i$ [they t$_i$ [have left]]]

    b. [have$_i$ [they t$_i$ left]]

    c. *[have$_i$ [they could [t$_i$ left]]]

在（6a）中，主句和最深内嵌句中的 Infl 都需要核查各自的格特征，两者分别由 it 和 John 来核查；而（6b）和（6c）的对比进一步显示，只要不存在虚位词的阻隔，最深内嵌句的主语可以移位核查主句的格特征（即论元移位）。同理，例（7）显示，how 可以移位核查疑问标句词的强 wh 特征（非论元移位），前提是它在移位过程中不跨越另一个 wh 成分。最后，例（8）说明了中心语移位存在同样的限制：助动词可以核查 C^0 的强 V 特征，只要不存在另一个与 C^0 距离更近的助动词。

简而言之，从最简主义视角来看，最简性似乎是一个概念上非常契合的语法操作条件，因为该条件体现了最简主义所追求的那种最小费力思想。此外，似乎也存在经验上的证据支持该条件，它可以用来排除不合法句子的那些不理想的推导。我们假设最简性应当得到保持，并重新审视一下我们在 5.1 节指出的问题。

练习 5.1

在缺乏显性主语的情况下，冰岛语展示出一种重新排序现象，称为"文体性前置"（Stylistic Fronting），显示于下面的（ia）和（iia）（见 Jónsson 1991 和 Holmberg 2000 等）。基于（i）和（ii）的对比，文体性前移能否通过与相对最简性一致的方法来分析呢？

（i）*冰岛语*

　　a. Tekin hefur verið erfið ákvörðun.
　　　做出 HAS BEEN 困难的 决定

　　b. *Verið hefur tekin erfið ákvörðun.
　　　BEEN HAS 做出 困难的 决定
　　已经做出了一个困难的决定。

（ii）*冰岛语*

　　a. Þeir sem skirfað munu hafa verkefnið á morgun
　　　那些 that 写 WILL HAVE 作业.定指 明天

　　b. *Þeir sem hafai munu skirfað verkefnið á morgun
　　　那些 that HAVE WILL 写 作业.定指 明天
　　到明天为止已经做了作业的人

练习 5.2

下面（i）中的句子显示，在意大利语中，只有当经历者是一个"接语代词"（clitic pronoun），跨越该经历者的提升才可能发生（见 Rizzi 1986）。这一范式能否从相对最简性角度来得到解释呢？

（i）*意大利语*

　　a. [Gianni$_i$ sembra [t$_i$ essere stanco]]
　　　詹尼 似乎 BE 累
　　詹尼似乎累了。

　　b. *[Gianni$_i$ sembra a Maria [t$_i$ essere stanco]]
　　　詹尼 似乎 对 玛丽亚 BE 累
　　在玛丽亚看来，詹尼似乎累了。

　　c. [Gianni$_i$ gli sembra [t$_i$ essere stanco]]
　　　詹尼 他（与格.CL）似乎 BE 累
　　在他看来，詹尼似乎累了。

> **练习 5.3**
>
> 　　与意大利语相反，英语允许跨越完整形式经历者的提升，如下面（i）所示。（ii）进一步表明，经历者前面的 to 只是一个与格的形态标记，因为它并未阻止该代词成分统制 John 并引发原则 C 效应（更多讨论见 8.3.1）。如果要对练习 5.2 中的意大利语和下面（i）—（ii）中英语的例子进行统一分析，我们必须做出什么样的假设呢？这些假设也能解释（iii）吗？这里讨论的看似违反相对最简性的特例与布尔齐奥准则是否存在某种联系（见 3.4.1）？
>
> 　　（i）a. [John$_i$ seems [t$_i$ to be ill]]
>
> 　　　　b. [John$_i$ seems to Mary [t$_i$ to be ill]]
>
> 　　（ii）[it seems to him$_{k/*i}$ [that John$_i$ is ill]]
>
> 　　（iii）a. [it strikes me [that John is a genius]]
>
> 　　　　　b. [John$_i$ strikes me [t$_i$ as a genius]]

146

5.3　问题

　　回想一下，我们得出的结论是，论元是由它们的词汇性谓词统一进行题元标记的（见第三章），并通过（显性或隐性）移位至题元域之外的位置来统一核查格特征（见第四章）。通过详细考察（1）中句子［即此处的例（9）］的推导，即从单一的 VP 壳方法入手，我们来看看它对于最简性有什么启示。

　　（9）He greeted her.

　　出于当前的目的，我们忽略中心语移位，并假设主语和宾语的移位都是显性发生，以满足"扩展条件"（见 2.3.2.4）。运算系统遵守"扩展条件"以自下而上的方式进行，构建了下面（10a）中的 AgrO′，宾语移位至 [Spec, AgrOP] 以核查宾格和宾语一致，如（10b）所示；而后运算系统构建 T′，主语移位至 [Spec, TP] 以核查主格，如（10d）所示，而后移位至 [Spec, AgrSP] 以核查主语一致，如（10e）所示。

（10）a. [$_{AgrO'}$ AgrO [$_{VP}$ he [$_{v'}$ greeted her]]]

b. [$_{AgrOP}$ her$_i$ [$_{AgrO'}$ AgrO [$_{VP}$ he [$_{v'}$ greeted t$_i$]]]]

c. [$_{T'}$ T [$_{AgrOP}$ her$_i$ [$_{AgrO'}$ AgrO [$_{VP}$ he [$_{v'}$ greeted t$_i$]]]]]

d. [$_{TP}$ he$_k$ T [$_{AgrOP}$ her$_i$ [$_{AgrO'}$ AgrO [$_{VP}$ t$_k$ [$_{v'}$ greeted t$_i$]]]]]

e. [$_{AgrSP}$ he$_k$ AgrS [$_{TP}$ t$_k$ T [$_{AgrOP}$ her$_i$ [$_{AgrO'}$ AgrO [$_{VP}$ t$_k$ [$_{v'}$ greeted t$_i$]]]]]]

我们讨论的相关步骤见（10b）和（10d）。在（10b）中，宾语跨过 [Spec, VP] 上的主语，移位至 [Spec, AgrOP]。同理，（10d）中的主语在上移至 [Spec, TP] 的过程中跨越了 [Spec, AgrOP] 上的宾语。鉴于[Spec, TP]、[Spec, AgrOP] 和 [Spec, VP] 都是论元位置，（10b）和（10d）所刻画的移位违反了（4）中所定义的"相对最简性"。

双层 VP 壳方法面临同样的问题。下面（11a）中的轻动词 vP 组合之后，宾语移位至外层的 [Spec, vP] 核查宾格和宾语一致，跨过处于内层 [Spec, vP] 的主语。同理，（10d）中的主语在上移至 [Spec, TP] 的过程中跨越了 [Spec, AgrOP] 上的宾语。我们又一次错误地预测最简效应应该得到遵守。

（11）a. [$_{vP}$ he [$_{v'}$ v [$_{VP}$ greeted her]]]

b. [$_{vP}$ her$_i$ [$_{v'}$ he [$_{v'}$ v [$_{VP}$ greeted t$_i$]]]]

c. [$_{T'}$ T [$_{vP}$ her$_i$ [$_{v'}$ he [$_{v'}$ v [$_{VP}$ greeted t$_i$]]]]]

d. [$_{TP}$ he$_k$ T [$_{vP}$ her$_i$ [$_{v'}$ t$_k$ [$_{v'}$ v [$_{VP}$ greeted t$_i$]]]]]

147

有人可能会认为，在论元移位情况中，相对最简性应该只对不同分句中的位置起作用。根据这一修正，在（6c）[重复于下面的（12）] 中，John 跨过另一个分句中的虚位词的移位应该仍然违反最简性，但在（10b）和（10d）或者（11b）和（11d）中则不违反，因为其中只涉及单一分句。

（12）* [John$_i$ seems [that it is likely [t$_i$ to win]]]

然而，事情并没有这么简单。回想一下，我们假设词项的特征在枚举词项集合中已经获得完全指定，并在推导过程中来核查这些特征（见整个 2.3.1 的展示）。这样，没有什么能够阻止（13）中的 VP 或（14）中的 vP 的构成（取决于我们假设单层还是双层 VP 壳方法），其中的内部论元携带主格，外部论元携带宾格。

  （13）[$_{VP}$ her [$_{v'}$ greeted he]]

  （14）[$_{vP}$ her [$_{v'}$ v [$_{VP}$ greeted he]]]

如果相对最简性不应用于同一分句的论元，那么通过将论元（显性或隐性）移位到相对应的格核查位置，运算系统应该可以基于（13）组成（15），或基于（14）组成（16）。

  （15）[$_{AgrSP}$ he$_k$ AgrS [$_{TP}$ t$_k$ T [$_{AgrOP}$ her$_i$ [$_{AgrO'}$ AgrO [$_{VP}$ t$_i$ [$_{v'}$ greeted t$_k$]]]]]]

  （16）[$_{TP}$ he$_k$ T [$_{vP}$ her$_i$ [$_{v'}$ t$_i$ [$_{v'}$ v [$_{VP}$ greeted t$_k$]]]]]

倘若（15）或（16）的动词移至高于宾语的位置（在英语或其他语言中），就会派生出（9）这样的句子。换句话说，我们将错误地预测，（在英语或其他语言中）像（9）这样的句子是有歧义的：在（10）或（11）的推导中它应该产生 he greeted her 的解读，在（13）/（15）或（14）/（16）的推导下产生 she greeted him 的解读。顺便提一下，（13）/（15）或（14）/（16）这样夸张的推导在某种意义上甚至更加契合最简性的标准概念。由于这些推导中的外部论元都没有跨越内部论元，它们只涉及违反最简性一次，而（10）或（11）的推导则各自涉及违反该原则两次。

  那么，这就是我们要解决的难题：找到一种方法允许（10）或（11）的推导，同时排除（12），（13）/（15）和（14）/（16）中的推导。下面是我们的总体构想。我们将从不同的域尝试探索相对最简性，与约束原则的原则 B 在某些域中起作用的分析一样。更具体地讲，最简性与各个域之间的关系相关联，而与单一域之内的关系无关。当然，问题是相关的域的概念是什么。这就是下一节讨论的主题。我们首先在单层 VP 壳方法下讨论该问题，而后在双层 VP 壳假设下进行。

5.4　最简性和等距

  接下来我们探索下面这一假设，即与某个特定中心语密切联系的语类形成一个封闭的域（最小域），其不受最简思想的约束。但在我们进行讨论之前，需要设定一些定义。其中两个是我们熟悉的包含和支配，如（17）和（18）所示。[1]

（17）包含

一个语类 α 包含 β 当且仅当 α 的一些片段支配 β。

（18）支配

一个语类 α 支配 β 当且仅当 α 的每个片段都支配 β。

包含和支配的差别被用来解释涉及嫁接的关系。例如，在（19）这样的结构中，GP 嫁接于 XP，形成一个双片段的语类 [XP, XP]，我们说语类 [XP, XP] 只包含 GP 但不支配 GP，因为并非 [XP, XP] 的每个片段都支配 GP。另一方面，[XP, XP] 既包含又支配 MP，因为 [XP, XP] 的每个片段都支配 MP。而且，我们还可以说，Y 是受到 [X^0, X^0] 的直接包含，但受到 X′ 的直接支配：直接（第一个）包含 Y 的语类是 [X^0, X^0]，直接（第一个）支配 Y 的语类是 X′。

149

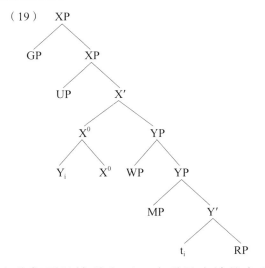

（19）

现在我们可以转到（20），来看最小域的定义（修改自 Chomsky

---

[1]　见 May（1985）和 Chomsky（1986a）。

1993），这对我们对最简性概念的修正非常重要。[①]

（20）最小域

α 的最小域，或 MinD(α)，是中心语 α 的投射所直接包含或直接支配的语类集合，不包含 α 本身的投射。

（20）中给出的最小域概念所设定的结构配置可以与某个特定的中心语的投射建立题元、核查或修饰关系。例如，根据（20），（19）中的 MinD ($[X^0, X^0]$) 就是囊括 [YP, YP]（X^0 的补足语），Y（嫁接于 X^0 上的中心语），UP（X^0 的标志语），GP（XP 的附加语），并且有趣的是还包含了 WP（X^0 的补足语的附加语）。注意，尽管 WP 是唯一一个受 [YP, YP] 直接包含的成分，它也受到 X′ 的直接支配；因此，根据（20）中的定义，WP 也在 MinD ($[X^0, X^0]$) 之内。

我们最后来更详细地考察（19）中移位的中心语 Y 的相关域。在嫁接到 X^0 之前，它的最小域很明确：WP、MP 和 RP。问题是 Y 移位后发生了什么。回想一下，在 GB 内，移位的中心语一定意义上保留了其在移位前所建立的关系。[Baker 1988 的 "管辖透明度推论"（Government Transparency Corollary）]；这样，一个移到 Infl 的动词依然可以在 SS 和 LF 上管辖并题元标记其宾语，遵循投射原则。那么我们首先假设中心语的移位会扩展它的最小域，如（21）所示：

（21）扩展最小域

中心语 Y^0 嫁接至中心语 X^0 上所形成的语链的最小域是 MinD(Y^0) 和 MinD(X^0) 之和，不包含 Y^0 的投射。

根据（21），移位的中心语可以参与的关系相比其在初始位置所参与的关系更多。例如，在（19）中，MinD(Y_i, t_i) 是 MinD(Y) 中的一系列语类，即 WP、MP 和 RP，再加上 MinD ($[X^0, X^0]$) 的一系列语类，不包含 Y 的投射（Y′, YP），即 UP 和 GP。因此，在 Y 移位后，它原则上也可以

---

① （20）中最小域的定义应该让我们想起从最大投射成分统制角度来定义的管辖概念。这里所包含的思想实际上是，相互最大投射成分管辖的成分是等距的。

与 UP 和 GP 建立句法关系。

这些就是我们需要的所有组成成分。那么让我们回到最简性的谜团。

练习 5.4

基于（i）中的中心语 A、D、G 和 J，来确定它们的最小域和扩展最小域。

（i）

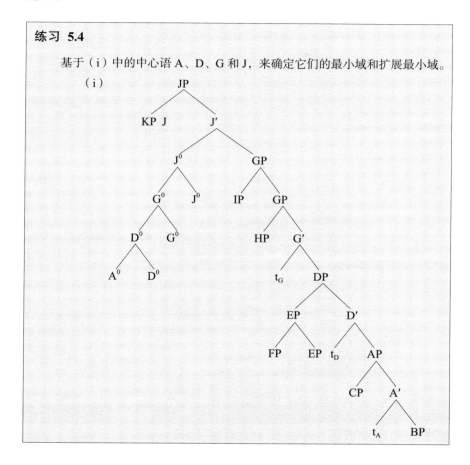

练习 5.5

在 2.3.2.3 小节中，我们提出，根据 Kato and Nunes（1998），类似（i）的无中心语关系分句应包含移位的 wh 成分的嫁接，如（iia）所示，而不包含向

151

> 标志语的移位，如（iib）所示。基于（20）中的最小域概念，解释一下为什么是这种情况。
>
> （ⅰ）　Mary laughs at whoever she looks at.
> （ⅱ）a. [$_{IP}$ Mary [$_{VP}$ laughs at [$_{CP}$ whoever$_i$ [$_{CP}$ C [$_{IP}$ she looks at t$_i$]]]]]
> 　　　b. [$_{IP}$ Mary [$_{VP}$ laughs at [$_{CP}$ whoever$_i$ [$_{C'}$ C [$_{IP}$ she looks at t$_i$]]]]]

5.4.1　基于 Agr 系统内的最简性和等距

　　基于（20）和（21）中的最小域和扩展最小域概念，要解释简单及物句式中外部论元和内部论元的交叉问题所要采取的提议是，最简性对给定最小域内的成分来讲是无效的，如（22）所述。[①]

　　（22）等距（第一版）

　　　　　假设 α 是 γ 的移位目标，那么对于任何与 α 在同一个最小域内的 β 而言，α 和 β 到 γ 的距离都相等。

　　通过（23）的树形图来看（22）的含义。

　　（23）

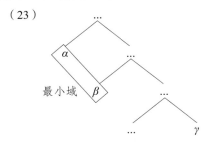

　　由于（23）中的 α 和 β 处于同一个最小域内，根据（22），两者距离 γ 的距离相等。换句话说，从 γ 到 α 的移位并不比 γ 到 β 的移位距离长；因此在（23）中，β 对于 γ 到 α 的移位并未引发最简效应。事实上，这就好像最小域是"扁平"结构，允许表面上违反最简性的情况发生。然而，关键问题是，如果移位的目标处于不同的最小域，最简性就会发挥作用；因此

---

① 本节基于 Chomsky（1993）的模型。

（12）［即此处的（24）］不合法，其中 John 跨过中间分句 Infl 的最小域中的虚位词移位到主句 Infl 的最小域。

（24）*[$_{IP}$ John$_i$ [$_{I'}$ I^0 seems [that [$_{IP}$ it [$_{I'}$ is + I^0 likely [t$_i$ to win]]]]]]

我们现在来看主宾语相互交叉的棘手问题。

5.4.1.1 简单及物分句的推导

现在来看在单 VP 壳方法下，下面诸如（25）的简单及物结构的推导细节。为了讨论的目的，假设英语中的主语和宾语都是隐性移位。

（25）He greeted her.

在通过连续的合并操作构成下面（26）中的 AgrO′ 之后，宾语应该移位至 [Spec, AgrOP] 核查宾格和宾语一致。假设情况的确如此，如（27）所示。

（26）[$_{AgrO'}$ AgrO [$_{VP}$ he [$_{V'}$ greeted her]]]

（27）[$_{AgrOP}$ her [$_{AgrO'}$ AgrO [$_{VP}$ he [$_{V'}$ greeted t$_{her}$]]]]

在（27）中，her 跨过 he，依据这里的最简性概念，这样的移位应该合法，只要 [Spec, AgrOP] 和 he 处于同一个最小域内。然而，情况并非如此：MinD（greeted）是 {he, t$_{her}$}，而 MinD（AgrO）是 {her, VP}。一旦 [Spec, AgrOP] 和 he 处于不同的最小域内，那么（24）中就应该产生最简效应，这恰恰与事实相反。

然而，要注意，有另外一条始于（26）的推导途径。假设 AgrO^0 形成之后，动词首先嫁接到 AgrO 上，如（28a）所示，而后宾语移位至 [Spec, AgrOP]，如（28b）所示。

（28）a. [$_{AgrO'}$ greeted$_v$+ AgrO [$_{VP}$ he [$_{V'}$ t$_v$ her]]]

b. [$_{AgrOP}$ her greeted$_v$+ AgrO [$_{VP}$ he [$_{V'}$ t$_v$ t$_{her}$]]]

根据（21），（28）中 greeted 嫁接到 AgrO 上所创立的扩展最小域包括了移位前 MinD（greeted）的各个位置再加上 MinD（AgrO），并去除 greeted 的投射 VP。即（28b）中（greeted$_v$, t$_v$）的扩展最小域是 {he, t$_{her}$, her}。一旦 he 和宾语移位的目标位置（即 [Spec, AgrOP]）处于同一个最小域内，根据（22）的等距概念，两者距离宾语位置就是等距的。因此，在（28b）

153 中，her 到 [Spec, AgrOP] 的移位不受处于中间的 [Spec, VP] 的主语的阻隔，可以得到理想的结果。

现在我们来考察另一个存在潜在问题的情况。在（29）中，T 与 AgrOP 合并后形成 T′，主语应该跨过发生移位的宾语移位至 [Spec, TP]，如（30）所示。

（29）$[_{T'}$ T $[_{AgrOP}$ her greeted$_v$+ AgrO $[_{VP}$ he $[_{V'}$ t$_v$ t$_{her}$]]]]

（30）$[_{TP}$ he T $[_{AgrOP}$ her greeted$_v$+ AgrO $[_{VP}$ t$_{he}$ $[_{V'}$ t$_v$ t$_{her}$]]]]

（30）中的 MinD（T），即 {he, AgrOP}，不包括中间处于 [Spec, AgrOP] 的 her，如上所示，后者属于 MinD（AgrO）和 MinD（greeted$_v$, t$_v$）。一旦移位的目标和中间成分不在同一个最小域内，则应产生最简效应，这恰恰与事实相反。

然而，跟以前一样，有一种安全的解决办法。如果（29）的 AgrO 嫁接到 T 上，如下面（31a）所示，AgrO 将扩展其最小域，允许（31b）的主语移位。也就是说，由于（31b）中的 MinD（AgrO, t$_{AgrO}$）是集合 {he, greeted, her, VP}，移位的目标和中间成分到 [Spec, VP] 的距离相等，而未出现最简效应。

（31）a. $[_{T'}$ $[_{AgrO}$ greeted$_v$+ AgrO] + T $[_{AgrOP}$ her t$_{AgrO}$ $[_{VP}$ he $[_{V'}$ t$_v$ t$_{her}$]]]]

b. $[_{TP}$ he $[_{AgrO}$ greeted$_v$+ AgrO] + T $[_{AgrOP}$ her t$_{AgrO}$ $[_{VP}$ t$_{he}$ $[_{V'}$ t$_v$ t$_{her}$]]]]

最后，我们来看主语进一步移位至 [Spec, AgrSP] 以核查主语一致，如（32）所示。

（32）$[_{AgrSP}$ he AgrS $[_{TP}$ t$_{he}$ $[_{AgrO}$ greeted$_v$ + AgrO] + T $[_{AgrOP}$ her t$_{AgrO}$ $[_{VP}$ t$_{he}$ $[_{V'}$ t$_v$ t$_{her}$]]]]]

注意，在这种情况下，[Spec, AgrSP] 和 [Spec, TP] 之间不存在论元性的标志语。这样就不存在要求 T 必须移位至 AgrS 的最简性问题。当然，这种移位的发生或许有其自己的原因；只不过它不是为了允许 [Spec, TP] 到 [Spec, AgrSP] 的移位所需要的。

同理，如果英语的宾语实际上不是显性移位到 [Spec, AgrOP]，即使动词仍处于 VP 之内，主语可以直接移位至 [Spec, TP]，产生下面（33）的结构。一旦 [Spec, VP] 和 [Spec, TP] 之间以及 [Spec, TP] 和 [Spec, AgrSP] 之间不存在论元性标志语，主语的每步移位都可以进行，无论是否发生中心语移位（中心语移位或出于其他原因）。

（33）[AgrSP he AgrS [TP t_he T [AgrOP AgrO [VP t_he [V' greeted her]]]]] 154

如果（33）的结构在英语中是拼读之前得到的，那么相反，宾语在隐性组件中到 [Spec, AgrOP] 的移位则要求动词提升至 AgrO；否则如前面所述，跨过中间的主语语迹将会违反最简性原则。动词在隐性组件中嫁接到 AgrO 之后，主语的语迹和 [Spec, AgrOP] 就都处于动词的扩展最小域之内，如（28b）的讨论所示，并且宾语可以移位至 [Spec, AgrOP] 而不违反最简性原则。

宾语漂移和强制性动词移位之间的这种关联性被称为霍姆伯格准则（Holmberg's Generalization），其在很多语言中都得到证实。例如，在冰岛语中，类似 flessar bækur（这些书）的直接宾语在（34a）中可以跨过否定词移出 VP，但在（34b）中则不可以。[①]

（34）*冰岛语*

    a. [CP Ígær lasi ég_j [þessar bækur]_k ekki [VP t_j t_i t_k]]
       昨天　读　我　这些　书　　不
    昨天我没读这些书。

    b. *[CP Ígær hefii ég_j [þessar bækur]_k ekki [VP t_j lesinn t_k]]
       昨天 HAVE 我　这些　书　　不　　　读
    昨天我还没读这些书。

（34a）和（34b）有关的差别在于主动词的移位。由于冰岛语是动词第二顺位（V2）语言，（34a）的主动词和（34b）的助动词一直上移到 C^0。假设（34）的宾语漂移移位到 [Spec, AgrOP]，（34a）中的宾语允许移出，因为动词移位到 AgrO 扩展了其最小域，使得 [Spec, AgrOP] 位置和处于

---

① 相关的讨论见 Holmberg（1986, 1999）和 Holmberg and Platzack（1995）。

中间的主语与宾语位置等距，如（28b）所示。而在（34b）中，动词的分词形式留在原位；因此 [Spec, AgrOP] 和 [Spec, VP] 处于不同的最小域内，宾语跨越主语的移位违反最简性原则，如（27）所示。

总之，（21）中扩展最小域的概念加上（22）中等距的概念不仅能够允许主宾语相互跨越的简单及物句式的推导，同时也能解释霍姆伯格准则所阐述的中心语移位和宾语漂移之间的关联性。

155

练习 5.6

重新审视你对练习 5.1 的回答，讨论一下冰岛语允许显性宾语漂移的事实如何能够使其中提到的对比从相对最简性角度得到解释。

练习 5.7

来看下面（i）中等距的定义。这一定义是否足以解释（ii）中的推导？假设漂移的宾语处于宾格标记位置，这一定义能否解释霍姆伯格准则？

（i） 等距（中期版本）

如果 α 和 β 处于同一个最小域内，那么 α 和 β 到目标位 γ 等距。

（ii） He greeted her.

5.4.1.2 防止过度生成

现在回过头来看（35）中潜在的不理想推导，其语义是 she greeted him，它从（36）的 VP 开始，其中外部论元携带宾格，内部论元携带主格 [见（13）/（14）]。

（35）*He greeted her. [本意是 "She greeted him."]

（36）[$_{VP}$ her [$_{V'}$ greeted he]]

来看下面（37a）中 AgrO' 之后的阶段。由于格位的不匹配，he 无法移位至 [Spec, AgrOP]，he 需要核查主格，而这是个核查宾格的环境。这样，只有 her 可以移位到 [Spec, AgrOP]。注意，这样的移位不要求 greeted

移位到 AgrO，因为 [Spec, AgrOP] 和 [Spec, VP] 之间不存在占据标志语的成分。既然动词提升并未引发任何问题，我们可以具体假设动词确实提升了，如（37b）所示，而后（37c）的外部论元发生移位。

（37）a. [_{AgrO'} AgrO [_{VP} her [_{V'} greeted he]]]

　　　 b. [_{AgrO'} greeted_v+ AgrO [_{VP} her [_{V'} t_v he]]]

　　　 c. [_{AgrOP} her greeted_v+ AgrO [_{VP} t_her [_{V'} t_v he]]]

接下来是构建 T′，如下面（38a）所示。假设 he 移位至 [Spec, TP] 核查主格，如（38b）所示。

（38）a. [_{T'} T [_{AgrOP} her greeted_v+ AgrO [_{VP} t_her [_{V'} t_v he]]]]

　　　 b. [_{TP} he T [_{AgrOP} her greeted_v+ AgrO [_{VP} t_her [_{V'} t_v t_he]]]]

（38b）中 he 的移位跨过 her 填充的论元标志语及其语迹。根据我们目前看到的情况，只有当三个标志语（即 [Spec, TP]，[Spec, AgrOP] 和 [Spec, VP]）都处于相同的最小域内，才能允许这一操作。但情况并非如此，如（39）所示；具体讲来，MinD(greeted_v, t_v) 包含 [Spec, VP]（t_her）和 [Spec, AgrOP]（her），但不包含 [Spec, TP]（he）。

（39）a. MinD (T) = {he, AgrOP}

　　　 b. MinD (greeted_v, t_v) = {her, t_her, t_he, }

　　　 c. MinD (AgrO) = {her, greeted, VP}

　　　 d. MinD (greeted) = {t_her, t_he}

假设在 he 移位之前，我们通过将 AgrO 嫁接到 T 上来规避这一问题，如（40）所示。

（40）a. [_{T'} [_{AgrO} greeted_v + AgrO] + T [_{AgrOP} her t_{AgrO} [_{VP} t_her [_{V'} t_v he]]]]

　　　 b. [_{TP} he [_{AgrO} greeted_v + AgrO] + T [_{AgrOP} her t_{AgrO} [_{VP} t_her [_{V'} t_v he]]]]

如下面（41）所示，（39）所加入的新的最小域是 MinD(AgrO, t_{AgrO})，它包括 MinD（AgrO）的成员再加上 MinD（T）的成员，同时排除 AgrO 的投射。在（41）中，我们发现一个包含 [Spec, TP] 和 [Spec, AgrOP] 的最小域［见（41a）］和一个包含 [Spec, AgrOP] 和 [Spec, VP] 的最小域［见（41c）］，但不存在同时包含三个标志语的最小域。鉴于这三个标志语到宾

156

语的位置不相等，最简性阻止了（40b）中 he 的移位，得到理想的结果。

（41）a. MinD (AgrO, t_{AgrO}) = {he, her, greeted, VP}

b. MinD (T) = {he, AgrOP}

c. MinD (greeted$_v$, t_v) = {her, t_{her}, t_{he}}

d. MinD (AgrO) = {her, greeted, VP}

e. MinD (greeted) = {t_{her}, t_{he}}

最后我们看到，根据（21）中扩展最小域的定义，重复如下面的（42），X^0 的每次移位都形成一个具有自身最小域的新语链。重要的是，每个连续的嫁接则不会扩展先前的语链。对于目前的情况，这意味着在（40a）中的 AgrO 嫁接到 T 上之后，MinD（AgrO）得到扩展，但已经扩展的 MinD（greeted$_v$, t_v）保持不变。如果情况不是这样，那么在 AgrO 移位之后，（40b）的三个标志语将处于 MinD（greeted$_v$, t_v）之内，上面描绘的"夸张的"推导将会错误地得到允许。扩展最小域应该受到这样的限定，这实际上是一个自然的假设。例如，在（40a）中实际移位的成分是 AgrO，嫁接的动词只是一个"搭车者"。

（42）扩展最小域

中心语 Y^0 嫁接至中心语 X^0 所形成的语链的最小域是 MinD（Y^0）和 MinD（X^0）之和，不包含 Y^0 的投射。

因此，（22）中的等距概念似乎满足我们的需要。它提出的相对最简性既可以保持标准 GB 解释中所涵盖的事实，也允许简单及物句式中的主宾语彼此跨越，而不产生过度生成的情况。

练习 5.8

假设练习 5.7 中的等距概念，重复于（i）中，讨论一下它是否足以阻止（ii）的推导，该推导始于（iii）中的结构。

（i）如果 α 和 β 处于同一个最小域内，那么 α 和 β 与目标 γ 等距。

（ii）*He greeted her. [本意是 "She greeted him."]

（iii）[$_{VP}$ her [$_{V'}$ greeted he]]

5.4.1.3 余下的问题

尽管前面几节回顾的认为最简性根据最小域具有相对性的方法取得了不小的成功，它还面临三个相关的问题。第一，该方法过于严格，它无法正确处理涉及双及物动词的格核查情况。来看看其中的原因。

关于间接宾语的空假设，是它们的（结构）格应该跟主语和直接宾语的格位核查一样，即在某个支配 VP 的 Agr 投射的标志语进行。这一假设正确性的证据是有些语言除了主语和宾语的一致外，还展现出间接宾语的一致。巴斯克语就是其中之一，如（43）所示，其中粗体的助动词语素是宾语的一致标记。①

（43）巴斯克语　　　　　　　　　　　　　　　　　　　　158

　　Azpisapoek　　etsaiari　　　misilak　　　saldu
　　叛国者.作格　敌人.与格　　导弹.绝对格　卖
　　d-i-zki-o-te.
　　现在时−助动词−第三人称.复数.绝对格−第三人称.单数.与格−
　　第三人称.复数.作格
　　叛国者将导弹卖给敌人。

出于讨论的方便，我们假设如下（44b）的原始拉森结构，其中动词已经从（44a）中下层的 VP 壳中上移（见 3.3.2）。假设我们努力通过在功能语类库中加入中心语 AgrIO 来将这一空假设和一致模式统一起来，中心语 AgrIO 将参与间接宾语一致（还可能包括与格）的核查。具体讲来，假定 AgrIO 生成于 TP 和 AgrOP 之间，如（45）的简化结构所描绘的那样，以便解释（43）所看到的"主语−间接宾语−直接宾语"这一基本语序。

（44）a. [$_{VP}$ SU e [$_{VP}$ DO V IO]]
　　　b. [$_{VP}$ SU V [$_{VP}$ DO t$_V$ IO]]

（45）[$_{AgrSP}$ AgrS [$_{TP}$ T [$_{AgrIOP}$ AgrIO [$_{AgrOP}$ AgrO [$_{VP}$ SU V [$_{VP}$ DO t$_V$ IO]]]]]]

基于（45）的构架，不存在在不违反最简性原则的情况下允许三个论

① 该例引自 Albizu（1997）。

元都核查格位的推导。来看一下具体细节。在下面（46）中，直接宾语跳过主语移位至 [Spec, AgrOP] 没有问题；在动词嫁接到 AgrO 后，其扩展最小域是集合 {DO, SU, t_{DO}, IO}，如之前讨论的那样，这使得 [Spec, AgrOP] 和 [Spec, VP] 与直接宾语位置等距。问题产生于间接宾语的移位。例如，假设 AgrO 在间接宾语上移之前嫁接到 AgrIO，如（47）所示。

（46）[$_{AgrOP}$ DO V + AgrO [$_{VP}$ SU t_V [$_{VP}$ t_{DO} t_V IO]]]

（47）[$_{AgrIOP}$ IO [$_{AgrO}$ V + AgrO] + AgrIO [$_{AgrOP}$ DO t_{AgrO} [$_{VP}$ SU t_V [$_{VP}$ t_{DO} t_V t_{IO}]]]]

在（47）中，AgrO 的最小域得到扩展，变成集合 {IO, V, DO, VP}，但 MinD (V, t_V) 仍保持不变（即 {DO, SU, t_{DO}, IO}）；关键的问题是，发生移位的是 AgrO 而非动词（见 5.4.1.2）。这样，在（47）中，没有最小域或扩展最小域包含 [Spec, AgrIOP] 以及中间的标志语（DO, SU 和 t_{DO}）；因此，间接宾语的移位应该会违反最简性原则，这与事实不符。

159　　　应该注意，如果我们改变（45）中功能投射的顺序，也得到同样的结果。例如，假设 AgrIO 处于 AgrS 和 TP 之间，如（48）所示，也可以派生出（43）所示的标准语序。

（48）[$_{AgrSP}$ AgrS [$_{AgrIOP}$ AgrIO [$_{TP}$ T [$_{AgrOP}$ AgrO [$_{VP}$ SU V [$_{VP}$ DO t_V IO]]]]]]

如下面（49a）所示，在动词嫁接到 AgrO 之后，直接宾语可以移位到 [Spec, AgrOP]，并且如（49b）所示，在 AgrO 嫁接到 T 后，主语可以移位到 [Spec, TP]。然而，如（49c）所示，即使 T 嫁接到 AgrIO，间接宾语也不能移位到 [Spec, AgrIOP]；该移位的目标，即 [Spec, AgrIOP]，处于 MinD (AgrIO) 和 MinD (T, t_T) 之内，但这两个最小域都不包含宾语，t_{SU} 和 t_{OB}（中间的标志语）。同样，间接宾语出于格和一致核查的原因移出 VP 也应该被阻止，而这是一个不理想的结果。[①] 我们将这一谜题称为三

---

① 值得一提的是，允许主语、直接宾语和间接宾语一致的语言总体上会展现出人称限制。例如，巴斯克语允许如（43）一样的句子，其中所有论元都是第三人称，但不允许像（i）这样的句子，其中每个论元的人称都不一样。总体的结论是只要绝对格论元是第三人

项一致问题。

（49）

a. [$_{AgrOP}$ DO V + AgrO [$_{VP}$ SU t$_V$ [$_{VP}$ t$_{DO}$ t$_V$ IO]]]

b. [$_{TP}$ SU [$_{AgrO}$ V + AgrO] + T [$_{AgrOP}$ DO t$_{AgrO}$ [$_{VP}$ t$_{SU}$ tV [$_{VP}$ t$_{DO}$ t$_V$ IO]]]]

c. [$_{AgrIOP}$ IO [$_T$ V+AgrO+T] + AgrIO [$_{TP}$ SU t$_T$ [$_{AgrOP}$ OB t$_{AgrO}$ [$_{VP}$ t$_{SU}$ t$_V$ [$_{VP}$ t$_{DO}$ t$_V$ t$_{IO}$]]]]]

另一个相关的问题与线性语序有关。在第七章，我们将考察凯恩 160 （Kayne 1994）的提案来详细讨论线性顺序问题，根据该提案，所有语言深层的基本语序都是中心语在前。依据这样一种方法，SOV 语序是从 SVO 结构通过宾语移位到动词左侧派生而来。7.3 节将讨论凯恩提案的详细内容，我们目前假设它基本上是正确的，来看看我们如何通过前面几节回顾的框架，即最简性是相对最小域而言，来推导出 SOV 语序。

基于下面（50a）的 SVO 语序，如前所述，动词必须提升至 AgrO，如（50b）所示，以便宾语移位到 [Spec, AgrOP] 生成（50c）。同理，主语到 [Spec, TP] 的移位要求 AgrO 首先上移，如（50d–e）所示。

（50） a. [$_{VP}$ SU [$_{v'}$ V OB]]　　　　　　　　　　　　　　（SVO 语序）

　　　 b. [$_{AgrOP}$ V+ AgrO [$_{VP}$ SU [$_{v'}$ t$_V$ OB]]]　　　　　　　（VSO 语序）

（接上页）称，三个论元就会得到允许（Albizu 1997, 1998）。

（i）*Zuk　　　 ni　　　 etsaiari　　　 saldu

　　 你 . 作格　 我 . 绝对格　 敌人 . 与格　 卖

　　 na-i-o-zu.

　　 第一人称 . 绝对格－助动词－第三人称 . 与格－第二人称 . 作格

　　 你把我出卖给敌人。

而这些人称限制存在的原因还不十分清楚——但应当注意，它们与西班牙语或加泰罗尼亚语（Catalan）词缀丛所观察到的现象具有相关性，这一观察最早追溯到 Perlmutter（1971）；近来的讨论也可参见 Bonet（1991），巴斯克语的研究见 Ormazabal and Romero（1998）。我们可以认为这些现象暗示，当有两个以上的论元要离开谓词时，有某种特殊的要求在起作用，那么如果移动这么多论元存在问题的话，这正是我们所期待的。然而，鉴于下面一节将要讨论的等距概念实际上允许这三个论元从题元位置移到格位置，我们认为，例（43）和（i）的对比所说明的形态限制并不直接与移位本身相关联。

c. [$_{AgrOP}$ OB V+AgrO [$_{VP}$ SU [$_{V'}$ t$_V$ t$_{OB}$]]]　　　　　（OVS 语序）

d. [$_{TP}$ [$_{AgrO}$ V + AgrO] + T [$_{AgrOP}$ OB t$_{AgrO}$ [$_{VP}$ SU [$_{V'}$ t$_V$ t$_{OB}$]]]]

　　　　　　　　　　　　　　　　　　　　　　　　　（VOS 语序）

e. [$_{TP}$ SU [$_{AgrO}$ V + AgrO] + T [$_{AgrOP}$ OB t$_{AgrO}$ [$_{VP}$ t$_{SU}$ [$_{V'}$ t$_V$ t$_{OB}$]]]]

　　　　　　　　　　　　　　　　　　　　　　　　　（SVO 语序）

　　这样的推导的问题是我们最终又回到最初的 SVO 语序，而没有经过一个可以生成 SOV 语序的阶段。总体讲来，如果凯恩普遍性的 SVO 假设是正确的，并且在 SOV 语言（的子集）中宾语移位是论元移位的话，我们所探索的等距概念会阻止一个与 SOV 语言相融的结构的推导；关键是为了让主宾语彼此跨越，中心语移位需要在相关论元移位之前发生。

　　最后，（22）的等距定义［即此处的（51）］，也面临一个概念问题，即它本质上人为规定，依据其计算是参照移位的潜在目标还是移位的潜在来源，最小域会有各种不同的特征。

　　　　（51）等距（初始版本）

　　　　　　　　假设 α 是 γ 的移位目标。那么对于任何与 α 在同一个最小域内的 β，α 和 β 到 γ 的距离都相等。

该规定的原则来自经验方面。没有该规定，我们无法阻止下面（52）中句
161　子的不理想推导，其意思是 she greeted him，该推导从（53）的 VP 开始，其中的外部论元带宾格，而内部论元带主格（见 5.4.1.2）。来看其中的原因。（53）中的 MinD（greeted）是包含 her 和 he 的集合。这样，如果同一个最小域中的成分确定为与树形图中任何的其他位置等距，he 和 her 应该与 [Spec, TP] 和 [Spec, AgrOP] 的距离都相等。因此，he 可以显性移位到 [Spec, TP]（而后移位到 [Spec, AgrSP]），如（54a）所示，宾语可以隐性移位到 [Spec, AgrOP]，如（54b）所示，而不违反最简性原则。

　　　　（52）*He greeted her.[本意是 "She greeted him."]

　　　　（53）[$_{VP}$ her [$_{V'}$ greeted he]]

　　　　（54）a. [$_{AgrSP}$ AgrS [$_{TP}$ he T [$_{AgrOP}$ AgrO [$_{VP}$ her greeted t$_{he}$]]]]

　　　　　　　b. [$_{AgrSP}$ AgrS [$_{TP}$ he T [$_{AgrOP}$ her greeted$_V$+ AgrO [$_{VP}$ t$_{her}$ t$_V$ t$_{he}$]]]]

为了排除这样不理想的结构，（22）中的等距概念，（51）认为（54a）中的 he 和 her 与 [Spec, TP] 并不等距，因为（53）中 he 占据的位置是移位的来源而非移位的目标。很显然，这正得到我们想要的结果。然而，出于最简主义思想，我们当然要问为什么系统会这样设计。毕竟，最简单因此也是最理想的等距概念应该对移位的目标和来源同样有效。下一节我们会回到该问题。

总之，（51）中给出的等距概念尽管存在优点，但仍有完善的空间。具体讲来，它在双及物性谓词和 SVO 语序方面都面临问题，并且人为规定移位的目标和来源在最简性上存在不对称性。

那么我们来看另一种方法。

5.4.2　无 Agr 系统中的最简性和等距

上面的讨论是偏技术性的，包含像（扩展）最小域这样的概念，这些概念又进一步用来限定等距的概念，能够防止某些违反最简性的情况发生。然而，技术性不应该掩盖问题，而应该有助于解决更大的问题。我们坚信三个事实：（i）论元在词汇投射内得到题元标记（谓词内主语假设）；（ii）DP 必须在题元域之外核查（结构）格；（iii）最简性的某些概念可以用来限制移位操作。我们目前的假设是践行上述思想的正确方法是从 Agr 投射角度来定义格域。然而，正如 5.4.1.3 节讨论的三项一致问题所显示的那样，这一点并非显而易见，事实上很可能并不正确。本节我们重新审视 5.4.1 提出的最简性问题，探索一致无 Agr 的系统。[①] 但在此之前，我们先停下来看看去除 Agr 投射的概念上的原因。

Agr 在 LF 和 PF 接口上显然都没有独立的解读。因此，它们的设立完全是出于理论内部的原因。这样，我们怀疑表层结构的原因基本上也可以来怀疑 Agr 投射：在所有条件相同的情况下，应该回避纯粹的理论内部的

---

① 本小节基于 Chomsky（1995：第四章）的模型。

实体，除非它们得到经验证据的有力支持。这表明，我们要尽量应用那些在接口上（特别是 LF 接口上）能够得到解读的功能投射，如 T、D 或 C 等功能语类，而不是 Agr。问题是，我们能这么做吗？

5.4.2.1 尝试剔除 AgrO

对于 AgrO，剔除它同时保留前面提出的三条要求并不是非常困难。只须我们稍微详细地重新考虑一下及物分句的结构，就会发现它们已经具备了我们所需的功能成分。例如，我们从以轻动词为中心语的拉森壳来对及物分句进行重新解读。如 3.4.1 小节所讨论的，我们有很多理由认为及物谓词的结构应该如（55）所示，其中轻动词（或许是和 VP 的嫁接体一同）负责指派外部题元并核查宾格。

（55）$[_{vP}$ SU $[_{v'}$ v $[_{VP}$ V OB $]]]$

基于（55）的结构，我们可以将在 AgrO 中核查的特征赋予轻动词，从而轻而易举地去除了 AgrO。请注意，如果 v 可以核查宾格和宾语一致，我们只需要一个充分的句法构造使得这样的核查能够发生。如前面几章所述，我们应该始终尝试运用由合并和移位这两种操作所构建的无代价的结构配置。在基于 AgrO 的系统中，我们依靠标志语-中心语的句法配置来实现上述目标。那么，假设语类可以拥有不止一个标志语（见下面第六章的讨论）。若是如此，（55）的宾语可以移位到"外层的"[Spec, vP]，显性［如（56）所示］或隐性参与轻动词的格核查和一致核查关系。[①]

（56）$[_{vP}$ OB $[_{v'}$ SU $[_{v'}$ v $[_{VP}$ V t_{OB} $]]]]$

这显然很有效，能够保持先前基于 AgrO 版本中的理想特征，即格是在题元指派域之外进行核查。[②]需要强调的是，上面阐述的替代方法并不

[①] （56）的符号不应该误导读者：宾语并非嫁接在 v' 上，而是处于 vP 的外层标志语位置。在 6.3 节中，我们将重新审视传统的 X 阶标理论，对于像（56）这样的例子讨论一种可以做出合适区分的符号。

[②] 回想一下，如 4.4.1 所讨论的那样，宾语从移位后的位置可以成分统制先前嫁接到 VP 或 vP 的附加语。

是简单的术语变化，给 AgrO 重新命名而已。轻动词是一个"及物性"中心语，参与外部题元的指派；换句话说，与 AgrO 不同，v 在语义上是活跃的，因此在 LF 接口层面可见（见 3.4.1）。

　　我们还需要对最简性进行解释，因为（56）中宾语的移位跨过了主语。当然，我们可以采用先前的办法，允许 V 移位到轻动词，扩展其最小域，使得（56）中 vP 的两个标志语与宾语位置的距离相等。但我们可以更进一步，完全剔除扩展最小域的概念。应用这一方法来刻画动词壳，其重要的差别在于，（55）中的外部和内部论元并不共享相同的最小域。这看似微小的差异从题元理论来讲具有独立的动因，它会带来非常有趣的结果。它让我们可以剔除扩展最小域的概念，同时去除等距定义中关于移位目标的人为规定，不仅允许主宾语彼此跨越而不会引发过度生成，而且也大大简化了 5.4.1 小节所讨论的理论体系。现在等距可以简化为（57）的定义。

　　（57）等距（最终版本）

　　　　如果 α 和 β 两个位置处于同一个最小域内，则它们与其他任何位置的距离相等。

　　来看具体细节。由于（56）中宾语和主语都处于 MinD（v）中，两者到 t_{OB} 的距离相等；因此，宾语可以跨过主语而不违反最简性原则。而后，主语跨过宾语移位到 [Spec, TP]，如（58）所示。

　　（58）[TP SU T [vP OB [$_{v'}$ t_{SU} [$_{v'}$ v [VP V t_{OB}]]]]]

根据（57）中等距的总体概念，（58）中 vP 的两个标志语都处于 MinD（v）中，两者与移位的目标和来源距离都相等。因此，（58）中的主语可以跨越宾语，而不引发最简效应，正是我们期待的结果。

　　注意，（57）中等距概念的简化并未产生过度生成的后果。我们通常的疑虑，即下面（59）的意思是 she greeted him 轻而易举地被排除掉了。基于（60）中的结构，外部论元可以移位到外部的 [Spec, vP] 以便在题元位置之外核查格，这没有任何问题。相反，内部论元在移位到 [Spec, TP] 的过程中跨越 vP 的两个标志语位置，两者既不在移位目标（[Spec, TP]）

164

的最小域，也不再移位来源（t_{he} 占据的位置）的最小域；因此，（60c）刻画的移位被最简原则正确地排除掉了。

（59）*He greeted her. [本意是 "She greeted him."]

（60）a. [$_{vP}$ her [$_{v'}$ v [$_{VP}$ V he]]]

b. [$_{vP}$ her [$_{v'}$ t_{her} [$_{v'}$ v [$_{VP}$ V he]]]]

c. [$_{TP}$ he T [$_{vP}$ her [$_{v'}$ t_{her} [$_{v'}$ v [$_{VP}$ V t_{he}]]]]]

（58）中等距的绝对概念的效果可以用图示表示为（61），假设相关的位置都是相同类型。

（61）

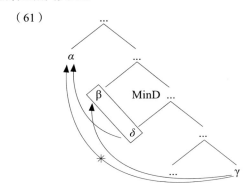

165　由于（61）中的 β 和 δ 处于同一个最小域，两者都不引发最简原则的阻隔效应。因此，γ 可以跨过 δ 移位到 β 位置，δ 可以跨过 β 移位到 α 占据的位置。相反，γ 不可以直接移位到 α 占据的位置，因为被跨越的成分与移位的目标或来源不在同一个最小域内，它们会违反最简性原则。

　　现在来看看该方法如何处理三项一致问题。回想一下，在基于 Agr 的方法中，由于最简性的限制，要派生出双及物结构并不是很容易。而在无 Agr 的方法中，（57）中简化的等距概念允许相关移位的发生，而无须人为设定某种硬性的规定。在该方法下，简单及物结构和双及物结构的主要区别在于轻动词可以核查的特征数量。我们只需说明双及物结构中的轻动词也可以核查（结构性）与格和间接宾语一致。若是如此，涉及双及物谓词句子的推导应按照（62）的方式进行，其中所有的论元都发生显性移位。

（62）a. [$_{vP}$ SU [$_{v'}$ v [$_{VP}$ DO V IO]]]

　　　b. [$_{vP}$ DO [$_{v'}$ SU [$_{v'}$ v [$_{VP}$ t$_{DO}$ V IO]]]]

　　　c. [$_{vP}$ IO [$_{v'}$ DO [$_{v'}$ SU [$_{v'}$ v [$_{VP}$ t$_{DO}$ V t$_{IO}$]]]]]

　　　d. [$_{TP}$ SU [$_{vP}$ IO [$_{v'}$ DO [$_{v'}$ t$_{SU}$ [v' v [VP t$_{DO}$ V t$_{IO}$]]]]]]

在（62b）中，直接宾语跨过主语移位到外层 [Spec, vP]；由于 vP 的两个标志语都处于 MinD(v) 之内，两者到 t$_{DO}$ 等距，最简性得以遵守。在（62c）中，间接宾语移位到最外层的 [Spec, vP] 核查格和一致，其跨越了三个标志语：[Spec, VP] 以及 vP 的两个内层标志语。由于 t$_{DO}$ 与移位的来源（t$_{IO}$ 占据的位置）处于同一个最小域内，它并不引发最简性的阻隔效应；宾语和主语进而与移位的目标（最外层的 [Spec, vP]）处于同一个最小域内，也不会成为阻隔的成分。最后，主语从其题元位置跨越 vP 的两个外层标志语；由于被跨越的标志语与移位的来源处于同一个最小域内，最简性又一次得到遵守。

　　总体来讲，通过坚持采用接口条件所驱动的投射，我们可以简化等距的概念，同时也解释了双及物结构，拓宽了经验上的证据。此外，重要的是，（62c）和（62d）的"超长"移位得到允许，但（60c）中不理想的长距离移位却被排除。 166

　　等距的计算既考虑移位的来源，也考虑移位的目标，这一假设也可以解释下面（63）中有趣的对比，该例子由乔姆斯基（Chomsky 1986a: 38）指出。（63）的模式出乎我们意料，因为从 wh 孤岛中提取 PP 总体上比提取 DP 更糟糕，如（64）的例子所示。

（63）a. *[$_{CP}$ who$_i$ did you wonder [$_{CP}$ what$_k$ John [gave t$_k$ to t$_i$]]]

　　　b. ??[$_{CP}$ [to whom]$_i$ did you wonder [$_{CP}$ what$_k$ John [gave t$_k$ t$_i$]]]

（64）a. ?[$_{CP}$ who$_i$ do you wonder [$_{CP}$ whether John gave a book to t$_i$]]

b. ??[$_{CP}$ [to whom]$_i$ did you wonder [$_{CP}$ whether John gave a book t$_i$]]

（63）和（64）中所有句子的相似之处在于，它们都涉嫌违反最简性原则，原因是 wh 成分移位到主句的 [Spec, CP] 跨过内嵌的 [Spec, CP]。我们将（64）中的范式作为基础结构，（63）中判断的反转应该归因于内嵌 VP 中的成分跨越。那么来看（63）中下层 gave 的 VP 壳，如（65）所示。

（65）[$_{VP}$ what [$_{V'}$ gave [$_{PP}$ to who（m）]]]

在（65）中，MinD（gave）是 {what, PP}，而 MinD（to）是 {who（m）}。这样，对于 PP 的移位 what 并未引发对最简性的违反，其原因在于两者处于同一个最小域内；相反，由于 what 与 who（m）不在同一个最小域内，对于 who（m）到主句 [Spec, CP] 的移位，what 会额外引发对最简性的违反。（63a）比（63b）更为糟糕，这可以与每个推导所包含的违反最简性的次数有关：（63b）只违反一次，而（63a）违反两次。

练习 5.9

读者可以轻易地核查如下过程：上面阐述的分析也允许间接宾语的移位在直接宾语移位之前进行，形成主语—直接宾语—间接宾语的语序。由于中心语在后的语言中无标记的语序是主语—间接宾语—直接宾语，如何能够保证直接宾语首先移位呢？

练习 5.10

4.3.3 节提出，带有斜格标记的成分应该移位到支配其所关联的前置词的 Agr 投射的标志语位置来核查格位。由于英语等语言中常规的双及物结构包含一个介词，如（i）所示，讨论一下诸如（i）结构中的与格应该如何按照巴斯克语双及物结构的推导模式进行分析。

（i）John gave a book to Mary.

对于像（ii）（见练习 3.7）这样的双宾语结构该如何分析呢？（ii）中的 Mary 如何核查格呢？

（ii）John gave Mary a book.

5.4.2.2 尝试剔除 AgrS

前面探讨的剔除 AgrO 的方法显然可以拓展到 AgrS。事实上，目前我们已经讨论了无需借助 AgrS 的主语移位。具体讲来，我们假设除了格特征之外，中心语 T 也可以核查主语一致特征。若是如此，我们似乎核查了所有需要核查的特征，无须人为规定一个类似 AgrSP 的理论内部的投射。波洛克（Pollock 1989）的提议是要将每种类型的特征分别放入其各自的中心语投射，而我们的这一举措实际上回到了波洛克（1989）提议之前的功能语类形式。

在离开 AgrSP 这一话题之前，需要指出的是，用来支持 AgrS 的一种经验动机是 AgrS 所提供的位置在所有或一些语言中有独立的要求，该证据来源于波洛克最初的论证。从这方面来讲，所谓的及物性虚位主语结构，即除了常规主语之外还有一个虚位主语，已成为一个热点话题。有人提出，在类似冰岛语（66）的结构中，虚位主语处于 [Spec, AgrSP]，主语处于 [Spec, TP]，动词一路上移到 AgrS，形成虚位主语—动词—主语的语序，如（67）所示。①

（66）*冰岛语*

Það	hefur	einhver	étið	hákarlinn.
虚位主语	HAVE	某人	吃	鲨鱼 . 定冠词

有人吃了鲨鱼。

（67）$[_{AgrSP}$ Það hefur $[_{TP}$ einhver$_i$ t$_v$ $[_{vP}$ t$_i$ t$_v$ $[_{VP}$ t$_v$ étið hákarlinn]]]]

需要注意的是，这里所追求的论证不只是反对人为设定额外的功能语类，而是反对从接口层次角度讲没有存在动因的语类。例如，可能的情况是，（67）中 TP 以上的功能语类实际上在 LF 不可见，但它确实存在，而我们的理论工具还不够先进无法探测出其在 LF 上的影响。当然，也可能

---

① 关于及物性虚位主语结构的文献十分丰富。关于例子和相关的讨论，见 Bobaljik and Jonas（1996）、Collins and Thráinsson（1996）、Bobaljik and Thráinsson（1998）以及 Holmberg（2005）[（66）的出处] 关于冰岛语和 Zwart（1992）关于荷兰语的讨论。

是（66）真的代表着与最佳方案的偏离，我们是被迫设立一个 Agr 投射。正如前面几章强调的那样，即便是第二种结果也很有趣。它表明，即使我们从不同的假设出发，我们也一定会得到波洛克的体系，其中包含一些从接口层次来讲缺乏动因的 Agr 投射。当然，有了这样的结论也谈不上世界末日。那么我们将继续对这些未达到最简主义预期的结果进行限定，来研究一下为何存在这样的失败。目前文献中对于如（66）等的及物虚位主语句的结构和推导有着热烈的讨论，因此，我们在这里不打算站队，而是邀请读者参与讨论。出于解释的目的，我们将继续假设一个无 AgrS 的屈折系统。

5.4.2.3 等距和语序

读者或许已经注意到，前面讨论的所有相关的跨越并不要求中心语移位。换句话说，通过摒弃扩展最小域的概念，论元移位与中心语移位脱离了关系。事实上，这样的脱离现在或许允许对 SVO 语言采取一种与凯恩（Kayne 1994）的主张相符的分析，该主张提出所有语言的深层都是 SVO 语序。如（68）所示，SVO 语序可以循环生成而不违反最简性原则：由于 vP 的两个标志语处于同一个最小域，（68b）中的宾语允许跨越主语，而（68c）中的主语允许跨越移位后的宾语。

（68）a. [$_{vP}$ SU [$_{v'}$ v [$_{VP}$ V OB]]]　　　　　　（SVO 语序）

　　　b. [$_{vP}$ OB [$_{v'}$ SU [$_{v'}$ v [$_{VP}$ V t$_{OB}$]]]]　　　（OSV 语序）

　　　c. [$_{TP}$ SU [$_{T'}$ T [$_{vP}$ OB [$_{v'}$ t$_{SU}$ [$_{v'}$ v [$_{VP}$ V t$_{OB}$]]]]]]　（SOV 语序）

问题的另一方面是，如果该方法是正确的话，我们将无法得出霍姆伯格准则，如 5.4.1.1 小节所见，该法则将宾语移位与动词移位联系在一起。目前还不清楚这一问题的严重性，因为我们还不太清楚霍姆伯格准则的经验证据。如果该法则不起作用，那么转向一个无 Agr 的方法当然没有问题。即使该法则奏效，值得我们注意的是，这种无 Agr 的方法并不与霍姆伯格准则相悖；然而，它并没有解释这种相关性。基于前面讨论的无 Agr 方法的概念和经验优势，我们将暂时不再进一步讨论霍姆伯格准则，而是继续假设无 Agr 方法确实是可行的。[①]

从这一观点出发，我们将运用来自（68）的分句结构，不采用 Agr 投射，而采用 TP 作为主语／一致投射。

练习 5.11

　　本节中，我们看到反对设立 Agr 投射的一些概念上的理由，讨论了不依赖于 Agr 投射来解释主格、宾格和与格核查的替代方法。这里探讨的理据也可以扩展到斜格的核查吗？换句话说，如果坚持假设结构格的核查发生于题元域之外，在不设定 Agr 投射的情况下，我们如何核查（i）中与介词 about 和 for 相联系的格特征？

　　（i）a. I read about it.

　　　　 b. For him to do it would be a surprise.

5.5　特征的相对最简性

上面的讨论已经对（69ii）中里齐（1990）经典的相对最简性中的局域性部分进行了重新定义，（69i）中对于介于其中的成分的描述基本未做改动。也就是说，根据里齐的观点，我们默认论元位置是论元移位潜在的阻隔者，非论元位置是非论元移位的潜在阻隔者，中心语是中心语移位的潜在阻隔者。

　　（69）相对最简性

　　　　X 成分题元统制 Y 只有当不存在这样一个 Z：

　　　　（i）Z 是一个典型的潜在题元统制 Y 的成分且

　　　　（ii）Z 成分统制 Y 但不成分统制 X。

本节中，我们不去尝试寻找那些区分论元和非论元位置的特征，在 GB 中　170

---

①　见 Chomsky（2001）和 Bobaljik（2002）等对于霍姆伯格准则的其他解释方法，这些方法不依赖中心语移位，所创造的最小域中等距仍然有效。

随着分句结构的发展这一问题已经变得含糊不清。相反，我们将表明，最简性似乎更适用于特征而非句法位置。事实上，我们可以找到相同类型的中间位置不引发阻隔效应的例子，也可以找到不同类型的位置引发阻隔效应的例子。

第一种情况涉及中心语移位。库普曼（Koopman 1984）提出，瓦塔语的焦点化动词移位到 C^0，其后留下一个拷贝，如（70）所示，其中的动词 li（吃）受到焦点化。

（70）*瓦塔语*

    a. **li** à **li**-da   zué   saká.
       吃 我们 吃－过去时 昨天 米饭
       我们昨天吃了米饭。

    b. **li** O   da   saka **li**.
       吃 他/她 完成时．助动词 米饭 吃
       他/她吃了米饭。

在（70a）中，动词 li 从嫁接到 Infl 的位置或者从（70b）的基础位置移位到 C^0。我们暂时不管这些动词移位后的语迹为什么有语音实现，[①] 和我们的目的相关的是，在（70b）中，主动词跨过 Infl 上助动词 da 移位到 C^0 并未引发对最简性的违反。根据中心语移位限制（可归入相对最简性），这一现象出乎意料，因为一个中心语跨越了一个处于中间的中心语位置移位到另一个中心语位置。另一方面，如果最简性考虑的是特征而非位置，（70b）的可接受性就可以得到直接的解释，原因是在瓦塔语中助动词不能独立获得焦点化（见 Koopman 1984: 158）。如果（70）中的主动词移位核查焦点特征，那么只有具有类似特征的成分才能成为干涉成分；因此，（70b）的助动词并不阻碍主动词的移位。

类似的情况出现于葡萄牙语的动词话题化结构，如（71）所示。

171   （71）*葡萄牙语*

---

    ①   见 Koopman（1984）、Nunes（1999, 2004）以及下面 7.5 的讨论。

a. Convidar,　　　o　　　João　disse　que　　a　　　Maria

　　邀请.不定式 定冠词　João　说　　THAT　定冠词　玛莉亚

convidou　o　　　Pedro　(não　o　　　Antônio)

邀请　　定冠词　佩德罗　不　定冠词　安东尼

至于邀请 [别人]，João 说玛莉亚邀请了佩德罗（不是安东尼）。

b. *Convidar,　　　o　　　João　discutiu　com　a　　　mulher

　　邀请.不定式 定冠词　João　讨论　　和　　定冠词　女人

que　　Convidou　o　　　Pedro　(não　o　　　Antônio).

THAT　邀请　　　定冠词　佩德罗　不　定冠词　安东尼

至于邀请，João 和那位邀请了佩德罗（不是安东尼）的女士进行了讨论。

巴斯托斯（Bastos 2001）提出，葡萄牙语的话题化动词必须嫁接于位于句子左缘的中心语 Top。（71a）存在这种可能，其中的动词从一个透明域移出，但（71b）不存在这种可能，其中的动词从一个关系分句孤岛之内移出。我们暂时不管这些动词移位后的语迹为什么有语音实现[①]，和我们的目的相关的是，在（71a）中，动词移位跨过多个介于中间的中心语没有任何问题。关键是，这些中心语都不具有话题特征。

另一方面，像（72）这样经典的"优越性效应"（Superiority effects）例子显示了相反的情况，不同类型的位置会引发干涉效应。

（72）*What did who buy?

根据 [Spec, TP] 是论元位置这一标准假设，what 到非论元位置 [Spec, CP] 的移位应该得到允许，这恰恰与事实相反。然而，如果最简性关注的是特征而非位置，what 移位到 [Spec, CP] 核查 wh 特征就正好受到中间成分 who 的阻隔，后者也具有 wh 特征。

总之，似乎有证据表明，最简性实际上是依据特征而非位置运算的。其本身并非一个不自然的结论。毕竟，一个特定位置的特征最终来源于它所具有的特征。因此，我们将在后面的章节维持这样的结论。

---

① 见 Bastos（2001）、Nunes（2004）和下面的 7.5 节。

172

练习 5.12

在 5.4.2.1 小节，（63）中的对比（重复如下）显示，what 的语迹在（ia）中引发了最简效应，而在（ib）中则没有。讨论一下这一对比是否预设了最简性的相对性是针对位置的类型或特征的类型。

（i）a. *[$_{CP}$ who$_i$ did you wonder [$_{CP}$ what$_k$ John [gave t$_k$ to t$_i$]]]

   b. ??[$_{CP}$ [to whom]$_i$ did you wonder [$_{CP}$ what$_k$ John [gave t$_k$ t$_i$]]]

练习 5.13

在本章，我们主要从移位的成分角度来考虑最简性。然而，我们也可以从移位目标的特征／中心语角度来定义最简性。假设语法有一个叫做"吸引"（Attract）的规则取代移位，并假设要核查某种特征 F 的中心语吸引最近的可以核查该特征的成分。定义一下"吸引"的最简性，看看它对于文本中的（70b）、（71a）和（72）如何操作？什么特征被吸引了？吸引的作用是什么？为什么"吸引"会阻止（72）的生成，而不阻止（70b）或（71a）的生成？假设这一基于吸引的方法也可以扩展到格和一致核查，讨论一下它是否既与具有单 VP 壳和 Agr 投射的系统相容（见 5.4.1），也与带双层 VP 壳但不带 Agr 投射的系统相容（见 5.4.2）。

5.6　结论

本章探讨了局部性的概念，使我们能够维持前面几章得出的看似相互冲突的结论。回想一下，所有论元都必须在词汇投射内部获得题元角色（见第三章），但必须在题元位置的外部核查结构格（见第四章）；因此，主语和宾语彼此跨越会违反 GB 中的最简性概念。这里探讨的具体主张是，一个特定中心语的局部句法构造与树形图中其他位置所计算的距离都相等，如下面的（73）所述。我们已经看到，（73）可以正确地允许主宾语在及物分句的推导中彼此跨越，也允许在双及物分句的推导中两者进行"双重"跨越，同时又能阻止过度生成的情况发生。此外，我们认为最简性是对特征而非位置敏感，这样经验证据也得到了拓展。

（73）等距

　　如果 α 和 β 两个位置处于同一个最小域内，则它们与其他任何位置的距离相等。

最后，我们还看到，最简主义旨在保留接口条件所驱动的功能投射，这从经验上讲也是一个可行的目标。具体讲来，我们讨论了可以去除 Agr 投射的合理方法。那么从现在开始，我们将假设（74）中的基本分句结构。

（74）[$_{CP}$ Spec C [$_{TP}$ Spec T [$_{vP}$ SU [$_{v'}$ v [$_{VP}$ V OB]]]]]　　　　173

第六章

短语结构

6.1　引言

　　我们在第 1.3 节中谈到，人类语言的一个"重大事实"是句子是由短语构成的，短语则指以特定层级结构组织的大于词的单位。本章专门探讨短语结构。我们将首先讨论 X 阶标理论，这是管辖与约束理论中负责确定合法短语和句法成分的确切形式的模块。

　　在生成语法中引入 X 阶标理论的一个主要动因是为了消除早期《句法理论面面观》（*Aspects*）所提模型中存在的一个冗余问题。根据《句法理论面面观》的理论，基础部分包括两类操作。首先是基于多种上下文无关短语结构规则［简称"PS 规则"，如下面的（1）所示］的短语结构部分。举例来说，（1a）表示句子 S 展开为 NP Aux VP（即由其构成），（1b）表示 VP 展开为 V 以及可选的补足语 NP、PP 和 S。运用这类规则后会生成短语标签（短语树），终端位无词项，如（2）所示。

　　（1）基本短语结构规则

　　　　a. S → NP Aux VP

　　　　b. VP → V（NP）（PP）（S）

　　　　c. NP →（Det）N（PP）（S）

（2）

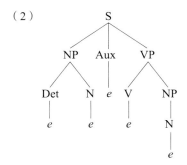

然后，通过词汇插入过程将词汇元素引入空的终端位［（2）中表示为 *e*］，175 形成如（3）所示的短语标签。

（3）

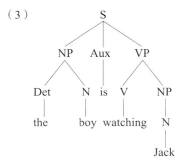

可见，构建初始短语标签这一任务存在一种不理想的冗余。[①] 为便于说明，我们举个例子，看看哪些类型的动词可以插入到（2）中 VP 的位置。插入到该位置后，只有 watch、kiss 一类的及物动词可以形成可接受的句子。像 sleep、cough 一样的不及物动词不带宾语，所以无法"允准"短语结构提供的全部可用位置，而像 give、put 一类的双及物动词则得不到足够的空位，因而无法使其全部论元各就其位。实际上，词汇插入规则必须编码相关实词中心语的论元结构，并将其与短语结构规则提供的可能短语结构相匹配。换言之，关于可能短语结构的信息被编码了两次，一次是在短语结构规则中编码，另一次则是在词项中编码。

---

① 参阅 Chomsky (1965, 1970)、Lyons (1968) 和 Jackendoff (1977)。

X 阶标理论旨在通过取消短语结构规则，将短语结构视为实词中心语论元结构的句法"投射"，从而消除这种冗余。它融合了多项鲜明的主张，针对如何从论元结构进行这种"投射"提出了一种方案。在更为常见的一种实现模型中，方案的表现形式与（4）类似，其中，中心语 X 可以选择性地与一个补足语、若干修饰语（附加语）和一个负责"闭合"X 投射的标志语结合，从而投射为最大成分 XP。

（4）

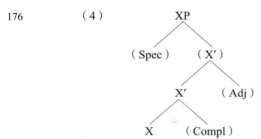

在以下各节中，我们将回顾（4）所示通用结构图的主要特点及其背后的动因，讨论能否在最简体系里推导出这类属性，能否将其融入最简体系，同时还要探讨具体的推导和融入方式。本章内容安排如下：在 6.2 节中，我们将回顾 X 阶标理论试图捕捉的短语结构的主要属性。在 6.3 节中，我们将讨论"光杆"短语结构；根据光杆短语结构理论，短语结构的主要特征源于结构构建操作"合并"（Merge）的内部操作流程和一般性的最简条件。6.4 节将展示如何在光杆短语结构理论框架下处理通过移位形成的结构，同时还要介绍复制理论。根据该理论，语迹是被移位的元素的拷贝。最后，6.5 节结束全章的讨论。

6.2　X 阶标理论与短语结构的属性

6.2.1　向心性

在 X 阶标理论框架下，短语投射方案的一个核心要素是向心性。（4）中所示通用 X′ 结构体现了两个观点：一，每个中心语都要投射一个短语；二，所有短语都有中心语。短语这种向心性属性的证据来自分布方面的事实。例如，像 smile 一样的动词可以代替（5）里的 VP，但"形容词 +PP"序列则不可以，如（6）所示。换言之，向心性会把特定的层级性强加于语言结构上，允许（7a）所示短语，但不允许（7b）所示短语。

（5）[John will [$_{VP}$ drink caipirinha]]

（6）a. [John will [smile]]

　　　b. *[John will [fond of caipirinha]]

（7）a. VP → V

　　　b. *VP → A PP

那么在 X 阶标理论中，向心性这个属性就是说，每当我们发现短语时，我们就会找到充当这些短语的中心语的语素，并且这些中心语相对显著，不会被进一步嵌进不同类型的其他短语中。这不仅是说动词短语必须包含动词，而且其中的动词必须拥有显著的地位。例如，（8a）中的短语包含动词 like，但它是一个名词短语而非动词短语，因为动词嵌入另一个短语的层次太深，无法充当整个短语的中心语。

（8）a. books that I like

　　　b. [[books [that I like]]]

另外，向心性为编码自然语言里另一个有趣的事实提供了一种局部方式：即与词"搭配"的是某些词而非其他词。通过一两个例子应该能说清楚这里要表达的意思。以（9）里的句子为例。

（9）Rhinos were/*was playing hockey.

（9）体现了主谓一致关系。复数主语 rhinos 要求 be 的过去时形式为 were。在像（9）一样的例子中，我们可以在局部范围内表述这种关系要求：紧跟主语的谓词必须与主语在数上保持一致。

接下来，我们来看一个稍微复杂一些的例子。

（10）Rhinos playing on the same team were/*was staying in the same hotel.

可以看出，例（9）里存在的同一限制同样适用于例（10）；即是说，动词在数上与 rhinos 保持一致，必须是复数形式。然而，在本例中，并不存在明显的局部线性关系来协调 rhinos 与 were 之间的相互作用，因为它们在线性上不再相邻，至少在表面上是这样。事实上，情况要糟糕得多。只要我们把（9）和（10）放在一起考虑，很容易就会发现，在编码数特征的主语元素与谓词之间可以出现任意个词，不会改变我们观察到的一致要求。那么，怎样从局部关系的角度去表述主语与谓词之间的这种限制呢？

于是，向心性就派上用场了。如果我们假定，如向心性要求的那样，短语是其中心语的投射，则我们可以将 NP 的数特征视为其中心语数特征的一个简单函数。就例（10）来说，主语 NP 因其中心语 rhinos 的复数特征而触发复数一致关系，如（11）所示。

178

（11）[[$_{NP}$ [$_{N'}$ *rhinos*] [playing on the same team]] *were* staying in the same hotel]

注意，一旦我们将一部分短语结构明晰化并且假设短语与其中心语之间存在紧密的关系（即假定短语遵循向心性要求），则由 rhinos 投射的 NP 确实与 were 相邻，因此，我们在例（10）中也可以看到例（9）中存在于 rhinos 与 were 之间的局部性要求。

另外注意，如果一致关系可以选择主语中的所有成分，则例（10）中的动词 be 原则上可以与 team 保持一致（实际上，后者在线性关系上离它更近），并以 was 的形式出现。但情况并非如此，这展示了向心性导致的潜望属性（periscope property）：主谓一致关系可以窥视主语 NP 内部，看到其中心语，但仅此而已。

接下来，我们看看（12）中的句子。

（12）a. John ate bagels.

b. *John ate principles.

c. *John ate principles of bagel making.

（12b）是一个很好玩的句子。为什么呢？可能是因为原理（principles）不是能吃的东西。这与（12a）不同，因为百吉饼完全是可以吃的。注意，向短语中添加更多的元素也不会减少（12b）给人的怪异感觉。可以说，（12c）让人感觉怪异的原因与（12b）相同（原理是不可以吃的）。这又构成了关于潜望属性的另一个例子。我们来看看其原因是什么。Eat 一类动词的宾语应该是可以吃的东西。要确定宾语是否表示可以吃的东西，我们只需要考察其中心语。如果中心语是一种像 bagels 一样的食品，则万事大吉。如果中心语是像 principles 一类的东西，则无论我们把什么其他可以吃的东西放进短语里，句子始终都会令人感到怪异。因此，（12a）与（12c）之间存在差异的原因是，前者宾语 NP 的中心语是 bagels，后者则是 principles；重要的是，（12c）中的 bagel 嵌入太深，ate 看不到它。

相应地，目前还没有发现这样的例子，其中，句法关系不关注中心语，只关注其他成分。例如，没有动词只选择带特定限定词（如 three）而非其他限定词（如 every）的 NP，也没有动词偏爱带某些类型的名词修饰语（如 PP）而非其他修饰语（如 AP）的补足语。因此，尽管动词 eat 对其补足语的中心语有限制，但似乎并不影响该中心语可以带哪类标志语或修饰语，如例（13）所示。

（13）a. John *ate* [$_{NP}$ Bill's/no/every *bagel*].

b. I *ate* [$_{NP}$ a big fat greasy luscious chocolate square *bagel* with no hole].

总之，向心性是自然语言短语结构一个有据可依的属性，可以表示为（14）里的 X′ 结构图。

（14）XP → ...X ...

最后，需要指出的是，向心性并不是任何短语结构系统的内在属性。例如，（1a）里的短语结构规则［即此处的（15）］并不是向心性的。然而，如果向心性是自然语言所有结构的内在属性，则不会有像（15）一样的规则。20 世纪 80 年代有关句域和名词域里的功能中心语的研究确实引出了这一结论，并且短语结构规则被彻底抛弃。我们将在 6.2.5 节探讨功能投射结构时，再次讨论这个问题。

179

（15）S → NP Aux VP

6.2.2　二分叉

标准版 X 阶标结构图中融合的另一个短语结构属性是二分叉。[①] 在这些版本的 X 阶标理论中，像（16）一样的多分叉结构逐渐被（17）一类的二分叉结构所取代。

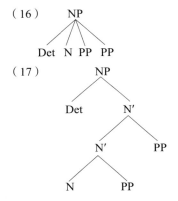

二分叉理论是美学和经验原因共同作用的结果。[②] 我们来考察一个经验论据。一个标准假设是，句法过程和操作处理的对象是句法成分。代名化就是这样一个过程。我们来看看（18）中的例子。在英语里，代词 one 可以取代（18a）里的 student of physics 以及（18b）里的 student of physics with long hair。[③] 可见，被代名化的每个片段都应该是相关 NP 结构里的一个句法成分（句法树里的一个节点）。换言之，为了捕捉（18）里的代名化事实，应该有一个节点，只支配 student of physics，不包括任何其他成分；另有一个节点，支配 student of physics with long hair，不包括任何其

180

---

① 请参阅 Kayne（1984），了解短语结构二分叉理论。
② 参阅 Kayne（1984），了解相关讨论。
③ 这项测试最早可以追溯到 Baker（1978）；另见 Hornstein and Lightfoot（1981）、Radford（1981）等，了解早期的讨论。

他成分。（17）里的二分叉结构符合这些要求，如（19a）所示；（16）里的多分叉结构则不符合，如（19b）所示。

（18）a. John met this student of physics with long hair, and Bill met that one with short hair.

　　　 b. John met this student of physics with long hair, and Bill met that one.

（19）a.

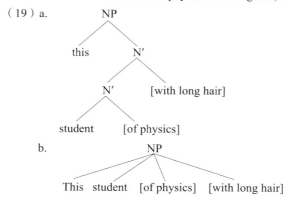

　　　b.

20 世纪 80 年代的研究把二分叉结构推广到所有词汇和功能投射，在语言事实的解释方面产生了非常有意思的结果。① 以（20）中的双宾语结构为例。如果按照（21）的思路给它们的 VP 指派三分叉结构，则两个补足语的地位应该是平等的，因为它们相互成分统制。然而，约束和否定极性对立允准（二者都要求成分统制）表明，实际情况不可能如此。举例来说，依据（21）中的结构，（22b）中的照应语应该受 the boys 约束，（23b）中的否定极性对立词项 anyone 应该由否定量化词 nothing 允准。

（20）John gave Bill a book.

（21）

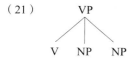

（22）a. Mary showed [the boys]ᵢ[each other]ᵢ

① 见 Kayne（1984）、Chomsky（1986a）、Larson（1988）等。

b. *Mary showed [each other] [the boys]ᵢ

（23）a. John gave nobody anything.

　　b. *John gave anyone nothing.

相反，如果只允许二分叉，则可以通过以下方式解释（22）与（23）的对立：双宾语结构的短语结构实际上更加复杂一些，其中包括一个额外的结构层，如（24）所示。

（24）a.

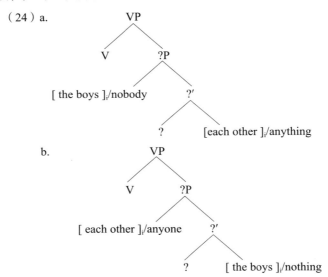

鉴于在（24）中，与格成分统制客体（theme），而非相反，所以（24a）中的照应语和否定极性对立词项可以获得允准，但（24b）中的这些成分则不可以；（22）与（23）的对立由此得以解释。

关于所有短语均为二分叉结构的假设还促使学者们对下面（25）中的分句框架进行了重新评估。我们将在6.2.5节回到这个问题上。

（25）

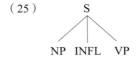

（24）里的额外投射"?P"可能是什么？基于我们在 3.3 节里对双及物谓词进行的探讨，讨论你在回答练习 3.7 时提出的结构是否比（24）所示结构更充分，并阐明原因。

6.2.3 母节点单一性

自然语言短语结构的另一个属性是句法成分不会被一个以上的成分直接支配。即是说，句法成分不会有多个母节点。似乎不存在要求下列结构的句法过程，例如，（26a）中的 X 为一个以上短语的中心语，（26b）中 X 的补足语同时也是 Y 的标志语。

（26）a.

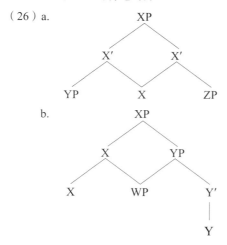

b.

必须强调的是，（26）所示诸结构本身并没有问题。[①] 要注意的是，它们都是向心结构，都是二分叉，就像我们目前一直在讨论的所有合法结构一样。我们甚至可以假设，（26a）里的结构（其中的 X 有两个补足语）非常适合表征双宾语结构，如（27）所示；或者说，（26b）里的结构可以

183

---

① 早期的讨论参见 McCawley（1981）；学界近期对多重支配的处理方式另见 Cann（1999）、Starke（2001）、Gärtner（2002）、Abels（2003）、Citko（2005）等。

很好地解释以下事实：在涉及无中心语关系分句的结构中，被移位的 *wh* 短语可以充当上层中心语的补足语（见 2.3.2.3），如（28）所示。

（27）a. John gave Mary a nice book.

b.

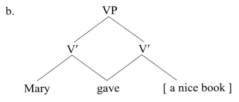

（28）a. John always smiles at whoever he looks at.

b.

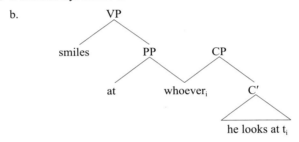

然而，就如我们在 6.2.2 节里探讨的那样，有关约束和否定极性对立允准的事实表明，在双宾语结构中，与格必须成分统制客体，（27b）并非如此；在（27b）中，与格和客体都不成分统制另一方。反过来，如果允许（28b）里的结构，则 VP 前置原则上会导致 CP 悬空，与事实相反，如（29）所示。

184

（29）John said that he would smile at whoever he would look at, and

    a. smile at whoever he looked at, he did.

    b. *smile at whoever he did, he looked at.

总之，尽管多重直接支配具有一定的合理性，但事实似乎表明，人类语言根本不是按照这种方式运作的，母节点单一性也是自然语言短语的一个属性。

6.2.4 阶标层次和组成部分

现在，我们来看看（30）里的短语的两种表征方式，如（31）所示。

（30）this prince of Denmark with a nasty temper

（31）a.

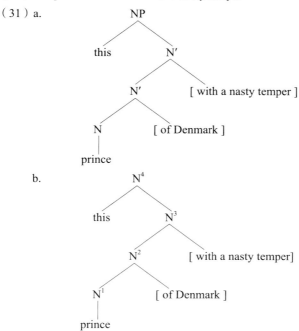

b.

（31a）所示为我们熟知的三明治式 X 阶标理论结构组织方式：包括底层 185
（中心语）、顶层（最大投射）和填料（中间投射）；换言之，该结构编码
了三个层次。另一方面，（31b）的不同之处在于，其中标注了名词性投射
的总数（这里为 4 个）。表面上看，这些似乎只是标注方式上的差异，其
编码的信息是相同的。然而，如果看看（32）所示简单短语的两种表征方
式，则会发现，二者对语言事实的预测实际上是有别的。

（32）this prince

（33）a.

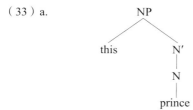

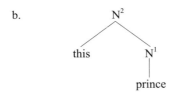

b.

根据计数法，成分 prince 的类型将始终保持不变（N^1），无论其是否出现在更加复杂的结构里。相反，根据 X 阶标方法，prince 在（30）和（32）里的地位并不相同；在（32）中，在作为 N 以外，它同时也是 N′［比较（31a）和（33a）］。换言之，计数法可以预测，如果某个句法过程对（32）里的 prince 产生作用，则在（30）中也可能如此；另一方面，X 阶标方法不会作出这种预测，因为 prince 在这些结构里不一定拥有相同的地位。那么，接下来我们看看这两种方法如何处理（34）里有关 *one* 替代的事实。

（34）a. John likes this prince and I like that one.

　　　 b. *John likes this prince of Denmark and I like that one of France.

186　在（34a）中，one 是 prince 的代用词，句子完全符合语法。因此，依据计数法，在（34b）中，我们应该得到与（34a）类似的结果，但事实并非如此。另一方面，依据 X 阶标方法，（34）两例的对比可以这样解释：假设 one 只能生成于 N′ 投射位，则在（34a）中，它可以取代 prince 所在的 N′ 投射［参照（33a）］，但（34b）中并无此投射［参照（31a）］。[①] 诸如此类的事实，要求充分的自然语言短语结构理论采用三层式阶标体系，区分中心语、中间投射和最大投射。

　　　除了编码这种三层区分以外，（35）里的通用 X 阶标方案还从功能角度标识了三个成分——补足语、修饰语（附加语）和标志语——这些成分都依据（36）里列出的原则被映射到它们的层级位置上。

_____

① 在 6.2.6 中，我们将不使用 N′ 对这些数据进行重新分析。

（35）

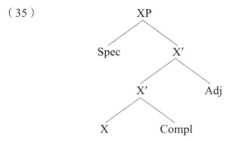

（36）短语结构关系原则

　　　a. 补足语为中心语 X 的姊妹节点。

　　　b. 修饰语为 X′ 的附加语。

　　　c. 标志语为 XP 的子节点。

　　显然，补足语与修饰语存在语义上的差异。比如，在动词领域，补足语一般都必不可少，附加语则是可选的，如（37）所示。

　　（37）John fixed *(the car) (yesterday).

另外，中心语和补足语构成一个谓词，修饰语则对现有谓词添加进一步的说明信息。试比较（38a）中的附加语结构和（38b）中的补足语结构。（38a）讲了关于哈姆雷特的两件事：一，他是一个王子；二，他来自丹 187 麦。（38b）则只讲了关于他的一件事：他具有作为丹麦王子的属性；事实上，如果我们对（38b）进行解释，说哈姆雷特是一个王子并且来自丹麦，这样做是毫无意义的。

　　（38）a. Hamlet is a prince from Denmark.

　　　　　b. Hamlet is a prince of Denmark.

　　针对（36）里的映射原则，X 阶标理论要说的是，在词汇信息〔比如，（38）中 from 与 of 之间的差异〕以外，层次结构对于补足语和修饰语的解读至关重要。（39）和（40）的对比清楚地展现了这一点。

　　（39）a. the prince from Denmark with a nasty temper

　　　　　b. the prince with a nasty temper from Denmark

（40）a. the prince of Denmark with a nasty temper

      b. *the prince with a nasty temper of Denmark

在（39）中，附加语可以自由互换，而（40）中的补足语和附加语则不行。这种语序上的对比可通过（36）中的映射原则进行解释。在（39）中，只要满足（36b）的要求并且各附加语均映射为 N′ 的姊妹节点，则语序并无影响，如下面的（41）所示。另一方面，在（40）中，只有（40a）中的语序同时符合（36a）和（36b）的要求，如（42a）所示；（40b）中的语序要求 of Denmark 作为 N′ 的姊妹节点出现，如（42b）所示，结果与 *of* 的词汇规定相冲突并且违反了（36a）。

（41）

（42）a.

188

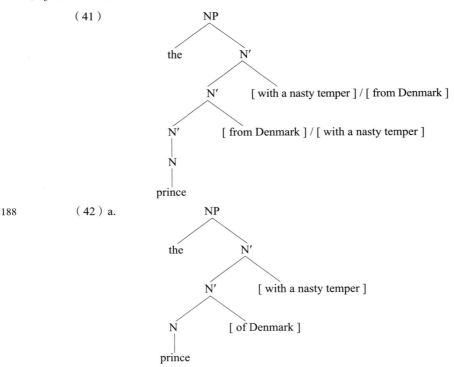

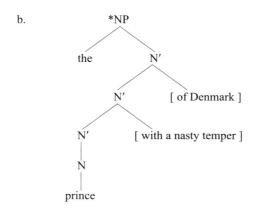

b.

对于（36c）标志语的功能，直觉告诉我们，任何中心语都可以多次投射，投射次数与附加语一致，但有些特定投射会闭合该中心语的投射。例如，虽然我们可以无限地为 N′ 投射添加附加语 PP 并得到另一个 N′，但一旦加上限定词，则会得到 NP，相关 N 中心语不能再进行投射。从分布上来讲，这可以解释为什么附加语可以迭代，但限定词则不可以，如（43）所示。

（43）a. the prince from Denmark with a nasty temper

b. *this the prince from Denmark

总之，（35）所示的 X 阶标方案和（36）所列的映射原则体现的主要特征都有合理的动因，需要从最简主义的角度进一步考察。例如，我们已经在第 5.4.2.1 节里提到，如果 vP 允许一个以上的标志语，则整个体系会变得简单一些。但在从最简主义视角详细讨论短语结构之前，我们先来看看，如果用 X 阶标理论解释功能中心语结构，会引起什么样的后果。

练习 6.2

尝试基于句法成分理论提出论据，证明 VP 也应涉及三个阶标层次。考虑如何运用 VP 省略、VP 前置和 *do so* 收集证据。

> **练习 6.3**
>
> 有些介词既可用于引入补足语，也可用于引入附加语，如（i）所示。基于这种歧义性，解释在（ii）的两种可能解读中，为什么只有一种可行。（以这里提供的大致括号标记为准。）
>
> （i）　a. books on linguistics
>
> 　　　　b. books on the floor
>
> （ii）books [on chairs] [on tables]

6.2.5 功能中心语与 X 阶标理论

如第 6.1 节所示，X 阶标理论的一个主要动因是消除 PS 规则。然而，这些规则中有两条在 GB 中仍有用武之地，即（44）中的分句结构规则。

　　（44）a. S′ → Comp S

　　　　　b. S → NP Infl VP

事实上，（44a）更符合 X 阶标理论的要旨，因为它符合向心性原则（Comp 为 S′ 的中心语[1]），并且是二分叉结构；其与标准 X 阶标方案的差异在于，它只有两个层次：中心词和最大投射。相反，（44b）根本不符合 X 阶标的假设：不符合向心性原则，是三分叉结构，阶标层次问题甚至更加突出，因为 S 未被作为最大投射。

190　　　20 世纪 80 年代中期的研究使人们得出结论认为，可以从语法中完全消除 PS 规则，分句结构可以大致表示为（45）。[2]

---

① 见 Bresnan（1972）。

② 相关讨论见 Fassi Fehri（1980）、Stowell（1981）和 Chomsky（1986a）。

（45）

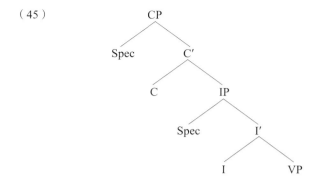

在（45）中，标句词 C 以 Infl（＝I）投射为补足语，Infl 则以 VP 为补足语；[Spec, CP] 位一般由移位后的 wh 元素（或其语迹）填充，[Spec, IP] 则是句法主语的传统保留位。

后来在 GB 框架下展开的研究重新考察了（45）的结构，暗示 Infl（见4.3.1）和 C 应该拆分成多个中心语——如 T（时）、Agr（一致）、Asp（体）、Top（话题）、Foc（焦点）等——各自投射一个不同的短语。[①] 虽然研究者对这些短语的数量及它们之间的支配关系仍然存在争议，但他们一般都在一点上达成了共识：所有这些短语都符合 X 阶标理论的假设。

研究者在名词领域也进行了类似的重新分析。初看起来，我们只需微调下面（46a）里的传统结构即可：要获得符合语法的 X 阶标结构，限定词需要投射。理论上，（46b）应该能解决这个问题。然而，通过考察（46b）所示 DP 结构，我们就会想知道中心语 D（＝Det）能带哪类补足语，或者它能不能带标志语。

（46）a.　　　　　　　　　　　191

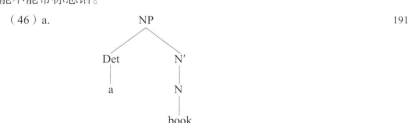

<hr />

① 见 Pollock（1989）、Belletti（1990）、Chomsky（1991）、Rizzi（1997）、Cinque（1999），还有最近的论文集，如 Cinque（2002）、Belletti（2004）、Rizzi（2004）等。

b.

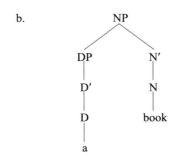

在解决类似问题时，20 世纪 80 年代的研究指向以下结论：a book 一类短语更好的表征方式不是（46b），则是（47），即限定词以 NP 作为其补足语。①

（47）

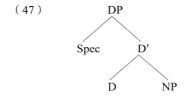

（47）得到了不同证据的支持。首先，（47）体现了我们古老的直觉，即一般而言，限定词一旦被加到结构上，N 就不能再行投射。但它同时也留有余地，能解决下面（48）一类很有趣的用例，其中，wh 元素位于限定词之前，但我们仍然没离开"名词"域。如果采用（47）所示结构，将wh 短语放在 [Spec, DP] 位，（48）就能得到简单的分析。

（48）[[how good] a story] is it?

另外，（47）中的结构还体现以下事实：在许多语言中，限定词和附着代词在形态上相似或相同，如下面的（49）葡萄牙语用例所示。② 根据这种观点，代词应该是 D 中心语，不带补足语。

（49）*葡萄牙语*

a. João viu   o   menino.

---

① 有关讨论见 Brame（1982）、Szabolcsi（1983）、Abney（1987）和 Kuroda（1988）。

② 早期探讨见 Postal（1966）和 Raposo（1973）。

> *João saw the boy*
> João 看见了 那个 男孩。
> b. João viu-o.
> *João saw-CL*
> João 看见了 他。

通过进一步考察 DP 结构，就如分句领域一样，研究者们发现，DP 与 NP 之间应该有额外的功能投射层次。[①] 同样，这些分析一般都认同，额外的功能结构层次都符合 X 阶标理论的假设。

如果要详细讨论分句域和名词域的替代分析方案，结果会使我们偏离关于短语结构一般属性的探讨，所以从现在开始，为使讨论更加具体，我们将以（45）和（47）中的结构为准。

练习 6.4

尝试用自己的语言，基于传统句法成分测试方法，针对 (45) 和 (47) 中的结构提出其他论据。

练习 6.5

在第 6.2.1 节，我们看到，向心性引发的潜望属性，出于选择性考虑，确保了给定中心语只能看到其补足语的中心语，而看不到任何其他成分。假设以（45）中的分句结构为准，则意味着选择 CP 作为补足语的动词只能看到中心语 C，情况应该如此。然而，（i）和（ii）中的数据似乎表明，主句动词看到的不仅是其补足语的中心语。在（i）中，主句动词似乎选择嵌入式分句的时，而在（ii）中，主句动词似乎对嵌入式 CP 的标志语强加了一些限制。如何用潜望属性来解释这些事实呢？

（i） a. John wants Bill to win.

193

[①] 近期，Bernstein（2001）回顾了有关"分句 DP 假说"的研究，还提供了大量参考文献，介绍了学者们在 Brame（1982）、Szabolcsi（1983）和 Abney（1987）的基础上提出的 DP 细分结构。

b. *John wants that Bill will win.

（ii）a. John believes that Bill won.

b. *John believes how Bill won.

c. *John wonders that Bill won.

d. John wonders how Bill won.

练习 6.6

在练习 6.5 中，我们发现动词似乎选择的是分句补足语的时。考虑到以下概括，情况似乎更加复杂：在英语中，如果动词要求其补足语 [Spec, CP] 为 *wh* 短语，该动词不会限制嵌入式分句的时。这一点在下面的（i）和（ii）中有所体现。证明你对练习 6.5 的回答也能解释这一概括。

（i）a. *John wondered/asked that Bill won.

b. John wondered/asked how Bill won.

（ii）a. John wondered/asked how Bill will win.

b. John wondered/asked how to win.

练习 6.7

在 6.2.1 节，我们看到，向心性引起的潜望属性对涉及名词域的两个不同流程产生了影响：主谓一致和对补足语的选择限制。用（47）所示 DP 结构重新考察这两个流程，证明如果要用 DP 方案解释潜望属性，需要提出哪些假设。

6.2.6 成功与乌云

X 阶标理论成为了 GB 的核心模块之一，因为它为完全抛弃 PS 规则创造了可能。这一点非常明显，尤其是它在功能投射分析中得到了成功运用。然而，有意思的是，依据 X 阶标理论对特定句法成分进行描写的努力，最终却为这片明亮的蓝天蒙上了乌云。

194

以 XP 不具多重标志语的假设为例。该假设背后的主要动因在本质上具有分布性。例如，限定词被分析为 [Spec, NP]，否定被分析为 [Spec, VP]，因为它们一旦被添加到结构当中，名词和动词就不能再行投射。但要注意的是，即使在下面（50）所示结构中，该假设也是成立的；其中，D 和 Neg 为中心语，二者分别以 NP 和 VP 为补足语。换言之，看似对标志语数量的要求实际上只是彰显了以下事实：就如任何其他中心语一样，D 和 Neg 在带补足语时投射。①

（50）a. [$_{DP}$ D NP]

　　　b. [$_{NegP}$ Neg VP]

中间的空投射体现了类似的情况。可以说，给定中心语（如动词 *smiled*）投射 VP，因为它可以占据 VP 槽位，如下面的（51）所示。但它为什么不能同时投射中间 V′ 投射？

（51）John [$_{VP}$ won the lottery] / [$_{VP}$ smiled].

在将单论元动词分析为非宾格或非作格（见 3.4.2）时，空 V′ 投射非常有用，如下面的（52）所示。然而，在轻动词（见 3.3.3）被引入理论之后，无需采用空投射，也可很好地解释非宾格与非作格之间的区别，如（53）所示（见 3.4.2）。因此，在动词域中，三个阶标层次的自动投射已失去大部分吸引力。

（52）a. 非宾格动词：[$_{VP}$ V DP]

　　　b. 非作格动词：[$_{VP}$ DP [$_{V'}$ V]]

（53）a. 非宾格动词：[$_{VP}$ V DP]

　　　b. 非作格动词：[$_{vP}$ DP [$_{v0}$ v [$_{VP}$ V]]]

对于名词域，我们也可以这样说。我们在 6.2.4 节的讨论中提到，代词 one 似乎是 N′ 投射的代用词，这样就能解释（54a）和（54b）之间的对比，结果，（54a）中的 prince 需要有空的 N′ 投射。 195

---

① 事实上，正如 Chomsky（1999: 39，注释 66）所说，"我们有时假设，［存在多重标志语的可能性］是一种规约，但这样做是误把历史当逻辑。"

（54）a. John likes this prince of Denmark and I like that one from France.

b. *John likes this prince of Denmark and I like that one of France.

然而，仔细考察就会发现，这种分析方法高度依赖两个假设，而目前这些假设的理由已不如过去那样充分：假设一，限定词是 NP 的标志语；假设二，附加语为 X′ 的姊妹节点［据（36b）的映射原则］。如 6.2.5 节所述，学界一致认为，限定词以 NP 作为其补足语。另外，如我们在第三章里讨论的那样，我们有充分理由认为，外部论元生成于其题元域内部（谓词内主语假设），更准确地说，外部论元是中间投射的姊妹节点。据此，（55a）一类短语应该表示为（55b），其中，John 生成于 [Spec, NP] 并移至 [Spec, DP]。

（55）a. John's discussion of the paper

b. [$_{DP}$ John$_i$ [$_{D'}$'s [$_{NP}$ t$_i$ [$_{N'}$ discussion of the paper]]]]

现在的问题是，如果附加语和外部论元都是 N′ 的姊妹节点，解读部分如何将二者区分开来。我们不能简单地说，标志语不同，它们会闭合投射，因为作为该假设动因的分布事实有其他解释，而且理由更充分。如上所述，限定词确立名词性投射的上限，并不是因为它们是标志语，而是因为 D 与 NP 合并会生成 DP。另外，如我们在 5.4.2.1 节里讨论的那样，如果要简化局部性计算，我们可能不只需要一个标志语，至少 vP 是这样。

解决这些问题的一种可能是放弃（36b）里的映射原则（即修饰语为 X′ 的附加语），同时假设修饰语实际上是嫁接到 XP 之上的。事实上，这种方式提供了一种更透明的从结构到解读的映射方案：论元由 XP 支配，附加语被嫁接到 XP。在这种情况下，如果 one 是短语性代词，不能代替简单词项，则不用空 N′ 投射，也能解释（54）中的对比。也就是说，在（56b）中，one 不能代替 prince，在（56a）中则可以，因为在（56a）中，prince 也是 NP。

196

（56）a. [$_{DP}$ this [$_{NP}$ [$_{NP}$prince] [from Denmark]]]

b. [$_{DP}$ this [$_{NP}$ prince of Denmark]]

以上各点显示，当我们对特定成分的结构有了更深入的理解之后，标准 X 阶标理论初始假设的大部分动因就显得苍白无力了。可见，从最简主义角度对 X 阶标理论进行评估的时机已然成熟。

> **练习 6.8**
>
> 　　试试能否不采用空 N′ 投射或进行任何其他修正，将依据（56）对（54）的分析方式延伸到下面的例（i）。
>
> 　　（i）　John likes this prince from Denmark with the nasty temper, but I
> 　　　　　like that one with the sweet disposition.

6.3　光杆短语结构

在本节中，我们将尝试分辨 X 阶标理论有哪些属性体现了自然语言结构的真正属性，并考察能否从关于语言官能的深层特性推导出这些属性。具体地，我们将回顾最简主义短语结构方案，即光杆短语结构（bare phrase structure）。

6.3.1　从功能上确定阶标层次

我们先来看看前面提到的阶标层次问题。[①] 我们以（57）所示 X 阶标方案为例进行说明，该方案融合了我们在第 6.2.6 节里提出的假设，即修饰语要嫁接到最大投射上。

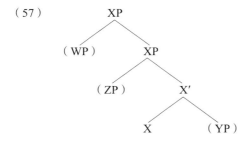

（57）

---

① 　本节主要基于 Chomsky（1995：第 4.3 节）。

197　（57）中的 YP、ZP 和 WP 分别为中心语的补足语、标志语和附加语。鉴于 YP、ZP 和 WP 投射的实现方式是由其他语法模块（如题元准则）确定的，所以，它们在原则上都是可选的。如果它们都未得到实现，如下面（58）里的 John 所示，则三层阶标的区分似乎只是理论内部考量的需要，因为正如我们在 6.2.6 节里讨论的那样，针对它的独立实践动因已经大幅削弱。（57）所示方案还会带来一个相关的问题：为什么只有最大投射可以充当补足语、标志语或修饰语？

　　（58）Mary saw [$_{NP}$ [$_{N'}$ [$_{N}$ John]]]

　　可以将这类问题视为以下基本问题的不同方面：应该如何理解"短语由具有不同阶标层次的部分构成"这一说法？抽象而言，我们可以用两种非常不同的方式来构想 X、X′ 和 XP 之间的差别。首先，它们之间的区别大体与动词和名词之别相当，即是说，它们有着不同的内在特征。另外，它们之间的区别又像主语与宾语之间的差异，即是说，它们的区别源于它们与局部环境内其他元素之间的关系，而不是内在的差异。根据第一种解读，阶标层次属于范畴特征；根据第二种解读，阶标层次属于关系属性。

　　对（58）中 John 的三层阶标分析方式显然是把短语结构视为一种特征。为便于与关系性投射构想方案相比，我们暂提出（59）—（61）中的定义，并考察（62）所示结构。[①]

　　（59）最小投射：X^0
　　　　最小投射是从枚举词项集合中选择的词项。
　　（60）最大投射：XP
　　　　最大投射是不再投射的句法实体。
　　（61）中间投射：X′
　　　　中间投射是既非 X^0 也非 XP 的句法实体。

－－－－－－－－－－

　　①　这些定义摘自 Chomsky（1995: 242-243），Chomsky 综合了 Fukui（1986）、Speas（1986）、Oishi（1990）和 Freidin（1992）的研究成果；关系性投射层次解读模式可追溯到 Muysken（1982）。另见 Chomsky（2000, 2001），了解更多讨论；同时参见 Chametzky（2000, 2003）、Rubin（2002, 2003）、Grohmann（2003b, 2004）、Oishi（2003）和 Boeckx（2004），了解批判性评估意见。

（62）

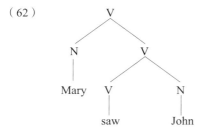

根据（59）—（61），（62）中的 Mary、saw 和 John 均为 X^0（它们都是词项）。支配 Mary 的 N 投射和支配 John 的 N 投射也被理解为最大投射，因为它们不再投射。最上面的 V 投射也是如此，它同时是最大投射。另一方面，完全支配 saw 和 John 的 V 投射既不是最小投射（不是词项），也不是最大投射（它投射成另一个 V 投射）；因此，它是中间投射。另言之，（59）—（61）中的定义也能捕捉到短语结构可能涉及三个投射层次的事实。

但同时还有其他一些优势。首先，在这种关系模式下，根本没有可疑中间投射存在的空间。例如，在（62）中，支配 John 的 N 投射既是最小投射，也是最大投射；因此，依据（61），它不可能是中间投射。

依据关系模式，还可从一个更基础的假设推知，补足语、修饰语和标志语是最大投射：即仅当表达式 E 被直接包含在给定中心语 H 的投射以内时，E 才会与 H 建立局部语法关系（标志语–中心语、修饰或补足关系）。我们不妨把该假设称为强向心性理论（Strong Endocentricity Thesis）。根据该理论，中心语实际上是通过补足语、修饰语和标志语关系投射结构的。[1] 因此，根据（60），只要与 X 的投射存在直接包含关系，则 X 的补足语、标志语或附加语必定是最大投射，因为它们不再投射。换句话说，补足语、标志语和附加语的短语状态源于以下事实：它们与给 199

---

[1]　如果按照新戴维森理论的方式最终放弃这些关系，将标志语、补足语和修饰语绑定到中心语的语义值上（见 Parsons 1990、Schein 1993 和 Pietroski 2004），这样做是非常有意义的。如此，动词表示事件，补足语和标志语为事件的题元关系，修饰语则为事件属性。

定中心语形成局部语法关系，不必单独提出假设。

因此，根据（59）—（61）所体现的短语结构构想，阶标层次不是树形图中节点的内在属性，而是给定节点相对于其他节点的位置的体现。从最简主义视角来看，这个结果非常有意思。我们在前面提到，确保最简方案内部一致性的特征之一是包含条件（Inclusiveness Condition），该条件要求，从枚举词项集合中词项的特征构建逻辑式实体（见2.4）。为了编码最大投射和中间投射，（57）体现的特征性短语结构方案心照不宣地依赖于"⁰"、"′"、"P"等理论基元（theoretical prime）（如 N⁰、N′ 和 NP），我们不能将这些理论基元视为词汇特征。相反，在关系模式下，John 在（62）中同时充当中心语和短语，这种双重作用能得到解释且无需假设非词汇特征。

事实上，这一观察有可能直接威胁到终端节点与词项之间的区分。在一定意义上，这种区分仍然在词库中保留着存在于短语结构规则和论元结构之间的同一类冗余性（见6.1）。例如，可以认为，词条 John 包含有关于 John 是名词的信息。如果这样，（62）中的语类标签 N 传递了哪些 John 尚未传递的信息呢？换言之，如果用（63）中的结构取代（62）中的结构，我们会丢失什么信息？

（63）

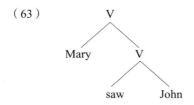

我们可以说，终端节点与词项之间的这种冗余性是可以容忍的，因为语类节点似乎有独立存在的理由，即标示中心语以外的投射的属性。例如，在（63），我们需要记录，[saw John] 是动词性而非名词性成分。应该注意的是，我们真正需要的是一种标注机制，用于编码非最小投射的相关属性；然而，这并不意味着这种机制一定要涉及语类特征。例如，（64）

中的结构是非常有效的，因为它编码了 [saw John] 和 [Mary saw John] 两 200
个成分与 saw 同属一类的事实。

（64）

在下面的讨论中，我们将以（64）而非（62）中的投射标注方案为
准，因为根据直觉，我们需要词项，而可能不需要语类节点。[①]但要强调
的是，（64）中的标注方案只是编码中心语"投射"的一种方式而已。我
们还能想到其他方案，也可能非常有效。下面我们将回到这个问题上来。

总而言之，从最简主义角度来看，关系性阶标层次构想相比特征性
方案具有多种优势：（i）它区分了不同的投射层次并且符合包含条件；（ii）
它不采用空投射；（iii）从它可以推知补足语、标志语和附加语为最大投
射的事实；（iv）它允许取消终端节点与词项的区分。

假定这种关系模式是正确的，接下来我们要讨论短语结构的构建机制。

6.3.2 合并操作

就如我们在 2.3.2.1 节中讨论的那样，人类语言的一个"重大事实"
是句子的长度可以是任意的；在 GB 中，这种递归属性在深层结构编码。
然而，我们当时证明，语法递归并不是深层结构的内在属性。在一个不
采用深层结构的系统中，我们也能确保递归性，方法是采用一个以符合 X
阶标理论的方式把词项组合起来的操作。我们把这个操作称为合并。鉴于
我们因理论和实践的原因取消了深层结构（见 2.2 节），并且 GB 框架下
短语结构后来的发展使标准 X 阶标理论的大部分动因都失去了理由（见

---

① 最近在分布式形态学（见 Halle and Marantz 1993 等）框架下进行的一些研究追求
的理念是，语类信息是通过关系定义的（见 Marantz 1997 及后续研究）。

201 6.2.6），所以，接下来我们要考察合并操作的细节。构建一个短语至少涉及三项任务：组合不同元素，标注形成的组合，确定组合元素的线性语序。我们将把线性化问题留待第七章讨论，接下来，我们要探讨如何组合元素以及如何标注形成的组合。为使讨论更加具体，我们以下面（65）中 VP 的推导为例进行说明。例如，我们知道，at John 是介词短语，但是怎样从独立词项 John 和 at 得到这一信息呢？

（65）[$_{VP}$ Mary [$_{V'}$ looked [$_{PP}$ at John]]]

我们先来具体说说强向心性理论。根据该理论，中心语 X 的局部语法关系（如标志语–中心语、补足和修饰等关系）只能在 X 的投射下建立（见 6.3.1）。另外，扩展条件（Extension Condition）要求以根句法实体为基础建立这种关系（见 2.3.2.3）。即是说，如果运算系统通过组合词项 looked 和 at，在它们之间建立中心语–补足语关系，则词项 John 后面将不能通过与 at 组合，与它建立中心语–补足语关系。最后，我们来看看最后手段条件背后的一般（实质性的）经济原则。根据最后手段条件，推导中不存在多余的步骤；换言之，每个操作都必须有目的（见 1.3）。得益于句法运算的这种最后手段属性，我们不能选择把 Mary 和 John 组合成句法实体，因为在它们之间无法建立局部语法关系。

基于这些考虑，我们假定，合并操作的作用是组合元素形成元素集合，如（66）所示。

（66）{at, John}
⇑
at ⟺ $_{合并}$ John

（66）中的集合应该是一个新的句法实体，其构成元素本身也是句法实体。但这肯定不是问题的全部。{at, John} 中的 at 和 John 互呈对称关系（它们只是集合中的元素），可以说，这种对称关系不能成为标志语–中心语、补足和修饰这些非对称关系的依据。如果不能建立局部语法关系，经济原
202 则就会阻止形成（66）中的集合。注意，这一推理也能解释为什么（66）

中的 at 和 John 不能同时投射：同样，如果它们同时投射，则这些元素之间就不存在非对称关系，无法形成标志语-中心语、补足和修饰关系。换言之，仅当集合元素之间存在某种非对称关系，且在结果形成的结构由集合中的一个元素标注的情况下这种非对称关系是可见的，才能建立局部关系。这正是中心语投射的要旨。

那么问题是由哪个成分进行投射。当然，我们知道答案是中心语投射。但问题是，为什么是这样，即为什么（66）中的 John 不投射？虽然这里我们并不能超越假设，但其原因似乎是，含有标志语或补足语要求或者与某类修饰语兼容等信息的是中心语——而非相反。因此，要求有一个补足语的是（66）中的 at 的属性，但要求有一个中心语以成为其补足语的不是 John 的属性。如果这种解释方式正确的话，中心语就可以根据要达到的要求多次投射。

简言之，在为合并形成的句法实体的直接成分提供信息以外，运算系统还需要标注新实体的相关属性，比如，是 VP 还是 PP 等。换言之，我们需要标注结果形成的实体。如果依据 at 与 John 之间的潜在关系，at 可以 John 作为补足语（而非相反），则 at 投射并标注形成的结构，如下面的（67）所示。据 6.3.1 节讨论过的阶标层次由功能决定的方案，（67）里形成的句法实体是一个非最小的最大投射，John 既是最小投射也是最大投射，at 则是最小的非最大投射。

（67）{at, {at, John}}

At ⟺ 合并 John

要强调的是，标注成分是为了明确该成分具有其中心语的相关属性，而不是为了标明采用的标注方式，这一点非常重要。我们将采用（67）里的额外集合标记，因为这是文献里最常用的标注方式，但要记住的是，如果用下划线或星号标记（66）里的 at 也能满足我们的需要。这并不是说，这个问题无关紧要，而是说，目前我们仍不清楚到底应该采用哪种技术手

203

段进行标注。

事实上，根据采用的确切定义，标注可能与包含条件存在冲突，因为标注可能会在结构里添加在枚举词项集合中并不存在的特征。另外，根据强向心性假设，由标签编码的中心性信息大体上是建立的局部语法关系（标志语–中心语、补足和修饰）的一项功能。所有这些考虑带来了这样一个问题，即标签是否真有必要。[①]

即使标签的内容可能有独立的理据，我们仍然可以辩称系统需要标签，标签是最优设计特征。接下来，我们考察下面（68）和（69）中的推导步骤，看看其背后的原因。在（68）中，（67）的 PP 与 looked 合并，后者依据补足关系进行投射，形成动词性投射。在（69）中，该动词性投射与 Mary 合并，结果形成另一个动词性投射，只是这次涉及的是标志语–中心语关系。

（68）{looked, {looked, {at, {at, John}}}}

{at, {at, John}} ⟺ 合并 looked

（69）　　　　　　{looked, {Mary, {looked, {looked, {at, {at, John}}}}}}

{looked, {looked, {at, {at, John}}}} ⟺ 合并 Mary

注意，在（68）和（69）中，系统不需要计算前面建立的关系，也能确定能否形成另一种局部关系。即是说，通过查看（67）的标签，系统可以获得信息，该复杂实体的类型使其可以与 looked 建立补足语关系。类似地，（68）中形成的实体的标签也能使系统确定，这种实体可以与 Mary 建立局部关系。

204　　　现在，假设我们不要标签。在（68）中，系统怎么知道 Mary 可以与相关复杂句法实体建立局部关系？或者换句话说，如果操作是为了实现某

---

① 有关标注的各类问题（标签能否推导出来，它们是否有必要，它们是否违反包含条件等）是目前研究的一个重点领域。相关讨论见 Uriagereka（2000a）、Boeckx（2002, 2004）和 Collins（2002）。

种语法目的，系统怎么知道 Mary 可以与无标签集合 {looked, {at, John}} 合并？显然是通过回溯，先确定合并 at 和 John 形成的允准方式/投射，然后确定通过合并 looked 与上一步确定的投射的允准方式/投射。显然，这种方式的效率并不高；例如，在形成更复杂的实体时，要反复重建 at 与 John 之间的关系。此外，虽然对这里讨论的 VP 一类简单实体来说，这种回溯是可控的，但我们在前面提到过，自然语言的句子可能递归无数次。因此，如果成分类型不在局部编码的话，则可能无法确定复杂句法实体的类型。从这个意义上来说，标签是尽量降低任务复杂性的一种手段：运算系统可能只需核对复杂句法实体的标签，即可确定其能否与另一个句法实体形成局部关系。

这里我们以一个带标志语和补足语的表达式为例进行说明。比如，如果不标注，（65）/（69）中的 Mary 与 looked 之间可能存在哪种局部关系呢？注意，仅标志语和中心语并不能形成句法成分；如果采用二分叉生成模式（见 6.3.3），它们也不是更大实体的直接成分。因此，假定自然语言在中心语-补足语以外，还有至少两种中心语-X 关系（中心语-补足语和中心语-修饰语），则只有允许中心语标注其全部投射，才有可能局部编码这类关系。实际上，标注不但允许在局部表述中心语-中心语关系，还为在局部表述与中心语的多种语法关系提供了可能；这样，我们就有可能解释自然语言为什么要标注句法成分（其中，标签编码的是中心语的信息）。

假定这个建议是正确的，我们还能体会到包含条件在推理过程中的作用。包含条件更多的是一种元理论条件，因为它确定了最简分析的边界；具体地，如果理论实体不能被解读为作为推导输入词项的特征，则最简分析不得添加这些理论实体。然而，如果不可避免地违反了包含条件，则这类实例能展现运算系统的深层次属性，帮助我们了解运算系统是如何努力实现最优设计的。对于手头上的实例，尽管标签有可能与包含条件存在冲突，但它们也可能是最优方式，允许实现多种中心语关系并确定复杂句法 205

实体属性，全部在局部完成。

我们来回顾一下前面讨论的内容。最简思想促使我们提出问题：为什么短语结构里的各个特征都应该是有效的？是什么使得语言具备了这些特征而非其他特征？为什么要标注成分？中心语为什么要投射？这些问题很难回答，上面的建议可能是错误的。然而，无论我们能多好地解决这些问题，都不能掩盖问题本身的价值和趣味性。我们在第一章里提到，自然语言的一个"重大事实"，是自然语言有词和由词构成的短语。只要接受了这个事实，我们就可以认为，像合并一样的操作（把词组合成更大单位的语法操作）是运算系统的一个天然特性。但考虑到开始时观察到的"重大事实"，标签是否有理论上的必要性，这点我们不太清楚。派生单位为什么需要有中心语？我们在此提出，标注是解释一个关于词的事实（词相互提条件）以及词间基本关系（它们与中心语形成标志、修饰和补足关系）的最优方案。强向心性理论实际上是说，词在词汇层面的相互影响存在局部语法界限。我们猜想，这可能与运算效率问题有关，因为它对词间的相互作用提出了范围很小的限制。这似乎是一项很好的设计特性。如果事实的确如此，则可将标注视为以下问题的解决办法：允许词相互作用，但要可控。

目前为止，我们讨论了涉及补足语和标志语的复杂句法实体。那附加语呢？一旦运算系统允许与给定中心语允准的标志语-中心语关系一样多的标志语，怎样区分附加语和标志语呢？

如何处理嫁接现象，这是生成语法中的一个棘手问题，从未得到令人满意的解决。附加语的属性与补足语或标志语不同。它们不进入一致关系，它们的格位要求似乎也与论元不同，在语义上，它们被解读为并连语，并且它们表现为多种语类类别。因此，附加合并操作核查了哪些特征（若有），我们不得而知。甚至更不清楚附加语与其修饰的元素在句法上到底存在什么样的关系。我们前面提到，虽然附加语与被修饰投射构成一个成分，但附加语并不受所形成的句法实体支配。这一点可以从中心语嫁接现象中窥知一二。以 V 到 T 移位为例，这种移位生成（70）所示结构。

206

（70）

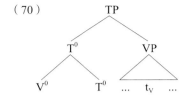

在（70）中，动词和 T 显然构成一个成分，因为 T 到 C 移位会随迁被嫁接到 T 上的动词。另一方面，嫁接形成的结构不能支配被移位的动词；否则，它将无法成分统制其语迹。这就是我们说，附加语被嫁接结构包含而非支配的原因（见 5.4）。另外，我们还想说，将 V 嫁接到 T 不会打断 T 与 VP 之间的中心语-补足语关系。借用黑格曼（Haegeman 1994）的隐喻，充当附加语就像身在阳台一样：在某种意义上，既在屋里，又在屋外。

用形式语言来说，身在阳台就相当于说，附加语虽然会与目标构成句法成分，但不会改变目标的标签和阶标层次。例如，如果（71）里的 hit John 是非最小最大投射，标签为 hit，则（72）里的嫁接结构 hit John hard 应采用相同的方式进行标注，并（棘手部分也在于此）保留 hit John 在上一步中的阶标层次；即是说，（72）里的 hit John 应保持非最小最大投射。

　　（71）{hit, {hit, John}}

　　（72）{?, {{hit, {hit, John}}, hard}}

如果（72）的标签就是 hit，则（71）里的成分应该已经投射，成为中间投射（非最小非最大投射），以 hard 为标志语。换言之，如果嫁接结构的标签与投射结构的标签相同，就无法区分标志语和附加语。因此，我们需要另一种标签，用以正确区分标志语和附加语。下面的（73）修正了 207 传统的乔式嫁接标注方式，完全有可能达到这些目的。[①]

---

　　①　每当一个表达式被以乔式嫁接方式嫁接到 XP，结果形成的结构采用与嫁接目标相同的标签。在（i）中，附加语 at six 被以乔式嫁接方式嫁接到 VP 上。注意，没有 at six 的成分是 VP，VP 加上 at six 还是 VP。

　　（i）John [vp [vp ate a bagel] [at six]]

（73）{<hit, hit>, {{hit, {hit, John}}}, hard}}

组对 <hit, hit> 表示，（71）中的结构（其标签为 hit）决定（73）所示结构的标签，但不投射。如果（71）在（73）中不投射，它仍然是非最小的最大投射，符合要求。

同样，上面的标注只是标注，仅此而已。如果我们不清楚，在常规投射中，标注的正确技术实现方式应该是什么，则嫁接条件下的标注就更加模糊不清。[①] 然而，与嫁接相关的问题关心的并不是用什么技术完成实际工作，而是嫁接为什么具有现有的属性而非其他属性。目前，我们尚未得到有效的答案，这里我们也不会提供答案。为使讨论更加具体，我们假定，投射合并与嫁接合并在标签上的区别体现了两种操作各自建立的语法关系的不同性质。在剩下的各节中，除非存在较大的问题，否则，我们将继续使用更方便阅读的传统括号标注或树形图标注方案。

总之，我们在本节回顾了基于合并操作的短语构建机制。合并具有理论上的必要性，因为句子是由词和短语构成的，这个事实显而易见。我们还尝试探讨了有关标注的一些理论动因。无论按照上述思路能得到什么样的见地，我们要记住，还有许多问题悬而未决。例如，即便我们承认标注是为了局部关系，问题是，我们为什么要区分修饰语与标志语和补足语？这是语义差异被映射到句法的现象，还是原原本本的句法范畴化现象？另外，为什么补足语是中心语的姊妹节点，标志语却是中间投射的姊妹节点，而非相反？标志语与修饰语的区别到底是什么？我们把这些问题搁置在一边，并不是因为它们不重要，而是因为我们目前还没有形成有说服力的观点，更不用说答案了。还有许多问题未得到解决，但我们坚信，本书208 的读者终有一天能成功地回答它们。

① 有关支配、包含和成分统制等术语基于集合标注法［如（71）和（73）］的技术定义，请参见 Nunes and Thompson（1998）。

练习 6.9

在传统 X 阶标理论下，多重标志语的表征方式与中间投射附加语的标注方式别无二致，如（i）中的 vP 结构所示，（i）是在宾语移至外层 [Spec, vP] 之后形成的。用光杆短语结构表征（i），说明为什么不能将其与嫁接结构相混淆。

（i）$[_{v\text{P}} \text{OB} [_{v'} \text{SU} [_{v'} v [_{v\text{P}} \text{V} t_{\text{OB}}]]]]$

练习 6.10

乔姆斯基（Chomsky 1995）提出，如果我们认为，标签是被合并元素特征的并集或交集，因而具有复合性，如此，我们就可以解释：在众多实例中，被合并的两个元素不能同时投射的原因，是它们的特征使它们无法构成复合标签。例如，假设动词的特征集为 {+V, -N}，名词的特征集为 {-V, +N}，如果一个动词和一个名词合并并同时投射，它们特征的交集将是空集，并集为 {+V, -N,-V, +N}，属性不兼容。但请注意，以上观点带来了这样一种可能性：如果特征不冲突，双重投射在理论上是可能的。

以这些观察为背景，讨论它们能否有效地解释潜望效应，即动词选择 DP 结构内部名词的情况（见练习 6.5）。这种替代分析方案有哪些优缺点？

6.3.3　短语结构属性再探

先搁下 6.3.1 节里讨论的阶标层次问题，现在，我们从 6.3.2 节里介绍的 "光杆" 短语结构方案的视角出发，再次探讨我们在 6.2 节里讨论的短语结构的其他属性。先从二分叉开始吧。

就如我们在 6.2.2 节讨论的那样，自然语言短语结构具有二分叉的特点，这一点有着充分的事实依据。尽管如此，我们仍会面临这样一个问题：为什么语言官能要这样限制句法实体？最简主义提供了一种可能的答案。我们注意到，在构建一个句子时，先从词汇原子开始，然后通过合并把它们组合起来，形成越来越大的单位。合并具有什么样的性质？如果 209

合并是一种一步最多组合两个元素的操作，则存在二分叉这一事实只不过是这种操作基本原理的体现。有何理由认为合并一步最多只能涉及两个元素？可能有。最简主义重视简单的假设，要求在方法论上予以优先考虑，即在取而代之以前，要证明它们的不当性。这对合并操作细节有如下影响：合并最简单的实例是什么？在充分考虑自然语言已知"重大事实"的情况下，合并操作的最简规定是什么？

我们知道的一件事是，合并必须是递归的。合并可以用于基础词项和通过合并形成的表达式。简单而言，这体现了句子大小无上限的事实。其次，必须做到，合并能组合至少两个词项并把它们合成句法成分。我们知道，这一点有两条依据。首先，这是递归发挥作用的最低要求。除非能不断重复组合至少两个单位，否则，就不可能得到越来越大的单位。其次，有充足的证据表明，我们需要一种二位合并操作，用于编码一些最基本的事实，比如，形成非宾格或及物谓词。换言之，我们要求合并能形成（74）一类的简单结构。

(74) [$_{VP}$ arrived he]

接下来，我们从最简主义的角度进行探讨。显然，合并需要带至少两个论元；在所有条件相等的情况下，（从方法论的角度）如果我们能进一步提高要求，使合并最多带两个论元，结果一定不错。换言之，鉴于两个论元是符合自然语言递归这一"重大事实"的最低要求，如果同时也是最高要求，这是皆大欢喜的事。注意，这条论据在形式上与把表征层次限制为逻辑式和语音式（见第二章）的论据非常相似。我们需要至少这两个层次来处理语音/符号-意义组对的要求；可见，在方法论上，我们应该尝试只采用这两个层次。这里也是如此：我们需要至少二位合并操作；我们应该尝试只采用这个二位合并操作。如此，二分叉也就水到渠成了。接下来，我们考察一下细节问题。

210　　假设我们从枚举词项集合中提取三个词项 α、β 和 γ，同时合并它们，形成（75）所示三分叉结构 K。

（75）

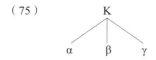

然而，如果合并是一种二位操作，则一次只能操作两个元素，无法生成（75）一类的结构。合并应该先用两个词项，比如 α 和 β，形成 K，然后把 K 与剩下的词项组合起来，如下面的（76）所示。但需要注意的是，结果只产生了二分叉结构。

（76）a.

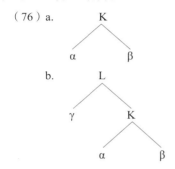

b.

有可能二分叉体现了语言设计的简洁性：二位合并操作是实现递归（"重大事实"之一）的最低要求。从方法论上讲，最好这就是全部的要求。二分叉暗示，至少在这个方面，我们生活在最美好的可能世界当中。乐观主义至上！

对于向心性（见 6.2.1），可以认为它源于最后手段与中心语-补足语、标志语-中心语和修饰这三种局部语法关系之间的相互作用。最后手段条件要求，每个操作都必须有一个语法上的目的。在当前的示例中，如果两个元素是通过合并组合起来的，则中心语-补足语、标志语-中心语或修饰关系必须成立，合并而成的成分才能获得允准。让其中一个元素标注形成的结构，结果会在它们之间形成非对称性，这可能就是这些非对称关系的依据。事实上，我们在 6.2.2 节讨论了中心语的内在特征及其在投射中所起的作用，有鉴于此，包含中心语的成分始终都会投射。因此，任何复杂句法实体的属性都取决于其直接成分之一；即是说，句法实体始终都具 211

有向心性。

最后，我们来看看母节点单一性属性；根据该属性，句法成分不能有多个母节点。例如，我们假设，在合并 α 和 β，形成 K 之后，我们尝试合并 γ 和 β，形成 L 如（77）所示。

（77）a.

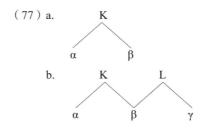

然而，（77b）所示步骤被扩展条件排除在外，该条件要求合并以根句法实体为目标。即是说，一旦 K 形成，如（77a）所示，其成分不能再行参与合并。要在结构中添加 γ，就需要与 K 合并，如（76b）所示。

注意，也可以认为，扩展条件是系统简洁性的体现。如果只有根句法实体可以被合并，如（76）所示，则运算系统的搜索空间会大幅减小，因为潜在合并池已被降至最低限度。

总之，上面的讨论显示，只要我们假定诸如合并一类的二位结构构建操作和经济性、方法简洁性等一般性最简原则，则 X 阶标理论捕捉到的、自然语言中许多短语结构属性都可以得到更加统一的解释。

练习 6.11

讨论：如果正如 6.2.2 节讨论的那样，结构是通过运用合并构建出来的，我们能否生成空中间投射？具体来说，是什么原因使得元素不能与自己合并？

---

212 **练习 6.12**

以（i）中的结构为例，其中，动词被嫁接到 T，违反了扩展条件。厘清问题，讨论在哪些情况下，这种移位有可能符合扩展条件。

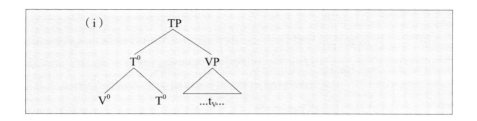

6.4　移位操作与复制理论

　　到目前为止，我们主要讨论的内容可以称为短语的"基础结构"，即通过一系列合并操作构成的结构。接下来，我们来回答如何生成移位形成的结构这个问题。我们前面讨论过，在 GB 中，移位就是根据结构保持条件，填充在深层结构投射的空位，或者嫁接到在深层结构投射的结构上。但在 2.3.2 节中，我们不但了解到不一定所有结构构建操作都需要先于移位，同时得知，这也是更重要的一点，有经验证据表明，结构构建操作和移位操作实际上应该是交替进行的（见2.3.2.3 和 2.3.2.4）。基于这些考虑，在前面几节里讨论的光杆短语结构框架下，我们应该如何理解移位操作？

　　我们以下面（78）所示移位为例进行讨论。对（78）中移位的描述有一部分与（79）中的合并操作相同。在两种情况下，（78a）和（79a）中标注为 TP 的句法实体与另一个句法实体合并，（78b）中为 a man，（79b）中为 there，形成标志语–中心语关系并再次投射，形成一个中间投射。

（78）a. $[_{TP}$ T $[_{VP}$ arrived $[_{DP}$ a man $]$]]

　　　 b. $[_{TP}$ $[_{DP}$ a man $]_i$ $[_{T'}$ T $[_{VP}$ arrived t_i]]]

（79）a. $[_{TP}$ T $[_{VP}$ arrived $[_{DP}$ a man $]$]]

　　　 b. $[_{TP}$ there $[_{T'}$ T $[_{VP}$ arrived $[_{DP}$ a man $]$]]]

换言之，合并似乎是移位操作的一个组成部分。[①] 根据这一观点，合并和　213

_____

① 见 10.2.2，了解其对经济运算的潜在影响。

移位可以交替进行也就不足为奇了。

那么，其他组成部分有哪些呢？我们必须说有语迹被插入（78b）中 arrived 的宾语位，但这样似乎会使我们陷入死角。另一方面，有关语迹的经验动机非常有说服力，只要粗略看看 GB 相关文献就能发现这一点。另一方面，根据定义，语迹是在运算过程中插入的理论基元，在枚举词项集合中是不存在的，不符合包含条件。

进一步考察，我们会发现问题的大小实际上与其呈现方式有关。事实上，有关语迹的证据并不充分，并且在这方面，甚至移位的证据都不充分。毕竟，没有人会费心核查（78b）中 DP 的速度是否在法定限值以内……换句话说，我们实际掌握的是一些有趣的事实，表明出现在一个位置上的元素可能要在不同位置得到解读，这就是人类语言所谓的异位属性（"重大事实"之一）。因此，我们要解答的问题是：我们能不能在最简主义的界限内解释这一属性？

我们已经看到，合并可以自然地捕捉移位中结构构建部分的特点。我们需要做的是为移位的"残余"部分找到与包含条件相一致的解决方案。为了达到这一要求，一种可以想象得到的办法是假定语迹实际上是被移元素的拷贝。[①] 作为拷贝，它不是新的理论基元；相反，被移元素是什么它就是什么，即基于枚举词项集合的特征构建而成的一个句法实体。换言之，如果语迹是拷贝，包含条件会得到满足。在这种观点下，（78）中描述的移位实际上应该按照（80）所示方式进行，其中，系统为 a man 复制一个拷贝，并将其与（80a）中的 TP 合并。

（80） a. $[_{TP}$ T $[_{VP}$ arrived $[_{DP}$ a man $]]]$

b. 复制 DP →

$[_{DP}$ a man $]$

c. 合并 DP 和 TP →

---

① 见 Chomsky（1993）、Nunes（1995, 1999, 2001, 2004）、Bošković（2001）以及 Bošković and Nunes（2004）等。

$$[_{TP} [_{DP} \text{ a man}] [_{T'} \text{ T} [_{VP} \text{ arrived} [_{DP} \text{ a man}]]]]$$

注意，如果将移位简单视为复制和合并两个操作构成的序列操作，我们就可以预想，移位（复制和合并）发生时，在合并单独（无复制）运用时适用的任何原则也应成立。例如，合并本身受最后手段条件制约，即合并必须有目的。同一条件对移位也适用。例如，在（80c）中，合并之所以能得到允准是因为它使 T 的强特征以及 T 和 a man 的格特征得到核查。

接下来，我们探讨移位形成的成分的标签是怎样决定的。具体地，为什么（80c）中的整个表达式被标注为 TP，或者在更一般意义上来说，为什么移位的目标会投射？它还能是什么？我们在前面提到，强向心性理论要求，若要建立局部语法关系（标志语–中心语、中心语–补足语或中心语–修饰语），成分的中心语必须投射。就（80c）而言，上述核查关系应在与 T 构成的标志语–中心语关系下实施；因此，中心语 T 投射，结果形成的投射为 TP。根据 6.3.2 节提出的意见，可以说这与以下事实有关：（80a）中的 T 需要一个标志语，这样说是符合逻辑的；但我们不能说，（80a）中的 a man 需要一个中心语以成为其标志语，因为这种说法没有任何意义。重要的是这本质上与（79）中的（简单）合并没有差异：强向心性理论要求 T 投射，如（79b）所示，使合并形成的标志语–中心语关系得以成立；同样可以认为这种现象源于以下事实：需要一个标志语是 T 的内在属性，但需要一个中心语以成为其标志语并不是 there 的内在属性。

如果我们假定，语法在决定下一步要做什么时只看现在有什么，不会"记住"前面的操作（换言之，如果树形图构建过程符合马尔可夫过程的特点），则移位中合并的是拷贝，这一事实与运用的合并操作无关。

就语法而言，合并的两次运用过程完全相同，因此应该遵循相同的原则。我们在 6.3.2 节提到，我们应将标注理解为系统的最优设计特征之一，即是说，借助标注，结构构建可以利用现有信息进行，无需回溯到短语结构构建的早期阶段。

就移位而言，这种思路也能在经验事实方面达到我们需要的效果，这很令人满意，同时也对以下假设形成了支撑：移位不是基本操作，而是复制与合并两种操作的组合。

215　　此时此刻，读者可能会问，这种满足包含条件的方式是否太过奢侈：其代价是要引入一个新的操作，即复制。同时也带来了一个新的问题：为什么（80c）里的结构的读音不是（81），即 DP 语链的两个环节都得到语音实现，概括而言，为什么语迹不能在语音上实现？

（81）*A man arrived a man.

事实上，上面提出的替代方案似乎既符合理论经济性要求，也不存在经验上的问题。首先，我们似乎有独立的理由，需要一个像复制一样的操作。[①] 为此，我们来看看，当我们说从词库"取出"词项时，我们到底是什么意思。显然，这与从有玻璃珠的袋子里取出玻璃珠是不同的。在后一种情况下，取出玻璃珠之后，袋子里的玻璃珠减少了。相反，我们来看看下面（82）给出的（简化）枚举词项集合，作为（80）的输入。

当我们说，我们从词库里取了这四个词项，构成（82）里的 N，我们的意思肯定不是词库变小了，少了四个词项。相反，我们心照不宣地假定，枚举词项集合是通过从词库复制词项形成的。因此，只要系统有独立的理由，需要这种复制程序，它很有可能会在句法运算中使用这种操作，如（80）所示。

（82）$N = \{arrived_1, a_1, man_1, T_1\}$

其次，我们的确能找到一些实例，其中语迹在语音上有实现，如（83）所示；在（83）中，*met wie*（和谁）的中间语迹在语音上得到了实现。[②]

（83）*南非荷兰语*

Met wie het jy nou weer gesê *met wie* het Sarie gedog *met wie* gaan Jan trou?

with who have you now again said with who did Sarie thought with

---

① 见 Hornstein（2001）。

② 南非荷兰语数据摘自 du Plessis（1977）。

who go Jan marry

Who(m) did you say again that Sarie thought Jan is going to marry?

你又说 Sarie 认为 Jan 要跟谁结婚?

类似于（83）的用例表明，拷贝的语音实现更多的是音韵部门的事，不是句法自身的事。我们将在第七章再次讨论这个问题，提出一种可行的解释方案，说明在表层结构上，为什么语链的全部环节一般不会同时在语音上实现，如（81）所示。

最后，我们假定语迹实际上是复制品，这样就有可能在最简主义的框 216架内解释有关约束的语言事实。以（84）中的句子为例，根据语迹移位理论，该例可以表示为（85）。

（84）Which picture of himself did John see?

（85）[[which picture of himself]ᵢ did [John see tᵢ]]

在（85）中，照应语不受 John 约束，但（84）中的句子却是可以接受的。为了解释这类实例，GB 需要提出额外的限制条件。例如，约束理论应在深层结构进行核查（即在 which picture of himself 移位之前），或者在逻辑式层面核查［即在移位元素"重构"（放回原始位置）之后］；或者应该修正约束概念，使（85）里的 John 约束 himself，因为前者成分统制含有 himself 的元素的语迹。[①]

我们将在第八章详细讨论约束理论，与我们的目的相关的是复制理论不用额外的机制就能解释（84）。如（86）所示，宾语位的 himself 拷贝受到 John 的正确约束，符合预期。

（86）[[which picture of himself] did [John see [which picture of himself]]]

总之，复制移位理论似乎能解释人类语言的异位属性，值得我们进行探索，因为该理论能解答最简主义的一些问题，在语音式和逻辑式层面都有一些经验证据的支持。在以后的各章中，我们将探讨其他几个问题，这些问题也都指向以下结论：移位不过是复制和合并共同作用的结果。

---

① 见 Barss（1986），了解基于这些思路的方案。

练习 6.13

在 2.3.2.2 节中，我们提出，根据（i）中定义的题元角色指派原则，我们不可能按照（iii）的思路推导出（ii），即提升到题元位。我们在本节里讨论过，复制理论将移位视为复制和合并两种操作的组合。如果的确如此，如何阻止（iii）的推导？或者用更通俗的话说，根据我们目前发展的理论框架，（iii）应该被阻止吗？如果应该被阻止，为什么？

（i）题元角色指派原则

题元角色只能在合并操作下指派。

（ii）Mary hoped to kiss John.

（iii）[Mary₁ hoped [tᵢ to kiss John]]

6.5 结语

在短语结构方面，生成语法有许多极具启发性的见解。最简主义继承了这些早期研究（大部分包含在 X 阶标理论的范畴以内）的主要成果，并尝试基于经济性、简洁性和最优设计等原则，合理地解释了短语结构的各种属性。这些探索又带来了非常有意思的问题，最简主义使这些问题得到了凸显，虽然尚未提供具有完全说服力的答案。

具体而言，本章讨论指出，短语结构的主要属性源于结构构建操作合并的内在工作机理，加上一般性的最简条件，结果形成了所谓的光杆短语结构。此外，我们提出，移位不是运算系统的基本操作，而是复制和合并两种操作相互作用的结果（复制移位理论）。移位理论的最新发展增强了这种模式在理论上的吸引力，并且还有一些非常有意思的经验支撑证据，我们将在后面几章里看到这一点。

第七章

线性化

7.1　引言

到目前为止，我们还没有讨论过线性语序问题，只集中讨论了结构属性。这种做法体现了生成语法学界广为接受且由来已久的观点，即语法操作与结构有关，（基本）不利用线性依存关系。直到最近，语法研究一直都是研究层级依存关系及其变化。对语法学家来说，线性属性被认为是次要的。

例如，根据这一传统观点，英语和日语 VP 在结构上是一样的（它们的支配和姊妹关系完全相同），它们的差异只体现在成分的顺序上：在英语中，动词在宾语之前；在日语中，动词则在宾语之后，分别如（1）和（2）所示。

（1）Norbert [~VP~ ate bagels].

（2）*日语*

　　Jiro-ga [~VP~ sushi-o　　tabeta].

　　Jiro-NOM　sushi-ACC ate

　　Jiro ate sushi.

　　次郎吃了寿司。

（1）和（2）所展现的这类表面差异可以通过方向性参数来描写，方向性参数规定了给定语言中成分的中心语与补足语以及中心语与标志语之间的顺序。[①] 在当前的实例中，英语将关于动词与其补足语顺序的参数的选项设为 VO，日语将其设为 OV。

219　　在本章里，我们将基于凯恩（Kayne 1994）极具影响力的研究成果，讨论如何在最简主义框架下处理线性语序问题，凯恩认为，语序要借助层级结构。但进入细节之前，我们首先应该从最简思想出发，提出下面的问题：我们为什么有线性语序？

　　对这个问题一个有意思的回答是，线性化是我们强制使二维结构穿过一维通道产生的结果。短语标记是二维实体：它们的词项是按姊妹关系和支配关系组织的；即是说，短语标记有广度和深度两个维度。语音式输出的组织却是一维的：声音串或符号串。因此，我们可以将线性化视为使短语标记做好准备，以供与语音式接口的发音–感知（A-P）系统进行操作的过程（见 1.3）。换言之，线性化是我们因为"丢掉"一个维度而付出的代价，因为我们要把方钉插入圆孔。

　　如果这是正确的话，则线性化实际上是语音式的事：是 A-P 系统强加的接口要求。如果没有线性化，A-P 系统将不能"读取"语法实体。有假设认为，只有当语法推导式在逻辑式接口和语音式接口都合法的情况下，语法推导式才能收敛（见 1.5）；根据该假设，线性化之所以存在，是因为这是语音式合法性的要求，也是确保推导式最终收敛的要求。

　　如果可以按照这种思路证明线性化的正当性，则线性化并不是系统的瑕疵，而是对接口条件的回应。在此基础上，我们从最简主义角度提出的下一个问题是：这种回应在多大程度上是最优的？我们将在以下各节中讨论这个问题。在 7.2 节中，我们将指出基于方向性参数的线性语序方案存在的一些不足；然后在第 7.3 节中，我们将讨论基于凯恩提出的线性对应定理（Linear Correspondence Axiom，简称 LCA）的替代线性语序方案，该方案认为，语音式层面的居前关系取决于不对称性成分统制；7.4 节将讨论 LCA 是如何

————————

① 早期讨论见 Chomsky（1981）、Stowell（1981）、Koopman（1984）和 Travis（1984）。

捕捉句法现象与语序之间的关联关系的；7.5 节将指出，LCA 可能对语迹（一般）不在语音上实现负有间接责任；最后，7.6 节结束全章的讨论。

7.2　将线性语序加到 X 阶标理论模板上

如上所述，基于 GB 理论的传统语序方案认为，线性关系是被添加到短语标记的结构关系上的，语序方面的跨语言差异可交由方向性参数负责，这些参数规定了补足语和标志语相对于相关中心语的顺序。即是说，给定 X 阶标理论建立的各种结构关系，此类方向性参数会把（3）和（4）中的可用选项固定下来。

（3）a. X′ → X Compl

　　　b. X′ → Compl X

（4）a. XP → Spec X′

　　　b. XP → X′ Spec

正如凯恩（Kayne 1994）指出的那样，这种方案有两类问题。第一类问题是，该方案会过度生成，产生自然语言中不存在的结构。例如，我们把（4）中的选项用于 CP 投射。如果 [Spec, CP] 既能居于 C′ 之前，也能居于其后，在理论上，我们可以预测，自然语言里的 wh-移位会使用这两个选项。但实际情况并非如此。语言广泛采用选项（4a），wh-移位至左侧的 [Spec, CP] 处，而不是选项（4b），即 wh-移位至右侧的 [Spec, CP] 处。根据现有文献，只有少数几个语言允许 wh-移位至右侧的 [Spec, CP]，即使在这些语言中，证据也不是很充分。[①]

---

① 　就如 Sabel（1998）讨论的那样，Bergvall（1987）用这种方案分析了吉库尤语（Kikuyu）。然而，这些右边界 wh-短语表现出与左缘着陆点不同的属性；例如，Tuller（1992）用汤加里语（Tangale）、恩吉兹语（Ngizim）和卡纳库鲁语（Kanakuru）（均为亚非/乍得语言）证明，动词后 wh-短语位于焦点位，该位置不是通过右向移位填充的。另见 Petronio and Lillo-Martin（1997）对美国手语（ASL）数据的分析，Neidle、Kegl、Bahan、Aarons 和 MacLaughlin（1997）则通过 wh-移位至右侧 [Spec, CP] 的方式分析了这些数据。

就方向性参数而言，这种方案另一个有趣的缺位与"反-V2 结构"有关。标准分析认为，在德语等 V2 语言中，根据针对 C 投射的（3a）和（4a）两个选项，限定动词移至 C，某个 XP 移至 [Spec, CP]。[①] 例如，（5a）中的句子的简化结构如（5b）所示。

（5）*德语*

    a. Gestern   hat Joachim eine leckere Bratwurst gegessen.

    yesterday has Joachim a   tasty   bratwurst eaten

    Yesterday, Joachim ate a tasty bratwurst.

    昨天，Joachim 吃了可口的烤香肠。

221

    b. $[_{CP}$ Gestern$_k$ $[_{C'}$ hat$_i$+C^0 $[_{TP}$ Joachim t$_k$ eine leckere Bratwurst gegessen t$_i$]]]

如果对主句 C 而言，语言能在（3）和（4）两个选项中自由选择，在理论上，我们应该能找到德语的镜像语言；该语言将采用选项（3b）和（4b），最后一个成分是限定动词和 XP，如（6）所示。然而，这种语言似乎不存在。

（6）$[[_{C'} [_{TP} ...t_V t_{XP}] [V + T] + C^0] XP]$

应该指出，这些跨语言的缺位还不足以驳倒方向性参数方案。毕竟，情况很可能是这样的，以 [Spec, CP] 为目的地的右向移位和"反-V2 结构"在表面上不存在，可能有独立的原则给予解释，只是我们尚未发现而已。然而，这些出乎意料的缺位非常有意思，可以激发我们从最简主义的角度去思考。

这方面一个更严重的问题是，方向性参数方案对于语序与句法现象之间已被证实的相关关系无能为力。比如，我们来看看（3）中的中心语与其补足语之间的语序选项。鉴于两种语序下的句法关系相同，我们应该预料到，二者在句法方面不会存在差异。

但实际情况显然并非如此。我们以前置词与后置词之间的差异为例进

---

    ①   这种由来已久的传统可以追溯到 Bach（1962）、Koster（1975）、den Besten（1977，1989）和 Thiersch（1978），形成目前仍然有效的标准分析（另见 Zwart 1993, 1997）。

行说明。在方向性参数方案下，这些介词只不过体现了（3）中的两个选项。如果一个语言选择（3a），结果就是前置词系统，如（7a）所示；如果该语言选择（3b），则为后置词系统，如（7b）所示。

（7）a. [PP P DP]

　　b. [PP DP P]

　　然而，这两个选项在可能的一致关系上存在差异。如 4.3.3 节所述，只有在采用后置词的语言中，介词才能与其论元一致，在采用前置词的语言中，则不可以。[①] 如果一个语言同时允许前置词和后置词，则这种不对称性甚至有可能出现在同一语言中。如 4.3.3 节所述，在匈牙利语中，只 222 有不允许与其论元一致的介词才有可能出现在 P-DP 语序中，如下面的（8）所示。根据标准假设，即一致现象本质上属于句法现象，对于一致现象为什么会受语序的影响，在方向性参数方案下，这仍然是个谜。

（8）*匈牙利语*

　　a. én-mögött-em

　　　I-behind-POSS.1.SG

　　b. *mögött-em　　én

　　　behind-POSS.1.SG　I

　　　behind me

　　　在我后面

　　c. *a　　　hídon　át

　　　the bridge.SUP　over

　　d. át　a　　hídon

　　　over the　bridge.SUP

　　　over the bridge

　　　在桥上

　　（3）中两个选项与句法现象之间的另一种关联关系可通过提取现象窥见一二。例如，在巴斯克语中，分句补足语可能位于次范畴化动词之后，

----

① 　见 Kayne（1994: 49），其中援引了与 Ken Hale 的个人通信。

也可能位于其前，如（9）所示。根据（3）中的选项，这相当于说，巴斯克语允许（10）中的任一结构。

> （9）巴斯克语
>> a. Jonek　uste　du　[Mirenek　bera　maite duela]
>>　Jon.ERG think AUX Miren.ERG he.ABS love　AUX.COMP
>> b. Jonek　[Mirenek　bera　maite duela]　uste　du.
>>　Jon.ERG　Miren.ERG he.ABS love　AUX.COMP　think　AUX
>>　Jon thinks that Miren loves him.
>>　Jon 认为 Miren 爱他。

（10）a. [$_{VP}$ V [$_{CP}$...]]
　　　b. [$_{VP}$ [$_{CP}$...] V]

如果这就是这种差异的全部，则问题是，为什么（10a）中的语序允许从嵌入式分句中提取成分，但（10b）中的语序却不允许，如（11）中的两例所示。[①]

223

> （11）巴斯克语
>> a. Nor$_i$　　uste　du　Jonek　[esan duela　　Mirenek [Aitorrek t$_i$
>>　who.ABS　think AUX Jon.ERG said　AUX.COMP Miren.
>>　ERG Aitor. ERG maite duela]]?
>>　　　　　　　　love　AUX.COMP
>> b. ?? Nor$_i$　uste　du　Jonek　[[Aitorrek t$_i$ maite　duela]　　esan
>>　who. ABS　think AUX Jon.ERG　Aitor.ERG love　AUX.COMP said
>>　duela　　　Mirenek]?
>>　AUX.COMP　Miren.ERG
>>　Who does Jon think that Miren said that Aitor loves?
>>　Jon 认为 Miren 称 Aitor 爱谁？

总结起来，虽然能满足 A-P 系统的要求，但是，只是把线性语序添

---

① 这个论点由 Ormazabal、Uriagereka 和 Uribe-Etxebarria（1994）率先提出。我们用到双重嵌入结构是因为巴斯克语 wh-移位会强制形成一种倒置结构，其中，不得有任何元素介于显性移位的 wh-短语与动词元素之间。相关讨论见 Ormazabal（1995）和 Uriagereka（1999d）。

加到短语标记上并不能很好地解释句法关系与语序之间的关联关系——这是非常不幸的事。接下来，我们来考察一种替代方案。

7.3　线性对应定理

在 7.1 节中，我们提出，A-P 系统要求收到的实体具有线性语序属性。然而，7.2 节的讨论显示，如果我们只是把线性语序作为语法实体的一种独立属性添加进来，仍然不能解释句法关系与语序之间一些有趣的关联关系。

可以想象，情况可能是，只是加上线性语序关系并不是满足 A-P 系统要求的最优方式。假定情况的确如此。接下来的问题是，是否存在满足这些要求更优的方式。

我们在 6.3.2 节讨论投射和标注时提到过，有理由认为，中心语–补足语、标志语–中心语和中心语–修饰语关系会强制要求简单句法实体组合具有不对称性，使其中一个实体投射并标注形成的成分。或许这种东西就是线性语序的本质。在语音式层检测到的词项间的居前关系也是一种不对称关系：如果词项 α 在词项 β 之前，则 β 不得在 α 之前。鉴于仅在系统里添加居前关系的效果不太令人满意，就如我们在 7.2 节中看到的那样，另一种可能是看句法实体内部是否已经存在可以被映射到居前关系的不对称关系。基于此，我们来看看像（12）一样的抽象结构的句法关系，其 224 中，α 和 β 为词项。

（12）

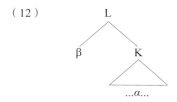

β 与 K 之间的姊妹关系是对称关系（即它们相互成分统制），因此与

我们的目的无关。例如，L 与 β 以及 L 与 α 之间的支配关系则是非对称关系（β 和 α 都不支配 L）；然而，仅仅这样似乎仍然不足以在 α 与 β 之间建立居前关系，因为这两个词项与 L 都具有相同的关系（即，它们都受 L 支配）。接下来，我们看看姐妹和支配关系的组合，即（13）定义的成分统制。[①]

> （13）成分统制
>
>   α 成分统制 β，当且仅当
>
>   （i）α 为 β 的姐妹节点，或
>
>   （ii）α 为 γ 的姐妹节点且 γ 支配 β。

根据（13），（12）里的 β 和 K 相互成分统制，因为它们是姐妹，这种对称关系与我们的目的同样无关。然而，β 与 α 之间的成分统制关系却是非对称关系：β 成分统制 α，因为 β 是 α 的上代节点（即 K）的姐妹，但 α 不成分统制 β；即是说，β 非对称性成分统制 α。接下来，我们看看不对称性成分统制作为被映射到居前关系的最优结构关系的可能性。即是说，假设我们需要把二维句法实体拉平成词项串，语音系统不是把居前关系添加到短语实体上，而是集中关注不对称性成分统制关系，从句法树上"读取"居前关系。

实际上，这正是凯恩（Kayne 1994）所提观点背后的直觉；凯恩认为，线性语序是在不对称性成分统制关系的基础上，依据他称为线性对应定理的算法建立起来的。要讨论这种映射算法的细节，我们必须首先明确 225 我们采用的是哪种短语结构。凯恩最初提出的线性对应定理是以（某个版本的）X 阶标理论为基础的。但我们将在光杆短语结构的语境下讨论线性对应定理，因为如第六章所述，光杆短语结构理论具有良好的前景。首先我们采纳（14）所示初始版线性对应定理，然后考察（15b）中的结构。

    （14）线性对应定理（LCA）（初始版）

---

① 有关光杆短语结构系统下的成分统制的讨论，参见 Epstein（1999）和 Chomsky（2000, 2001, 2004）。

> 词项 α 位于词项 β 之前，当且仅当 α 非对称性成分统制 β。

（15）a. Norbert will eat the big bagel.

　　b. [TP Norbert_i [T' will [vP t_i [v' eat [DP the [NP big [NP bagel]]]]]]]

出于讨论需要，我们假定附加语非对称性成分统制嫁接目标。如此，我们就可以将（15b）中的结构映射到序列 Norbert >will >eat >the >big >bagel，其中，">" 可以读为 "非对称性成分统制" 或 "位于……之前"。换言之，如（14）所述，线性对应定理能正确预测，（15b）里的结构将以（15a）所示语序出现在语音式层面。

　　读者可能已注意到，在（15b）中，我们使用的是 Norbert 的语迹而非拷贝（见 6.4）。我们将在 7.5 节中回到这个问题上来。现在，我们只须假定，较低位置上的拷贝因某种原因而无语音实现，并且只有语音上可见的元素与线性化目的有关。最后一条假设至关重要。一个简单的事实是，在语音流或手势流中，我们不会发现与空语类对应的 "空拍"（语音或手势暂时中断的现象）。诚然，如果真是那样，理论家就会活得轻松许多，但是，理论家的幸福似乎并不是生物学形成语法时考虑的因素。

　　（15）所示不对称性成分统制与居前关系之间整齐划一的对应关系表明，（14）所述映射算法的确有可能是满足 A-P 系统线性化要求的最优方式之一。然而，当我们考虑（16a）一类句子时，我们会发现，事情并非如此简单。

（16）a. The man from Toledo will visit Mary.

　　b. [TP [DP the man from Toledo]_i [T' will [vP t_i [v' visit Mary]]]]

（16b）里的结构给（14）描述的线性对应定理带来了两个不同的问题。首先是复杂主语。注意，复杂主语内部的所有词项都不与句子剩余部分的任何词项构成不对称性成分统制关系。为此，（14）不能确定主语内部词项相对于剩余词项的语序。例如，Toledo 和 will 不构成不对称性成分统制关系，因此，在（14）所述算法下，无法确定二者相互之间的语序。其次，我们来看看结构底部。Visit 和 Mary 相互成分统制，因此，据

226

（14），无法在二者之间确立语序。接下来，我们从复杂主语开始，依次考察这些问题。

我们先看看问题较小的情况。鉴于（16b）中的 will 非对称性成分统制 Mary，线性对应定理要求，前者位于后者之前。当然，这意味着，will 的音素也要位于 Mary 的音素之前。然而，这一结果无法从线性对应定理推出，因此，音素不构成成分统制关系。相反，will 和 Mary 的音素之间的相关居前关系只是一个副产品，表明这些音素是参与线性化的词项的内在组成部分。为便于推理，我们现在假设，我们可以将（16b）里的 the man from Toledo 视为一类复杂词项。如果该假设成立，则这类复杂元素与 will 之间的线性语序就不会成为问题；只要假想的复杂词项非对称性成分统制 will，它就应该在 will 之前。接下来，我们仍然按这种思路进行探索，如果 Toledo 是这种复杂词项的一部分，它也应该位于 will 之前，因为它是复杂词项 the man from Toledo 的一部分，类似于上面提到的不同词项的音素之间的居前关系。然而，说（16a）中的 the man from Toledo 是一个复杂词项似乎并无意义；符合这里所用思路的另一种可能性是允许线性对应定理独立计算该短语，并借助整个复杂主语的线性化来确定 Toledo 与 will 之间的语序。[①]

227　　鉴于此，我们来看看（17）中重新表述的线性对应定理。

（17）线性对应定理（最终版本）

[①]　当然，这些说法是否有意义，完全取决于复杂词项的定义。事实上，Uriagereka（1999c）按照这类思路研究了一种方案，试图使线性对应定理尽量如（14）一样简单。为了在坚持（14）的条件下，线性化复杂主语和复杂附加语相对于分句其余部分的语序，Uriagereka 提出，拼读可以根据需要运用多次。具体地，拼读可以独立用于复杂主语和附加语，把它们交给音韵部门并转换成各类复杂词项，然后以分句为参照，通过（14）将这些复杂词项线性化。就如 Nunes and Uriagereka（2000）讨论的一样，如果这些思路正确，则有可能解释为什么不允许从主语和附加语内部提取元素（见 Huang 1982）：复杂主语和附加语一旦完成拼读，它们的组成部分将不再可见，不能再参与任何句法操作。更多细节参见 Uriagereka（1999c）和 Nunes and Uriagereka（2000）。

词项 α 位于词项 β 之前，当且仅当

（i）α 非对称性成分统制 β；或

（ii）支配 α 的 XP 非对称性成分统制 β。

根据（17）的条件（ii），在（16b）中，Toledo 必须位于 will 之前，因为支配 Toledo 的 DP the man from Toledo 非对称性成分统制 will。因此，复杂主语内部词项的语序与分句的剩余词项，即复杂主语本身的线性化有关。简单而言，XP 内部的所有元素都位于居于整个 XP 之后的元素之前。

在着手处理第二个难题之前，需要指出，（17）的第二个条件具体提到了 XP，而不是支配 α 的任何句法实体。具体地，中间投射在线性化中被无视了。事实上，这一点至关重要。我们以（16b）中的 T′ 为例进行说明。除非另有明确规定，否则 T′ 确实非对称性成分统制被复杂主语支配的词项。因此，如果（17）不排除中间投射，则无法确定被主语支配的词项与被 T′ 支配的词项之间的语序。例如，Toledo 需要位于 will 之前，因为主语非对称性成分统制 will，但 will 也需要位于 Toledo 之前，因为 T′ 非对称性成分统制 Toledo。然而，如（17ii）所述，如果线性对应定理只考虑中心语和最大投射，忽略中间投射，则不会出现要求 Toledo 和 will 相互居前的矛盾。

因此，从经验上来看，我们必须把线性对应定理的适用范围限制为词项和 XP。然而，在相关短语性句法实体中，把线性对应定理的适用范围限制为 XP，这样做有理论上的理由吗？可能有。我们前面提到过，线性化的服务对象是音韵部门，似乎音系只看中心语和最大投射，不管中间投射和嫁接结构的"片断"。[①] 换言之，如果我们认为线性化的作用是为音系流程"准备"短语标记，我们就可以说，被线性化的元素就是

---

① 若要了解从句法至音系的映射以及这种映射对 X^0 和 XP 的影响，请参见 Selkirk（1984, 1986）、Inkelas and Zec（1995）和 Truckenbrodt（1995, 1999），以及 Inkelas and Zec（1990）提供的大量材料及其中引述的文献。

音系关注的元素。我们在前面用这种推理方式，把一般意义上的语迹和空语类的线性化排除在线性对应定理以外；由于它们在语音式层面不存在，所以不需要线性化。类似地，如果音系无视中间投射，则中间投射不应在线性对应定理的适用范围以内。从正面来说，线性对应定理应该对音系系统操纵的那些元素排序。音系系统作用于中心语和最大短语；因此，线性对应定理应该先处理这些元素，然后将短语标记交给语音式接口。

接下来，我们来看看第二个问题，即在（16b）中，为什么 visit 和 Mary 之间缺少不对称成分统制关系。事实上，这个问题非常普遍。每个只支配词项的句法节点都存在这个问题。例如，在（18）的抽象结构中，a 和 b、d 和 e 以及 g 和 h 三个词项组对都会出现这个问题。

（18）

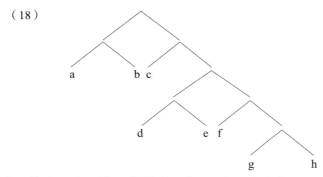

注意，就（16b）而言，如果有一个 NP 和一个支配 Mary 的 N 节点，如（19）所示，则动词会非对称性成分统制 N，因此，visit 就需要位于 Mary 之前，符合预期。

（19）

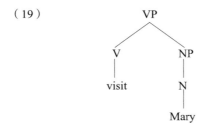

246

　　然而，就如我们在 6.3.1 节中讨论的那样，在（19）中，支配 Mary 229
的两个节点只是 X′ 理论模板的假象，重新引入终端与词项之间的区别或
者（19）中 NP 的 "P" 特征用以标示 Mary 为最大投射，这种做法并不符
合要求。

　　不过，我们不必朝那个方面努力。在光杆短语结构的界限以内，针对
（18）描述的线性化问题确实有三种可能的解决方案，各语言可能在选择
使用的具体解决方案方面存在差异。例如，如果我们考虑这样一个事实，
即在许多语言中，人名之前可以加定冠词，如（20）中的葡萄牙语句子所
示，则我们可以绕开（16b）中的问题。

　　（20）*葡萄牙语*

　　　　　A　Maria　saiu.

　　　　　the　Maria　left

　　　　　Maria left.

　　　　　Maria 离开了。

根据（20）一类的例子，情况可能是，对于专有名词英语也加限定词，只
不过是空限定词而已。即是说，（16b）中处于低层的 VP 的正确表征方式
应该与（20）类似，其中，visit 非对称性成分统制 Mary，依据线性对应
定理，visit 应该居于 Mary 之前。

　　（21）[$_{VP}$ visit [$_{DP}$ D Mary]]

　　在这一方案中至关重要的假设，是无语音实现的空语类会被线性对应
定理忽略；否则，（16b）中存在的问题只会下推一层，因为（21）中的空
D 中心语和 Mary 也是相互成分统制关系。然而，这个假设是合理的，因
为 A-P 系统似乎会无视无语音实现的元素［如语迹；见前文（15）之后
的讨论］。如果正确的话，我们可以据此提出以下设想：或许无语音实现
的功能中心语的确存在，因为它们允许句法实体线性化。[①]

---

　　①　这在精神上类似于 Kayne（1994: 29–30）的猜测，即普遍语法中存在一致中心语，
其动因可能是为了实现一个以上标志语/附加语的线性化。

为便于考察这个设想，我们不妨后退几步。前面我们可能提出的一个最简主义问题，是为什么不是每个词项都有音韵特征。从朴素角度来看，如果在语音式层面给带有逻辑式内容的每个词项都分配一个表征式，230 则组对（LF, PF）的解读会透明得多。然而，如果的确如此，我们就不能线性化任何句法实体，因为任何复杂句法实体都有词项处于相互成分统制关系，如（18）所示。因此，如果语言官能要能够被 A-P 系统识别，则逻辑式与语音式之间缺少更透明的关系，这个代价并不大，还是值得付出的。

无论该设想是否正确，语言似乎确实在使用无语音实现的功能中心语，作为避开相互成分统制问题的一种方式。这种中心语在名词域中尤其有用。例如，如果（20）中 DP 的结构为（22），则会遇到与（16b）相同的问题：显性限定词和人名并不处于不对称性成分统制关系，不能基于线性对应定理线性化。

（22）[DP a   Maria]
　　　　　the Maria
　　　　那个 Maria

然而，如果在 DP 与 NP 之间至少有一个额外投射层，以无语音实现的中心语作为中心语，如（23）所示，则限定词会非对称性成分统制人名，使结构可以线性化。当然，（23）里的 X 是表示数特征的中心语，还是表示性特征的中心语，也需要有独立动因。[①]

（23）

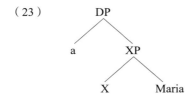

_____

① 在 Abney（1987）和 Ritter（1991）的基础上，有关名词结构的许多研究考察了名词短语内部的细分结构；Bernstein（2001）对相关文献进行了总结，Cinque（2002）收录的多篇论文则进行了更加深入的讨论。

我们相信，用于解决相互成分统制词项问题的这种策略不可能是万全之策。很有可能存在这样一些情况，我们没有独立的理由支持空中心语的存在，实际上我们会发现呈相互成分统制关系的两个显性词项。幸运的是，还有另外两种办法可以克服这个问题。第一个办法与移位有关。如果目标词项中有一个移位，则这个词项会从新的位置非对称性成分统制另一个词项，并且它的语迹（无语音实现）会被线性对应定理忽略。乌里亚盖 231 雷卡（Uriagereka 1998: 220–221）指出，这为（24）所示范式提供了一种可行的解释。[①]

> （24）a. *an atom split
>
> 　　b. an atom split in three pieces
>
> 　　c. split atom

如果 atom 和 split 呈相互成分统制关系，如下面的（25a）所示，则无法确定语序。基于此，（24a）和（24b）的对比应该源于以下事实：在（25b）中，atom 非对称性成分统制 split，根据线性对应定理，可以确定二者的语序。然而，如果 split 移位至一个可使它非对称性成分统制 atom 的位置，如（25c）所示，形成（24c）中的语序，则（25a）还有挽救的余地。

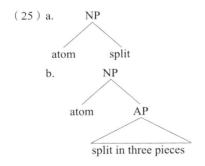

---

① 　另见 Moro（2000），了解相关讨论。

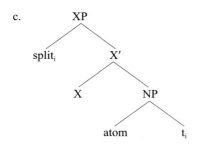

c. XP

split_i X′

X NP

atom t_i

解决相互成分统制问题的第三种办法是把其中一个词项隐藏起来，使其离开线性对应定理的视线。怎样做到？我们的假设是，线性对应定理只处理中心语和短语。具体地，线性对应定理不作用于词以下的层次；对语素的顺序无能为力。

232　　因此，如果一个给定中心语在形态上被整合到另一个中心语中，则线性对应定理将无法看见该中心语，它的顺序则由其所在的复杂词项的线性化间接确定。我们以代词为例进行说明。我们在 6.2.5 节中提到，我们可以将代词视为不及物的 D，即不带 NP 作为补足语的 D。例如，（26a）所示句子的 VP 应该按照（26b）的方式表征，其中，动词和代词相互成分统制，因此，依据线性对应定理，我们无法在它们之间确立线性语序。

　　（26）a. I like it.

　　　　　b. [_TP I_i [_T′ T [_VP t_i [_v′ like it]]]]

有意思的是，（26）里的宾语代词实际上在语音中是附着到动词上的（like't）。不妨假设，这种附着过程实际上体现了一种形态再分析过程，在该过程中，（26b）里的动词及其宾语被转换为一个复杂词项，如下面的（27）所示。假设线性化发生于形态计算之后，在（27）中，线性对应定理只"看到"两个词项要线性化，即 I 和复杂词项 #like-it#，并要求 I 位于 *#like-it#* 之前，因为二者之间存在不对称性成分统制关系。

　　（27）[_TP I_i [_T′ T [_VP t_i [_v′ #like-it#]]]]

　　总结起来，我们可以将线性对应定理视为满足 A-P 系统线性化要求的最优方式，因为依据句法树中的不对称成分统制关系即可确定居前关系。对于涉及相互成分统制关系的两个词项，我们可以通过三种不同的方式绕开潜在的线性化问题，使结构能按照线性对应定理和光杆短语结构方案的要求线性化：（ⅰ）其中一个词项无语音实现；（ⅱ）其中一个词项移位；或者（ⅲ）两个词项在形态上相融合，使得只有形成的复杂词项而非其内部元素符合线性对应定理的要求。这些就是最简系统提供的选项，目标词项或语言的内在属性决定选用哪一个选项。需要注意的是，我并不认为上面提出的具体分析是正确的。相反，我们的观点很简单，如果这些分析是正确的话，它们应该展示了这些选项各自的实现方式。

　　在进入下一个话题之前，再说说我们非常熟悉的麻烦制造者：附加语。目前，对于附加语是否应该通过线性对应定理线性化，现有研究尚未达成共识，当然，这与学界在附加语的结构表征方面缺乏共识有关（见6.3.2）。[①] 在这里，我们不会在这个热议话题上选边站队。为便于说明，233我们假设附加语可以位于嫁接目标之前，也可以位于其后。

练习 7.1

　　为使讨论更加具体，假定附加语非对称性成分统制嫁接目标，用（14）定义的线性对应定理 [即此处的（ⅰ）] 线性化（ⅱ）中的结构。

　　（ⅰ）　线性对应定理

　　　　　　α 位于词项 β 之前，当且仅当 α 非对称性成分统制 β。

　　（ⅱ）　[TP Norberti [T′ [VP ti [v′ [DP the [NP [NP bagel] big] eat] will]]]]

练习 7.2

　　在练习 7.1 中，根据附加语非对称性成分统制作为其嫁接目标的元素这一假设，（14）中定义的线性对应定理能很好地确定形容词 big 的语序。继续采用

---

　　①　相关讨论见 Kayne（1994）、Chomsky（1995）、Alexiadou（1997）、Laenzlinger（1998）、Cinque（1999）、Ernst（2001）、Uriagereka（2001）和 Rubin（2002）等。

这一假设，讨论（14）和（17）两个版本的线性对应定理［即此处的（i）和（ii）］能否成功地确定复杂附加语的语序。具体地，如果用 very big 取代练习 7.1 里的 big，结果会怎样？

> （i）线性对应定理（初始版）
>
> 词项 α 位于词项 β 之前，当且仅当 α 非对称性成分统制 β。
>
> （ii）线性对应定理（最终版）
>
> 词项 α 位于词项 β 之前，当且仅当 α 非对称性成分统制 β，或者支配 α 的 XP 非对称性成分统制 β。

练习 7.3

假定线性对应定理"看不见"中间投射。若属实，（17）中的线性对应定理定义［即此处的（i）］必须提及最大投射吗？鉴于我们在 6.3.1 节讨论了通过功能确定阶标层次，我们有理由假定中间投射在运算上不可见吗？

> （i）线性对应定理（最终版本）
>
> 词项 α 位于词项 β 之前，当且仅当 α 非对称性成分统制 β，或者支配 α 的 XP 非对称性成分统制 β。

234 ## 练习 7.4

在 6.2 节中，我们看到，短语结构的三个关键属性分别是向心性、二分叉和中心语单一性。向心性可以排除诸如（i）一类的实体，二分叉排除像（ii）一类的结构，中心语单一性则排除了（iii）一类结构。考察这些结构的线性化方式，讨论能否从线性对应定理推出这三个属性。

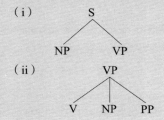

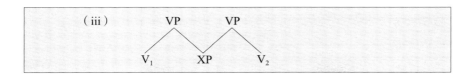

（iii）

练习 7.5

下面（i）中的句子在语音上有两种实现方式，意义有别。与缩读形式（iia）关联的是无标记义，而（iib）中的重读形式则与焦点有关。如何用线性化解释（ii）里的这两种可能性及它们在意义上的差别？

（i）Mary likes him.

（ii）a. Mary likes'm.

b. Mary likes HIM.

练习 7.6

思考下面（i）和（ii）中 John 与 him 之间的对比。能用线性化解释吗？

（i）　a. Mary called up John.

b. Mary called John up.

（ii）　a. *Mary called up him.

a. Mary called him up.

练习 7.7

假设 him, her 一类的代词宾语可以相对于相互成分统制动词线性化，因为它们在形态上与动词一起实现，并且对线性对应定理不可见，如（i）所示；如果任一宾语代名化或者两个宾语同时代名化，我们能针对（ii）中的句子提出哪些预测？

（i）　a. John likes'm.

b. John likes'er.

（ii）John showed Bill the new actress.

235

253

练习 7.8

在练习 7.4 中，通过考察涉及间接宾语的（抽象）双及物谓词，大家讨论了线性对应定理能否推导出短语结构的二分叉属性。现在，我们来看看每个论元都由代词实现的双宾语结构。在练习 7.7 中得到的结论还能维持吗？

练习 7.9

我们在单 VP 壳方案下讨论并分析了（26a），即此处的（i）。如果我们假定的是带轻动词投射的双 VP 壳，分析会不会大为不同？

（i） I like it.

练习 7.10

在您的语言中查找存在词项相互成分统制的其他可能用例，看看选择哪个选项来绕开线性化问题。

7.4 线性对应定理与语序变化

我们在 7.3 节探讨了以下猜想：满足 A-P 系统线性化需求的最优方式不是简单地在短语结构上添加居前关系，而是通过不对称成分统制（线性对应定理）从短语结构读出居前关系。这为语序与句法现象之间的相关关系提供了一种自然的解释：根据该观点，语序并非与句法结构无关，而是取决于句法结构。那么，接下来我们看看线性对应定理在处理 7.2 讨论的现象时表现如何。

根据前置词和后置词在 θ-标记方面无差异这一标准假设，我们重新考察例（8）里的对比，这里重复为下面的（28）。

（28）*匈牙利语*

a. én mögött-em

I behind-POSS.1.SG

b. *mögött-em　　　　én

　　behind-POSS.1.SG　I

　　behind me

　　在我后面

c. *a　hídon　　　　át

　　the bridge.SUP　over

d. át　　a　hídon

　　over the　bridge.SUP

　　over the bridge

　　在桥上

根据线性对应定理，（28）里的介词的区别不仅仅是它们相对于其论元的语序，在结构上也有差异。如果介词位于其论元词项之前，则该介词必须非对称性成分统制它们，这种情况可以抽象地表示为下面的（29a）。同理，如果介词的论元位于该介词之前，则该论元应该非对称性成分统制该介词；换言之，该论元必须已经移位经过该介词，如（29b）所示。

（29）a. [P [$_{DP}$...]]

　　　　b. [[$_{DP}$...]$_i$...[P t$_i$]]

因此，鉴于前置词和后置词涉及不同的结构关系，它们在一致方面存在差异［如（28）所示］也就不足为奇了。事实上，如4.3.3节所述，后置词结构存在一致，而前置词结构不存在，这类似于许多语言中SV与VS两种语序之间在一致方面的对比。例如，在巴西葡萄牙语中，SV结构中的主语必须与动词一致，但在VS结构中，则无此要求，如（30）所示。

（30）巴西葡萄牙语

　　　a. Alguns　problemas apareceram.

　　　　some　　problems　appeared.PL

　　　b. Apareceu　　alguns　problemas.

　　　　appeared.SG　some　　problems

　　　　Some problems appeared.

　　　　出了一些问题。

237 标准分析方案认为，诸如（30）一类对比源于各句中动词和主语涉及不同的结构关系。一般认为，在（30a）中，主语和动词处于标志语–中心语关系，如下面的（31a）所示，但（30b）却不是这样，如（31b）所示。因此，我们可以认为，后置词而非前置词也与其论元处于标志语–中心语关系，并触发一致。即是说，（29b）中的 DP 移到了 [Spec, PP]，或者 P 嫁接到某个更高的功能中心语，并且 DP 移至该中心语的标志语位。

（31）a. [$_{TP}$ DP [$_{T'}$ V + T [$_{VP}$...]]]

b. [$_{TP}$ V + T [$_{VP}$...DP]]

这种用结构关系处理前置词与后置词的差异的方案，或许还能解释与能出现在介词左侧或右侧的句法成分的类型相关的一些意料之外的不对称现象。以下面（32）和（33）中的交替现象为例。[①]

（32）a. They looked up the number.

b. They looked the number up.

（33）a. They left out this part.

b. They left this part out.

分析这些句子的一种可行方式，是认为现代英语保留了部分古代后置词结构。如果的确如此，则根据方向性参数方案，这些句子应该分别表示为（34）和（35），其中的介词位于其论元之前或之后。

（34）a. [they looked [$_{PP}$ up [the number]]]

b. [they looked [$_{PP}$ [the number] up]]

（35）a. [they left [$_{PP}$ out [this part]]]

b. [they left [$_{PP}$ [this part] out]]

在方向性参数方案下存在的问题，是为什么（36）和（37）不存在类似的交替现象，即 PP 和 CP 论元自由地出现在相关介词之前或之后。

（36）a. [they ganged [$_{PP}$ up [on John]]]

b. *[they ganged [$_{PP}$ [on John] up]]

238 （37）a. [they found [$_{PP}$ out [that they were wrong]]]

---

① 见 den Dikken（1995a），其中对此进行了广泛讨论。

b. *[they found [_{PP} [that they were wrong] out]]

相反，（32）与（33）的差异以及（36）与（37）的差异实际上有望从基于线性对应定理的方案中得到解释。

在（32b）、（33b）、（36b）和（37b）的后置词结构中，介词的论元必须已经移位到某个标志语位置，并且该论元能从该位置非对称性成分统制该介词，如（29b）所示。基于此，不存在（36b）和（37b）这样的用例，是因为英语中位于标志语位的 PP 和 CP 存在独立的限制，如（38）所示。

（38）a. *[John wondered why [_{TP} [_{PP} behind the bushes] [_{T'} sat a rabbit]]]

　　　 b. *[John asked if [_{TP} [_{CP} that Bill left] [_{T'} is true]]]

接下来，我们来看看语序与提取之间的关系。我们在前面提到过，在巴斯克语中，当分句补足语位于动词之后时，可以从嵌入分句中提取元素，但当分句补足语位于动词之前时，则不允许，如（11）所示，即此处的（39）（见第 240 页注释 1）。

（39）*巴斯克语*

    a. Nor_i   uste du Jonek [esan duela   Mirenek [Aitorrekt_i

    who.ABS think AUX Jon.ERG said AUX.COMP Miren.ERG Aitor.ERG

    maite duela]]?

    love AUX.COMP

    b. ??Nor_i   uste du Jonek [[Aitorrek t_i maite duela]   esan

      who.ABS think AUX Jon.ERG   Aitor.ERG love   AUX.COMP said

    duela   Mirenek]?

    AUX.COMP Miren.ERG

    Who does Jon think that Miren said that Aitor loves?

    Jon 认为 Miren 称 Aitor 爱谁？

据线性对应定理，（39）中的语序差异应该反映了结构上的差异。具体来说，依据这两个句子的分句补足语在相同结构关系下获得 θ-标记这一假设，则（39b）中的 CP-V 语序应源于（40a）中的结构，即将补足语 CP 移至某个比动词高的标志语位，如（40b）所示。

（40）a. [$_{VP}$ V [$_{CP}$...]]

      b. [[$_{CP}$...]$_i$...[$_{VP}$ V t$_i$]]

239 这样，（39a）与（39b）之间的对比就可以从针对标志语提取的一般性限制中得到解释，[①] 如（41）所示。其中，允许从宾语位内提取 *who*，但不允许从 [Spec, TP] 内提取。[②]

（41）a. [who$_i$ did [$_{TP}$ you [$_{VP}$ take [a picture of t$_i$]]]]

      b. *[who$_i$ was [$_{TP}$ [a picture of t$_i$]$_k$ [$_{VP}$ taken t$_k$]]]

对于 7.2 节指出的 wh-元素移位至右侧 [Spec, CP] 的可能性或者反-V2 结构，它们能在方向性参数方案下得到解释，但基于线性对应定理的线性语序方案则不允许这类现象。如果合法移位始终是以（不对称）成分统制位为目的地，则被移元素将始终位于移位目标之前。[③] 因此，不可能存在移至着陆点右侧的情况。我们不能被这方面的标记误导。一旦放弃方向性参数，下面（42）中的两个结构就只不过是同一表征的标记变体罢了。具体来说，XP 和 V 非对称性成分统制被 TP 支配的词项，因而必须位于其前（见练习 7.1）。

（42）a.   b.

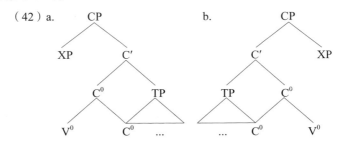

---

① 这种限制被称为提取域条件（the Condition on Extraction Domain，简称 CED），由 Huang（1982）首次提出。另见本书第 244 页注释 1。

② 有关从线性对应定理角度对 VO 和 VO 语言差异的更多讨论，参见 Zwart（1993, 1997）以及 Svenonius（2000）收录的论文。

③ 在 8.3.5.2 节中，我们将讨论涉及合法"横向"而非"向上"移位的用例，但这类用例的存在并不影响我们在这里提出的观点。

总之，基于线性对应定理的线性语序方案在对经验事实的解释方面优于方向性参数方案，因为前者不但能以正确的方式雕琢运算系统，使得句法现象与语序之间的相关关系能得到有效的解释，同时还能解释自然语言中为什么不存在某些语序。

练习 7.11

运用 6.3 节讨论的光杆短语结构标记方案，讨论（42a）和（42b）是否为同一表征的标记变体。

7.5　语迹与线性对应定理

现在，我们来重新考察关于语迹应被线性对应定理忽视的建议。我们在 7.3 节中对其理由做出了假定，即在运算系统中引入线性对应定理是为了满足 A-P 系统的线性化要求，后者似乎只关心带有语音矩阵的元素；如果语迹没有语音矩阵，则理应被线性对应定理忽视。假设这一思路正确，那么，我们可以提出一个更深刻的最简问题：为什么语迹无语音实现？同样，从朴素角度来看，如果语迹确有语音实现，则组对（LF, PF）的解读会透明得多，因为带有逻辑式内容的元素在音系式层面会被分配一种解读。

在 GB 框架下，对这个问题的回答相当于"因为"我们假定语迹无语音实现。在最简主义框架下，如果我们采纳复制移位理论（见 6.4），上述问题甚至更难回答，因为根据复制移位理论，移位只是复制加合并，语迹是被移元素的拷贝。例如，如果（43）的相关结构为（45）（其中，上标表示拷贝）而不是（44），如果读出（45）中位于 [Spec, VP] 位的 he 的拷贝，形成（46）中的句子，会有什么问题？

（43）He must like Mary.

（44）$[_{TP}$ he$_i$ $[_{T'}$ must $[_{VP}t_i$ $[_{V'}$ like $[_{DP}$ D Mary $]$ $]$ $]$ $]$ $]$

（45）[TP he^i [T' must [VP he^i [V' like [DP D Mary]]]]]

（46）*He must he like Mary.

有意思的是，如果我们考察零假设——如果语迹是拷贝，它们应该遵守"原始"元素需要遵守的相同原则——则有可能得到一个可行的答案。[①] 我们来看看其原因。推导由两类操作构成：一类是从词库提取元素，另一类是把这些元素组合成语法结构。对于（43）的推导而言，运算系统 241 首先形成下面（47）所示枚举词项集合，指定句法部门能使用哪些词项以及每个词项能使用多少例（见 2.3.2.6）。然后从 N 中选择词项，运用合并和复制操作这些词项，结果形成句法实体，最终产生（45）里的结构。

（47）N ={he_1, like_1, D_1, must_1, Mary_1}

然而，（45）里的结构应该在逻辑式和音系式层面获得解读。如 7.3 节讨论的那样，为了在 A-P 系统达到要求，（45）里的结构必须线性化，我们认为线性对应定理是针对这一要求的最优回应。说一个词项必须依据线性对应定理线性化，相当于说根据其在句法树中的位置，该词项应该在音系串中获得一个位置。但拷贝有一个问题：如果给定词项在结构中有一个以上的拷贝，则该词项在树中不只有一个位置，而是与拷贝一样多的位置。以（45）为例。鉴于 [Spec, TP] 中的 he 拷贝非对称性成分统制 must，线性对应定理要求 he 位于 must 之前；同理，must 需要位于 [Spec, VP] 中的 he 拷贝之前，因为前者非对称性成分统制后者。问题是，he 的两个实例关涉（47）中 N 的同一词项；换言之，线性对应定理要求，must 应同时位于同一词项 he 之前和之后，这在线性顺序上是不可能的。同样的问题存在于两个拷贝之间：如果较高的拷贝非对称性成分统制较低的拷贝，则 he 需要位于自身之前，在线性顺序上，这同样不可能。这就解释了为什么语链的全部环节不可能都在语音上实现。从（45）的结构试图推导出（46）注定要失败，因为（45）不能线性化，因此，在音系式层面是不合

---

① 详见 Nunes（1995, 1999, 2001, 2004）。

法的。

　　所以，如果我们假定移位涉及拷贝，并且为了使推导式收敛，必须依据线性对应定理为枚举词项集合中的元素分配线性位置，仅在只剩下一个拷贝，其余拷贝全部消失时，涉及移位的结构才能线性化。换言之，语迹无语音实现的原因，是这样做允许结构线性化并可被 A-P 系统读取。无语音实现的元素不需要线性化；因此，当发生移位时，为确保推导式的收敛，除一个拷贝以外，其余拷贝必须全部无语音实现，即"删除"。

　　然而，我们还有两个问题要回答：删除哪些拷贝？为什么？到目前为 242 止，我们一直假设每当元素移位时，它都会核查特征。我们将在第九章详细讨论特征核查，目前我们假定这种特征核查可使被移动的拷贝在接口处更容易被理解，也就是说，其仍然需要核查的特征减少了（若有的话）。如此，拷贝越高，对接口来说就越好，因为这意味着其被核查的特征越多。就（45）而言，he 的高位拷贝的格特征已得到核查，但低位拷贝的格特征尚未得到核查。因此，低位拷贝被删除，结构可以线性化，产生（43）所示句子。因此，我们可以解释为什么不是每个拷贝都有语音实现，也能解释哪些拷贝会表现为无语音实现的语迹。

　　这一思路的一个重要特征，是无需假设低位拷贝是被删除的拷贝。这一点非常重要，因为若非如此，我们需要重新引入语迹的概念，将其作为一个理论基元，结果违反包含条件（见 6.4 的讨论）。甚至更重要的是，上述思路带来了一种非常有意思的可能性：如果最高拷贝的语音实现在音韵部门导致问题，我们就可以实现低位拷贝（语迹）。

　　基于此，考察下面（48）和（49）的对比。①

　　（48）展示了一个著名的事实，即罗马尼亚语是多重 wh- 前置语言；因此，（48b）中的原位 wh 是不可接受的。另一方面，（49）似乎是（48）所示范式的一个例外，因为该例允许原位 wh。

---

　　①　更多讨论见 Bošković（2001, 2002a）、Nunes（2004）和 Bošković and Nunes（2004）。

（48）*罗马尼亚语*

    a. Cine ce precede?

     who what precedes

    b. *Cine precede ce?

     who precedes what

    Who precedes what?

    谁在什么之前？

（49）*罗马尼亚语*

    a. *Ce ce precede?

     what what precedes

    b. Ce precede ce?

     what precedes what

    What precedes what?

    什么在什么之前？

243　　然而，博什科维奇（Bošković 2002a）指出，这里的表象是一种假象。（49a）的不可接受与音韵部门的一项限制有关，即 ce（什么）的实例不能相邻。也就是说，从句法角度来看，（48）和（49）无差异；两种情况下都存在多重 wh- 前置。只是如果（49）中被移宾语的高位拷贝在语音上实现的话，结果会违反关于同词不能相邻的限制，多个语言中都存在这一现象。[①] 音韵系统删除宾语 ce 的高位拷贝，如（50）所示，使结构既能线性化，也符合邻近限制条件。关于（49）中的宾语在句法部门经过显性移位的独立证据是其表现与经过移位的 wh 宾语相似，因为它能允准寄生语缺，如（51）所示，而这是原位 wh 宾语做不到的事，如（52）所示。[②]

    （50）[ce$_{SU}$ [~~ce~~$_{OB}$ [~~ce~~$_{su}$ precede ce$_{OB}$]]]

---

① 参见 Golston（1995），其中讨论了多个这类实例，另外，Richards（2002）讨论了一些相关问题。

② 原位 wh 短语无法允准寄生语缺，这一事实由 Engdahl（1983）首次观察到。有关寄生语缺的最新观点，可参见 Nunes（1995, 2001, 2004）、Nissenbaum（2000）、Hornstein（2001）以及 Culicover and Postal（2001）收录的文章。

（51）*罗马尼亚语*

> Ce　　precede　ce　　fără　　să　　　　　influențeze?
> what　precedes　what　without　SUBJ-PRT　influence.3.SG
> What precedes whatᵢ without influencing itᵢ?
> 什么在什么之前而不会影响到它?

（52）*Who bought what after finding?

最后，我们来看看以线性对应定理分析语迹删除引起的另一个后果。我们在 7.4 节中看到，如果给定词项在形态上与另一个词项融合，则可能跳出线性对应定理的视线之外。在这种情况下，经重新分析的词项的表现类似于复杂词项的语素，因为其线性化是线性对应定理被用于复杂词项后的副产品。如果形态融合是使给定元素跳出线性对应定理计算范围的一种方式，则可以预测，若多个拷贝中的一部分经历形态融合，则多个拷贝都得到语音实现的可能性是存在的。[①]　244

基于此，我们再来看看瓦塔语（Vata）中的动词焦点化现象，如下面的（53）所示[②]，其中，一个动词焦点化后，由动词占据的常规位置上的一个相同的动词重现（见 5.5）。如果（53）中 li（吃）的两个实例实际上均为拷贝，则推导在原则上应该崩溃，因为结构不能线性化：代词 à（我们）需要位于同一词项 li 之前和之后。

（53）*瓦塔语*

> **li**　à　**li**-da　　zué　　　saká.
> eat　we　eat-PAST　yesterday　rice
> We ATE rice yesterday.
> 我们昨天吃了米饭。

但有一种替代方案。我们假定，（53）所示焦点化现象需要动词移位至位于 TP 之前的一个焦点位，如下面的（54）所示。现在，我们假定，

[①]　参见 Nunes（1999, 2004），Bošković and Nunes（2004），Boeckx、Hornstein and Nunes（2004），了解相关示例和更多讨论。

[②]　瓦塔语数据摘自 Koopman（1984）。此处报告的分析基于 Nunes（2004）。

在音韵部门，动词和焦点中心语在形态上进行融合，在（54）里用"#"表示。就像前面一样，我们假设，线性化发生于形态运算之后，在完成建议的形态再分析之后，（54）中动词的最高拷贝将对线性对应定理不可见。即是说，线性对应定理只会考虑两个低位拷贝，并且鉴于嫁接到 T′ 的拷贝的特征已经被核查掉，所以，该拷贝将被保留，最低位拷贝会被删除，产生（53）所示句子。

（54）

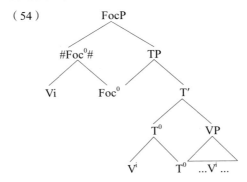

有两条证据表明，这些思路可能是正确的。首先，出现在 Infl（T^0）中的小品词都不能与前置动词共现，如下面（55）中的粗体成分所示。这表明，这类小品词使动词满足了形态充分性的条件，因此无法与焦点中心语进行形态融合。

245

（55）*瓦塔语*

    a.（***ná`**）**le** wa ná`-le-ka.

      NEG eat they NEG-eat-FT

      They will not EAT.

      他们不会吃。

    b.**li**（***-wa**）wà li-wa zué.

      eat TP they eat-TP yesterday

      They ATE yesterday.

      他们昨天吃了。

其次，可能更有意思的是，在瓦塔语中，焦点下不能复现的动词只有

助动词、不完全变化动词 na/la/lO（说）以及动词 lÈ（存在）和 kà（拥有），
这些正是不能运用适用于该语言中其他动词的独立形态过程的那些动词
（见 Koopman 1984: 158）。如果这些动词有独立的理由不参与形态操作，
它们在焦点下不能复制也是自然之事，因为这种复现要求进行（54）里提
出的形态再分析。

　　总结起来，我们在 6.4 节中讨论了采纳基于最简主义的复制移位理
论的理论依据和经验理据。尽管复制移位理论前景良好，却留给我们一
个困惑：如果语迹真的是拷贝，把它们拼读出来会有什么问题吗？本节
的讨论表明，我们不必假定语迹不能有语音实现。线性对应定理加最优
考量共同确定，在一般情况下，只有最高环节可以在语音上实现。但是
根据音韵部门的具体属性，我们可能会发现，在语音上实现的是语迹而
非语链头，甚至有些情况下，多个拷贝同时有语音实现。我们再次看到，
针对最简主义的理论考量有可能产生有趣的结果，使经验事实覆盖范围
得到显著的拓展。

练习 7.12

　　考虑如下面（i）所示的德语"wh-复制"结构（见 McDaniel 1986, 1989
等），其中，移位的 wh-元素似乎有两个拷贝。Wh-复制结构具有下列属性：
（a）它们存在孤岛效应，如（ii）所示；（b）wh-元素不能是完整的 wh-短语，如
（iii）所示；（c）虽然可能允许中间语迹有语音实现，如（i）所示，但必须删除
最低位的 wh-拷贝，如（i）与（iv）的对比所示。能否用类似于瓦塔语动词焦
点化的分析方法解释这些属性？

　　　　德语

　　（i）　**Wen**　glaubt　Hans,　**wen**　Jakob　gesehen　hat?
　　　　　whom　believes　Hans　whom　Jakob　seen　　　has
　　　　　Who does Hans believe Jakob saw?
　　　　　Hans 认为 Jackob 看到了谁？

246

（ ii ）*Wen glaubt Hans die Tatsache, **wen**（dass）Jakob gesehen hat?

whom believes Hans the fact   whom (that) Jakob seen   has

*Who does Hans believe the fact（that）Jakob saw?

"Hans 相信 Jakob 看到的事实？"

（ iii ）***Wessen Buch** glaubst du, **wessen Buch** Hans liest?

whose   book believe you whose book Hans reads

Whose book do you believe Hans is reading?

你认为 Hans 正在读谁的书？

（ iv ）*Wen glaubt Hans, **wen** Jakob **wen** gesehen hat?

whom believes Hans whom Jakob whom seen   has

Who does Hans believe Jakob saw?

Hans 认为 Jakob 看到谁了？

7.6 结语

本章开始时，我们提了一个问题，即自然语言里为什么有线性语序属性，并在此基础上假设这是 A-P 系统的要求，因为 A-P 系统显然以语音串或符号串作为其输入。接下来的问题是怎样满足这些要求。基于方向性参数的 GB 方案在系统中引入居前关系，但无法捕捉到句法关系与语序之间反复出现的相关关系。基于此，我们探讨了一种替代方案：不应把居前关系引入系统，而是应该通过线性对应定理从句法树上读取居前关系。事实证明，该替代方案在解释经验事实方面更为成功，因为它提供了解释层级结构与语序之间的相关关系的办法。此外，它还为消除语迹不能有语音实现这一（经验数据证明为错的）假设铺平了道路。最后，我们为结构与语序间关系绘制了一个更具理论吸引力的图景，同时还拓宽了实践数据的覆盖范围。

第八章

约束理论

8.1 引言

我们在第六章和第七章从实践和方法论的角度，探讨了把移位作为两个简单操作的组合的一些理由：复制和合并。以这种方式理解移位使我们得以消除作为语法内部构形成分的语迹（这是方法论上的一个优势），并迫使我们思考语迹为什么在语音为空。根据第七章提出的方案，如果拷贝在音韵部门不被删除，它们就可能导致推导式在音系式层面崩溃，因为它们会带来相互矛盾的线性化要求（例如，给定句法实体 A 必须同时位于另一个句法实体 B 之前和之后）。

我们从经验角度以两种不同方式对这一思路进行了证明。其一，我们观察到，在有些情况下，在语音上实现的不是语迹的先行语而是语迹本身。其二，我们回顾了相关证据，结果表明，如果拷贝能避开强制其被删除的条件，则有可能拼读出来多个拷贝。如果我们从定义上把语迹限定为语音为空的元素（GB 类方案即是如此），则我们连描写以上两种情况的可能性都没有。相反，如果我们将语迹理解为拷贝，两种情况都能得到适当的解释，如 7.5 节所示。

通过探讨我们在 6.4 节中基于复制移位理论就语迹的解读属性提出的建议，本章将从约束理论的角度，讨论针对同一结论的相关证据。我们将看到，针对基于约束考量提出深层结构和表层结构假设的经验论据，复制理论能予以很好的驳斥。如我们在第二章里讨论的那样，从方法论角度来看，取消深层结构和表层结构符合最简主义的精神。复制理论使我们能朝着这一目标前进，因为它针对生成语法长期以来一直感兴趣的某些"联系性"提供了一种解释方式。

本章内容安排如下。在 8.2 节中，我们将回顾 GB 框架下为深层结构和表层结构提供支撑的一些约束理论论据。在 8.3 节中，我们将展示如何运用复制理论来绕开这一结论。在此基础上，我们将考察与这些示例相关的其他用例，并回顾乔姆斯基（Chomsky 1993）提出的一个论点，即集成深层结构和表层结构等层次的理论在经验上不如不诉诸这些层次的理论。最后，我们考察一些把约束效应与移位关联起来的额外证据。8.4 节结束本章讨论。

8.2 将约束理论现象作为深层结构和表层结构的潜在论据

8.2.1 热身

开始讨论之前，我们先回顾一下标准 GB 版约束理论的工作原理，约束理论的原则可定义为（1），（2）和（3）是辅助定义：[1]

（1）约束理论
　　（i）原则 A：
　　照应语（如反身代词或相互代词）在其域中必须受到约束。
　　（ii）原则 B：
　　代词在其域中必须自由（不受约束）。
　　（iii）原则 C：
　　R- 表达式（如名称、变项）必须自由（在任何地方）。
（2）域
　　α 为 β 的域，当且仅当 α 为包含 β 和 β 的管辖者的最小 IP（TP）。

---

[1] 这些都是标准定义。有关细节问题的讨论，请参见 Chomsky（1986b）、van Riemsdijk and Williams（1986）、Haegeman（1994）和 Harbert（1995）。

（3）约束

α 约束 β，当且仅当 α 成分统制 β 且与 β 同标。

假设（1）—（3）正确，我们来看看（4）中的数据。①

（4）a. *[Mary$_i$ said that [$_{TP}$ Joe liked these pictures of herself$_i$]]

b. [Mary$_i$ said that [$_{TP}$ Joe liked these pictures of her$_i$]]

c. *[He$_i$ said that Mary likes these pictures of Joe$_i$]

在（4a）中，照应语 herself 的域是内嵌 TP，因为它是包含 herself 及其 249
管辖者（of）的最小 TP。② 由于该域不包含其先行语（Mary），所以，herself 未在其域中受到约束；因此，（4a）不可接受的原因是它违反了原则 A。由于原则 B 与原则 A 刚好相反，所以，（4b）可以接受：代词 her 在其域（即嵌入的 TP）中自由（不受约束）。最后，（4c）不可接受，因为 Joe 需要遵循原则 C，该原则禁止 R-表达式受到约束。

注意，像（4）一类数据无法解答约束理论在哪里适用的问题，因为（4）中各句的深层结构、表层结构和逻辑式表征基本相同，相关约束域不会因层次而变化。既然遇到问题，我们就应该从逻辑式的角度来分析（4）中的各个句子，因为我们有必要的证据证明逻辑式的必要性。

不过，在以下几节中，我们将讨论一些更复杂的约束现象，这些现象似乎证明，约束理论必须在深层结构和表层结构运用，不完全在逻辑式层面，而我们追求最简主义的心则希望其在逻辑式。

练习 8.1

假设格特征是在标志语–中心语构型中核查的（见第三章）：

① （4a）一类例子涉及的复杂名词短语中含有反身代词，这类名词短语被称为 picture-名词短语，对于其可接受度，讲英语的人存在很大的分歧。出于讨论需要，我们假定，这种意见分歧有另外的解释，我们将集中讨论正文里报告的判断。

② 我们在前面提到过，补足语由作为其姊妹的中心语管辖。我们可以不把这里的 of 作为一个管辖者，而作为一种假位格标记（见 Chomsky 1981）。在这种情况下，picture 是 herself 的实际管辖者，但据（2），内嵌 TP 仍然是 herself 的域。为方便说明，我们后面将假定，前置词是 picture 名词短语中的相关管辖者。

> a. 在 Infl-分裂方案（包括 TP 和 Agr-投射）以及与轻动词投射（多个 *v*P 标志语）关联的基于未分裂 Infl 的方案（仅 TP）的框架下，提供（4）中句子的逻辑式表征；并且
>
> b. 讨论为了解释（4）中的数据，在两种方案下是否需要重新提炼（2）给出的域定义。

8.2.2 原则 A

在 2.3.1.2 节中，我们讨论并重新分析了涉及隐性 wh-移位的一些数据，从表面上看，这些数据似乎显示，原则 C 应在表层结构而非逻辑式进行计算。涉及原则 A 的可比数据也需要进行同样的重新分析。接下来，我们讨论其中的细节。

我们以下面（5）中的句子为例。在原位 wh-短语在隐性部门移位并与 which woman 形成复杂算子之后，如果隐性移位移动整个 wh-短语（此为 GB 的标准假设），（5）的逻辑式结构应该类似于（6）（见 2.3.1.2）。

（5）*John$_i$ wondered which woman liked which pictures of himself$_i$.

（6）逻辑式：

[$_{TP}$ John$_i$ wondered [[which pictures of himself$_i$]k + [which woman]$_j$ [$_{TP}$ t$_j$ liked t$_k$]]]

在（6）中，himself 的域是主句 TP，受该域中 John 的约束。因此，如果要将原则 A 用于（6）中的逻辑式结构，我们就会预测称，（5）应该是一个可以接受的句子，但这是错误的。因此，结论似乎是，原则 A 不应用在逻辑式层面，而应该在表层结构或深层结构，在隐性 wh-移位之前。

不过，这一结论不是很有力。仅当（5）的逻辑式结构为（6）中的结构时，即隐性 wh-移位以整个 wh-短语为目标时，结论方才有效。相反，如果隐性 wh-移位只瞄准 wh-元素（如 2.3.1.2 中的建议），则（5）的逻辑式表征应该是（7）。

（7）逻辑式：

*[$_{TP}$ John$_i$ wondered [which$_k$+ [which woman]$_j$ [$_{TP}$ t$_j$ liked [t$_k$ pictures of himself$_i$]]]]

如果逻辑式结构为（7），则无论原则 A 是在深层结构、表层结构计算，还是在逻辑式进行计算都无关紧要，因为在所有这些层次，himself 都不会在其域（内嵌 TP）中受到约束（见练习 2.3）。同样，如果遇到问题，从逻辑式角度进行分析无疑是最佳办法，因为逻辑式是光杆输出条件的要求。

虽然我们在 2.3.1.2 节中讨论的隐性 wh-移位重新分析方案也能成功解释如（5）所示关于原则 A 的用例，但其他用例似乎不太容易在逻辑式层面得到重新解读。

比如，考虑（8a）中的句子，其深层结构、表层结构和逻辑式表征如（8b–c）所示（已省略不相关的细节）。

（8）a. John$_i$ wondered which picture of himself$_{i/k}$ Fred$_k$ liked.

b. 深层结构：

[$_{TP}$ John$_i$ wondered [$_{CP}$ [$_{TP}$ Fred$_k$ liked [which picture of himself$_{i/k}$]]]]

c. 表层结构 / 逻辑式：

[$_{TP}$ John$_i$ wondered [$_{CP}$ [which picture of himself$_{i/k}$]$_m$ [$_{TP}$ Fred$_k$ liked t$_m$]]] 251

（8a）有歧义。反身代词 himself 的先行语可能是 John 或 Fred。对于第一种解读，我们可以解释为约束理论运用于表层结构或逻辑式；在（8c）中，包含照应语及其管辖者的最小 TP 是主句 TP，在该域中，himself 确实受 John 约束。如果不存在表层结构这个层次（我们在第二章里讨论表层结构的理论必要性时提到了相关论据），我们就应该假定原则 A 用于逻辑式层次，并从逻辑式的角度讨论（8a）主句主语的解读。然而，如果原则 A 适用于此层并且（8c）为（8a）的正确逻辑式结构，我们就得不到 Fred 作为 himself 先行语的解读；在（8c）中，Fred 不能约束反身代词，因为前者不成分统制后者。则问题是，如何得到这一解读。

注意，如果（8b）里的结构在深层结构进行计算，即同时允许原则 A

适用于深层结构，我们就能解释 himself 的内嵌主语解读。但从最简主义角度来看，这种做法在理论上并不可取。我们在前面论证过，方法论上最优的理论会取消深层结构和表层结构。因此，通过在深层结构运用原则 A 来获得所示解读并不是一种很好的选择。另一种可能性是在整个推导过程中允准约束，而不是仅在各个层次运用约束原则。为使讨论更加具体，我们假定，在推导过程中，约束可以随时随地运用。[①] 基于此，我们可以在包含 himself 的 wh-短语移位之前，让 Fred 约束 himself，或者在 wh-移位之后，让 John 约束 himself。

注意，这一过程并未提到深层结构、表层结构等层次，因为约束不是在某个层次完成，而是在整个推导过程中随时随地运用。

我们将在 8.3.4 节进一步讨论该问题，我们现在需要知道的是像下面（9）这样的句子对这样的方案构成了障碍。[②] 如果可以在推导过程中约束相互代词 each other，则其应该在（10）所示 wh-移位之后由主句主语允准。然而，显然情况并非如此；乔姆斯基（Chomsky 1993）报告称，（9）中的相互代词只能以内嵌主语为其先行语。[③]

（9）The students asked what attitudes about each other the teachers had.

252

（10）$[_{TP}$ [the students $]_k$ asked [what attitudes about [each other $]_{i/*k}$ $]_m$ $[_{TP}$ [the teachers $]_i$ had t_m]]

可见，允许约束理论随时随地运用，结果可能导致过度生成，至少对于原则 A 是这样。我们将发现这种方案对原则 B 和原则 C 均不适用。基于此，我们似乎感觉到，诉诸深层结构是处理（8a）和（9）中照应语低位解读唯一可行的替代方案，在逻辑式允准（8a）的高位解读似乎是个例外。

---

① 这类约束方案是由 Belletti and Rizzi（1988）、Lebeaux（1995）等人提出的。相关讨论见 Epstein, Groat, Kawashima and Kithara（1998）。

② 见 Chomsky（1993）以及 8.3.4 节中的讨论。

③ 有些本族语者发现这些数据很微妙。现在，我们假定 Chomsky（1993）的描述是正确的。

> **练习 8.2**
>
> 给定（1ii）中的原则 B 定义和（2）中的域定义，针对我们为从逻辑式角度解释（5）不可接受的事实所采用的隐性 wh- 移位分析方案，讨论（i）中的句子构成支撑证据还是反对证据。
>
> （i） John$_i$ wondered which woman liked which pictures of him$_i$.

8.2.3 原则 B

接下来，我们来考察（11）。

（11） John$_i$ wondered which picture of him$_{i/*k}$ Fred$_k$ liked.

（11）与（8a）相同，只是我们用代词取代了反身代词。鉴于原则 B 与原则 A 相反，在理论上，我们应该可以预计，（8a）中的两种解读在（11）中是不可能的。换言之，鉴于在（8a）中的照应语能以 John 或 Fred 作为其先行语，我们可以预测称，二者都不可能作为（11）中代词的先行语。然而，情况绝非如此。虽然 him 与 Fred 不可能共指，但 him 与 John 却可以。

这似乎有力地证明，原则 B 也应在 wh-移位之前在深层结构进行计算，如下面的（12a）所示，而不是在表层结构或逻辑式层面计算，如（12b）所示。在（12a）中，代词的域是内嵌 TP，与 Fred 的同标违反了原则 B，但与 John 的同标却是可以的，符合事实。相反，如果输入原则 B 计算的是（12b）中的结构，则代词的域为主句 TP；代词不能以 John 为先行语，但能以 Fred 为先行语，刚好与我们希望的结果相反。

（12）a. *深层结构*：

[$_{TP}$ John$_i$ wondered [$_{CP}$ [$_{TP}$ Fred$_k$ liked [which picture of him$_{i/k}$]]]] 253

　　　b. *表层结构 / 逻辑式*：

[$_{TP}$ John$_i$ wondered [$_{CP}$ [which picture of him$_{i/k}$]$_m$ [$_{TP}$ Fred$_k$ liked t$_m$]]]

即使根据我们的讨论，原则 B 有可能在推导过程中运用而非在具体层次运用，但我们似乎仍然需要像深层结构一样的东西，即其中的所有词汇元素都已完成合并的短语标记。我们来看看其原因。

我们在第二章中通过连续运用合并和移位，自下而上地构建了短语标记。同时，我们还循环地构建了这些结构。具体来说，我们在构建（显性）结构时严格遵循了扩展条件（见 2.3.2.4）。基于此，我们来看看如何构建（11）。首先，我们构建内嵌 TP，把 John 和 wondered 留在枚举词项集合中，如（13）所示（这里省略了无关的语迹和功能语类；Q 表示疑问性标句词）。

（13）a. N ={John_1, T_1, wondered_1, Q_1, Fred_0, liked_0, which_0, picture_0, of_0, him_0}

b. [_TP Fred liked [which picture of him]]

此时，我们可以尝试使 Fred 与 him 同标，但原则 B 会禁止这样做（这个结果不错）。我们不清楚的是，此时，我们能否同时尝试使 him 与 John 同标，因为后者尚未被引入推导式。我们可以这样做，原则 B 也会允许这样做（这个结果同样不错），因为这种同标不会使代词在其域中受到约束。

接下来，选择并合并疑问性标句词 Q，然后把 wh-短语移至 [Spec, CP]，以核查其强特征，如下面的（14）所示。给定（2）中的域定义，（14b）中的代词没有域，因为没有 TP 支配它。我们假定，原则 B 在这种情况下不适用。[①]这样，运算继续执行，选择并合并剩下的词项，形成（15）中的 TP，我们现在可以运用原则 B 了。

（14）a. N'= {John1, T1, wondered1, Q_0, Fred_0, liked_0, which_0, picture_0, of_0, him_0}

b. [_CP [which picture of him]_i Q [_TP Fred liked t_i]]

（15）a. N''={John_0, T_0, wondered_0, Q_0, Fred_0, liked_0, which_0, picture_0, of_0, him_0}

b. [_TP John wondered [_CP [which picture of him]_i Q [_TP Fred liked t_i]]]

让我们先使（15b）里的 Fred 与 him 同标。这次我们成功了。在

---

① 注意，如果我们允许原则 B 在无支配相关代词的 TP 的情况下空洞地运用，则会允许（13b）中 him 与 Fred 之间同标，这个结果是错误的。

（15b）中，只要 Fred 不成分统制代词，同标就不会违反原则 B，就会允许代词的内嵌主语解读，结果不正确。因此，为了避免出现这种不需要的结果，我们必须假定，一旦在上一步推导中尝试过使两个表达式同标并且这一标引法的尝试失败了，则后面我们不可以再次尝试允准该标引法。另外，我们必须假定，对代词来说，我们必须利用第一次机会尝试同标。换言之，我们不能在（13b）中不对 Fred 与 him 的同标运用原则 B，然后却在 wh- 短语移位之后，在（15b）中运用该原则。［注意，这是我们为处理（8a）中反身代词的歧义解读而考察过的做法。］

还有一个问题。注意，在（15b）中代词的域是主句。因此，如果我们使 him 与 John 同标，则会违反原则 B，因为代词在其域中受到约束。与前面一样，我们错误地预测称这种解读是不可能的。

令人意想不到的结果是：即使我们允许约束原则在整个推导过程中适用，以推导出像（8a）这类反身代词用例中的歧义现象，而不诉诸深层结构和表层结构，我们也无法将这种办法用于像（11）这样与原则 B 相关的类似用例。为了充分捕捉到原则 B 效应，我们似乎需要深层结构，即句法成分尚未经历移位并且句子中要用到的所有元素都已被整合到短语标记中的层次。

练习 8.3

在本节中，我们看到，在推导过程中运用同标和原则 B 无法成功消除深层结构的必要性。假设我们不用同标，而用反标（contraindexing），即为给定的代词指派标引 i，为不能作为该代词先行语的各个 DP 指派一个不同的标引。现在，如果反标和原则 B 运用在整个推导过程中，我们能消除深层结构吗？换句话说，我们能推导出（11）中可能的解读和不可能的解读吗？

8.2.4 原则 C

与原则 C 相关的用例指向我们在 8.2.3 节中得出的相同结论。例如，我们来看看（16）中的句子，其中两个代词都不能以 John 作为其先行语。

（16）He wondered which picture of John he liked.

255 （16）的深层结构、表层结构和 LF 表征如（17）所示（其中省略了无关细节）。

（17）a. 深层结构：

[$_{TP}$ he wondered [$_{CP}$ [$_{TP}$ he liked [which picture of John]]]]

b. 表层结构 / 逻辑式：

[$_{TP}$ he wondered [$_{CP}$ [which picture of John]$_m$ [$_{TP}$ he liked t$_m$]]]

在（17a）中，两个代词都成分统制 John。因此，如果原则 C 是在深层结构计算的，则 John 与任一代词的共指都被正确地阻止了。另一方面，在（17b）中，只有主句中的代词成分统制 John。因此，如果原则 C 是在深层结构或逻辑式计算的，则我们可以得到正确的结果，即 John 不能作为主句主语的先行语，但我们却错误地预测称，内嵌句中的代词能以 John 为先行语。

允许在计算过程中运用原则 C 也于事无补，最后，我们必须诉诸像深层结构一样的层次。为了阻止 John 成为（16）中内嵌主语的先行语，原则 C 只能在 wh-移位之前评估这两个元素之间的同标；如果在 wh-移位之后，就会错误地允许二者同标。同样，结论似乎是，凭经验我们必须在系统里保留深层结构。

8.2.5 小结

我们首先讨论了一些涉及隐性 wh-移位的数据，结果似乎表明原则 A 应该用在逻辑式之前；同时表明，我们在 2.3.1.2 节讨论的隐性移位分析方案为我们提供了另一种办法，可以从逻辑式角度解释这些数据，符合最简主义的指导思想。然而，考察更多数据之后，我们发现情况似乎并不乐观，离最简主义的目标还有一定的距离。我们看到，原则 A、原则 B 和原则 C 似乎不可避免地要求深层结构，并且原则 A 也可能用在深层结构之后。换言之，这种情况不但不符合最简主义的愿望，即消除深层结构和表层结构这两个语法层次，同时也指向了一个似乎并不优雅的语法属性：约束理论无法获得统一的处理，因为其原则有不同的运用方式。

尽管这种状况可能不好，但实际情况可能还要糟糕。我们讨论过，无中心语关系分句和 tough-移位结构是反对深层结构强有力的论据，因为如果词汇插入必须先于所有移位实例，我们根本无法推出这些结构；即是说，只有允许合并和移位交替运用，才有可能推导出这些结构（见 2.3.2.3 和 2.3.2.5）。相反，前面各节讨论的数据要求词汇插入先于移位，这样才 256 能正确得到有关约束的语言事实。因此，我们似乎陷入了一个僵局：如果不允许合并和移位混用，就无法自下而上地循环构建短语标记——但如果允许二者混用，就无法正确解释有关约束的事实。

下一节的目的是证明，如果我们接受复制移位理论以及与逻辑式短语标记格式相关的一些规约（与我们早些时候对隐性 wh-移位的重新解读有关），我们就能跳出这个僵局。

练习 8.4

　　如果假设以下两点，我们就能解释（16）中的共指可能性：第一，原则 C 在推导过程中重复运用；第二，原则 C 一旦在给定的推导步骤中排除某种共指可能性，则后面的步骤将不再考虑这种共指可能性。讨论这种方案能否解释（i），（i）是否会对正文中有关深层结构必要性的结论造成问题。

　　（i）Which picture of John$_i$ did he$_{*i}$ say that he$_i$ liked?

8.3　复制理论前来救场

我们在 8.2 节中讨论的约束数据显示，至少从经验数据来看，我们无法消除深层结构。在本节中，我们将证明，就像我们在第六章和第七章里提议的那样，如果把移位分解成更基础的操作——复制和合并，我们就能解决这个问题。然而，深入细节之前，我们先穿插一些最简主义的基本原则。

从方法论角度来看，不带深层结构、表层结构等内部层次的语法优于带此类内部层次的语法。因此，同等条件下，如果不带深层结构和表层结构的语法 G 能复现要用到此类层次的语法 G' 的经验结果，则 G 优于 G'。这点最简智慧引起的后果是对 8.2 节中数据的最简分析要证明其优越性，不必覆盖更多的经验事实：最简方案至少能打个平局！为什么是这样？因为深层结构和表层结构并不是接口的独立要求，因此只有在最简主义的界限内尝试了所有其他可能性并全部宣告失败之后，才能假设它们存在。

257　　　不过，我们用来解释必要的经验数据的机制最好不要（大大）超出基于深层结构 / 表层结构的解释方案的要求；否则，我们很难搞清楚无深层结构 / 表层结构的理论是否在方法论上更优越。换句话说，如果为了解决 G' 提出的经验挑战，G 必须故意引入超出 G' 一类理论的要求的临时机制，则我们只是换汤不换药而已。因此，在我们继续讨论时，我们始终都会暂时停下来，将每个前进步骤与 GB 机制进行比较，确保我们提出用于解决经验问题的机制符合逻辑，并且与基于深层结构 / 表层结构的分析方案的机制类似。

8.3.1 重构即逻辑式删除

在 8.2 节的讨论严格遵循 GB 的要求，假定移位操作会留下同标的语迹。就如在 6.4 节讨论的那样，最简方案采用的是复制移位理论，根据这一理论，语迹实际上是移位元素的拷贝，（一般）会在音韵部门被删除（见 7.5）。接下来，我们在复制理论的框架下，重新考察我们的问题数据，先从（8a）中的句子开始吧，此处重复为（18）。

（18）John$_i$ wondered which picture of himself$_{i/k}$ Fred$_k$ liked.

在（18）的推导过程中，wh-短语移位，留下一个拷贝，如下面的

（19）所示（省略了无关细节）。我们假定，留下的拷贝因 7.5 节建议的线性化原因在音韵部门被删除，暂且不考虑语音实现问题。与此处的目的相关的是，（19）是拼读交给隐性部门的结构。

（19）[TP John wondered [CP [which picture of himself] [TP Fred liked [which picture of himself]]]]

（19）含有 himself 的两个拷贝，每个拷贝处于不同的域中，这是个有意思的属性。因此，如果选择高位拷贝进行解读，则（18）中的 himself 应以 John 作为其先行语；如果选择低位拷贝，则 Fred 应为先行语。重要的是，似乎不能同时选择两个拷贝进行解读，因为尽管（18）中的 himself 可以指 "John" 或 "Fred"，但不能同时指 "John" 和 "Fred"。因此，为了使（18）得到正确的解读，我们需要做的是将（19）转换成一个算子–变项式的结构，并删除 himself 的一个拷贝。

在 GB 式理论中，wh-语迹被解读为变项，[Spec, CP] 中的 wh-元素被解读为量化算子。让我们假定，如同 GB 解释方案一样，（19）中的内嵌 TP 中的拷贝被解读为变项，[Spec, CP] 中的元素则被解读为量化算子。我们进一步假定，我们必须 "简化"（19）中的 wh-语链，删除重复元素，使得每个表达式只有一个拷贝得到解读。基于此，下面（20）给出了（19）的一种潜在简化方式，其逻辑结构如（21）所示。给定（20），himself 可用于解读的拷贝必须在其域（主句 TP）中受到约束，我们得到（18）的主句主语解读。

（20）逻辑式：

[TP John wondered [CP [which picture of himself] [TP Fred liked ~~which picture of himself~~]]]

（21）John wondered which x, x a picture of himself, Fred liked x

另一方面，如果（19）中的 wh-语链按下面（22）中的方式简化，我们就能推导出将 himself 解读为 "Fred" 的情况，但不会形成算子–变项框架，因为 wh-元素——量化元素——未在 [Spec, CP] 中。问题是如何推导

258

出充分的逻辑式结构，得到（18）中 himself 的内嵌主语解读。

（22）逻辑式：

*[TP John wondered [CP ~~which picture of himself~~] [TP Fred liked [which picture of himself]]]]

我们前面讨论过显性 wh-移位的用例，其中，非量化元素（的一部分）被留在后面，如下面的（23）—（25）所示（见 2.3.1.2）。另外，为了从逻辑式角度解释（26a）和（27a）为什么不可接受，我们假定隐性 wh-移位只以 wh-元素为目标，如（26b）和（27b）所示（见 2.3.1.2 和 8.2.1）。

（23）法语

Combien$_i$ a-t-il   consultés [t$_i$ de livres]?
how. many has-he consulted   of books
How many books did he consult?
他查阅了多少书？

（24）德语

Was$_i$ hast du [t$_i$ für Bücher] gelesen?
what have you   for books   read
What books did you read?
你读了哪些书？

（25）[which portrait]$_i$ did he buy [t$_i$ that Harry likes]

（26）a. *Which man said he$_i$ liked which picture that Harry$_i$ bought?

b. 逻辑式：

*[CP which$_k$ [which man]$_m$ [TP t$_m$ said he$_i$ liked [t$_k$ picture that Harry$_i$ bought]]]

（27）a. *John$_i$ wondered which woman liked which pictures of himself$_i$.

b. 逻辑式：

*[TP John$_i$ wondered [which$_k$+ [which woman]$_j$ [TP t$_j$ liked [t$_k$ pictures of himself$_i$]]]]

因此，我们有了推导（18）中 himself 低位解读的相关原材料。我们需要说的是，wh-语链一种可能的简化方式可能只会把量化元素留在 [Spec,

CP] 中。也就是说，我们有可能把（19）转换成（28）中的结构。

（28）逻辑式：

[$_{TP}$ John wondered [$_{CP}$ [which ~~picture of himself~~] [$_{TP}$ Fred liked [~~which~~ picture of himself]]]]

（28）与（23）—（27）类似，语义限制似乎不针对算子，而是针对变项。假定（28）确实是（19）的一种可能的简化方式，则我们可以为其指派如（29）所示的合格逻辑结构，himself 的可用拷贝必须在其域中受到 Fred 约束，从而得到（18）中 himself 的内嵌主语解读。①

（29）John wondered which x, Fred liked x picture of himself

通过类比，我们可以用更生动的方式来理解（21）和（29）所示两种语义限制方法所体现的直觉。不妨把算子比作手电筒，把变项比作可以用手电筒照亮的物体。把限定机制放在算子上，就相当于改变手电筒发射的光束，比如让它只照亮蓝色物体。把限定机制放在变项上，光束不会受到影响，但会限制光束可以指向哪些物体，比如从视线里移除蓝色物体以外的所有其他物体。两种情况下，唯一可见的物体都是蓝色物体。但是出现这种情况的两个原因是不同的；要么是因为光束的性质受到限制，要么是因为可被照亮的物体受到限制。

总结起来，复制理论提供了多种可能性，使得（18）的歧义能通过 260 （21）和（29）中列出的两个选项得到解释。如果我们选择第一个选项，则在逻辑式层面只有 himself 的高位拷贝能保留下来，它将受到 John 的约束。第二种解读的原因是低位拷贝得到保留，从而使得 Fred 成为先行语。注意，只要允许这些机制，我们就能完全在逻辑式层面解释（18）的两种解读。也就是说，现在我们取得了平局，可以宣布优胜者为基于逻辑式的最简主义分析方案。

但在我们着手庆祝并继续考察如何处理在 8.2 节中讨论的其他数据之

---

① 有关（29）语义解读的进一步讨论，请参阅 Fox（1999）。

前，我们应该问自己，这里引入的技术是否太过奇特，是否远远超越了 GB 分析方案的要求。我们讨论过，如果情况如此，则最简主义替代方案在方法论上的优势就会褪色许多。

最简主义替代方案需要的技术涉及两部分：复制理论和"删除"操作，后者是为了使逻辑式形成正确的形式，以方便解读。如在 6.4 和 7.5 节中讨论的那样，复制理论是在方法论上对语迹理论的改进，在理论层面和经验层面均是如此。在理论层面，复制理论探索的是已经成为运算系统一部分的操作（合并和复制），符合包含条件的要求，因为复制理论不会引入枚举词项集合中不存在的新理论实体（即语迹）（见 6.4）。经验方面，复制理论能解释"语迹"（低位拷贝）而非语链头获得语音实现的情况，以及一个以上的拷贝获得语音实现的情况。因此，从语迹理论到复制理论的这种转变是一个加分项。

另一方面，删除有可能被视为一个减分项，因为没有提供它们的深层次理据。[①] 不过有两件事值得指出。首先，无论是在 GB 中，还是在最简主义中，变项存在限制的量化结构［用于解释（18）中 himself 的低位解读］似乎有独立的必要性，可用于处理（23）—（25）等显性移位实例。其次，在解释某些"重构"现象时，GB 也会采用与这里讨论的删除相似的机制。

作为例子，我们来看看（30）和（31）中的数据。

（30）a. Whose mother did you see?

    b. 表层结构：

       $[_{CP}$ [whose mother $]_i$ did $[_{TP}$ you see t_i]]

261

（31）a. To who（m）did you talk?

    b. 表层结构：

       $[_{CP}$ [to who（m）$]_i$ did $[_{TP}$ you talk t_i]]

---

    ① 参见 Martin and Uriagereka（1999）、Hornstein（2001）和 Grohmann（2003b），他们尝试讨论了这些删除的理据。

一般认为，问句的语义可通过问句诱发的适当回答来揭示。① 更具体地说，人们假定，适当回答的形式是由句子的逻辑式提供的，因为适当回答集合是通过"填充"wh-移位留下的缺位来确定的。鉴于（32）中的句子为问句（30a）和（31a）的适当回答，所以它们的逻辑式应该类似于（33）。

　　（32）a. I saw *Bill's* mother and *Frank's* mother.

　　　　　b. I talked to *Bill* and I talked to *Frank*.

　　（33）a. who$_x$ you saw x's mother

　　　　　b. who$_x$ you talked to x

　　如果假设这些逻辑式应该可以从兼容的逻辑式结构推导而来，则（30a）和（31a）中的句子的逻辑式表征就不可能与（30b）和（31b）所示表层结构的表征同构。注意，（30b）中遗留的语迹是 DP 语迹，（31b）中则是 PP 语迹。如果只是用相关类型的表达式填充缺位就能确定回答，则一旦动词的选择属性得到满足，我们就应该能把任何 DP 放在第一个缺位中，把任何 PP 放在第二个缺位中。但显然，（34）中针对（30a）和（31a）的"回答"没有错，只是文不对题。

　　（34）a. I saw Mary.

　　　　　b. I talked about Fred.

　　为了克服逻辑式与其背后的句法表征之间的相异问题，基于语迹的 GB 解释方案必须补充一些规则，用于在逻辑式重新配置结构。标准假设认为，在隐性部门，我们可以把复杂 wh-短语重构到其语迹位，然后只单纯提升 wh-算子（参见 2.3.1.2）。比如，对于（30a）和（31a），这种重构流程形成的逻辑式表征应该是（35b）和（36b），后者现在与（33）中的逻辑式及（32）中的回答兼容。

　　（35）a. 表层结构：

　　　　　$[_{CP}$ [whose mother]$_i$ did $[_{TP}$ you see t$_i$]]

　　　　　b. 逻辑式：

262

---

① 　这种经典方案可以追溯到 Hamblin（1973）和 Karttunen（1977）。

[CP whosej did [TP you see [tj mother]]]

（36）a. 表层结构：

[CP [to who（m）]i did [TP you talk ti]]

b. 逻辑式：

[CP who（m）j did [TP you talk [to tj]]]

复制理论用我们前面讨论过的删除规则取代了这个重构流程。对于（30a）和（31a），交给隐性部门的结构如（37a）和（38a）所示，删除后，它们的逻辑式表征如（37b）和（38c）所示，可以适当地转换成（33）中的逻辑式。

（37）a. [CP [whose mother] did [TP you see [whose mother]]]

b. 逻辑式：

[CP [whose ~~mother~~] did [TP you see [~~whose~~ mother]]]

（38）a. [CP [to who（m）] did [TP you talk [to who（m）]]]

b. 逻辑式：

[CP [~~to~~ who（m）] did [TP you talk [to ~~who（m）~~]]]

可以说，这些删除规则不比被取代的重构流程麻烦或奇特。事实上，我们可以认为，它们更为自然。虽说如此，但只要它们不是更差，就符合最简主义的目的。

另外值得指出的是，不仅 wh-链必须遵守这个隐性"语链缩减"流程，A-语链亦然，这与不同链节中的重复元素必须被删除的道理是一样的。我们以（39）中的数据为例说明。

（39）a. *[it seems to themi that [John and Mary]i were angry]

b. [[John and Mary]i seem to [each other]i to have been angry]

（39a）不可接受，这表明位于经验者之前的前置词 to 只是斜格的形态标记，不会阻止代词 them 成分统制 John and Mary，结果违反原则 C。如此，下面（40a）中的结构，作为复制理论下（39b）中提升结构的基础结构，也会造成原则 C 违规，因为照应语成分统制 John and Mary 的低位拷贝。然而，如果语链缩减也适用于 A-语链，形成（40b）所示逻辑式结构，符合原则 C，

263

则可以正确排除这种不良结果。同样，A- 语链也必须在隐性部门进行语链缩减，这一假设至少与论元移位下重构为可选项的 GB 假设相当。

（40）a. [$_{TP}$ [John and Mary] seemed to [each other] [$_{TP}$ [John and Mary] to have been angry]]

b. 逻辑式：

[$_{TP}$ [John and Mary] seemed to [each other] [$_{TP}$ ~~John and Mary~~ to have been angry]]

总结起来，借助复制理论，我们能为（18）一类句子［即此处的（40）］的歧义提供基于逻辑式的解释方案，在充分性方面，该方案至少不亚于基于语迹、重构和非接口表征层次的 GB 方案。这样，我们就迎来了绿灯，可以继续考察 8.2 节中剩余的数据了。

（41）John$_i$ wondered which picture of himself$_{i/k}$ Fred$_k$ liked.

练习 8.5

基于正文中针对（41）的分析方案，解释如何捕捉（i）中的歧义。

（i）Which picture of himself$_{i/k}$ did John$_i$ say that Fred$_k$ liked?

练习 8.6

基于针对（39）中的数据的分析方案，考察下面的（i）—（ii）中的数据（见 Lebeaux 1991）。在指定解读下，（i）不可接受，这表明与提升谓词的与格性 to 相似，（i）中的 by 不会阻止 her 成分统制 Mary，造成原则 C 违规。假定情况属实，并进一步假设只有当代词被量化表达式成分统制时，代词才能被解读成约束变项，请提供（ii）中句子的逻辑式结构，并解释为什么其中一个句子可以接受，另一个不可接受。

（i）*It is known by her$_i$ that Mary$_i$'s bread is the best there is.

（ii）a. [His$_i$ mother]$_k$'s bread seems to [every man]$_i$ to be known by her$_k$ to be the best there is.

b. *[His$_i$ mother]$_k$'s bread seems to her$_k$ to be known by [every man]$_i$ to be the best there is.

264　　**8.3.2 优先原则**

接下来，我们重新考察前面在 8.2.3 节和 8.2.4 节讨论过的与原则 B 和原则 C 相关的问题用例，即此处的（42）。

（42）a. John$_i$ wondered which picture of him$_{i/*k}$ Fred$_k$ liked.

　　　 b. He$_{i/*j}$ wondered which picture of John$_j$ he$_{i/k/*j}$ liked.

读者可能已经预料到，正确结构的实现本身没有问题。防止过度生成才更麻烦。首先，我们转向需要的结构。基于复制理论，输入隐性部门的相关结构为下面（43）中给出的结构。对于（43），如果我们采用在 8.3.1 节中讨论过的第二种 wh-语链缩减策略，结果就会推出（44）中的逻辑式表征，后者又可以进一步转换成（45）中的逻辑式。

（43）a. [$_{TP}$ John wondered [$_{CP}$ [which picture of him] [$_{TP}$ Fred liked [which picture of him]]]]

　　　 b. [$_{TP}$ he wondered [$_{CP}$ [which picture of John] [$_{TP}$ he liked [which picture of John]]]]

（44）a. 逻辑式：

　　　 [$_{TP}$ John wondered [$_{CP}$ [which ~~picture of him~~]

　　　 [$_{TP}$ Fred liked [~~which~~ picture of him]]]]

　　　 b. 逻辑式：

　　　 [$_{TP}$ he wondered [$_{CP}$ [which ~~picture of John~~] [$_{TP}$ he liked [~~which~~ picture of John]]]]

（45）a. John wondered which x Fred liked x picture of him

　　　 b. he wondered which x he liked x picture of John

重要的是，如果原则 B 和原则 C 适用于（44）中的逻辑式表征，我们就能正确解释（42）中的共指可能性。（44a）中的代词不能在其域中受到 Fred 的约束，但可以在其域外受到 John 的约束；另一方面，在（44b）中，任一代词与 John 同标都会违反原则 C。

问题是，还有一种可能方案可以缩减（43）中的 wh-语链（见 8.3.1），即整个 wh-短语在高位获得解读，低位的拷贝被删除，如（46）所示。

（46）a. 逻辑式：

$[_{TP}$ John wondered $[_{CP}$ [which picture of him]

$[_{TP}$ Fred liked ~~which picture of him~~]]]

b. 逻辑式:

$[_{TP}$ he wondered $[_{CP}$ [which picture of John]

$[_{TP}$ he liked ~~which picture of John~~]]]

265

如果将约束理论用于（46）中的逻辑式表征，我们会错误地预测称，在（42a）中，代词可以以 Fred 而非 John 作为其先行语，并且在（42b）中，内嵌主语可以以 John 作为其先行语。

那么问题是，如何强制使系统实施（44）而非（46）所示语链缩减方案。乔姆斯基（Chomsky 1993: 209）认为这是一个经济性问题，并提出了（47）所示优先原则。

（47）优先原则

尽量减少对算子位置的限制。

给定（44）和（46）中的语链缩减可能性，优先原则会选择采用（46）的推导式，其中，算子位的非量化元素被删除，我们得到正确的结果。如此，针对（42）中的数据，我们就得到了一种基于逻辑式的充分解释方案。

然而，假设优先原则会带来两个问题。首先，为什么是优先要求而非绝对要求？其次，其理据是什么？

优先原则作为优先要求而非绝对要求的理由是经验性的。我们在前面讨论过，诸如下面（48）一类句子的歧义可通过（49）所示的两种语链缩减方案进行解释。如果尽量减少算子位的元素是一项绝对要求，则系统应该只诉诸（49b），结果只应推导出内嵌主语解读。

（48）John$_i$ wondered which picture of himself$_{i/k}$ Fred$_k$ liked.

（49）a. 逻辑式:

$[_{TP}$ John wondered $[_{CP}$ [which picture of himself]

$[_{TP}$ Fred liked ~~[which picture of himself]~~]]]

b. 逻辑式:

$[_{TP}$ John wondered $[_{CP}$ [which ~~picture of himself~~]

[_TP Fred liked [~~which~~ picture of himself]]]]

现在，问题是怎样区分可以采用两种语链缩减方案的原则 A 相关用例
与确实符合优先原则的原则 B 和原则 C 相关用例。乔姆斯基尝试通过假定
照应语隐性移至可由其先行语允准的位置来解释这种区别。[①] 这些建议背后
的直觉是，仅当照应语与其先行语一致时才能指称；如果假定一致关涉局
部关系，则照应语必须在逻辑式之前移至可以建立这种一致的位置。如此，
在两种可能的语链缩减方案中，到底如何选择取决于隐性照应语移位。

假定在（50）中的结构被移交给隐性部门之后，低位照应语移至更接
近其约束语的位置，如（51）所示。

（50）[_TP John wondered [_CP [which picture of himself]
　　　　　[_TP Fred liked [which picture of himself]]]]

（51）[_TP John wondered [_CP [which picture of himself]
　　　　　[_TP Fred + himself liked [which picture of himself]]]]

依据优先原则缩减（51）中的 wh-语链，结果会删除 [Spec, CP] 中的非量
化元素，产生下面的（52a）。鉴于照应语移位展现出论元移位具有的局
部特性，我们不妨假定，照应语移位事实是论元移位。如此，（52a）中的
照应语链也必须进行语链缩减（见 8.3.1），产生（52b）所示最终逻辑式
表征，结果推导出 himself 的内嵌主语解读。

（52）a. [_TP John wondered [_CP [which ~~picture of himself~~]
　　　　　　　[_TP Fred + himself liked [~~which~~ picture of himself]]]]
　　　　b. [_TP John wondered [_CP [which ~~picture of himself~~]
　　　　　　　[_TP Fred + himself liked [~~which~~ picture of ~~himself~~]]]]

接下来，我们考察（50）中的 himself 的高位拷贝移位的情况，如下
面的（53）所示。如果依据优先原则缩减（53）中的 wh-语链，结果就会
得到（54）中的结果。然而，这种语链缩减方案会使推导崩溃。与（52a）
不同，（54）中的语链缩减会"打断"照应语链，因为它删除了其中一个

---

① 早期提出的方案见 Lebeaux（1983）和 Chomsky（1986b）。

链节，我们可以把这种结果理解成题元准则违规。另外，（54）中 himself 两个幸存下来的拷贝不能处于局部模型中，不能被解读为语链，因此，它们不能进行语链缩减。如果假设给定表达式只有一个拷贝在接口具有合法性（见 8.3.1），则结构应该还会在逻辑式层面违反完全解读原则（见 1.3 和 1.5）。 267

（53）[$_{TP}$ John + himself wondered [$_{CP}$ [which picture of himself]

　　　 [$_{TP}$ Fred liked [which picture of himself]]]]

（54）逻辑式：

　　　*[$_{TP}$ John + himself wondered [$_{CP}$ [which ~~picture of himself~~]

　　　 [$_{TP}$ Fred liked [~~which~~ picture of himself]]]]

在任一情况下，只要（54）中 wh-语链的最佳缩减选项无法生成收敛的推导式，我们就能考察其他语链缩减可能性。我们在前面讨论过，只有收敛的推导式才能参与经济性比较（见第 1.5 节）。如果（54）的推导式不能收敛，则它不会阻止（55）中的推导式，（55）采用了次优先的 wh-语链缩减选项。

（55）a. [$_{TP}$ John + himself wondered [$_{CP}$ [which picture of himself]

　　　　　 [$_{TP}$ Fred liked [~~which picture of himself~~]]]]

　　　 b. 逻辑式：

　　　　　 [$_{TP}$ John + himself wondered [$_{CP}$ [which picture of ~~himself~~]

　　　　　 [$_{TP}$ Fred liked [~~which picture of himself~~]]]]

在（55a）中，整个 wh-短语停留在 [Spec, CP] 中，其低位拷贝被删除；照应语链随后缩减，如（55b）所示，结果推导出 himself 的主句主语解读。

照应语与代词和 R-表达式之间的内在指称差异为我们提供了一个理论基础，使我们能解释优先原则始终适用于涉及原则 B 和原则 C 的结构，但不适用于涉及原则 A 的结构的事实。作为一个经济性原则，优先原则只在收敛的推导式中进行选择。

我们来盘点一下状况。我们针对潜在问题数据的逻辑式解释方案包括以下要素：（i）复制理论；（ii）隐性部门语链缩减；（iii）照应语隐性移位；

以及（iv）优先原则。就如我们在 8.3.1 节中讨论的那样，从最简主义角度来看，复制理论广受欢迎，语链缩减至少与基于重构的 GB 假设相当。对于照应语隐性移位的思路，其也是许多 GB 理论的假定，因此不会在两种替代方案之间进行选择。这样就剩下优先原则了。虽然优先原则有效，但不清楚它为什么会成立，因此从最简主义角度来看，它是有问题的。目前，尚未有人就该原则提出特别好的理据，在一定程度上，这只不过表明推导经济性研究尚处于初始阶段。

268

虽然如此，很有意思的是，扩大数据集后，GB 框架下也需要做出像优先原则一样的假设。例如，我们来看看如何从 GB 理论角度分析（56）—（58）中的句子。

(56) a. *He$_i$ greeted Mary after John$_i$ walked in.

　　b. 深层结构 / 表层结构 / 逻辑式 :

　　　*[he$_i$ [greeted Mary [after John$_i$ walked in]]]

(57) a. After John$_i$ walked in, he$_i$ greeted Mary.

　　b. 深层结构 :

　　　*[he$_i$ [greeted Mary [after John$_i$ walked in]]]

　　c. 表层结构 / 逻辑式 :

　　　[[after John$_i$ walked in]$_k$ [he$_i$ [greeted Mary t$_k$]]]

(58) a. *Which picture of John$_i$ did he$_i$ like?

　　b. 深层结构 :

　　　*[he$_i$ did like [which picture of John$_i$]]

　　c. 表层结构 :

　　　[[which picture of John$_i$]$_k$ he$_i$ did like t$_k$]

　　d. 逻辑式 :

　　　*[which$_k$ he$_i$ did like [t$_k$ picture of John$_i$]]

我们在前面讨论过，（56a）与（57a）之间的对比显示，原则 C 不应用于深层结构（见 2.3.1.2）；否则，两个句子都应该不可接受，因为它们具有相同的深层结构表征，如（56b)/（57b）所示，其中，John 被 he 成分统制。如果这样，（58a）不可接受应该不是因为在深层结构违反了原则

C，而是因为在 wh- 短语的一部分被重构到其原始位置之后，在逻辑式层面违反了原则 C，如（58d）所示。但是，为什么（58）必须重构，（57）则不必？关键是，如果（57c）中移位的状语分句在逻辑式层面重构，（57a）应该与（56a）类似，这与事实相反。答案似乎是，涉及算子的 A′-移位，如（58a），必须尽可能重构；换言之，即使在 GB 理论中，也需要有像优先原则一样的假设。

总之，我们成功地从逻辑式角度分析了约束理论，该分析在经验数据的覆盖范围上至少与需要深层结构和表层结构的替代方案相当；我们采用的机制比 GB 所用机制优越，至少不相上下。虽然还有一些工作要做，但我们的最简主义工程并未在约束域遭遇滑铁卢。

269

练习 8.7

在上面的讨论中，（ia）中的歧义性被间接归因于隐性部门的照应语移位。因此，如果（ib）中 himself 的高位拷贝移位，我们只能得到主句主语解读；如果低位拷贝移位，则只能推导出内嵌主语解读。假设情况属实，如果（ib）中 himself 的两个实例都移位，会出现什么问题？

（ⅰ）a. John$_i$ wondered which picture of himself$_{i/k}$ Fred$_k$ liked.

b. [$_{TP}$ John wondered [$_{CP}$ [which picture of himself] [$_{TP}$ Fred liked [which picture of himself]]]]

你对上个问题的回答是否也适用于对（ⅱ）的分析？如果不适用，是什么阻止了与（ⅱ）相关的结构中 himself 的两个实例进行隐性移位？

（ⅱ）Which picture of himself$_{i/k}$ did John$_i$ say that Fred$_k$ liked?

练习 8.8

基于正文里提出的方案，解释为什么（ⅰ）中的句子在预期解读下不可接受。

（ⅰ）a. *Whose$_i$ girlfriend did he$_i$ send flowers to?

b. *Which picture of [which man]$_i$ did he$_i$ see?

> **练习 8.9**
>
> 基于本节研究的分析方案，解释如何推导（i）中的对比，并讨论能否用以下方案进行解释：原则 C 必须在推导过程中重复使用（见 8.2.4）。
>
> （i） a. *Which picture of John_i did he_i like?
>
> b. Which picture of John_i did Mary say he_i liked?

> **练习 8.10**
>
> 讨论本节讨论的照应语移位符合统一性条件（见 2.4）。

8.3.3 标引与包含条件（约束理论到底用在哪里？）

接下来，我们详细考察 8.3.2 节中提出的经济性论据。我们以下面（59）中的句子为例。对于（60）中用于缩减与（59）相关的 wh-链的两种可能性，我们假定优先原则会选择（60a），其中，非量化元素在算子位被删除，产生（59）所示原则 B 效应。

（59）Mary wondered which picture of him_{i/*k} Fred_k liked.

（60）a. 逻辑式：

[_{TP} Mary wondered [_{CP} [which ~~picture of him~~]

[_{TP} Fred liked [~~which~~ picture of him]]]]

b. 逻辑式：

[_{TP} Mary wondered [_{CP} [which picture of him]

[_{TP} Fred liked [~~which picture of him~~]]]]

然而，这一论点似乎有一个悬念。[1] 如果就如我们在关于原则 A 的讨论中看到的那样，作为一项经济原则，优先原则只在收敛的推导式中进行选择，难道运算系统不应该忽视（60a）并选择非首选选项（60b）吗？毕竟，在（60a）中，him 和 Fred 同标会违反原则 B，（60b）则不存在这个

---

① 关于这一点的讨论见 Ferreira（2000）。

问题。换言之，难道约束理论违规不应该导致推导崩溃吗？这种推理有什么问题吗？

　　问题是，这种推理方式把标引视为句法实体的构成部分。注意，（60a）只是在该标引下不可接受。除此以外，它是一个完全合格的逻辑式结构。所以，现在我们要问的是，标引是否是真正的语法构形成分。更有针对性地说，在最简主义系统中，它们应该是真正的语法构形成分吗？乔姆斯基（Chomsky 1995: 228）暗示，并非如此：

> 一个"完美的语言"应该满足包含条件：运算系统形成的任何结构[……]都是由为[枚举词项集合]N 选择的词项中已经存在的元素构成的；除了词汇属性的重新排列以外，在运算过程中不会添加新的实体（具体来说，**没有标引**，没有 X'-理论意义上的阶标层次等[……]）。[黑体强调标记由笔者添加——NH、JN 和 KKG]

根据不能将指称标引（一般用于约束理论计算的标引）视为词汇特征这一合理假设，包含条件应该禁止将指称标引作为语法实体提出（见 2.4）。[1]　271

　　我们在第六章和第七章讨论了包含条件，当时，我们重新分析了短语和语迹的属性。包含条件被用于支持从关系角度理解阶标层次，支持用拷贝取代语迹。从计算角度来看，其思路似乎是非常自然的：语法做的是把词汇原子关联起来；它们不会创造新的实体类别。如果我们采纳这一视角，则上面提到的潜在问题只是表象，因为该问题要求相对于替代标引计算收敛。如果没有标引，则（60）中的 wh-链的两种可能缩减方式会导致推导式收敛，优先原则适用，选择（60a）。

　　假设这种思路是正确的，如果原则 B 对（60a）中表征的逻辑式结构不适用，那么我们应该在哪里计算原则 B？我们想说的是，不可能将（59）解读成 Fred 和 him 同指，并且我们想在不提标引的情况下这样说。那我们为什么不直接说，（60a）一类结构收敛并获得一种完全合格的解读，但该解读不允许代词在复指方面依赖于 Fred 呢？这需要略微修正一

---

①　参见 Kural and Tsoulas（2005），他们就包含条件下的标引法提出了一种方案。

下约束理论。

例如，我们可以采用乔姆斯基和拉斯尼克（Chomsky and Lasnik 1993）提出的约束理论，如（61）所示；该版本特别适合我们的需求，因为约束原则是用解读原则声明的，未诉诸标引。

（61）*约束理论*

（ⅰ）*原则 A：*

如果 α 为照应语，其解读应与其域中的某个成分统制它的短语同指。

（ⅱ）*原则 B：*

如果 α 为代词，其解读应与其域中的每个成分统制它的短语互斥。

（ⅲ）*原则 C：*

如果 α 为 R 表达式，其解读应与每个成分统制它的短语互斥。

根据本版本的约束理论，（60a）可以收敛，（60b）会被阻止，（61ii）中的原则 B 将要求，（60a）中的 him 被解读为与 Fred 互斥，这正是我们想要的结果。

272   总之，如果正如包含条件所蕴含的那样，标引不可能是句法基元，则应按（61）的思路表述约束理论，其中，解读原则不在逻辑式起作用，而是在概念–意向接口（逻辑式接触其他认知系统的接口）起作用。值得指出的是，该结果与最简主义的预期是兼容的。

我们在前面讨论过，最简主义工程探索的假设，是不应存在像深层结构、表层结构一类的语法内部层次，并非与语言相关的所有属性都必须在逻辑式或音系式层面发挥作用，也并非句子不可接受的所有理由都必须诉诸这些接口层次。因此，以前在严格意义上的句法部门进行分析的现象从与语言官能接口的其他认知系统的角度得到重新分析，这一结果完全合理。事实上我们可以认为，本节的讨论提供了一个准则，我们可以借以确定给定现象是属于句法本身还是接口的范畴。背后的思路是，如果两个推导式在经济性上进行竞争，计算系统从中选择的一个推导式无法形成可以接受的句子，则这种不可接受性不可能是逻辑式收敛问题。就（59）而言，我们不能认为其在标引 k 下不可接受是因为它无法在逻辑式收敛。

练习 8.11

我们在本节中看到，如果包含条件成立，则必须从 C-I 接口而非逻辑式角度解释原则 B 的违规情况。考察（i）中的句子，讨论对于原则 A 和原则 C，能否得到类似的结论。

　　（i）a. *Which picture of John$_i$ did he$_i$ like?

　　　　b. John wonders which picture of himself Mary liked.

　　　　c. *She wonders which picture of himself she liked.

8.3.4 习语解读与照应语约束

我们在 8.3.2 节中看到，对于约束，我们可以摒弃深层结构和表层结构而不影响对经验事实的覆盖范围。为了覆盖这些经验事实而需要采用的技术要么优于 GB 中采用的技术，要么与其类似。由于平局意味着最简主义替代方案胜出，所以，我们可以认为我们达到了目的。不过我们最好能找到论据，证明最简主义方案不但在经验事实覆盖方面不亚于标准方案，而且能做到更好。乔姆斯基（Chomsky 1993: 206ff.）提供了这样一个论据，我们将在这里进行讨论。以（62）中的句子为例。

（62）John wondered which picture of himself Bill took.

（62）涉及两类歧义。首先，此句可以有字面或"习语性"的解读；即可以将 take 解读为常规动词，表示"拿走"之义，也可将其解读为一个轻动词，与 picture 构成复杂谓词，表示"拍照"之义。我们集中讨论非习语性的"拿走"解读；此时，该句仍有歧义，详见我们在 8.3.2 节中的讨论；John 或 Bill 都可能是反身代词的先行语。我们讨论过，这种歧义取决于照应语在隐性部门的移位。如果反身代词的低位实例移位，我们得到（63a）中的逻辑式表征，结果得到（64a）中的内嵌主语解读；另一方面，如果高位拷贝移位，我们得到（63b）中的逻辑式结构，这是（64b）中主句主语解读的基础。

273

（63）a. 逻辑式：

　　　　[TP John wondered [CP [which ~~picture of himself~~] [TP Bill himself

　　　　took [~~which~~ picture of ~~himself~~]]]]

　　　b. 逻辑式：

　　　　[TP John+himself wondered [CP [which picture of ~~himself~~] [TP Bill

　　　　took ~~[which picture of himself]~~]]]

（64）a. John wondered which$_x$ Bill+himself$_y$ took [x picture of y]

　　　b. John+himself$_y$ wondered [which picture of y]$_x$ Bill took x

　　乔姆斯基观察到，这种歧义在 take picture 的习语解读中并不存在。在该解读下，只存在与（64a）类似的约束关系，换言之，只有 Bill 能被解读成反身代词的先行语。[①] 如果我们把习语重构至其基础位作为习语解读的先决条件，就能解释这种情况。因此，（63a）中的结构允许习语解读和非习语解读，（63b）只允许非习语解读。

　　习语的这种强制性重构对不采用深层结构的理论是有意义的。一般假定，习语不是合成性的，它们在词库中作为单个词项列出。在采用深层结构的理论中，习语作为一个单位插入深层结构。在不采用深层结构的理论中，必须在某个其他层次捕捉习语的单一性。在最简理论中，可用于此目的的唯一层次是逻辑式，因为只有这个层次会影响语义解读。另外注意，在语音上，（62）中的习语不构成一个单位；picture 根本不在 take 附近。因此，逻辑式是核查习语解读的唯一所在，逻辑式表征也是作为约束理论的输入。换言之，这两个解读选项取决于同一个短语标记。因此，我们预计，一个选项的解读会决定另一个选项的解读，我们在（63a）中看到的即是这种情况：负责允准习语的重构禁止反身代词以主句主语为先行语。

　　在存在可选表层结构约束的理论中，或是在约束选项在整个推导过程中决定的理论中，我们无法复制这种解读选项上的巧合。为什么不能？考

274

_____

　　① 这个说法存在很大的争议。许多英语本族语者并不认同此判断，结果削弱了结论的说服力。由于我们主要关心的是论据的逻辑性，所以我们将不考虑这个潜在问题，而是假定正文中报告的判断是正确的。

虑一个存在深层结构且可选约束贯穿整个推导过程的理论。基于此假设，我们把习语性限制编码在深层结构层，并在表层结构允许反身代词约束。基于这些假设，在确定（65a）中的习语解读之后，应该有可能约束下面（65b）中的反身代词。这样就会错误地允准这样的解读：（62）中的反身代词被 John 约束，谓词 take picture 获得习语解读。

（65）a. 深层结构：

[John wondered [Bill took [which picture of himself]]]

b. 表层结构：

[John wondered [[which picture of himself]$_i$ [Bill took t$_i$]]]

（62）也给要求在逻辑式层面对习语进行重构，但允许在表层结构和逻辑式实施约束的理论带来了问题，如（66）所示。

（66）a. 表层结构：

[John wondered [[which picture of himself]$_i$ [Bill took t$_i$]]]

b. 逻辑式：

[John wondered [which$_k$ [Bill took [t$_k$ picture of himself]]]]

在本例中，反身代词在（66a）中可以受到约束，（66b）中的重构允准习语解读。再一次，在 take picture 的习语解读下，John 被错误解读为 himself 的先行语。

两个替代方案都因同样的原因无功而返。乔姆斯基的观察要求的是，反身代词约束关系在与习语解读相同的地方确定。只有不接受深层结构和表层结构解读，将所有解读都集中于逻辑式层面的理论才有可能做到这一点。只有接受了这一点，我们才有可能解释解读选项上的巧合性。因此，正是因为在其他选项中语法会在多于一个点上影响解读，所以它们无法解释以上讨论的相关性。相反，最简主义方案必须在逻辑式层面整合所有解读，因为这种方案不接受深层结构和表层结构，这样就能正确地解释我们前面注意到的约束与习语两种解读在语义上的相关性。

有一点需要强调。如果这种分析是正确的，就为最简主义方案提供了一个经验论据。正如我们在前面注意到的那样，在经验事实方面达到平局

275

就对最简主义方案有利，因为这种方案取消了深层结构和表层结构，消除了作为语法构形成分的语迹和标引。这里的论据为优先选择最简主义方案提供了一个经验上的理由；它能解释语义相关性，其他方案则不可以！

练习 8.12

在 8.2.2 节中，我们观察到在下面的（ia）中只能将相互代词解读为内嵌主语，（ib）中的句子证实了这一点。基于本节的讨论，给出（ia）的逻辑式表征，解释为什么不允许主句主语解读。另外，讨论就（ib）的不可接受性可以得到什么结论；是因为不能在逻辑式收敛，还是概念-意向接口的运算使然（见 8.3.3）？

（i）a. The students asked what attitudes about each other the teachers had.
b. *The students asked what attitudes about each other Mary had.

练习 8.13

下面（i）中的数据显示，两个量化词如果在同一个分句中，其辖域就可能出现交替，但如果它们在不同的分句中就不可以（见 May 1985）。因此（ia）中的句子有歧义，它既可以表示某个学生上了所有课程（some student 取宽域），也可以表示没有课程没学生（every course 取宽域）；相反，（ib）只有 some student 取宽域的解读。基于这些背景信息，给出（ii）中句子的逻辑式结构，解释为什么（iia）在辖域上有歧义，而（iib）仅存在 someone[①] 取宽域的解读（见 Aoun 1982）。就约束理论及辖域交互作用的运算，我们能得到什么结论？

（i）a. Some student attended every course.　（∃∀ : OK ; ∀∃ : OK）

b. Some student said that Mary attended every course.

（∃∀ : OK ; ∀∃ : *）

（ii）a. Some student seems to have attended every course.

（∃∀ : OK ; ∀∃ : OK）

b. Some student seems to himself to have attended every course.

（∃∀ : OK ; ∀∃ : *）

---

① 原文有误，应为 some student。——译者

> **练习 8.14**
>
> 　　确定（ i ）中的句子有哪些解读，根据本节的讨论推导出这些句子（见 Chomsky 1986b）。
>
> 　　　　（ i ）　a. The boys wondered which jokes about each other the girls told.
>
> 　　　　　　　 b. The boys wondered which jokes about each other the girls heard.

8.3.5　其他问题

8.3.5.1 深入补足语和附加语分句的约束

在结束本章内容之前，我们还需要考虑针对深层结构与约束理论相关性的另一类论据。以（67）中的对比为例。

　　（67）a. *Which claim that John$_i$ was asleep did he$_i$ discuss?

　　　　　 b. Which claim that John$_i$ made did he$_i$ discuss?

这两个句子有不同的约束属性。在（67a）中，代词不能与 John 共指，但在（67b）中则可以。[①] 这非常出乎意料，因为优先原则在理论上应该要求，将（68）中的结构转换成（69）中的结构，其中，在两个结构中，John 的解读都应该与 he 不同；这样，对于得到的结果，（67a）是正确的，（67b）则是错误的。

　　（68）a. [[which claim that John was asleep] did [he discuss [which claim that John was asleep]]]

　　　　　 b. [[which claim that John made] did [he discuss [which claim that John made]]]

　　（69）a. 逻辑式：

　　　　　 [[which ~~claim that John was asleep~~] did [he discuss [~~which~~ claim that John was asleep]]]

　　　　　 b. 逻辑式：

---

　　①　相关讨论，请参见 van Riemsdijk（1981）、Freidin（1986）、Lebeaux（1988, 1991, 1995）、Speas（1991）、Chomsky（1993）、Heycock（1995）和 Lasnik（1998）。

[[which ~~claim that John made~~] did [he discuss [~~which~~ claim that John made]]]

277   可见，问题是如何将（67a）与（67b）区分开。它们之间的一个差异非常清楚：（67a）涉及一个名词补足语分句；（67b）涉及一个关系分句，因此是一个附加语。勒博（Lebeaux 1988）将（67a）与（67b）的对比与补足语和附加语的差异关联起来，他假定，补足语必须存在于深层结构，但附加语则可在推导过程中引入。也就是说，虽然（67a）中的名词补足语分句进入推导的方式只有一种可能，即在深层结构进入［在 wh- 移位之前，如（70）所示］，但（67b）中的关系分句既可以在 wh- 移位之前，也可以在其后引入，如（71）和（72）所示。

（70）a. 深层结构：

[he did discuss [which [claim [that John was asleep]]]]

b. 表层结构：

[[which [claim [that John was asleep]]]$_i$ did he discuss t$_i$]

（71）a. 深层结构：

[he did discuss [[which claim] [OP$_k$ that John made t$_k$]]]

b. 表层结构：

[[[which claim] [OP$_k$ that John made t$_k$]]$_i$ did he discuss t$_i$]

（72）a. 深层结构：

[he did discuss [which claim]]

b. 表层结构：

[[[which claim]$_i$ [OP$_k$ that John made t$_k$]]$_i$ did he discuss t$_i$]

现在，如果原则 C 用在深层结构或者用在重构之后的逻辑式层面，我们就可以从（70）的角度解释（67a）的不可接受性。基于此，如果（71）是推导此句的唯一方式，（67b）也应该是不可接受的。这样，我们就将（67b）的不可接受性归因于（72）的额外推导，其中，关系分句在 which claim 移至 [Spec, CP] 之后嫁接。无论是在深层结构，还是在重构后逻辑式层面计算原则 C，在（72）中 he 都不会成分统制 John，原则 C 得到满足。

　　乔姆斯基（Chomsky 1993）接受了勒博提倡的精神，提出了一种不依赖深层结构的替代方案。具体来说，他建议将补足语引入结构时必须满足（73）中的扩展条件，附加语的引入则不必。接下来，我们考察一下细节问题。

278

　　（73）扩展条件（初始版）

　　　　显性合并和移位只能以根性句法实体为目标。

　　我们在前面讨论过，通过防止显性合并和移位以给定句法结构的"中间"部分为目标，扩展条件确保了最简主义系统的循环性（见 2.3.2.4）。鉴于我们已在复制移位理论的框架下把移位重新分析成复制与合并，所以现在我们可以把（73）简化为（74）。

　　（74）扩展条件（修订初始版）

　　　　显性合并只能以根性句法实体为目标。

　　根据（74），（68a）中的结构是由一系列的合并操作构建的，合并操作始终以根为目标。相关步骤如（75）所示。

　　（75）a. 多次运用合并→

　　　　　[$_{CP}$ that John was asleep]

　　　　b. CP + $_{Merge}$ claim →

　　　　　[$_{NP}$ claim that John was asleep]

　　　　c. NP + $_{Merge}$ which →

　　　　　[$_{DP}$ which claim that John was asleep]

　　　　d. DP + $_{Merge}$ discuss →

　　　　　[$_{VP}$ discuss [which claim that John was asleep]]

　　　　e. 额外运用合并→

　　　　　[$_{CP}$ did he discuss [which claim that John was asleep]]

　　　　f. 复制并合并 wh-短语→

　　　　　[$_{CP}$ [which claim that John was asleep] did he discuss [which claim that John was asleep]]

（75f）中的结构被转换成（69a），防止 he 和 John 形成共指解读，如前文所述。

如果并非像乔姆斯基提出的那样，附加语的引入一定要满足扩展条件，则（67b）的推导方式可能与（75）类似，但还有另一种推导方式，如（76）所示。

(76) a. 多次运用合并→

$[_{CP1} OP_i$ that John made $t_i]$

b. 多次运用合并→

$[_{CP}$ did he discuss [which claim]]

279

c. 复制并合并 wh-短语→

$[_{CP2}$ [which claim] did he discuss [which claim]]

d. (通过嫁接) 将 CP₁ 合并至 wh-短语→

$[_{CP2}$ [[which claim] $[_{CP1} OP_i$ that John made t_i]] did he discuss [which claim]]

e. 在音韵部门删除→

$[_{CP2}$ [[which claim] $[_{CP1} OP_i$ that John made t_i]] did he discuss [~~which claim~~]]

f. 在隐性部门删除→

逻辑式:

$[_{CP2}$ [[which ~~claim~~] $[_{CP1} OP_i$ that John made t_i]] did he discuss [~~which~~ claim]]

在（76d）中，在 wh-短语移位后，我们把关系分句嫁接到 wh-短语，如果嫁接不受扩展条件约束，这是有可能的。可见，当 he 与 John 同标时（67b）可以接受，是（76）中的额外推导使然。重要的是，在（76f）的逻辑推导式中 he 不成分统制 John。

再一次，我们用与其相当的技术在经验数据覆盖范围方面取得了与 GB 相同的效果，而且没有诉诸非接口表征层次。还要注意从理论上来看我们在这里从最简主义角度进行的再解读似乎更自然一些。首先，嫁接不受扩展条件约束这一假设似乎有独立的理据，其为推导中心语移位的条件。给定（77a）中的结构，动词移位不以根 TP 投射为目标，而是以 TP 的一部分（即 T）为目标，如（77b）所示。

（77）a. $[_{TP} T^0 [_{VP} ... V ...]]$

b.

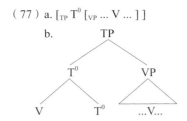

其次，可以将在推导过程中添加关系分句的做法视为在深层结构的一种尝试。我们在前面讨论过，在 GB 中，推导的起点应该是运算系统可用的唯一根性句法实体。如果关系分句可以独立形成，会削弱深层结构在 GB 中的作用（见 2.3.1.3 和 2.3.2.5）。广而言之，（67a）与（67b）之间在解读上的对比并没有为深层结构提供论据，相反，这一对比实际上使深层结构本身的存在受到质疑，哪怕是在 GB 中。不必说，最简主义者并不会因为这一结果而感到沮丧。

8.3.5.2 扩展条件与侧向移位

我们在上一节回顾的补足语与附加语分句之间的对比依赖于以下假设：嫁接结构不受扩展条件制约，且这一点似乎有着独立的理据，是为中心语移位而生的。偏向最简主义思维方式的我们不禁要问，情况为什么如此。

鉴于嫁接是反复出现的麻烦制造者，所以我们可以说，嫁接在扩展条件方面的例外性只是另一个与嫁接有关的、不可避免的假设。经仔细考察，我们发现这种规定的例外性在理论和经验层面似乎都是不可取的。

以下面（78）中不可接受的句子为例：这是一个经典的例子，表明不能从附加语孤岛中提取成分。[①] 根据复制理论，（78）的推导应涉及复制（79）中的 which book，并将其合并在 [Spec, CP] 位。

---

① 见 Cattell（1978）和 Huang（1982）。

（78）*Which book did you leave the library without finding?

（79）[did you [$_{VP}$ [$_{VP}$ leave the library] [$_{PP}$ without PRO finding [which book]]]]

为讨论方便，我们基于复制理论解释为什么不能从附加语孤岛内部移出元素，假定附加语内部的元素不能成为复制的目标。[①] 即是说，一旦运算达到（79）中的阶段，即 PP 被嫁接到 VP 上，PP 的内容就不能作为复制的目标；因此，which book 无法复制，推导崩溃，因为疑问性标句词的强 wh- 特征不能得到核查。

基于此，我们现在需要阻止（80）—（84）中列出的推导。

（80）a. K =[$_{PP}$ without PRO finding [which book]]

    b. L =[did you [$_{VP}$ leave the library]]

（81）a. K =[$_{PP}$ without PRO finding [which book]]

    b. L =[did you [$_{VP}$ leave the library]]

    c. M =[which book]

（82）a. K =[$_{PP}$ without PRO finding [which book]]

    b. N =[[which book] did you [$_{VP}$ leave the library]]

（83）[[which book] did you [$_{VP}$ [$_{VP}$ leave the library] [$_{PP}$ without PRO finding [which book]]]]

（84）[[which book] did you [$_{VP}$ [$_{VP}$ leave the library] [$_{PP}$ without PRO finding [~~which book~~]]]]

在（80）中，有两个独立句法实体是由循环运用合并形成的。鉴于疑问性标句词有一个强 wh- 特征，必须得到核查，运算系统可以复制一份 which book，如（81c）所示，将其与 L 合并，产生（82b）中的 N。如果嫁接不受扩展要求制约，则 K 可以嫁接到（82b）中的 VP 上，形成（83）中的结构。进一步的运算涉及在音韵部门删除（83）中 which book 的低位拷贝（见 7.5），如（84）所示，错误地允许（78）中的句子。

---

① 有关从最简主义角度探讨附加语孤岛的相关研究，请参见 Takahashi（1994）、Nunes and Uriagereka（2000）、Hornstein（2001）、Nunes（2001, 2004）和 Boeckx（2003a）。

　　注意，我们不能基于上文提到的禁止从附加语内部复制元素的假设，排除从 K 中复制 which book。与标志语和补足语概念一样，附加语这个概念是关系性。也就是说，仅当其与 X 合并时，给定成分才会成为 X 的标志语、补足语或附加语（见 6.3.1）；在此之前，我们只有独立的句法实体。重要的是，在（80）—（84）描述的推导中，which book 是在 PP 与（83）中的 VP 合并、成为附加语之前被复制的。

　　我们可以认为，问题在于（80）—（84）中描述的步骤，其中 which book "侧向"移位，从一棵树移到另一棵树。在类似于 GB 的系统中，这可能是一个合理的反面论据；这类系统假定移位是一种操作，在整个推导过程中只有一个根性句法实体，即深层结构提供的句法实体。然而，在我们探索的框架中该反面论据是没有容身之处的，因为当前的框架允许句法结构并行构建，并将移位视为复制和合并同时运用的结果。通过规定被复制的元素只能与含有"原件"的树合并，从而阻止（80）—（84）中的步骤，这种做法实际上相当于恢复深层结构。

　　一种更有潜力的做法是在此处采用的框架下探索零假设，允许侧向移位，并用（74）里的扩展条件排除（80）—（84）中我们不想要的推导。只要（82）—（83）中 PP 与 VP 间的合并不具循环性［在（82b）282 中，VP 不是根性句法实体］，该合并就会被扩展条件禁止。其优势在于，现在利用侧向移位我们就能循环地推导出上面讨论的非循环合并例外用例。

　　例如，显性 V 至 T（即传统的 V 至 I）移位的推导可以按（85）—（88）的方式进行。

（85）a. K = T^0

　　　　b. L = [$_{VP}$...V ...]

（86）a. K = T^0

　　　　b. L = [$_{VP}$...V ...]

c. M =V

（87）a. N =[$_{T0}$ V+ T^0]

b. L =[$_{VP}$...V ...]

（88）

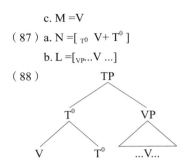

给定（85）中 K 和 L 里的句法实体，运算系统将动词复制一份，如（86c）所示，然后将其嫁接到 Infl，核查其强 V 特征。结果形成的（87a）中的嫁接结构与 VP 合并，产生（88）中的结构，显然（88）与（77b）是相同的。然而，这里的关键是（85）—（88）的整个推导过程都没有违反扩展条件。[①]

类似考虑对关系分句非循环嫁接这些明显的实例也适用。例如，（67b）[这里重复为下面的（89）]的相关推导可以按（90）—（93）的方式进行，先从 K 中复制 wh-短语，如（91c）所示，然后将其与关系分句合并（比如说，为了允准零算子），形成（92b）中的 N。然后 N 与 K 合并，形成（93）中的实体，与（76d）相同。唯一的差别是，（93）的构建过程符合扩展条件。[②]

283

（89）Which claim that John$_i$ made did he$_i$ discuss?

（90）a. K =[did he discuss [which claim]]

b. L =[OP$_k$ that John made t$_k$]

（91）a. K =[did he discuss [which claim]]

b. L =[OP$_k$ that John made t$_k$]

c. M =[which claim]

---

① 有关更多讨论，见 Bobaljik（1995a）、Nunes（1995, 2001, 2004）、Bobaljik and Brown（1997）、Uriagereka（1998）、Nunes and Uriagereka（2000）、Hornstein and Nunes（2002）、Boeckx（2003b）和 Agbayani & Zoerner（2004）。

② 更多讨论，请参见 Nunes（1995, 2001, 2004）。

（92）a. K =[did he discuss [which claim]]

　　　b. N =[[which claim] [OP$_k$ that John made t$_k$]]

（93）[[[which claim] [OP$_k$ that John made t$_k$]] did he discuss [which claim]]

难道我们不能运用类似的侧向移位方案来推导（67a）［即此处的（94）］的表征，在 wh-短语移至 [Spec, CP] 之后嫁接名词补足语分句？答案是不能！但为什么不能？因为在这种情况下，侧向移位会违反扩展条件。给定（95）—（96）中的推导步骤，CP$_1$ 不能非循环地与（96c）中的 claim 合并，无法实现我们预期的推导。

（94）Which claim that John$_i$ was asleep did he$_i$ discuss?

（95）a. K =[$_{CP1}$ that John was asleep]

　　　b. L =[did he discuss [which claim]]

（96）a. K =[that John was asleep]

　　　b. L =[did he discuss [which claim]]

　　　c. M =[which claim]

唯一的替代方案是按照（97）的方式进行，其中名词补足语分句在 wh-移位之前与 claim 合并，he 与 John 之间的共指被原则 C 禁止，这一点我们在 8.3.5.1 节中讨论过。

（97）a. [did he discuss [which [claim [that John was asleep]]]]

　　　b. [[which [claim [that John was asleep]]] did he discuss [which [claim [that John was asleep]]]]

　　　c. 逻辑式：

　　　　 [[which ~~claim [that John was asleep]~~]] did he discuss [~~which~~ [claim [that John was asleep]]]]

总之，关系分句与名词补足语结构之间的区别可以追溯到这两种结构 284 的推导方式。后者要求在将含有分句补足语的 DP 合并到 V 的补足语之前合并分句补足语。相反，关系分句则可以在 wh-短语移位之后合并，在以下两种条件下都不会违反扩展条件：该条件明确排除嫁接；或者关系分句可以在推导后期通过侧向移位嫁接，这种方式原则性更强。

练习 8.15

考察下面（ii）—（vi）中描述的推导，它们会错误地允准（i）中的句子（见 Nunes 2004）。该推导的关键属性，是在将 K 嫁接到 L 之前［如（iva）所示］运算系统会复制一份 which book；也就是说，下面的推导符合扩展条件。讨论在最简主义框架下如何才能仍然排除这种推导。

(i) *Which book did you leave the library without finding?

(ii) a. K=[PP without PRO finding [which book]]
   b. L= [VP leave the library]

(iii) a. K= [PP without PRO finding [which book]]
   a. L= [VP leave the library]
   b. M = [which book]

(iv) a. N= [did you [VP [VP leave the library] [PP without PRO finding [which book]]]]
   b. M= [which book]

(v) [[which book]^i did you [VP [VP leave the library] [PP without PRO finding [which book]^i]]]

(vi) [[which book]^i did you [VP [VP leave the library] [PP without PRO finding [which book]~~which book~~ ^{i}]]]

练习 8.16

努内斯（Nunes 1995, 2001, 2004）和霍恩斯坦（Hornstein 2001）认为，像（i）一类的寄生语缺应该按照（ii）—（vi）所示方式通过"侧向移位"推导。

(i) Which paper did you file without reading?

(ii) a. K= [without reading [which paper]]
   b. L=file

(iii) a. K= [without reading [which paper]]
   a. L=file [which paper]

(iv) [VP [VP file [which paper]] [PP without reading [which paper]]] （v）　[did you [$_{VP}$ [$_{VP}$ file [which paper]] [$_{PP}$ without reading [which paper]]]]

（vi）a. [[which paper] did you [$_{VP}$ [$_{VP}$ file [which paper]] [$_{PP}$ without reading [which paper]]]]

b. *音韵部门的删除操作*：

[[which paper] did you [$_{VP}$ [$_{VP}$ file ~~[which paper]~~] [$_{PP}$ without reading ~~[which paper]~~]]]

假设这是正确的，讨论如何在（viii）—（x）中给定的潜在推导方式下排除（vii）中的不合法寄生语缺。

（vii）*Who did you file which paper without reading?[①]

（viii）a. K =[without reading [which paper]]

a. L =file

（ix）a. K =[without reading [which paper]]

a. L =file [which paper]

（x）　a. [who [$_{VP}$ [$_{VP}$filed[which paper]] [$_{PP}$ without reading [which paper]]]]

a. *音韵部门的删除操作*：

[who [$_{VP}$ [$_{VP}$ filed [which paper]] [$_{PP}$ without reading ~~[whichpaper]~~]]]

8.4　结语

在本章中，我们证明可以运用复制移位理论为最简主义解决约束领域中存在的问题。运用拷贝以及拷贝解读规约，我们提出了一种重构方案，将所有约束效应统一整合到逻辑式层面，这是最简主义框架下允许的一个层次。结果形成的理论还摒弃了标引。总之，复制理论似乎能捕捉到语音式和逻辑式的广泛经验事实，并且似乎是达到经验充足性的最简语言理论不可或缺的一部分。

---

① 此句原文有误，应为 "Who filed which paper without reading?"。

第九章

特征可解读性与特征核查

9.1 引言

本章重点讨论我们目前为止所采用的核查程序，以及显性移位与隐性移位之间的传统差异。我们将以前面各章提出的分析方案为基础，讨论它们与所提模型的一般架构特征的一致性，并从最简主义角度提出更多的问题。

我们将在 9.2 节回顾核查理论的各个方面并提出一些重要问题；然后在后面的各节逐一考察这些问题。在 9.3 节中，我们将讨论特征核查实际上源于从运算过程中消除 [不可解读] 特征这一假设。9.4 节考察符合统一性条件的两种隐性移位重新分析方案：特征移位方案和一致方案。最后，9.5 节结束全章的讨论。

9.2 关于核查理论的一些问题

我们首先回顾最初在系统里引入核查机制的动因。就如我们在 2.3.1.1 节里看到的那样，GB 中关于格理论应该在表层结构发挥作用的标准看法有两个技术性假设：首先，格是指派的；其次，这种指派发生在管辖构型下。我们已经证明，一种同样合理的格理论实施方案能在不以表层结构为表征层次的情况下，处理与格相关的核心现象。具体地，名词性元素在进入推导之前，其格特征可能已经具体化，带有格特征的具体元素在给定结构中的适当性由一个核查程序进行核查，该程序将这种格特征与一个局部中心语的格特征进行匹配。如果无法进行适当的匹配，推导式会在逻辑式崩溃。

我们以（1）和（2）中的推导为例进行说明。

（1）a. [$_{TP}$ she$_i$ [$_{T'}$ T^0 [$_{VP}$ was seen t$_i$]]]

b. *[$_{TP}$ her$_i$ [$_{T'}$ T^0 [$_{VP}$ was seen t$_i$]]]

（2）a. *[John expects [$_{TP}$ she$_i$ [$_{T'}$ to [$_{VP}$ t$_i$ win]]]]

b. [John expects [$_{TP}$ her$_i$ [$_{T'}$ to [$_{VP}$ t$_i$ win]]]]

根据这种核查方案，（1）和（2）中的 her 和 she 在进入推导时其格特征已经具体化，它们后来移至 [Spec, TP]。由于（1）中的限定性 T 与主格关联，所以 she 的格特征可以在该构型中得到核查，而 her 则不可以；因此，（1）中的对比源于 her 的格特征无法得到核查，导致推导式在逻辑式崩溃。另一方面，在（2）中，内嵌 T 不与格特征关联；代词必须隐性移至下一个格核查位，如 [Spec, AgrOP]。鉴于 AgrO 与宾格关联，所以它能核查 her 的格，但不能核查 she 的格，结果导致（2a）的推导式在逻辑式崩溃。

这种分析符合最简主义的一般思路，因为它用到了具有理论必要性的逻辑式以及结构构建操作合并提供的局部构型（这里为标志语-中心语构型）。重要的是，我们同时看到，这种替代方案在对经验事实的处理上优于标准 GB 方案，因为它能在不采用特殊限制性规定的情况下，解释（3）一样的存现结构和（4）一类的约束相关事实。

（3）[Mary thinks that [$_{TP}$ there is [a cat] on the mat]]

（4）[Mary [$_{VP}$ [$_{VP}$ entertained [the men]] [$_{PP}$ during each other's vacations]]]

在（3）中，DP a cat 可以在隐性移至一个可以核查其格特征的位置（比如，通过额外构建一个 [Spec, TP]）之后，再满足其格要求（见 2.3.1.1）。类似地，在（4）中的 the men 隐性移至 [Spec, AgrOP] 以核查其格特征之后，它就能成分统制并允准附加语 PP 中的照应语（见 4.4.1）。[①]

288　　　为了在不依赖表层结构参数的条件下，解释与移位相关的跨语言差异，我们对核查方案进行了进一步概括（见 2.3.1.3）。以英语和法语在动词移位方面的差异，以及英语和现代汉语在 wh-移位方面的差异为例（见 2.3.1.3），如（5）和（6）所示。

　　　　（5）a.*法语*

　　　　　　　Jean bois　　souvent　du　vin.

　　　　　　　Jean drinks　often　　of　wine

　　　　　　　Jean often drinks wine.

　　　　　　　让经常喝酒。

　　　　　　b.John often drinks wine.

　　　　（6）a. What did Bill buy?

　　　　　　b.*现代汉语*

　　　　　　　Bill buy-ASP what

　　　　　　　What did Bill buy?

　　　　　　　比尔买了什么？

我们提出，每对语言的相关差异与强特征相关，除非得到显性核查，否则这些特征会导致推导式在语音式崩溃。例如，如果假定法语 T 有一个强 V 特征，英语疑问性标句词有一个强 wh-特征，（5）和（6）中的对比就能得到解释。

　　　总结起来，从最简主义角度来看，核查程序似乎是一种很有意思的技术手段，因为它使我们能通过逻辑式过滤条件（如格理论）或语音式过滤条件（如移位参数）解释相关事实。基于此，核查程序为一系列的最简主义问题奠定了基础。第一个问题是：核查为什么存在？注意，就移位参数而言，我们已经有了一个大致的答案：如果不发生移位，一个非法的实体

---

　　　① 　就如我们在 4.4.2 节里看到的那样，（4）的一种替代方案称，the men 显性移至其格核查位，然后，动词显性移至一个更高的位置。出于讨论需要，我们这里只考虑隐性移位分析方案。

会到达语音式。然而，这种思路很难延用到格理论。如果（1）和（2）的代词在进入推导时，它们的相关特征已经具体化，那么，为什么这些特征还需要通过核查允准？

　　另一个相关问题与这种允准的时机有关。以（5）和（6）为例。如果英语里的动词移位和汉语里的 wh-移位显性进行，结果会怎么样？在2.3.1.3 节里，我们通过拖延这个经济原则排除了这些无用的移位（另见2.3.1.5），根据该拖延原则，隐性移位比显性移位更经济。但我们不禁要问，为什么会这样，为什么隐性操作与显性操作不同。注意，从最简主义角度来看，这个问题超越了显性与隐性操作的这种差异具有规约性的这一事实。进行规约几乎始终都是为了深化研究。但在本例中，以下规约有可 289 能对系统的整体架构产生不良后果：操作受制于不同的条件，具体取决于操作的运用是显性的，还是隐性的。具体来说，该规约可能违反统一性条件，该条件要求隐性部门可用的操作在显性部门也可用（见 2.4）。接下来，我们来看看为什么这种违规有可能带来问题。

　　我们在前面讨论过，统一性条件在元理论方面的作用是提醒我们警惕模棱两可的陈述，如"诸如某种操作必须在拼读之前 / 之后运用"。下面依据这种思路来考察当前示例。如果只有一个移位操作，我们说显性移位的代价内在地比隐性移位高，是没有意义的。因此，在没有独立动因的情况下，将不同的经济值指派给显性移位和隐性移位，拖延原则实际上默认它们事实上是两个不同的操作。基于此，我们应该问的是，如果系统"错误地"在显性句法中运用"隐性移位"操作，结果会发生什么。

　　例如，不妨假定，英语里的动词移位和汉语里的 wh-移位已经显性发生。这两种移位形成的结构肯定符合逻辑式的要求（毕竟，根据假设，这些结构是作为逻辑式的输入的），并且似乎没有明显的理由能解释这些结构为什么会导致推导式在语音式崩溃。在此基础上我们可以提出，这些无用的结构实际上应该在拼读之前被排除，也就是说"隐性移位"不能发生于拼读之前。这种提法的问题在于，如果没有独立的理由解释拼读为什么不能应用于"隐性移位"形成的结构，我们实际上是默认将拼读视为一个中间表征层次：它相当于一种过滤手段，其属性无法从逻辑式和语音式推导出来。

一般来说，为了防止表层结构披着不同的术语来纠缠我们，统一性条件要求最简主义方案须确保在整个句法运算过程中运算系统可以使用的全部句法操作保持一致。因此，在目前讨论的示例中，隐性移位相对于显性移位在表面上的优先性不应该通过拖延原则加以强制保证，而应源于独立的考虑因素。

290　　　显性移位与隐性移位之间在循环性方面的差异也存在类似的考虑。注意，（3）中填位成分的"关联成分"的隐性移位以及（4）中直接宾语至 [Spec, AgrOP] 的隐性移位都以树的"中间"为目标；也就是说，（3）和（4）中的相关合并不以两个根性句法实体为输入。这种状况事实上符合（7）中的修订版扩展条件（见 8.3.5.1），因为根据规定，该条件只适用于显性操作。

　　　（7）扩展条件（修订初始版）
　　　　　显性合并只能以根性句法实体为目标。

然而，问题同样是：情况为何如此。同样，鉴于显性移位与隐性移位之间这种无根无据的区别违反了统一性条件，因此拼读就被默认理解成一个表征层次：负责滤除逻辑式和语音式有理由允许的结构。

在以下各节中，我们将讨论针对核查为什么存在这个问题的一种可能回答，给出两种不同的场景，展示如何在经济原则和扩展条件两个方面，以符合统一性条件的方式分析通过隐性移位捕捉到的句法关系。

9.3　特征可解读性与最后手段

就如我们在 1.3 节里指出的那样，人类语言的一个"重大事实"，是句子表现出异位属性：出现在一个位置的表达式有可能在另一个位置获得解读。现在，我们可以问：为什么会这样？为什么自然语言有移位？值得指出的是这并不是一个新问题，学者们在生成语法之初就提了出来，[①] 但一般看法是当时的理论框架不够发达，无法适当解决这个问题。

9.3.1 运算中的特征

虽然最简主义尚处于萌芽阶段，但却有可能为这个问题带来全新的思路，因为最简主义对语言官能提供了一种全新的看法。通过研究语言官能的属性有可能是针对心智其他系统需求的最优回应这一假设，最简主义提供了这样一种可能性：移位之所以存在是因为它是接口系统的要求。接下来就应该问一问：是些什么要求。为了解决相关问题，过去十年的研究提出，移位的存在与词汇特征在接口的作用有一定的关系。[②] 接下来，我们基于词项由音系特征、语义特征和形式（句法）特征的集合构成这一假设，详细考察这些特征。

音系特征在语音式可读，但在逻辑式不可读；相反，语义特征在逻辑式可读，但在语音式不可读。因此，在一个收敛的推导式中，这些特征在运算过程中应该以适当的方式分离。鉴于我们这里所用模型的架构，拼读是发挥这一作用的一个良好候选者，将音韵特征从由枚举词项集合到逻辑式的运算中剥离开来，并把它们交给音韵部门（见 2.3.1.6）。

现在，如果语音式只能处理音韵特征，则在形式特征到达语音式之前，还要消除这些特征，即使它们被送到了音韵部门。也就是说，如果音韵部门形态运算需要形式特征，则在它们完成使命之后，必须删除以使推导式能在语音式收敛。[③] 例如，词项 dogs 具有形式特征 [plural]（复数），与音素 /z/ 关联；这两则信息都可由形态进行处理，但在这种形态运算完成之后，应该只有 /z/ 能进入语音式。换句话说，虽然与形式特征关联的音韵特征可以在语音式获得解读，但形式特征本身则不可以。

---

① 见 Miller and Chomsky（1963）以及 Chomsky（1965）。
② 见 Chomsky（1995, 2000, 2001, 2004）和 Uriagereka（1998），了解相关讨论。
③ 见 Chomsky（1995: 230–231）和 Nunes（1995: 231）关于消除形式特征的观点。

目前为止，我们见证了一种非此即彼的情形：语义和形式特征在语音式不合法，音韵特征在逻辑式不合法。形式特征在逻辑式的合法性问题更为复杂一些。举例来说，我们来看看（8）中 DP 内部的一致以及（9）中的主谓一致问题。

（8）*葡萄牙语*

o gato bonito
the.MASC.SG cat.MASC.SG beautiful.MASC.SG
the beautiful tomcat
那只漂亮的公猫

b.**a** gata bonita
the.FEM.SG cat.FEM.SG beautiful.FEM.SG
the beautiful cat
那只漂亮的猫

c.**os** gatos bonitos
the.MASC.PL cat.MASC.PL beautiful.MASC.PL
the beautiful tomcats
那些漂亮的公猫

d.**as** gatas bonitas
the.FEM.PL cat.FEM.PL beautiful.SFEM.PL
the beautiful cats
那些漂亮的猫

（9）she[3.SG] is[3.SG] nice

显然，在逻辑式，（8）中的 [MASC/FEM] 和 [SG/PL] 以及（9）中的 [3.SG] 等特征所传递的信息必须分别获得"阳性/阴性""单数/复数"和"第三人称单数"解读。在逻辑式不必多次陈述这些信息。例如，（8d）并不表示猫为三次阴性或三次复数。表明一致信息在逻辑式被忽略的更多证据来自以下事实：为了获得省略解读，一致信息被忽略，如（10）所示；在（10）中，阳性复数形式 bonitos（漂亮的）允准阴性单数 bonita 的省略。

（10）*葡萄牙语*

> **O**s   gat**os**   são   bonit**os**   e
> the.MASC.PL cat.MASC.PL are[3.PL] beautiful.MASC.PL and
> **a**   gat**a**   também é.
> the.FEM.SG cat.FEM.SG   also   is[3.SG]
> The tomcats are beautiful and so is the cat.
> 那些公猫很漂亮，那只猫也是。

如果（8）和（9）中重复的信息只在逻辑式运算一次，则可以假定实际上相关信息中只有一则在逻辑式合法。换言之，虽然这些特征似乎传递相同的信息，但它们中有些在逻辑式可解读，其他则不可解读。我们不妨把这些不同的特征分别称为 [+ 可解读] 和 [– 可解读]。如此，根据系统的逻辑，[– 可解读] 特征在到达逻辑式之前必须被删除；否则结果会违反完全解读原则，推导式会在逻辑式崩溃（见 1.3 和 1.5）。当然，结果又会带来更基本的问题，即词项从一开始为什么要有 [– 可解读] 形式特征。

总之，我们目前的讨论都是围绕两个不同的谜团展开：首先，语言官能为什么有移位？第二，语言官能为什么有 [– 可解读]（形式）特征？在 293 最简主义框架下提出的最有意思的一种思路，是这两个谜团不过是一枚硬币的两面。因此，如果我们可以揭开一个谜团，我们就找到了另一个谜团的答案。

接下来，我们看看这种思路的一种实现方案。根据这种方案，[– 可解读] 形式特征的存在其实是我们要解释的主要问题。根据这种观点，移位只不过是一种反应，是为了克服这个非最优性的问题。[1] 换言之，[– 可解读] 特征仍然保持着神秘感；在最优的可能世界中，它们就不应该存在。但是只要它们存在（无论出于何种原因），语言官能就要采用某种机制来消除它们；否则，逻辑式根本无法解读运算系统形成的实体。于是移位就来救场了：[– 可解读] 特征正是通过移位操作删除的。从这个角度来看，通过

---

[1] 这种方案见 Chomsky（1995）；Chomsky（2000, 2001, 2004）提出了一种不同的方案。

移位允准的核查操作实际上就是消除 [– 可解读] 形式特征。另外，鉴于每个操作都必须得到允准，移位必须遵守（11）中的最后手段条件。[①]

（11）*最后手段*

　　仅当某个移位操作可以消除 [– 可解读] 形式特征时，移位操作才能得到允准。

在下一节中，我们将考察这一思路带来的部分后果。

9.3.2 可解读，还是不可解读，这是个问题

如果同一类信息在逻辑式可能获得解读，也可能无法获得解读，如（8）和（9）里的 φ-特征所示（人称、性、数），则我们想到的第一个问题是如何区分它们。有意思的是，传统语法已经透露了故事的部分内容。多个世纪以来，有一个标准假设认为，谓词与主语一致，而非相反。换言之，这种关系不是对称的，是主语决定谓词特征的具体化。我们可能自然而然地会认为，这种不对称性表明主语（以及论元）的相关 φ-特征均为 [+ 可解读]，谓词的 φ-特征则为 [– 可解读]。如此一来，像下面（12）一类句子的简化推导过程就有可能按照（13）所示思路进行。

（12）Mary loves John.

（13）a. $[_{TP}$ -s$_{\{\Phi^-\}}$ $[_{VP}$ Mary$_{\{\Phi^+\}}$ $[_{V'}$ love- John $]]]$

　　　b. $[_{TP}$ Mary$_{\{\Phi^+\}}$ $[_{T'}$ -s$_{\{\Phi^-\}}$ $[_{VP}$ t $[_{V'}$ love- John $]]]]$

假设动词性谓词的 φ-特征在 T 中生成，则在（13b）中，在 Mary 提升至 [Spec, TP] 之后，其 [+ 可解读] φ-特征与 T 的 [– 可解读] φ-特征进入核查关系，并将它们删除。删除 T 的 φ-特征，结果使 Mary 的移位得到允

---

① 最后手段在技术上有两种实现方案：一是自利原则（Greed）（见 Chomsky 1993），根据该原则，仅当被移元素的某个特征被核查/删除时，移位才合法；二是开明自利原则（Enlightened Self-Interest）（见 Lasnik 1995d, 1995e, 1999，以及 Chomsky 1995、Collins 1996、Bošković 1997、Kitahara 1997、Hornstein 2001 等人的讨论），根据该原则，只要某个特征得到核查/删除，无论是被移元素的特征，还是移位目标位元素的特征，移位都可以得到允准。在下面的讨论中，我们将采纳开明自利原则意义上的最后手段。

准，符合最后手段条件［见（11）］，使推导式能在逻辑式收敛。

　　类似的考虑也应延伸到 DP 内部的特征核查方面。[①] 不过，借助传统语法的直觉不一定都能为我们带来有用的见解。例如，结构格在传统上也被处理为一种不对称关系：某些元素向某些其他元素指派格。然而，对于结构格在逻辑式得到什么样的解读（如果有的话）的问题，答案并不是非常明确。在核查方案下，（13b）中的 Mary 以限定性 T 的格特征为目标，核查自己的格特征。如果核查就是在匹配时删除 [– 可解读] 特征，则至少其中有一个格特征应该为 [– 可解读] 特征。问题是哪一个特征为 [– 可解读] 特征。

　　接下来，我们考察确定某个特征是否为 [+ 可解读] 的一种间接方式。295
如果给定特征 [+ 可解读]，有关删除可复原性的传统考虑会要求在核查时不删除该特征；也就是说，核查只删除 [– 可解读]。如此，我们可以得到以下结论：[– 可解读] 特征不能参与多于一个的核查关系，[+ 可解读] 特征则可自由参与多个核查关系。原因在于，[– 可解读] 特征在核查之后会被删除，[+ 可解读] 特征不受核查关系的影响。因此，[+ 可解读] 特征可

---

　　①　然而，事情可能并不像文中所说那样简单，若要确定 DP 中的哪些特征 [+ 可解读]，哪些特征 [– 不可解读]，还需要进行更详细的语义分析。以（ⅰ）中的 DP 为例。

　　（ⅰ）*葡萄牙语*

　　　　a　　　　　　gata　　　　　bonita
　　　　the.FEM.SG　cat.FEM.SG　beautiful.FEM.SG
　　　　the beautiful cat
　　　　那只漂亮的猫

　　说名词的性特征 [+ 可解读]，限定词和形容词的性特征 [– 可解读]，虽然这样说是非常合理的，但是，是名词还是限定词的数特征 [+ 可解读]，这个问题回答起来并不容易。事实上，不同语言在这方面可能存在差异，显性数标记既有可能出现在名词上，也有可能出现在限定词上，如（ⅱ）和（ⅲ）所示。

　　（ⅱ）　the books
　　（ⅲ）（*口语*）*巴西葡萄牙语*
　　　　os　　　　livro
　　　　the.PL　book.SG

自由参与多个核查关系，[– 可解读] 特征在参与一个核查关系之后即被扫地出门。

基于这些考虑，我们来重新考察关于主语的 φ-特征 [+ 可解读] 的结论。根据上面的推理方式，它们应该能参与多个核查关系。事实的确如此，如（14）一类提升结构所示。

（14）*葡萄牙语*

    a. **As**   alun**as**   parec**em** ter sido contratad**as**.

       the.FEM.PL student.FEM.PL seem.3.PL have been hired.FEM.PL

       The（female）students seem to have been hired.

       那些（女）学生似乎被人雇了。

    b. [$_{TP}$ [as alunas]$_i$ [$_{T'}$ -**m**$_{[3.PL]}$ [$_{VP}$ parece- [$_{TP}$ t$_i$ [$_{T'}$ ter [$_{VP}$ sido [$_{TP}$ t$_i$ -**das**$_{[FEM.}$

      $_{PL]}$ [$_{VP}$ contrata- t$_i$]]]]]]]]]

在（14b）中，as alunas（女学生）作为被动动词的内部论元生成，然后循环移位至分词性 TP 的标志语位，再移至不定 TP 的标志语位，最后移至主句 TP 的标志语位。对我们的讨论来说，有意思的是，as alunas 的形式特征与分词性 T 和主句 T 的 φ-特征都形成了核查关系。可见，这种多次核查现象证实了前面的结论，即论元的 φ-特征 [+ 可解读]。

（14b）中的推导还告诉了我们一些有关 EPP 的事情。我们在 2.3.1.3 节中讨论过，EPP 被重新解读成 T 中的一个强 D/N-特征，强制要求在拼读之前填充其标志语位。鉴于（14b）中三个 T 各自的强特征都成功地被 as alunas 核查了，我们由此可以得出结论认为，as alunas 的相关特征如限定词的语类特征同样为 [+ 可解读]，因为它可以参与多于一个的核查关系。

296   回到结构格是否 [+ 可解读] 的问题上来，我们需要考察"指派成分"和"受派成分"的格特征。先从前者开始，试比较（15）中的对比。

    （15）a. Mary gave a book to John.

        b. *Mary gave a book John.

出于讨论目的，我们假设，在（15a）中 a book 与轻动词的格特征隐性核查其格特征，John 与前置词的格特征核查其格特征（参见 4.3.3）。如果轻

动词的格特征为 [+ 可解读]，该特征就能参与多于一个的核查关系。具体来说，在（15b）中，它应该能核查 a book 和 John 的格特征。鉴于（15b）不可接受，我们因而被迫得到以下结论：轻动词的格特征（以及一般来说，其他结构"格指派成分"的格特征）[– 可解读]，一旦参与了一个核查关系，就会失去活力。

从完整性的角度考虑，须指出（15b）存在的问题不可能只是因为 John 的（抽象）斜格与轻动词的宾格不匹配；即使在 John 进入枚举词项集合时已经被标为宾格而非斜格，最后形成的句子也不会合格。另外，（15b）的推导在最简性方面不存在问题；如（16）所示，a book 和 John 处于同一个最小域中（即 gave 的最小域），因而它们与轻动词应该是等距的（见 5.4.2.1）。

（16）[$_{vP}$ Mary [$_{v'}$ v [$_{VP}$ [a book] [$_{v'}$ gave John]]]]

现在，我们以（17）与（18）的对比为例，考察"受派成分"的格特征。

（17）a. John seems to love Mary.

b. [$_{TP}$ John$_i$ [$_{T'}$ -s [$_{VP}$ seem- [$_{TP}$ t$_i$ to [t$_i$ love Mary]]]]]

（18）a. *John seems that loves Mary.

b. *[$_{TP}$ John$_i$ [$_{T'}$ -s [$_{VP}$ seem- [$_{CP}$ that [$_{TP}$ t$_i$ -s [t$_i$ love Mary]]]]]]

如上所述，论元的 φ-特征和语类特征 [+ 可解读]，可以参与多个核查关系。这意味着，John 可以核查（17b）和（18b）中内嵌 T 和主句 T 的 EPP 特征，还能核查（18b）中两个 T 的 φ-特征。鉴于这两个结构之间的一个区别是（18b）中的内嵌 T 有一个格特征要核查，因此我们可以认为（17）与（18）的对比表明"受派成分"的格特征也 [– 可解读]。如此，297 当 John 与（18b）中的内嵌 T 形成核查关系时，其格特征被删除，无法与主句 T 形成另一个核查关系；结果，推导式在逻辑式崩溃，因为主句 T 的 [– 可解读] 格特征未通过核查删除。另一方面，在（17b）中，内嵌 T 没有格特征，因此，John 到达主句 [Spec, TP] 时，其格特征未被核查；核查时，John 和有限 T 的格特征被删除，推导式收敛，符合预期。

总结起来，根据上面的讨论，移位操作的存在是为了从运算上解决词库中存在的、偏离最优状况的问题：[− 可解读] 形式特征的存在。值得指出的是，这种方案不必诉诸全局运算；也就是说，运算系统不必往前看，看给定特征会否在逻辑式获得解读，就能确定在给定的推导步骤中是否运用删除。词汇冗余规则已经把形式特征分成了两个相关的类：[+ 可解读] 和 [− 可解读]。如果给定词项是一个动词，则其 φ-特征在词汇上被标为 [− 可解读]；因此，在任何给定推导步骤中，运算系统会得到信息，此等特征必须在核查时删除。

结果带来一个技术问题，即"核查时删除"到底是什么意思。假如它的意思是从结构中消除，我们来看看（19）所示推导引发的后果。

（19）a. *It seems that was told John that he would be hired.

　　　 b. *[TP It_i [T' -s [VP seem- [CP that [TP t_i [T' was [VP told John [that he would be hired]]]]]]]]

在（19b）中，填位成分被嵌入内嵌分句当中，并核查其格特征。鉴于该特征 [− 可解读]，因而应该从结构里删除，填位成分应该不能核查主句 [Spec, TP] 的格特征。这本身不可能是结果形成的结构不合语法的原因。由于 John 尚未核查格特征，所以完全可以在隐性部门移动，并与主句 T 尚未允准的格特征进行核查。重要的是，在最简主义中，相对最简性是以特征为参照进行运算的（见 5.5），并且如果将删除理解为从结构中移除的话，填位成分的语迹没有格特征，不会导致干涉效应；换言之，在这种情形下，会错误地允准（19a）中的句子。[①]

相反，我们假定，删除的作用只是使给定特征对逻辑式运算不可见。就好像删除使特征失去活力，将它们漆成蓝色，逻辑式看不见上过漆的特征，因为它戴着一副蓝色的眼镜。[②] 在这种技术实现方案下，我们能正

298

---

① 有关更多讨论，请参见 Nunes（1995, 2000, 2004）。

② 我们借用了 Bob Frank 的这个隐喻（个人交流）。

确地排除（19b）中的无用推导。虽然失去活力，不参与进一步核查并且在逻辑式不可见，但（19b）中填位成分语迹被删除的格特征仍然存于结构当中，因而正确地阻止了 John 移位。换言之，与运算局部性相关的，只是是否存在相关种类的任何干涉特征（无论它们是否被删除）在逻辑式不可见。另外，鉴于我们始终假定强特征不能在音韵部门消除，除非得到显性核查，否则会导致推导式在语音式崩溃（见 2.3.1.3），现在，我们也可以将这种删除概念延用到强特征上。因此，显性核查强特征相当于使其在逻辑式和语音式都不可见。

值得指出的是，将删除概念理解为使给定特征在相关接口不可见——而不是将其从结构中移除——这种思路符合以下事实：音韵部门的形态运算会操纵形式特征，无论这些特征在逻辑式是否 [+ 可解读]。如果 [– 可解读] 特征在被核查之后被从结构里移除，形态就无法操作它们。因此，我们将采纳这种删除技术实现方案，并在下一节中将其作为一种工具，考察英语填位成分的特征构成。

练习 9.1

在 GB 中，我们一般假定 pro 由丰富的动词一致形态允准（见 Rizzi 1982 等）。如果我们接受正文中提出的 [+ 可解读] 特征与 [– 可解读] 特征之间的区别，我们如何捕捉这种直觉？

（相关讨论见 Kato 1999。）

练习 9.2

我们看到，（ia）不可接受的事实表明，轻动词的结构格 [– 可解读]。

基于此，我们应该如何分析（ib）中双宾语结构的格属性？

（i）　a. *Mary gave a book John.

　　　b. Mary gave John a book.

299

练习 9.3

下面（i）中的数据似乎类似于（17a）和（18a）[即此处的（ii）]中的模式。即是说，如果从格位启动，论元不可能连续循环移位；如果从疑问性标句词的标志语位启动，wh-成分也不可能连续循环移位。讨论如果按照正文中的思路分析（i），我们要作出哪些假设才能解释（ii）。

（i）a. [CP whati did you say [CP ti that Mary bought ti]]

b. *[CP whati do you wonder [CP ti Mary bought ti]]

（ii）a. [TP Johni seems [TP ti to [vP ti love Mary]]]

a. *[TP Johni seems that [TP ti [vP ti loves Mary]]]

练习 9.4

在本节中，我们讨论了核查理论下对删除的两种可能解释：从结构里移除；在相关接口不可见。基于对练习 9.3 的回答，讨论（i）不可接受这一事实对哪一种解释形成了支撑。

（i）*[howi do you wonder [whatk Mary fixed tk ti]]

9.3.3 填位成分个案研究

根据我们在 9.3.2 节里得出的结论，我们接下来考察（20）所示范式。

（20）a. [TP therei seems [TP ti to be [PP a man in the room]]]

b. *[TP therei seems [TP ti to be [PP many people in the room]]]

c. [TP therei seem [TP ti to be [PP many people in the room]]]

d. *[TP there seem that [TP [many people]i are [PP ti in the room]]]

在（20a）中，there 成功地核查了内嵌分句和主句的 EPP 特征。由于 300 [– 可解读] 特征在核查后会被删除，所以 there 至少应该有一个能做到这一点的 [+ 可解读] 特征。基于此，我们假设该特征为其语类特征 D。

表面上看，there 也可能有 φ-特征，具体为 [3.SG]，因为（20a）主句的 [– 可解读] φ-特征一定已经以适当方式得到核查。然而，如果属实，

there 应该也能核查（20b）中主句 T 的 φ-特征，相应的句子应该可以接受，事实与之相反。另外，（20a）与（20b）之间，（20b）与（20c）之间的对比进一步表明，触发与主句谓词一致的元素实际上是填位成分的"联系词"[（20a）中的 a man，（20b, c）中的 many people]。因此，我们被迫得出结论，there 没有 φ-特征。

接下来我们来看看格。如果 there 有格特征，它就应该能核查（20）中所有结构里主句 T 的格特征；这样的话，我们就无法解释与（20d）对应的句子的不可接受性；重要的是，鉴于 many people 的 φ-特征 [+ 可解读]，many people 可以在隐性部门移位，以核查（20d）中主句 T 的 [− 可解读] φ-特征，而这正是（20c）里发生的情况。反之，如果 there 没有格，我们就能解释（20c）与（20d）之间的对比。在（20d）中，many people 与内嵌 T 的格特征核查自己的格特征，因此无法形成另一个核查关系；这样推导式会在逻辑式崩溃，因为主句 T 的 [− 可解读] 格特征未被核查。另一方面，在（20c）中，联系词尚未核查其格特征，因此可以隐性移位，以核查主句 T 的格特征，使推导式在逻辑式收敛。

填位成分 it 则有着不同的具体特征，如（21）所示。

（21）[TP it seems that [TP [many people]ᵢ are [PP tᵢ in the room]]]

鉴于与（21）对应的句子是可以接受的，情况一定是主句 T 的所有 [− 可解读] 特征都已经得到适当核查。这意味着，it 必须至少有一个能核查 EPP 特征的特征，比如其语类特征 D。我们同时看到，在（21）一类构型中，many people 已经核查了其格特征，不能再与主句 T 形成核查关系 [比较（20d）]。可见，it 一定还有格特征。最后，鉴于主句 T 与 many people 之间在一致关系上不匹配，情况一定是核查 T 的 φ-特征的是填位成分；更准确地说，填位成分的特征应该标为 [3.SG]。在这种分析方案下，（22）不可接受应该是因为 many people 的格特征得不到核查，因为填位成分核查的是主句 T 的格特征。

（22）*[itᵢ seems [TP tᵢ to be [PP many people in the room]]]

301

　　总而言之，上面的讨论使我们得出结论：允准 there 和 it 的构型是不同的，因为 there 和 it 有着不同的特征构成。更具体地说，填位成分 there 的词汇特征是它有一个语类特征，但没有格特征和 φ-特征；而填位成分 it 则有着完整的特征构成，包括语类、格和 φ-特征（见 Chomsky 1995）。

　　如前所述，填位结构构成了最难解释的句法难题之一，前面的分析只不过是特征可解读性相关机制探索中的一场演练。[①] 就像现有分析方案一样，我们的分析仍然具有极强的描写性，因为它还需要回答一个更加基本的问题，填位成分为什么存在，换言之，英语一类语言为什么有两个这样的成分。（两个是给定语言可能拥有的填位成分的上限吗？）然而，最简主义无疑有一个优势，它能更加明确地揭示那些技术上我们已能描写，但尚未形成深入理解的领域。提出有意义的问题是发现有意义的答案的第一步，历来如此。

练习 9.5

　　在本节中，我们假定，英语里的存现成分 be 在允准填位成分的联系词方面不起具体的作用。如果属实，我们怎样才能解释（i）中的对比（见 Lasnik 1992a）？

　　　　（i）a. I expect there to be many people at the party.
　　　　　　 b. *I expect there many people at the party.

练习 9.6

　　乔姆斯基（Chomsky 1995: 273）指出，与联系词的一致关系似乎与填位成分的特征构成有关：如果填位成分缺少格特征和 φ-特征，如

---

　　① 有关讨论和替代分析方案，请参见 Chomsky（1993, 1995, 2000）、Chomsky and Lasnik（1993）和 Lasnik（1999）；另见本书第 34 页第二章注释 1，了解更多参考文献，也可参见 10.2 和 10.3 节中的讨论。Moro（1989, 1997）和相关成果从一种不同视角提出了谓词倒置分析方案。

英语 there，相关动词就与联系词形成一致关系，但是，如果填位成分
具有完整的特征构成，如法语 il，就不能形成这种一致关系，如（i）
所示。如果（ib）中的 il 有格特征，讨论联系词 trois hommes 如何核查
其格特征。

302

（i）a. There are three men in the room.

b. *法语*

Il   y   a   trois hommes dans la   salle.
EXPL LOC has three men   in   the room
There are three men in the room.

房间里有三个男人。

练习 9.7

本节提出的分析方案能解释（i）中的对比吗？如果不能，我们必须额外
作出哪些假设？

（i）a. There arrived a man in the park.

b. *There a man kissed Mary.

练习 9.8

讨论如何基于正文里提出的分析方案解释下面（i）中的对比。

（i）a. *There is many people in the room.

b. There's many people in the room.

练习 9.9

如果你的母语不是英语，讨论其填位成分的特征构成是什么。

9.4　隐性移位

9.4.1　几个问题

虽然我们在 9.3 节里提出的方案为回答移位操作为何存在提供了一些步骤，但我们仍然没能回答 9.2 节里提出的问题。以（23）中的填位结构为例。

（23）[Mary said that [$_{TP}$ there were three students in the room]]

根据 9.3.3 节里提出的分析方案，（23）中的 three students 应该隐性移位至一个能核查（即删除）其格特征以及内嵌 T 的格特征和 φ-特征的位置。为了使讨论更加具体，我们假定该移位操作会形成另一个 [Spec, TP]，如下面的（24）所示（见第五章中有关 vP 多重标志语的讨论）。对于该移位，有两个问题需要回答：首先，它为什么不能显性进行？其次，为什么允许它非循环地进行，以句法树中的"中间"为目标？

（24）[Mary said that [$_{TP}$ [three students]$_i$ [$_{T'}$ there were t$_i$ in the room]]]

第一个问题的答案是，移位是由经济原则拖延原则调节的，根据该原则，隐性移位比显性移位更经济（见 2.3.1.3 和 2.3.1.5）。因此，如果（24）所示移位不必显性进行（以核查某个强特征），拖延原则要求它必须发生在隐性部门，在拼读完成之后。对于第二个问题，隐性移位被认为无须遵循扩展条件，如（25）所述（见 2.3.2.4 和 8.2.3）。

（25）扩展条件（修订初始版）

　　　显性合并只能以根性句法实体为目标。

这些显然只是暴力回答，只是对我们想要取得的结果进行了约定，没能提供解释。另外，就如 9.2 节所指出，拖延原则和（25）里的扩展条件都不符合关于从枚举词项集合到逻辑式的映射的统一性条件，这样会带来我们不想要的后果，需要引入像表层结构一样的限制条件，只不过在表现形式上有所差异而已。鉴于（24）中的结构被认为在逻辑式属于合格实体，同时，没有明确的原因要求在语音式将其排除，因此，拼读默默地承担了表层结构的职责，起到了将其排除的作用。

需要注意的是，（24）涉及的拖延原则问题比（26）中违反拖延原则的问题更难解释；在（26）中，英语主动词进行了显性移位。

（26）*John reads often books.

我们在前面讨论过，显性移位是为了消除强特征，因为这些特征在语音式不可解读。因此，在法语中动词必须显性移位，以消除 T 的强 V- 特征。在 2.3.1.3 节里，我们假定英语 T 的 V-特征为弱特征，像（26）一样的句子虽为合法的逻辑式实体，却被拖延原则排除了。

不过还有一种同样合理的替代方案，无须采用拖延原则。假定我们不从给定特征的强弱的角度，而是从强特征是否存在的角度，解释移位参数。① 也就是说，我们不说 T 的 V-特征在法语中强，在英语里弱，而是简单地假定法语 T 有一个强的 V-特征，英语没有。如此，（26）可由最后手段排除［见（11）］：reads 不需要移位，因为其移位不进行特征核查；因此移位不能发生，因为它不起任何作用。

然而，无论这种方案能多好地解释（26）一类用例，却不能延用到（24）。在（24）中，联系词移位事实上是必要的，是为了核查 [– 可解读] 格特征和 φ-特征，与强特征无关。因此，仍然需要就拖延原则捕捉到的事实提出一种替代解释方案。

在接下来的两节中，我们将提出两种替代隐性移位方案，二者以不同方式规避了上述拖延原则和循环问题。根据目前的状况，我们还不清楚两个方案中的哪一个更好，我们也不打算在这里作出选择。相反，我们将分别呈现两种方案的可能论据，突出以下事实：两种方案均来源于我们在 9.3 节里讨论过的思路，即特征核查在一定程度上与 [– 可解读] 形式特征的删除相关。

304

---

① 见 Chomsky（1995）和 Lasnik（2001b）。

9.4.2 替代方案一：特征移位

如果正如我们在 9.3 节里提出的那样，移位操作是为了通过核查删除从枚举词项集合到逻辑式的映射中的 [– 可解读] 形式特征，则基于最简思路的考量因素应该使我们得出预期，认为移位只操作形式特征而不影响语类。但这一预期似乎与事实相反。人类语言的一个核心属性，是人类语言把语类（词项和短语）置于与其解读位不同的位置。那么问题是，为什么语言官能能以这种方式偏离最优设计呢？

9.4.2.1 特征移位操作

乔姆斯基（Chomsky 1995）提出，这种偏离实际上是一种错觉。移位（仍然理解为复制和合并）确实以形式特征为目标。然而，音韵部门的属性（目前尚未完全明晰化）可能要求，当一个词项或短语的形式特征移位时，该语类的所有其他特征也要随迁。如此，形式特征集合 F 的显性移位看起来就是含有 F 的一个语类的移位。

接下来我们通过详细探讨下面（27）中 wh-短语的移位，考察这种特征移位方案背后的逻辑。我们以运算系统完成构建（28）所示实体之后的推导步骤为例，暂且不管拼写，假定 whose book 的结构如（29）所示。①

（27）Whose book did you read?

（28）[did +Q [you read [whose book]]]

（29）

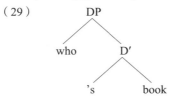

在（28）中，疑问性标句词 Q 有一个强 wh-特征，必须显性核查；否则，推导式会在语音式崩溃（见 2.3.1.3）。因此，如果 who 的形式特征显性移

---

① 相关讨论见 Janda（1980）、Fabb（1984）、Abney（1987）、Corver（1990）等。

位并嫁接到 Q 上，结果就会形成特征核查关系，相关的 [– 可解读]wh-特征会被删除（从技术上讲，见 9.3.2）。即是说，与（28）对应的句子应该是可以接受的，与事实相反。

基于此，我们假定，强特征的一个区别性形态属性，是它们只能由词项或词项的投射核查，不能由本身不构成词项的形式特征的集合核查。另外，我们假定经济性考虑要求核查强特征只需复制最小的这种投射（见 2.3.1.3，了解相关讨论）。如此，（28）中 who 的形式特征的移位不足以核查 Q 的强 wh-特征；必须移动含有此等特征的投射。那么我们就移动 who，这是含有 wh-特征的最小投射，如（30）所示。

(30) a. [~~who~~ did + Q [you read [~~who~~ ['s book]]]]

b. *Who did you read's book?

306

（30）的问题不可能是特征核查，Q 的强 wh-特征已经被正确核查。然而可以说（30）违反了关于领属性后缀的形态要求，因为领属性后缀必须附加到所有格元素上。[①] 如此，我们不禁要问，为什么（31）中的句子也不可接受，即使其领属性后缀要求得到了满足。

(31) *Whose did you read book?

（31）的问题是，其没有合法的句法推导，因为 whose（＝who's）本身不是一个句法成分，如（29）所示，因此不能移位。

因此，下面（32）中的推导式是能满足所有相关要求的唯一推导式，其中，整个宾语 DP 移至 [Spec, CP]。换言之，（i）Q 的强 wh-特征可以得到适当核查；（ii）领属性后缀可以得到形态上的允准；（iii）移位操作的是句法实体；以及（iv）短语 whose book 是符合所有这些要求的最小句法实体，符合经济原则。

(32) [[who ['s book]]^i did +Q [you read [who ['s book]]^i]]

这种分析方案预测，在领属性限定词无词缀要求的语言中，与（30b）

[①]　见 Lasnik（1981）提出的悬空词缀过滤式。

对应的句子应该是符合要求的。大体上，这一预测似乎是正确的。人们早已观察到，一般不存在显性限定词的语言允许（30b）中的这类"左分叉"抽取，如（33）所示。[①]

（33）a. *拉丁语*

Cuiam$_i$ amat Cicero [t$_i$ puellam]?

whose   loves Cicero   girl

Whose girl does Cicero love?

西塞罗爱谁的女孩？

307

b. *塞尔维亚语-克罗地亚语*

Čijeg$_i$ si vidio [t$_i$ oca]?

whose are seen   father

Whose father did you see?

你看到谁的父亲了？

如果（33）中相关短语的零领属性限定词不需要附着到所有格短语上，则（30b）与（33）中句子的对比可以获得自然的解释。即是说，这里唯一重要的相关要求是，（33）中疑问性标句词的强 wh-特征要得到核查。

根据这种观点，语类的显性移位被理解为形式特征的移位，加上音韵部门形态要求触发的随迁。鉴于经济性考虑要求，只随迁推导式收敛所需要的元素，所以，隐性移位不必（因而不得）诉诸随迁，因为隐性移位不影响形态。换言之，隐性移位是最优的移位形式，应该只涉及形式特征的集合。

（34）所示一类对比为显性移位与隐性移位之间这种不对称关系提供了间接证据。

（34）*巴西葡萄牙语*

a. Que   fotografia de [si   mesmo]$_{i/k}$ [o   João]$_k$ disse que

---

① 左分叉条件由 Ross（1967）提出，其已经注意到（无限定词的）俄语和拉丁语中的"异常"行为。相关讨论，见 Uriagereka（1988）[（33a）的来源]、Corver（1990）以及最近的 Bošković（2003）[（33b）的来源]。

which picture of self own the João said that
[o Pedro]ᵢ viu?
the Pedro saw

b. [O João]ₖ disse que [o Pedro]ᵢ viu que fotografia
the João said that the Pedro saw which picture
de [si mesmo]ᵢ/*ₖ?
of self own
Which picture of himself did João say that Pedro saw?
João 说 Pedro 看到了他自己的哪张照片？

正如我们在 2.3.1.4 节里讨论的那样，在巴西葡萄牙语中，到主句的 wh-
移位是可选的，这种可选性与主句疑问性标句词有关：如果该标句词有
强 wh-特征，则显性 wh-移位必须进行；否则，显性 wh-移位将被拖延原
则阻止。（34a）显示，跟在英语中一样，嵌入被移 wh-短语的照应语可以
与主句主语或内嵌句主语共指（见 8.2.2）。如果（34b）中的隐性 wh-移
位涉及整个 wh-短语的移位，则理论上我们可以预测，照应语应该也是有
歧义的。但是情况并非如此；（34b）中的照应语只有内嵌主语解读。另一
方面，如果相关隐性移位只涉及疑问性限定词 que（哪一个）的形式特征，
如（35）所示，则局部照应语 si mesmo（他自己）必须被解读为与内嵌主
语共指，符合预期（见 8.3.1）。

（35）[**FF (*que*)** +Q [o João]ₖ disse que [o Pedro]ᵢ viu que fotografia de [si
mesmo]ᵢ/*ₖ]

类似的考虑同样适用于（36）一类存现结构。[①]

（36）a. [[many students]ᵢ seemed to each other [tᵢ to have been in trouble]]
b. *[thereᵢ seemed to each other [tᵢ to have been many students in
trouble]]

（36a）显示，显性移位的主语可以允准一个较高的照应语。如果（36b）
中联系词的隐性移位涉及整个短语 many students（比如，形成一个额外的

---

① 相关讨论见 Lasnik and Saito（1992）和 den Dikken（1995b）。

[Spec, TP]），则（36a）和（36b）中照应语的允准应该相似，但这不符合事实。反之，如果只有 many students 的相关形式特征集移位并附着到 T 上，如（37）所示，并且如果照应语的允准成分必须具有语义特征，我们就能对（36）中的对比进行解释，因为在（36a）中，允准成分有语义特征，（36b）中则没有。

（37）*[there$_i$ FF (*many students*) + I^0 seemed to each other [t$_i$ to have been many students in trouble]]

特征移位方案的另一类可能证据与所谓的载体变化（vehicle change）有关，如（38）所示。[①]

（38）a. *Mary admires John$_i$, but he$_i$ doesn't.

b. Mary admires John$_i$, but he$_i$ doesn't think Susan does.

（38a）似乎没有问题。具体来说，我们假定省略解析涉及某种（后）逻辑式复制，把（38a）中第一个并列句的 VP 复制到第二个并列句中，如下面（39a）中的粗体字所示，则其结果会违反原则 C。但这不可能是问题的全部；否则（38b）中的 VP 复制，如（39b）所示，也应会导致原则 C 效应，这与事实相反。

309

（39）a. *Mary admires John$_i$, but he$_i$ doesn't **[admire John$_i$]**

b. *Mary admires John$_i$, but he$_i$ doesn't think Susan does **[admire John$_i$]**

接下来，我们用特征移位方案来分析第一个并列句的 VP 结构。当主动词显性附着到轻动词（见 3.3.3）并且 John 的形式特征隐性移位以核查其格特征以及轻动词的格特征和 φ-特征之后，我们得到（40）所示简化结构。

（40）[$_{TP}$ Mary [$_{vP}$ FF (*John*)+admires +v^0 [$_{VP}$ admires John]]]

现在假定，除了把整个 VP 复制到（38）的第二个并列句以外，我们也

---

① 有关载体变化的讨论见 Fiengo and May（1994），另见 Aoun and Nunes（1997），了解从特征移位视角对载体变化的分析。

可以只复制 v^0-结构，主动词以及宾语的形式特征附着到其上，如（41）所示。

> （41）a. *Mary admires John_i, but he_i doesn't
>
> [**FF (*John_i*) +admire +*v***]
>
> b. Mary admires John_i, but he_i doesn't think Susan does
>
> [**FF (*John_i*) +admire +*v***]

我们讨论过，在特征移位方案下，隐性移位会留下语义特征。因此，（40）中的 FF（John）涉及 [名词性]、[ACC] 和 [3.SG.MASC] 三个特征。注意，这种特征构成与代词 him 的特征构成并无不同；换言之，John 涉及 him 的所有特征加上额外的语义特征。如果 FF（John）因像代词一样，特征构成存在缺陷，使其在约束理论方面的表现与代词类似，则（41）中的结构应该类似于（42）里的结构，其中（42a）违反了原则 B，（42b）则符合原则 B；因而就有了（38）中令人惊奇的对比。[①]

> （42）a. *Mary admires John_i, but he_i doesn't admire him_i
>
> b. Mary admires John_i, but he_i doesn't think Susan admires him_i

我们要强调，这并不是分析（34）、（36）和（38）中数据的最优方案。重要的是要记住特征移位方案背后的逻辑使我们对这些数据所示的显性移位与隐性移位之间的这种不对称性有所预期。

练习 9.10

310

假设随迁实由形态触发，讨论哪类形态要求可能触发整个 DP 从 [Spec, *v*P] 移动到 [Spec, TP]，如（ia）所示，而不是只移动其中一个词项，如（ib）和（ic）所示。

> （i）a. That boy is smiling.
>
> b. *That is boy smiling.
>
> c. *Boy is that smiling.

---

① 见 Aoun and Nunes（1997），了解这一提议以及更多讨论。

> **练习 9.11**
>
> 在 4.4.2 节里，我们指出下面（i）中的照应语（另见 9.2）可通过直接宾语的显性移位或隐性移位允准。为什么只有一种方案兼容正文里针对（36）提出的特征移位分析方案？
>
> （i） Mary entertained the guests during each other's vacations.

> **练习 9.12**
>
> 根据特征移位方案，移位以给定词项的形式特征集合为目标。如果特征移位实际上以单个形式特征为目标，结果会有不同吗？讨论允许单个特征移位可能有哪些优缺点。

9.4.2.2 特征移位与拖延原则

假定如（34）、（36）和（38）所示的解读不对称现象可能给与移位和特征核查相关的理论骨架带来一些经验的血肉，我们现在可以着手解决与拖延原则相关的概念问题了。

如我们在 9.4.1 节里提到的那样，由于拖延原则约定，隐性移位本质上比显性移位更为经济，所以它与关于从枚举词项集合到逻辑式的映射的统一性条件相左；根据统一性条件，隐性部门可用的操作在显性部门也应该可用。注意，统一性条件并不要求操作必须完全相同。如果给定隐性操作有不显性实施的独立理由，结果就与统一性条件一致，因为这种隐性操作原则上在显性句法中也可用。换言之，从枚举词项集合到逻辑式的映射必须统一，即是说在原则上，这种映射可以诉诸同一套操作，无论运算是在拼读前还是拼读后。

以上正是特征移位方案的实施方式。无论显性还是隐性，以特征核查为目的的移位确实是以形式特征集为目标的。然而，如果只是一个形式特征集显性移位以核查某个强特征，结果会导致强特征的形态要求得不到满足；所以就需要移动含有该特征集的投射或词项。注意，现在隐性移位与显性移位之间的区别对应于形式特征移位与语类移位之间的区别。因此，我们可以把这种思路发挥到极致，完全放弃句法运算的隐性部门。换言之，我们可以假定所有移位操作都显性进行，采用特征移位还是语类移位取决于强特征是否存在以及经济运算原则，后者要求移位（复制）应以可以满足所有相关要求的最少特征为目标。

我们以 wh-移位为例进行说明。如果所有移位都必须显性进行，则在拼读之前，以核查 wh-特征为目的的移位操作在理论上有可能产生（43）所列结构之一。

（43）a. *[$_{CP}$ **FF**（[*wh*-constituent]）+Q$_{strong}$ [$_{TP}$... [*wh*-constituent]...]]

　　　b. [$_{CP}$ *wh*-constituent] Q$_{strong}$ [$_{TP}$... [*wh*-constituent]...]]

　　　c. [$_{CP}$ **FF**（[*wh*-constituent]）+Q [$_{TP}$... [*wh*-constituent]...]]

　　　d. *[$_{CP}$ [*wh*-constituent] Q [$_{TP}$... [*wh*-constituent]...]]

在（43）列出的全部推导中，疑问性标句词的 wh-特征可以通过特征核查正确删除；因此逻辑式完全解读不可能是（43a）和（43d）的问题。然而（43a）被排除了，因为强特征只能由词项或词项的投射核查；因此，在英语一类语言中必须选择 wh-短语的显性移位，如（43b）所示，因为其疑问性标句词有一个强特征。另一方面，选择（43c）而非（43d）是由经济性决定的。如果只移动（复制）wh-成分的形式特征集就足以核查无强特征的标句词的 wh-特征，则随迁（额外复制）不必进行并且应该会被经济性原则阻止。可见，（43c）代表汉语一类 wh-结构，其中，整个 wh-成分停留在原位，仅其形式特征移位。

总结起来，只要特征移位方案约定显性移位与隐性移位之间存在不对称性，前者为语类移位，后者为特征移位，我们就没有理由仍然保留拼读前后的移位。运算系统可以根据需要多次运用移位，最后对形成的实体运用拼读操作。以前我们通过移位操作的运用时机分析了解读上的不对称性，现在则可通过经历移位的元素的类型来解释。在这种不存在隐性移位的情形下，可通过合理的经济考虑正确推出拖延效应，这些经济考虑的基

312

本意思是少移（复制）材料比多移（复制）材料好；换言之，在所有条件相同的情况下，特征移位应优先于语类移位。[①]

从以上讨论可以得到如（44）所示语法架构。

（44）*特征移位方案下的运算系统*

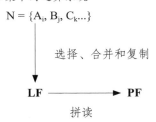

给定枚举词项集合 N，运算系统选择词项，通过合并和复制用这些词项形成句法实体（我们前面已将移位重新分析为复制＋合并；见 6.4 和 7.5）。在用尽枚举词项集合中的词项，核查完所有可能特征，并汇集成单个根性句法实体（单一句法树）之后，形成逻辑式。然后，对逻辑式实体运用拼读操作，把相关信息交给音韵部门，经过进一步运算之后推导出语音式。

练习 9.13

在对（43）的讨论中，我们假定疑问性标句词 Q 的 [- 可解读] wh-特征可能为强，也可能为弱。不过，在 9.4.2.1 节中我们提到参数有可能只是 Q 是否有强 wh-特征。讨论这种可能性是否会改变我们前面就（43）所列抽象范式得出的结论。

313

练习 9.14

思考下面（i）中的句子，我们可以通过 wh-词或整个 wh-短语成功核查疑问性标句词的强 wh-特征（见 2.3.1.2 和 8.3.1）。表面上看，经济性考虑应该

---

① 相关讨论见 Nunes（1995, 2001, 2004）、Oishi（1997）和 Simpson（2000）。另见 Pesetsky（2000），了解一种提倡隐性短语移位的相反观点。

阻止（ib），因为仅移动 wh-词就足以核查强 wh-特征，如（ia）所示。请讨论为了正确推导出（i）中的两个句子，还需要提出哪些条件。

（i）*法语*

    a. Combien as tu acheté de livres?
       how.many have you bought of books

    b. Combien de livres as tu acheté?
       how.many of books have you bought

    How many books did you buy?
    你买了多少书？

9.4.2.3 特征移位与扩展条件

现在我们转向循环性问题。举例来说，在（43c）[即此处的（45）]中，wh-成分的形式特征显性移位并嫁接到疑问性标句词 Q 上。表面上看，这种操作一定不是循环性的，因为 Q 不是句法树的顶层（它不是根性句法实体）。

（45）$[_{CP} \textbf{FF}([\,wh\text{-constituent}\,])+Q\,[_{TP}...[\,wh\text{-constituent}\,]\,...]\,]$

但要注意，这种情形不同于我们在 8.3.5.2. 节里讨论过的涉及中心语移位的用例。前面我们讨论过，在基于复制移位理论的侧向移位分析中，V 至 T 移位有可能按下面（46）—（49）所示方式进行。也就是说，运算系统一旦构建完 VP 并从枚举词项集合中选择一个有强 V-特征的 T 中心语 [参见（46）]，就能复制 VP 中的动词 [参见（47）] 并将其与 T 合并 [参见（48）]，结果形成的嫁接结构与 VP 合并 [参见（49）]。重要的一点是，我们汇集成了（49）中的句法实体，却没有采用非循环合并。

（46）a. $K = T^0_{\{STRONG\text{-}V\}}$
     b. $L = [_{VP} ... V ...]$

（47）a. $K = T^0_{\{STRONG\text{-}V\}}$
     b. $L = [_{VP} ... V ...]$
     c. $M = V$

（48）a. $N = [_{T^0} V + T^0]$
     b. $L = [_{VP} ... V ...]$

314

（49）

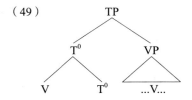

形式特征移位也可以按照相同方式进行，而不违反扩展条件。（43c）一类原位 wh 结构可以按（50）—（53）所示方式进行推导。

（50）a. K = Q

b. L = [$_{TP}$...[*wh*-constituent] ...]

（51）a. K = Q

b. L = [$_{TP}$...[*wh*-constituent] ...]

c. M = FF（[*wh*-constituent]）

（52）a. N = [$_Q$ FF（[*wh*-constituent]）+Q]

b. L = [$_{TP}$...[*wh*-constituent] ...]

（53）[$_{CP}$ FF（[*wh*-constituent]）+Q [$_{TP}$...[*wh*-constituent] ...]]

假如推导进行到（50），其中疑问性标句词 Q 有一个 wh-特征要核查但没有强特征，运算系统就会将（50b）中 wh-成分的形式特征复制一份，如（51c）所示，然后将其嫁接到 Q 上，如（52a）所示。（52）中 N 与 L 之间的进一步合并形成（53）中的结构 [=（43c）]。同样，每次合并操作的都是根性句法实体，符合扩展条件。

概括起来，通过特征移位方案我们可以消除只有显性操作需要遵循扩展条件 [如下面的（54）所述] 这一约定。一旦所有合并和移动操作都显性进行，我们就可以重新阐述扩展条件，如（55）所示。

（54）*扩展条件（修订初始版）*

显性合并只能以根性句法实体为目标。

（55）*扩展条件（最终版）*

合并只能以根性句法实体为目标。

9.4.2.4 特征移位与核查域

在理论上，特征移位方案还会引发一个有意思的后果。我们在 5.4 节

315

讨论过，给定中心语 H 的核查域一般涉及嫁接到 H 上的元素和 H 的标志语。现在，我们应该站在最简主义角度，问一问为什么会这样，我们为什么有两个核查构型而不是一个。换言之，如果一个给定元素移位以核查 H 的特征，则建立这种核查关系最近的构型是嫁接到 H；标志语–中心语构型似乎不是最优构型，因为只有在中心语与其补足语合并之后，才有可能触及该构型，而补足语并未参与标志语与中心语之间的核查关系。

根据特征移位方案，中心语嫁接是最优核查构型。然而，嫁接到给定中心语，结果可能不会形成合格形态实体。对于哪些元素能出现在 X^0-元素之下，形态有许多限制，其中包括禁止复杂短语出现在 X^0 下。[1] 如果中心语嫁接因形态限制而无法达到收敛要求，系统就会诉诸第二种最优构型，即标志语–中心语构型。

为说明问题，我们先忽略循环性，考虑在这种视角下，（56）可能继续推导下去的方式。

（56）[$_{TP}$ will$_{strong-D}$ [$_{VP}$ [the boy] [eat [a bagel]]]]

鉴于 will 有一个强 D-特征需要核查（EPP 特征），只移动形式特征 FF（[the boy]）达不到核查要求。这样一来，经济性考虑因素就会要求移动含有 D-特征的最小投射。该投射就是限定词 the。然而，如果 the 有只能在 DP 内部满足的某些词缀属性，则形态不会容忍只把 the 嫁接到 will 的推导。下一个选项是移动 DP the boy，如下面的（57）所示。现在，will 的强特征可以得到核查，the 的词缀要求也能得到满足。

316

（57）

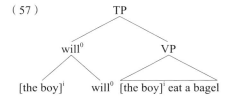

同样，（57）的问题是形态不会满意，因为 X^0-元素（即 will）内部存在

---

[1]　但见 Grohmann（2003b: 第 5 章），其中以语音式限制的方式重新阐释了这个限制。

复杂短语 the boy。于是，运算系统开始利用 will 剩余的其他较近关系，即标志语，如下面的（58）所示（其中，我们用浮雕字体标记已核查特征）。换言之，如果中心语嫁接这一最优选项无法使推导式在音韵部门收敛，系统就会诉诸标志语–中心语关系。[①]

（58）$[_{TP} [$ the boy $]^i [_{TP}$ will$_{strong\text{-}D} [_{VP} [$ the boy $]^i [$ eat $[$ a bagel $]]]]]$

9.4.2.5 小结

我们基于特征移位方案，考察了特征核查与 [– 可解读] 特征消除间关系引起的后果，站在最简主义的角度，我们可以提出一些有意思的问题——为什么运算系统要移动特征而非语类？为什么运算系统在中心语嫁接这个最优构型以外，还要诉诸标志语–中心语构型？——并描绘了一幅极具吸引力的句法运算图景，该方案能捕捉到涉及隐性移位与显性移位的在解读上的一些重要的不对称现象。根据该观点，所有句法操作均显性、循环进行；移动什么（特征与语类）取决于强特征形态要求以及关于元素移动（复制）量的经济考量。最终，运算系统始终都会尝试中心语嫁接这一最优构型，但是，如果中心语嫁接的结果会形成形态上不合格的实体，系统就会转向非最优标志语–中心语构型。该方案能推出拖延效应，不用假定从枚举词项集合到逻辑式的映射存在不对称性，还能分析隐性移位且符合扩展条件。根据该观点，以前被分析成隐性移位的现象应该被理解成形式特征的显性（侧向）移位。

9.4.3 替代方案二：一致

9.4.2 节里讨论的特征移位方案基于以下词汇论假设：词项在进入推导时已具备全部屈折变化特征。词汇冗余规则为运算系统提供了以下信息：给定形式特征是否 [+ 可解读]（见 9.3.2），[– 可解读] 特征后通过特征核查删除。

---

① 见 Nunes（1995, 1998），了解更多讨论。

9.4.3.1 一致操作

在词库里编码特征可解读性，这种观点有一个有意思的非词库论替代方案，假定只有 [+ 可解读] 特征是在词库里完全明确的，[– 可解读] 特征则在推导过程中获得其特征值。以 [人称] 属性为例。根据该观点，当其与代词关联时，会获得一个表现为词汇形式的值（第一人称、第二人称、第三人称），当其与动词关联时则不会获得值。但形态要求动词上的 [人称] 特征有适当的标记形式，完全解读条件要求删除 [– 可解读] 形式特征。人们建议由运算系统中的一个新操作来发挥这种双重作用，该操作就是一致（agree）。给定正确的特征匹配构型，一致出于形态原因向无值特征指派值，同时出于逻辑式的原因删除这些 [– 可解读] 特征。[①]

在该方案下，显性移位仍然是强特征的一种属性。另一方面，形式特征移位被一致取代，关于特征移位的局部性和最后手段条件则以适当方式转变成对探针（probe）与目标（goal）间匹配关系的要求。探针是一个带 [– 可解读] 特征的中心语，目标是一个带有相匹配的 [+ 可解读] 特征的元素。为了使其 [– 可解读] 特征被删除以满足逻辑式的要求并明确其特征以满足形态要求，给定探针在其成分统制域中搜索合适的目标。仅当二者之间不存在带有相关特征集的干扰元素时，目标才有可能被探针搜索到；也就是说，须遵循相对最简性要求（见第五章）。

另外，为了使目标保持活跃以参与一致操作，目标必须有某个尚未被 318 核查的 [– 可解读] 特征。一个给定元素的所有 [– 可解读] 特征一旦都完成核查，该元素就会失去活力；它仍然在结构中并且可能诱发最简性效应，但不能参与任何其他一致关系。

最后，基于格在形态上只在"受派成分"而非"指派成分"上实现这一事件，我们假定名词有格特征，但"格指派成分"无格特征。在这种观点下，格特征的核查 / 格特征的具体化被分析成名词 [+ 可解读]φ- 特征

[①]　见 Chomsky（2000, 2001, 2004）的讨论。

与相关格核查成分的 [– 可解读]φ-特征之间一致关系的反映。例如，在与轻动词保持φ-特征一致的情况下，一个给定的格特征将被标为宾格，但在与限定性 T 保持φ-特征一致时，则被标为主格。[①]

下面我们用一些例子来更清楚地说明这些关键概念。以（59）中句子的推导为例，在连续运用合并之后，结果会形成（60）中的结构。[②]

（59）She loves him.

（60）[$_{vP}$ v $_{\{P:?;\ N:?\}}$ [$_{VP}$ love pro$_{\{P:3;\ N:SG;\ G:MASC;\ CASE:?\}}$]]

在（60）中，轻动词有 [– 可解读] 即未赋值的φ-特征。该特征在其补足语中搜索一个合适的目标，并在宾语代词中找到了它：它有能为轻动词φ-特征赋值的 [+ 可解读]φ-特征；它在局部范围内（没有带φ-特征的干扰元素）；它处于活跃状态，能参与一致操作，因为它有一个 [– 可解读] 格特征需要赋值。通过一致匹配后，轻动词的φ-特征被赋值以满足形态要求，然后被删除以满足逻辑式的要求；作为这种一致关系的副产品，宾语的格特征被标为宾格以满足形态目的，然后删除以满足逻辑式的要求，如（61）所示。

319

---

① [人称] 特征似乎对格核查至关重要，下面我们会证明这一点。为便于说明，我们将假定英语里的轻动词（v）和限定性时（T）只有人称和数特征。然而，如果它们还有一个抽象的性特征，结果并不会带来巨大的变化。如此，这方面的跨语言差异就不过是该特征的形态实现问题（在阿拉伯语限定性 T 中有语音实现，但在英语限定性 T 中则无语音实现）。

② 为提高可读性，我们将使用下列缩写和规范：

（i）• G：[性]；MASC：[雄性]；FEM：[雌性]

• N：[数]；SG：[单数]；PL：[复数]

• P：[人称]；1：[第一人称]；2：[第二人称]；3：[第三人称]

• STRONG：强特征（"EPP"）

• φ–：[– 可解读]φ-特征

• φ+：[+ 可解读]φ-特征

• ?：未指定值

• **粗体**：未核查的 [– 可解读] 特征

• 浮雕字体：已赋值并删除的 [– 可解读] 特征

（61）$[_{vP} \, v_{\{P:3; \, N:SG\}}} \, [_{VP} \, \text{love pro}_{\{P:3; \, N:SG; \, G:MASC; \, CASE:ACC\}}} \,]\,]$

接下来合并另一个代词和屈折中心语：

（62）$[_{TP} T_{\{P:?; \, N:?; \, STRONG\}} \, [_{vP} \, \text{pro}_{\{P:3; \, N:SG; \, G:MASC; \, CASE:?\}}}$

$[_{v'} \, v_{\{P:3; \, N:SG\}}} \, [_{VP} \, \text{love pro}_{\{P:3; \, N:SG; \, G:MASC; \, CASE:ACC\}}} \,]\,]\,]\,]$

因其 [– 可解读]φ-特征，T 从其补足语中搜索一个合适的目标。宾语代词不可及（中间有主语代词），也不处于活跃状态（没有未核查的 [– 可解读] 特征）。另一方面，主语代词可及且处于活跃状态。此时，T 和 [Spec, vP] 中的代词一致，为其 [– 可解读] 特征赋值并使它们在逻辑式层面不可见，如（63）所示。

（63）$[_{TP} \, T_{\{P:3; \, N:SG; \, STRONG\}} \, [_{vP} \, \text{pro}_{\{P:3; \, N:SG; \, G:MASC; \, CASE:NOM\}}}$

$[_{v'} \, v_{\{P:3; \, N:SG\}}} \, [_{VP} \, \text{love pro}_{\{P:3; \, N:SG; \, G:MASC; \, CASE:ACC\}}} \,]\,]\,]\,]$

（63）中 T 的强特征呢？我们前面讨论过，在特征移位方案下，我们假定强特征只能由词项或词项的投射核查。因此，中心语 H 要使其强特征得到核查，含有相关特征的语类必须与 H 本身合并，或者与 H 的投射合并（分别为中心语嫁接和标志语–中心语构型）。一致方案保留了这一假设的精神：探针 P 的强特征必须由含有与其匹配的特征的局部成分 C 核查。

因此，在（63）中，T 的强特征（EPP-特征）必须由一个名词性元素核查（见 2.3.1.3）；如果是填位成分，只需简单合并即可（见 9.3.3），其他情况则要通过移位实现。如果在（63）的推导步骤中没有填位成分（详见 10.3.1），则 T 的强特征会触发最近代词移位，形成（64）中的结构。

（64）$[_{TP} \, \text{pro}_{\{P:3; \, N:SG; \, G:MASC; \, CASE:NOM\}}} \, [_{T'} T_{\{P:3; \, N:SG; \, STRONG\}}}$

$[_{vP} \, \text{pro}_{\{P:3; \, N:SG; \, G:MASC; \, CASE:NOM\}}} \, [_{v'} \, v_{\{P:3; \, N:SG\}}}$

$[_{VP} \, \text{love pro}_{\{P:3; \, N:SG; \, G:MASC; \, CASE:ACC\}}} \,]\,]\,]\,]\,]$

320

在删除语迹并插入与形态特征构成相关的音韵特征之后，经音韵部门进一步计算之后，（64）被转换成（65），后者表现为（59），即此处的（66）。

（65）$[_{TP} \, \text{she} \, [_{T'} \quad \text{-s} \, [_{vP} \, v \, [_{VP} \, \text{love him} \,]\,]\,]\,]$

（66）She loves him.

只要（64）中 [Spec, TP] 中的代词没有未核查的 [– 可解读] 特征，就无法参与进一步的一致关系。因此，如果（64）被嵌入到提升谓词之下，如下面（67）中的简化表征所示，主语代词就无法对主句 T 的 [– 可解读] φ- 特征赋值，即使它移位以核查该强特征也不行。换言之，在该系统下无法生成（68）一类跨句提升结构（hyperraising construction）。[①]

（67）[$_{TP}$ T$_{\{φ-;\ \textbf{STRONG}\}}$seem [that [$_{TP}$ she$_{\{φ+;\ CASE:NOM\}}$loves him]]]

（68）*[she$_i$ seems that [t$_i$ loves him]]

接下来，我们来看看下面（69a）可接受的阿拉伯语句子。该句与（68）有些相似，因为其主语参与了与两个不同屈折中心语的一致关系，如（69b）中的简化结构所示。问题是，如何正确区分（68）和（69a）。

（69）*标准阿拉伯语*

a. l-banaant-u   kunna   waaqif-aat.
the-girls-NOM   were.3.FEM.PL   standing-FEM.PL
The girls were standing.

女孩们站着。

b. [$_{TP}$ l-banaant-u$_i$ [$_{T'}$ T$_{\{P:3;\ N:PL;\ G:FEM;\ \textbf{STRONG}\}}$ [$_{VP}$ kunna [$_{TP}$ t$_i$ [$_{T'}$ T$_{\{N:PL;\ G:FEM;\ \textbf{STRONG}\}}$ [$_{vP}$ t$_i$ waaqif-aat]]]]]]

在 GB 模型下，（68）与（69a）的差异可以用格来描述：（68）中不可接受的"跨句提升"结构涉及始于格标记位的论元移位，而（69a）中可接受的分词性句子则涉及始于无格位的论元移位。为了在基于一致的系统中捕捉到这种差异，我们必须确定哪些特征参与了格的赋值。系统的逻辑告诉我们，在分词性 T 的 φ-特征与域外论元的 φ-特征一致之后，（69b）中域外论元的格特征并未获得赋值；否则代词不可能处于活跃状态，也就无法进一步参与一致关系。[②] 基于此，我们可以得出结论认为，[数] 和 [性]

---

① 相关讨论见 Ura（1994）、Ferreira（2000）和 Rodrigues（2004）。

② 尤其是在 Kayne（1989）、Belletti（1990）和 Chomsky（1991）之后，分词性结构受到了众多句法学家的关注（见 Belletti 2004，其中对与分词相关的各种问题进行了综述，并提供了更多参考文献）。这里我们不关心分词是否有自己的 AgrPartP；重要的是其对屈折句法的影响，从而允许与 T 相似的中心语以（69b）描述的方式进入推导。有关阿拉伯语格和一致规律的更多讨论，见 Sultan（2002）。同时感谢 Jamal Ouhalla 的讨论。

两个特征本身不能对格特征赋值。这样我们就剩下 [人称] 特征了，（67）中内嵌句 TP 有该特征，但（69b）中内嵌句 TP 则无。因此，我们可以总结认为，在 φ-特征一致方案下，对格特征赋值至关重要的是 [人称] 特征。[①] 因此，在（67）中，代词在为含有 [人称] 特征的内嵌句限定性 T 的 φ-特征赋值之后，其格特征也获得了赋值。另一方面，（69b）中分词性 T 与域外论元之间的一致关系并未使主语的格特征受到影响，因而允许主语进一步与主句 T 一致。

下面（70）和（71）所示论元移位与非论元移位之间的相似性（另见练习 9.3）表明，上述分析的逻辑也有可能延伸到非论元关系：就像一个 DP 不可能与一个以上的赋格中心语达成一致关系一样 [参见（71a）]，一个 wh-短语也不可能与一个以上的疑问性标句词形成核查关系 [参见（71b）]。

（70）a. [John$_i$ T seems [t$_i$ to [t$_i$ love Mary]]]

b. [what$_i$ did + Q you say [t$_i$ that John bought t$_i$]]

（71）a. *[John$_i$ seems that [t$_i$ T [t$_i$ loves Mary]]]

b. *[what$_i$ do you wonder [t$_i$ Q John bought t$_i$]]

例如，我们假设疑问性标句词有一个 [– 可解读] 特征 F，特征 F 由一个 wh-特征赋值，并且 wh-元素有一个 [– 可解读] 特征 F′，对特征 F′ 的赋值反映了与一个疑问性标句词的非论元一致关系。[②] 在（70b）的推导中，必要的核查关系都成立，没有任何问题，如（72）所示。

322

（72）a. [$_{CP}$that$_{\{STRONG\}}$ [John bought what$_{\{WH;\ F′\}}$]]

b. [$_{CP}$what$_{\{WH;\ F′\}}$ that$_{\{STRONG\}}$ [John bought t]]

c. [$_{CP}$ did Q$_{\{F:?\ STRONG\}}$ you say [$_{CP}$ what$_{\{WH;\ F′\}}$ that$_{\{STRONG\}}$

① 注意，虽然区分构成一致的不同 φ-特征并不是 GB 的重点，但 Bashir（1987）已经提出了一些来自克什米尔语的论据，大概意思是，[人称] 在决定分句的限定性方面发挥着重要作用（从不透明的角度看），[数] 和 [性] 则不然（参见 Rudin 1988b: 49，注释 4）。

② 见 Chomsky（2001, 2004）和 Hornstein（2001: 118–19）。

347

[John bought t]]]

d. [CP what$_{\{WH;\ F'\}}$ did + Q$_{\{F:WH;\ STRONG\}}$ you say [CP t that$_{\{STRONG\}}$

[John bought t]]]

与之相反，在（71b）的推导中［如（73）所示］，到达（73c）的阶段时，what 不能与主句疑问性标句词一致，因为不再有未核查的 [– 可解读] 特征，已经失去活力，不能参与进一步计算。推导式崩溃，符合预期。

（73）a. [$_{CP}$Q$_{\{F:?;\ STRONG\}}$ [John bought what$_{\{WH;\ F'\}}$]]

b. [$_{CP}$what$_{\{WH;\ F'\}}$ Q$_{\{F:WH;\ STRONG\}}$ [John bought t]]

c. [CP do +Q$_{\{F:?;\ STRONG\}}$ you wonder [CP what$_{\{WH;\ F'\}}$ Q$_{\{F:WH;\ STRONG\}}$

[John bought t]]]

暂且不论上面针对 wh-元素和疑问性标句词提出的特征构成并不全面这一事实，对（70）和（71）的统一分析会引发一个有意思的后果，值得探索。根据前文建议，使 wh-短语具有疑问性的可能不只是其 wh-特征，而是其与疑问性标句词的一致关系。表明这种思路正确的证据，是许多语言的无定代词和疑问代词使用相同的词，如来自现代汉语的（74）所示。[1] 实现一种意义而非另一种意义，这取决于表达式是处于疑问性标句词，还是陈述性标句词的范围以内，表明某种非论元一致有风险。[2]

323 （74）现代汉语

郭靖没有买什么

"郭靖没买什么。"或"郭靖没买什么？"

---

① 此例来自 Cheng（1991: 113），其中列出了多个语言中的无定量化词和 wh-表达式的同音形式和派生形式，如（i）和（ii）所示（见 Cheng 1991: 79–81）。

（i）	a. 朝鲜语：	*nwukwu*	who/somebody
	b. 日语：	*dare*	who/someone
	c. 迪雅瑞语（Diyari）：	*mina*	what/something
（ii）	a. 波兰语：	*kto/ktoś*	who/someone
	b. 匈牙利语：	*hol/valahol*	where/somewhere

② 有关非论元一致的其他实例，见 Georgopoulos（1991）关于帕劳语（Palaun）的讨论，Chung（1998）关于查莫罗语（Chamorro）的讨论，McCloskey（2002）关于爱尔兰语的讨论，以及 Adger and Ramchand（2005）关于苏格兰盖尔语的讨论。

练习 9.15

在（69a）、（70）和（71b）的推导中，我们暂时搁置了主动词显性嫁接到轻动词，以及 T 显性嫁接到疑问性标句词的详细情况（见 3.3.3、5.5 和 7.2）。讨论在正文所述的分析之下，正确解释这些移位需要提出哪些假设。

练习 9.16

提供（i）所示推导的相关步骤，证明如何在基于一致的方案下将其排除。

（i） *John$_i$ seems to t$_i$ that Mary has left.

It seems to John that Mary has left.

练习 9.17

通过考察（i）中各结构的推导，讨论在一致体系的框架下，应该如何理解在 4.3.4 节里运用空格对 PRO 分布进行的分析。

（i） a. [it is rare [PRO$_i$ to be elected t$_i$ in these circumstances]]

b. * [it is rare [PRO$_i$ to seem to t$_i$ that the problems are insoluble]]

c. *[PRO$_i$ is rare [t$_i$ to be elected t$_i$ in these circumstances]]

练习 9.18

一致可能以"长距离"的方式发生作用，影响到不处于中心语–补足语或标志语–中心语构型中的元素。难道我们不能将针对管辖的反对意见用于应用一致所需的结构构型吗？如果不能，为什么不能？

9.4.3.2 一致体系下的填位结构

接下来，我们在该方案下考察（75）所示填位结构的推导方式。

（75）There seem to be three men in the room.   324

鉴于（75）中的内嵌分句没有能核查格的轻动词，当下面（76a）中的内嵌 TP 形成时，就会出现第一种相关一致的可能。根据不定 to 只有一个强特征要核查这一假设，填位成分 there 被插入推导式并核查 to 的强特征，如（76b）所示。在（76c）中的句法实体形成之后，主句 T 对其补足语进行搜索，以使其 [– 可解读] 特征得到赋值并核查其强特征（EPP）。然后，一致对 T 的 φ-特征赋值，并将 three men 的格特征标为主格，如（76d）所示。在 there 移位之后，如（76e）所示，主句 T 的 EPP-特征得到核查，推导式收敛。

（76）a. [$_{TP}$ to$_{\{STRONG\}}$ [$_{VP}$ be [[three men]$_{\{P:3;\ N:PL;\ G:MASC;\ CASE:?\}}$ in the room]]]

    b. [$_{TP}$ there [$_{T'}$ to$_{\{STRONG\}}$ [$_{VP}$ be [[three men]$_{\{P:3;\ N:PL;\ G:MASC;\ CASE:?\}}$ in the room]]]]

    c. [$_{TP}$ T$_{\{P:?;\ N:?;\ STRONG\}}$ seem [$_{T'}$ there [$_{T'}$ to$_{\{STRONG\}}$ [$_{VP}$ be [[three men]$_{\{P:3;\ N:PL;\ G:MASC;\ CASE:?\}}$ in the room]]]]]

    d. [$_{TP}$ T$_{\{P:3;\ N:PL;\ STRONG\}}$ seem [$_{T'}$ there [$_{T'}$ to$_{\{STRONG\}}$ [$_{VP}$ be [[three men]$_{\{P:3;\ N:PL;\ G:MASC;\ CASE:NOM\}}$ in the room]]]]]

    e. [$_{TP}$ there$_i$ [$_{T'}$ T$_{\{P:3;\ N:PL;\ STRONG\}}$ seem [$_{T'}$ t$_i$ [$_{T'}$ to$_{\{STRONG\}}$ [$_{VP}$ be [[three men]$_{\{P:3;\ N:PL;\ G:MASC;\ CASE:NOM\}}$ in the room]]]]]]

注意，（76c）中形成干扰的 there 不阻止 T 与 three men 形成一致关系，因为它没有可以对 T 的 φ-特征赋值的 [+ 可解读] φ-特征（见 9.4.3.1）。相反，它能核查 EPP-特征并阻止联系词的移位，如（77）所示。

（77）*Three men seem there to be in the room.

练习 9.19

证明能否运用正文里提出的一致方案分析（i）中所示结构：如果可以，应当如何分析？

    （i）a. *[there$_i$ seems [t$_i$ to be many people in the room]]

        b. *[there$_i$ seem that [[many people]$_i$ are t$_i$ in the room]]

        c. *[there seem [there to be many people in the room]]

d. [I believe [there$_i$ to be expected [t$_i$ to be many people in the room]]]

e. [it seems that [[many people]$_i$ are t$_i$ in the room]]

练习 9.20

特征移位方案与一致方案之间的一个区别在于，在特征移位方案中，一个 [– 可解读] 特征可以与另一个 [– 可解读] 特征进行核查，而在一致方案中，一个 [– 可解读] 特征必须由一个 [+ 可解读] 特征核查。基于一致方案考察（i）中句子的推导，讨论这种区别引起的后果。

（i）It seems that it has rained a lot.

9.4.3.3 一致体系下的解读不对称性

在经验事实的覆盖范围上，一致方案基本上与特征移位方案相同，读者可以轻松核实这一点。这是因为，两种方案提出的"隐性"关系替代方案（特征移位与一致）都要遵循最后手段、最简性和经济性这些相同的条件。

以（36）和（34）中的对比为例，下面重复为（78）和（79）。

（78）a. [[many students]$_i$ seemed to each other [t$_i$ to have been in trouble]]

b. *[there$_i$ seemed to each other [t$_i$ to have been many students in trouble]]

（79）*巴西葡萄牙语*

a. Que　fotografia de [si　mesmo]$_{i/k}$ [o　João]$_k$ disse que　[o
which picture　of　self　own　　　the João　said that　the
Pedro]$_i$ viu?
Pedro　saw

b. [O　João]$_k$ disse que [o　Pedro]$_i$ viu que　fotografia de
the João　said that　the Pedro　saw which picture　of
[si　mesmo]$_{i/*k}$?

self   own

Which picture of himself did João say that Pedro saw?

João 称 Pedro 看到了自己的哪张照片?

由于一致方案中没有隐性移位，所以（78b）中联系词与（79b）中 wh-短语停留于原位，并通过"长距离"一致使其 [– 可解读] 特征获得赋值以满足形态要求，同时删除这些特征以满足逻辑式的要求：(78b）中为与主句 T 进行的 φ-特征一致，（79b）中为与主句疑问性标句词进行的非论元一致。

一旦这些元素在整个推导过程中停留于原位，（78b）中的照应语就无法得到正确的约束，（79b）中的局部照应语必须由内嵌主语约束，符合预期。

326　特征移位方案与一致方案之间的关键区别实际上在于它们对 [– 可解读] 特征的分析方式，这又最终取决于词汇论特征具体化方案是否正确。例如，如果省略被解读为语音式删除，则一致方案相比特征移位方案有一定的优势。我们以（80）和（81）中的句子为例进行说明。

（80）*葡萄牙语*

Os   gatos   são   bonitos   e
the.MASC.PL **cat**.MASC.PL **are**[3.PL] beautiful.MASC.PL and

a   gata   também é.
the.FEM.SG   cat.FEM.SG   also   is[3.SG]

The tomcats are beautiful and so is the cat.

那些公猫很漂亮，那只猫也是。

（81）John does not have any money, but Bill does.

如果省略涉及同一性条件下的某种语音式删除，则特征移位方案采用的词汇论观点将无法解释（80）和（81）中的省略结构，因为它们无省略的对应句不存在同一性，如（82）和（83）所示。

（82）*葡萄牙语*

Os   gatos   são   **bonitos**   e
the.MASC.PL   cat.MASC.PL   are[3.PL]   beautiful.MASC.PL   and

a	gata	também	é	**bonita.**
the.FEM.SG	cat.FEM.SG	also	is[3.SG]	beautiful.FEM.SG

The tomcats are beautiful and so is the cat.

那些公猫很漂亮，那只猫也是。

（83）John does not **have any** money, but Bill **has some** money.

与之相反，在一致方案下，省略可以在相关 [– 可解读] 特征被赋值且在形态上获得区别性特征之前的某个推导步骤中运用。我们以下面（84）和（85）中的结构为例进行说明。在（84）中形容词性谓词和（85）中 T 进行 φ-特征一致以及（85）中限定词进行（非论元）一致之前，谓词是相同的，应该允许省略，形成（80）和（81）中的句子。①

（84）[[[os gatos]$_{\{G:MASC;\ N:PL\}}$ são **bonit-**$_{\{G:?s;\ N:?\}}$] e [[a gata] $_{\{G:FEM,\ N:SG\}}$ também é **bonit-**$_{\{G:?,\ N:?\}}$]]

（85）[[John T$_{\{P:?,\ \ N:?\}}$ not **have-DET**$_{\{F:?\}}$**money**] but [Bill T$_{\{P:?,\ N:?\}}$ **have- DET**$_{\{F:?\}}$ **money**]]

我们并不认为，这是对省略结构中不匹配现象的最佳分析方案。我们 327 只想说，鉴于特征移位方案与一致方案之间的主要差异与特征具体化有关，所以，凡是与整个推导过程中特征具体化有关的证据在理论上更适合一致而非特征移位。

练习 9.21

讨论能否运用一致方案解释（i）所示载体变化效应（见 9.4.2.1）；如果可以，应当如何分析？

（i）a. *Mary admires John$_i$, but he$_i$ doesn't.

b. Mary admires John$_i$, but he$_i$ thinks Susan doesn't.

9.4.3.4 一致体系下的拖延原则和循环性

让我们回到传统隐性移位分析方案面临的拖延原则和循环性问题，考

---

① 见 Zocca（2003）和 Nunes and Zocca（2005）中的相关讨论。

察一致体系是如何规避这些问题的。

鉴于"隐性"关系被重新解读为显性一致，所以一致方案不需要隐性部门，不需要拖延原则一类的原则，这类原则对给定操作在显性和隐性部门中的运用进行评估。所有核查操作都显性进行。拖延效应同样源于强特征的存在：如果没有强特征，就进行一致，不用移位。一旦没有隐性移位，显性移位就始终都能循环进行（考虑到侧向移位的可能性），符合扩展条件，如 8.3.5.2 节所示。

9.4.3.5 小结

一致方案还能在不违反关于从枚举词项集合到逻辑式的映射的统一性条件的情况下，捕捉到"隐性"关系：由于本方案中没有隐性部门，所以运算是统一的。因此，下面（86）中所示基于一致方案的语法架构与基于特征移位方案的语法架构并无实质性的区别［参见（44）］。相关的唯一差异是，该方案在运算系统的操作库中添加了一致操作。由此可见，我们必须从经验角度证明为何要选择一致方案而非特征移位方案。在所有条件相同的情况下，不增加模型中基元数量的方案是首选。

328　　　（86）一致方案下的运算系统

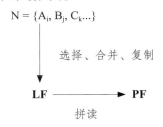

$$N = \{A_i, B_j, C_k...\}$$

选择、合并、复制

LF ——————→ PF

拼读

9.5　结论

本章讨论了 GB 标准隐性移位方案在最简主义框架下蕴含的两个重要问题。首先，GB 方案规定了理论上存疑的拖延原则，该原则规定，隐性移位本质上比显性移位经济；其次，GB方案允许非循环合并，不符合关于短语结构构建的扩展条件。这两个方面都违反了关于从枚举词项集合到逻辑式的映射的统一性条件，因此，我们面临着表层结构因技术需要而复活的可能性。

对这些问题的讨论使我们开始考虑更深层次的问题，比如，为什么移位操作应该存在。如前所述，自生成语法诞生以来，这个问题一直存在于语言学家的脑海中。最简主义更加关注词汇特征在运算中扮演的角色，为这个古老的问题提供了一个全新的视角。一个极具前景的思路是，自然语言中存在移位，这在一定程度上与自然语言有在逻辑式和语音式都不可解读的形式特征（其原因尚不得而知）这一事实有关。

基于这一思路的一种方案认为，词库中存在 [– 可解读] 形式特征是对最优性的偏离，移位则是解决这个问题的最优方案，因为通过移位可以用适当方式删除这些不合法的特征，使相应接口能读取运算系统构建的实体。在本章中，我们考察了这种移位思路的两种不同实现方案：特征移位方案和一致方案。两种方案引发了有趣的后果，允许以前通过隐性移位捕捉的关系被重新解读成显性循环操作：分别为特征移位和一致。换言之，这两种方案都不存在与拖延原则和扩展条件相关的问题，而在基于隐性语类移位的早期分析方案中，这两个问题是挥之不去的。

要判定这两种隐性移位替代方案孰对孰错，为时尚早，我们不能让两种方案新的技术细节掩盖了一个更基本的事实：语言官能是接口要求的最优解决方案，最简主义框架下的这一假设使我们从经验事实的角度发现，特征可解读性与句法运算之间有着错综复杂的关系。这个故事的寓意是，即使两种隐性移位替代方案最终都被证明是正确的，我们透过最简主义的镜头审视GB，实际上大大拓宽了经验研究的疆域。

329

第十章

推导经济性

10.1 引言

所有生成语法研究方案都含有针对移位的各种限制条件。罗斯（Ross 1967）是早期（如今仍然是）的一个杰出例子，其中探讨了如何通过各种局部性条件限制移位。[①] 第五章里提出的最简思想——合法移位必须"距离尽量短"——就是罗斯最初所提后代（progeny）条件的现代版。本章将回顾有关移位和一般语法关系的其他不同限制条件。

孤岛条件和最简性旨在限制操作的作用范围（即如果 A 和 B 相距太远，给定规则就不能使它们关联起来）。相反，我们要考察的限制条件并不限制规则的作用范围，而是限制其适用性（即虽然运用后给定规则可以使 A 和 B 关联起来，只不过在当前实例中不能使用而已）。例如，我们将对比移位和其他可用语法选项，探讨关于只有在其他选项不可用的情况下才允许使用移位的观点。因此，与局部性问题完全处于局部范围的最简性不同（我能从这里到那里而不违反最简性条件吗？），下面提出的考虑因

---

① 传统上，局部性被认为某个依存关系作用范围的上限（在 Ross 1967 之后，见 Koster 1978、Culicover and Wilkins 1984、Rizzi 1990、Manzini 1992、Sabel 1996、Starke 2001 或 Boeckx 2003a）；近年来，Lasnik（2001a）、Svenonius（2001）和 Grohmann（2003c）对此进行了综述并提供了更多的参考文献，Hiraiwa（2003）讨论了基于语段句法的各种局部性概念（我们将在下面的 10.4 介绍这种方案）。Grohmann（2000b, 2003b）提出相反的条件也成立，即局部性存在下限，也称为反局部性（anti-locality）。

素要求对几种替代推导选项进行比较（这种语法选项是各种可用选项中最优的选项吗？）。

这种比较式非局部推理最近在多个领域流行了起来。[①] 下面我们介绍 331 这种直觉的一个版本是如何在最简主义框架下发展起来的。在 10.2 中，我们将回顾截至目前提出的关于经济性的一般假设。10.3 处理存现结构，并讨论关于合并操作优于移位操作的经济性优先方案。10.4 节在语段和子阵列的基础上提出，推导式应逐步运算。10.5 介绍另一类经济性：词汇资源的经济性。10.6 节结束本章讨论。

10.2　经济性运算：序言

我们在前面曾假定，推导是一种句法运算，作用于句法实体（词项和由词项构成的短语），形成组对（π，λ），其中 π 为语音式实体，λ 为逻辑式实体（见 1.5）。如果 π 和 λ 符合完全解读条件（即所有 [– 可解读] 特征均已得到适当核查），我们就可以说，推导式分别在语音式和逻辑式收敛；当且仅当一个推导式同时在语音式和逻辑式收敛时，我们才认为该推导式收敛。另外，我们还假设过，仅当两个推导式都收敛且它们开始时采用的枚举词项集合相同时，我们才能对它们进行比较（见 1.5 和 2.3.2.6）。在继续完善这一推导经济性方案之前，我们先来回顾一下为什么要做出上述假设。

首先我们要提一个问题，在上述宏观框架下，我们能想到的最经济的句法运算是什么。当然，这样的运算是不采用句法操作的运算，结果不会形成组对（π，λ）；换言之，可能最经济的句法运算是什么都不发生的运算。然而，如果经济性要考虑这样的运算，结果就会排除采用某种句法

[①]　其在优选论里派上了大用场（见 Archangeli and Langendoen 1997，Legendre、Grimshaw and Vikner 2001，以及 Müller 2003 等），Williams（2003）提出的表征理论也是如此。

操作的所有句法运算。在这种情形下，语言官能就由一个词库构成，仅此
而已。因此，我们必须假设，句法推导式集合是可以想象得到的句法运算
集合的一个子集。更具体来说，我们可以假设，仅当其能形成组对（π, λ）
时，句法运算才是推导式。通过假设只有推导式能参与经济性竞争，结果
就不会出现上述不符合需要的情形，因为什么都不发生的运算本身不能算
作推导式，不能纳入经济性考虑（见 1.3 和 1.4）。

我们应将可比推导式池进一步限制在收敛推导式范围以内。以形成
（1）中所示结构的推导式为例。

（1）a. *[_TP was [arrested John]]

　　 b. [John_i was [arrested t_i]]

一个自然的经济性准则是，短的推导式（即采用操作较少的推导式）应
阻止长的推导式。然而，如果经济性是完全基于操作数量来计算的，则
（1a）中的推导式应该会错误地阻止（1b）中的推导式，后者多了一个移
位操作。另一方面，如果经济性只考虑收敛的推导式，则（1a）中的推导
式不会被纳入经济性运算考虑范围，因为 T 的强特征（EPP 特征）尚未
得到核查，结果使推导式在语音式崩溃。

最后，收敛本身不足以排除所有不合格的比较。以（2）中句子的推
导为例。

（2）a. The boy cried.

　　 b. The boy with a toy cried.

两个推导式都收敛。然而，（2b）的推导式似乎不如（2a）经济，因为它
用了更多的句法操作来构建 PP with a toy，并将其与结构合并。因此，如
果（2a）和（2b）中的推导式可以参与经济性竞争，（2a）会错误地排除
（2b）。在一般意义上来说，如果运算系统可以直接访问词库并且经济性
仅限于收敛的推导式，则语言官能一定不仅仅是一个词库。然而，结果只
会允准非常简单的句子，因为它会排除一般意义上的附加语和递归，而这
两者涉及"不必要的"推导步骤。

表面上看，我们可以补救这个潜在的问题，我们可以假设运算系统不能直接访问词库，但会将枚举词项集合作为服务于推导的词项库（见2.3.2.6）。不过，这是不够的。鉴于（2a）中的词项构成（2b）中词项的一个子集，所以在理论上，两个推导式开始时采用的可能都是下面（3）中的（简化）枚举词项集合。也就是说，运算系统可以使用枚举词项集合中的所有词项，形成（2b），也可以只使用部分词项，形成（2a）。在这种情形下，我们再一次得到错误的结果，即（2a）中的推导式比（2b）更经济，从而阻止其形成。

（3）N = {the₁, boy₁, with₁, a₁, toy₁, cried₁}

因此，我们需要进一步假设，仅当句法运算用完枚举词项集合中的所有词项时，才算得上推导式（见2.3.2.6）。如此，（3）只会与（2b）中的推导式关联，（2a）中的推导式需要从（4）中的（简化）枚举词项集合开始。

（4）N = {the₁, boy₁, cried₁}

现在，如果我们把经济性计算进一步限制为始于同一枚举词项集合的收敛推导式的话，我们就可以防止（2a）和（2b）中推导式之间进行不必要的竞争。如此，（2a）和（2b）中的推导式根本不会因经济性目的相互接触，问一个是否比另一个更经济，这个问题毫无意义。

下面我们将考察一些例子，借以进一步完善推导经济性的计算方式。

10.3　推导经济性与局部计算

10.3.1　存现结构：问题

我们来看看（5）所示句子的推导，如（6）所示。[①]

（5）There seems to be someone here.

（6）a. [TP to{STRONG}[VP be [someone{P:3; N:SG; CASE:?} here]]]

---

① 为便于说明，我们将在全章采用一致隐性关系方案（见9.4.3）。

b. [$_{TP}$ there [$_{T0}$ to$_{\{STRONG\}}$ [$_{VP}$ be [someone$_{\{P:3;\ N:SG;\ CASE:?\}}$ here]]]]

c. [$_{TP}$ T$_{\{P:?;\ N:?;\ STRONG\}}$ seem[$_{T'}$ there [$_{T'}$ to$_{\{STRONG\}}$ [$_{VP}$ be [someone$_{\{P:3;\ N:SG;\ CASE:?\}}$ here]]]]]

d. [$_{TP}$ T$_{\{P:3;\ N:SG;\ STRONG\}}$ seem [$_{T'}$ there [$_{T'}$ to$_{\{STRONG\}}$ [$_{VP}$ be [someone$_{\{P:3;\ N:SG;\ CASE:NOM\}}$ here]]]]]

e. [$_{TP}$ there$_i$ [$_{T'}$ T$_{\{P:3;\ N:SG;\ STRONG\}}$ seem [$_{T'}$ t$_i$ [$_{T'}$ to$_{\{STRONG\}}$ [VP be [someone$_{\{P:3;\ N:SG;\ CASE:NOM\}}$ here]]]]]]

334 填位成分 there 与（6a）中的结构合并，核查内嵌 T 的 EPP 特征，形成（6b），经过进一步的运算后，形成（6c）中的结构。然后主句 T 搜索其补足语，与 someone 形成一致关系，结果为 T 的 φ-特征和 someone 的格特征赋值，如（6d）所示。重要的是，（6d）中的 there 只有一个 D-特征，不会对主句 T 与 someone 之间的一致关系造成最简性效应。然而，there 可能会提升以核查主句 EPP-特征，形成（6e）。

现在，我们来看看下面（7）中类似句子的推导，如（8）所示。假定，（8）使用的枚举词项集合不含填位成分 there，someone 一直提升到主句 [Spec, TP]，所有 [– 可解读] 特征都得到了适当的核查。

（7）Someone seems to be here.

（8）a. [$_{TP}$ to$_{\{STRONG\}}$ [$_{VP}$ be [someone$_{\{P:3;\ N:SG;\ CASE:?\}}$ here]]]

b. [$_{TP}$ someone$_{\{P:3;\ N:SG;\ CASE:?\}}$ [$_{T'}$ to$_{\{STRONG\}}$ [$_{VP}$ be [ti here]]]]

c. [$_{TP}$ T$_{\{P:?;\ N:?;\ STRONG\}}$ seem [$_{T'}$ someone$_{\{P:3;\ N:SG;\ CASE:?\}}$ [$_{T'}$ to$_{\{STRONG\}}$ [$_{VP}$ be [t$_i$ here]]]]]

d. [$_{TP}$ T$_{\{P:3;\ N:SG;\ STRONG\}}$ seem [$_{T'}$ someone$_{\{P:3;\ N:SG;\ CASE:NOM\}}$ [$_{T'}$ to$_{\{STRONG\}}$ [$_{VP}$ be [t$_i$ here]]]]]

e. [$_{TP}$ someone$_{\{P:3;\ N:SG;\ CASE:NOM\}i}$ [$_{T'}$ T$_{\{P:3;\ N:SG;\ STRONG\}}$ seem [$_{T'}$ t$_i$ [$_{T'}$ to$_{\{STRONG\}}$ [$_{VP}$ be [t$_i$ here]]]]]]

既然（5）和（7）是英语里可接受的句子，并且存在（10）中所示推导式，我们不禁要问：为什么下面的（9）不可接受？

（9）*There seems someone to be here.

（10）a. [$_{TP}$ to$_{\{STRONG\}}$ [$_{VP}$ be [someone$_{\{P:3;\ N:SG;\ CASE:?\}}$ here]]]

    b. [$_{TP}$ someone$_{\{P:3;\ N:SG;\ CASE:?\}}$ [$_{T'}$ to$_{\{STRONG\}}$ [$_{VP}$ be [t_i here]]]]

    c. [$_{TP}$ T$_{\{P:?,\ N:?;\ STRONG\}}$ seem [$_{T'}$ someone$_{\{P:3;\ N:SG;\ CASE:?\}}$ [$_{T'}$ to$_{\{STRONG\}}$ [$_{VP}$ be [t_i here]]]]]

    d. [$_{TP}$ T$_{\{P:3;\ N:SG;\ STRONG\}}$ seem [$_{T'}$ someone$_{\{P:3;\ N:SG;\ CASE:NOM\}}$[$_{T'}$ to$_{\{STRONG\}}$[$_{VP}$ be [t_i here]]]]]

    e. [$_{TP}$ there$_i$[$_{T'}$ T$_{\{P:3;\ N:SG;\ STRONG\}}$ seem [$_{T'}$ someone$_{\{P:3;\ N:SG;\ CASE:NOM\}}$[$_{T'}$ to$_{\{STRONG\}}$[$_{VP}$ be [t_i here]]]]]]

（10b）中内嵌分句的 EPP-特征由 someone 核查［同（8b）]，（10e）中主句的 EPP-特征由 there 核查［同（6e）];（10）中的所有其他 [– 可解读] 特征均在主句 T 与 someone 之间的一致关系下核查，同样与（6d）和（8d）相同。鉴于（7）和（8）中的推导式收敛，可见（9）不可接受的 335 情况的确非常令人困扰。（5）与（9）之间很明显的唯一差异是，在（9）中，联系词离主句 T 比在（5）中要近一些。然而我们很难搞清楚这种情况为什么会扰乱任何东西。

    注意，这个问题并不是上文描述的针对存现结构的最简主义解决方案的内在问题。从 GB 角度来看，（9）同样神秘莫测。举例来说，在乔姆斯基（Chomsky 1986b）提出的极具影响力的分析中，（5）中存现结构的联系词必须隐性移位以替代虚主语。但是，在（7）的推导式中，既然 someone 可以在移位的过程中经过内嵌 [Spec, TP]，则在理论上，它也应该能在表层结构停留在该位置上，并在隐性部门取代虚主语，由此错误地认为（9）符合要求。①

    但对 GB 方案来说，这个问题可能更难回答。我们在前面讨论过，在 GB 中，所有操作都可以自由操作，只要结果形成的结构符合不同层次的过滤式的要求即可。（9）的问题在于，它好像符合这些过滤式的要求。另一方面，从最简主义视角来看，句法实体不但要满足接口施加的输出条

---

    ①　有关 GB 框架下的更多讨论，见 Raposo and Uriagereka（1990），其中从递归式管辖定义的角度，分析了（9）一样的案例。

件，还要以最优方式构建。也就是说，在收敛的推导式中，有些推导式优于其他推导式，因为它们能以更高效、更经济的方式达到收敛要求。可见，（9）虽有可能来自收敛的推导式，但它不是系统可以使用的、最经济的推导式。我们将在下一节探讨这个问题。

练习 10.1

讨论（9）中句子［即此处的（i）］是否也给基于特征移位的隐性移位方案带来了问题。

（i）*There seems someone to be here.

10.3.2 合并优于移位原则

我们来仔细看看（5）和（9）的推导式，即下文的（11）。

（11）a. There seems to be someone in the room.

b. *There seems someone to be in the room.

这两个句子的推导有可能始于相同的枚举词项集合：下面（12）中的 N_0。给定 N_0，运算系统选择 someone 和 here，并把它们合并起来，如（13）中的推导步骤所示。后续选择和 be［参照（14）］以及 to 的合并［参照（15）］使枚举词项集合缩减为 N_3，形成（15b）中的句法实体 M。

（12）N_0= {there$_1$, T$_1$, seem$_1$, to$_1$, be$_1$, someone$_1$, here$_1$}

（13）a. N_1= {there$_1$, T$_1$, seem$_1$, to$_1$, be$_1$, someone$_0$, here$_0$}

b. K = [someone here]

（14）N_2= {there$_1$, T$_1$, seem$_1$, to$_1$, be$_0$, someone$_0$, here$_0$}

L= [be someone here]

（15）a. N_3= {there$_1$, T$_1$, seem$_1$, to$_0$, be$_0$, someone$_0$, here$_0$}

b. M = [to be someone here]

目前为止，（11a）和（11b）的推导一直是相同的。然而从下一个推导步骤开始，它们就有差异了。（11a）的推导式用填位成分核查 to 的 EPP-特征，如（16）所示；在 seem 和 T 被选择并合并［参照（17）—（18）］之后，枚举词项集合中的词项被用尽，there 移位以核查主句的

EPP-特征，形成（19b）中的 S。

（16）a. N_4= {there$_0$, T$_1$, seem$_1$, to$_0$, be$_0$, someone$_0$, here$_0$}

　　b. P = [there to be someone here]

（17）a. N_5= {there$_0$, T$_1$, seem$_0$, to$_0$, be$_0$, someone$_0$, here$_0$}

　　b. Q = [seem [there to be someone here]]

（18）a. N_6= {there$_0$, T$_0$, seem$_0$, to$_0$, be$_0$, someone$_0$, here$_0$}

　　b. R = [T seem [there to be someone here]]

（19）a. N_7= {there$_0$, T$_0$, seem$_0$, to$_0$, be$_0$, someone$_0$, here$_0$}

　　b. S = [there$_i$ T seem [t$_i$ to be someone here]]

相反，在（15）之后，（11b）推导式的下一步需要移动 someone 以核查 to 的 EPP-特征，如下面的（20）所示。进一步选择和合并 seem、to 和 there，如（21）—（23）所示，最后形成（23b）中的 S′。

（20）a. $N_{3'}$ ={there$_1$, T$_1$, seem$_1$, to$_0$, be$_0$, someone$_0$, here$_0$}

　　b. P′ = [someone$_i$ to be t$_i$ here]

（21）a. $N_{4'}$ ={there$_1$, T$_1$, seem$_0$, to$_0$, be$_0$, someone$_0$, here$_0$}

　　b. Q′ =[seem [someone$_i$ to be t$_i$ here]]

（22）a. $N_{5'}$ ={there$_1$, T$_0$, seem$_0$, to$_0$, be$_0$, someone$_0$, here$_0$}

　　b. R′ =[T seem [someone$_i$ to be t$_i$ here]]

（23）a. $N_{6'}$ ={there$_0$, T$_0$, seem$_0$, to$_0$, be$_0$, someone$_0$, here$_0$}

　　b. S′ = [there T seem [someone$_i$ to be t$_i$ here]]

　　正如我们在 10.3.1 节中所见，（11）中句子的推导式收敛（它们都核 337 查了所有 [– 可解读] 特征），并从与（12）相同的枚举词项集合开始。这时，它们就达到了经济性比较条件的要求，并且给定（11）中的对比，我们应该可以预计（11a）的推导要比（11b）经济一些。这时，一个很明显的问题是，相关的经济性指标到底是什么。显然不可能是推导长度。读者可以验证，两个推导式的步骤数相同。另外，也不可能只是整个推导中采用的操作类型，因为两个推导式中使用的合并和移位（及一致关系）也是等量的，读者可以轻松核实这一点。

　　既然从总体上对两个推导式进行评估的指标无法为我们提供区分

（11a）和（11b）中推导式的手段，我们就来看看乔姆斯基（Chomsky 1995）提出的一种更关注局部性的方案。在我们讨论的用例中，两个推导式不仅有相同的初始枚举词项集合 N_0，而且在（15）中推导步骤之前还有着相同的推导历史。由于它们从此步开始出现差异，所以，解开这个困惑的关键很可能在于两个推导式分道扬镳之处，即（16）和（20）。注意，这里我们似乎有了一个真正的选项，因为两个步骤中的任一个都可能带来收敛的结果。而这两个步骤之后的步骤却没了这种自由。例如，there 一插入（16）中，主句 EPP-特征的核查就有了确定性：必须由 there 核查，如（19）所示；通过移动 someone 来核查的选项，如（24）所示，则被二者之间的干扰填位成分阻止了（见 9.4.3.2）。

（24）*[someone$_i$ T seem [there to be t$_i$ here]]

因此，上述困惑的核心是（15）中的推导步骤有两个选项可以核查 to 的 EPP-特征：合并 there，如（16）所示；移动 someone，如（20）所示。乔姆斯基的建议是，移位成本比合并高。如此，在（15）的推导步骤中，运算系统会选择（16）—（20）所示推导路径，（11b）中的推导式就被正确排除了。

接下来，我们深入探讨该建议的一些特点。首先，在哪种意义上，移位不如合并经济？我们前面讨论过，我们采用了复制移位理论（6.4）。根据这种观念，移位实际上是由两个更基础的流程，即复制和合并形成的组合操作。如果是这样，则显然"移位"比"合并"复杂（因而经济性较低）：移位含有合并，后者是前者的一个组成部分。因此，如果语法以尽量降低复杂性为宗旨，则合并优先于移位，这非常合理。

338　这种部分/整体关系在移位与合并之间强加了一个内在的指标，为移位比合并复杂这一假设提供了充分的理由。即使如此，仍应注意，经济性考虑并非必须要求这种内在定序方案；外部定序方案也可达到目的。然而，部分/整体关系为二者定序提供了一个有力的论据，而在合并比移位廉价的断言中，则不存在这一论据。

不过，这种基于成本的解释方案并不充分。注意，在（11a）和（11b）的推导式中，合并和移位的总数是相同的。具体来说，两个推导式都运用了一次成本较高的移位操作：在（11b）的推导式中是 someone 移位［参照（20b）］，在（11a）的推导式中，则是 there 移位［参照（19b）］。唯一的区别是移位时机的不同：在（11b）的推导式中，运算系统采用移位操作的时间比（11a）早。然而，如果我们假设成本的计算具有局部性的话，这一区别却造成了很大的不同。换言之，给定（15）中的推导步骤，下一个选项是合并 there，或者移动 someone。由于移位（由复制及合并两个操作构成）比合并成本高，所以，此时最经济的选项是合并 there，而非移动 someone。因此，必须是合并 there！

在进行比较时推导式必须完全相同，这一假设有一定的道理。从计算角度来看，比较推导式并不是很理想的选择。所以，如果必须比较，我们就应该尽量减少比较。大幅减少比较的一种办法是将比较的范围限制在比较时完全相同的推导式。这意味着，枚举词项集合不同的两个句子不能进行比较。类似地，从相同枚举词项集合开始的推导式，如果它们在任意点从枚举词项集合中取用了不同的词项，则后面不能再对它们进行比较，因为下一个推导步骤有不同的词汇阵列。这些假设限定了语法可资利用的推导比较次数，从而降低了比较程序的复杂性。简言之，枚举词项集合是使经济性生效的一个关键技术要素。[1]

以（7）［即此处的（25a）］为例。（25a）是一个收敛的推导式形成的结果，其中，someone 移位以核查 to 的 EPP-特征，如（25b）所示，这个事实毫无问题。例如，（25a）中的推导式不能与（11a）中的推导式进行比较，因为（26）中其初始枚举词项集合 N 与（12）中的 N_0 不同，其中不含 there。因此，当运算系统到达（27）中的推导步骤时，不能选择合并 there，因为枚举词项集合中根本没有 there；因此，移动 someone 是

———————
[1] 有关推导比较的更多讨论，见 Wilder, Gärtner and Bierwisch（1997）编撰的论文集。

唯一的选项，结果形成收敛的推导式，经济性不会成为问题。

（25）a. Someone seems to be here.

b. [someone$_i$ [t$_i$ to [be t$_i$ here]]]

（26）N = {T$_1$, seem$_1$, to$_1$, be$_1$, someone$_1$, here$_1$}

（27）a. N^0 = {T$_1$, seem$_1$, to$_0$, be$_0$, someone$_0$, here$_0$}

b. K = [to be someone here]

总结起来，本节先讨论了一个经验难题。根据与存现结构的分析方案相关的标准假设，没有明显的理由可以解释为什么下面的（28）不可接受。基于乔姆斯基（Chomsky 1995），我们提出了一种分析方案；根据这一方案，（28）的推导虽然收敛，但相比基于相同词汇阵列的另一个推导式，其经济性较低。这里的要点是，推导式相互之间的竞争有限，在局部采用优先操作的推导式为首选。具体来说，如果合并与移位都能形成收敛的推导式，则合并优先于移位。下面，我们将考察这种解释方案的一些潜在问题，并回顾为了拯救这种解释方案而提出的一些机制和原则。

（28）*There seems someone to be here.

练习 10.2

根据正文中提出的方案，移位的经济性低于合并，因为移位更复杂，涉及复制和合并两个基本操作。如果运算系统可以直接访问词库，无须枚举词项集合斡旋，这一论据还有效吗？如果有效，如何保持有效？如果无效，为什么无效？

练习 10.3

还有一种办法可以解释词汇插入与移位之间的差异以及（11）[即此处的（i）] 中的对比。我们可以说，运算系统试图最大化地利用仍然可供运算使用的词汇资源，因为运算系统无论如何都要用完枚举词项集合中的词项。讨论这种推理方案在理论上或实践上是否优于乔姆斯基（Chomsky 1995）的建议，即上述差异源于合并与移位之间的部分/整体关系。

340

（i） a. There seems to be someone here.

b. *There seems someone to be here.

练习 10.4

在一致方案中，下面（i）中的 John 和 Mary 在进入推导时，其格特征并未得到赋值；即是说，两个句子来自相同的初始枚举词项集合。鉴于两个句子都可接受，我们应该得到下列结论之一：出于经济性考虑，两个推导式不可比较（因此，一个句子的推导不会阻止另一个句子的推导）；或者，它们可比，但都同样经济。根据本节的讨论，哪个结论是正确的？

（i） a. John loves Mary.

b. Mary loves John.

练习 10.5

在本节中，我们对下面（i）中的对比进行讨论时假定推导是按步骤进行的，也就是说，运算系统从枚举词项集合中选择词项后，这些词项就与现有结构合并。反之，如果运算系统在开始构建结构之前，选择了枚举词项集合中的所有词项，会出现问题吗？正文中针对（i）中的对比提出的分析方案对这种情形适用吗？如果适用，展示其适用方式。如果不适用，讨论如何阻止这种不间断的选择。

（i） a. There seems to be someone here.

b. *There seems someone to be here.

练习 10.6

本节回顾的方案也能解释（i）中的对比吗？如果不能，必须提出哪些假设才能解释（i）？

（i） a. There was a man arrested.

b. *There was arrested a man.

10.3.3 θ-关系与经济运算

考虑（29）的（简化推导），如（30）—（35）所示。

（29）John expected someone to be here.

（30）N_0 = {$John_1$, T_1, v_1, $expected_1$, to_1, be_1, $someone_1$, $here_1$}

（31）a. N_1= {$John_1$, T_1, v_1, $expected_1$, to_0, be_0, $someone_0$, $here_0$}

     b. [$_{TP}$ to be someone here]

（32）a. N_1= {$John_1$, T_1, v_1, $expected_1$, to_0, be_0, $someone_0$, $here_0$}

     b. [$_{TP}$ someone$_i$ to be t_i here]

（33）a. N_2= {$John_1$, T_1, v_0, $expected_0$, to_0, be_0, $someone_0$, $here_0$}

     b. [$_{vP}$ v [$_{VP}$ expected [$_{TP}$ someone$_i$ to be t_i here]]]

（34）a. N_3= {$John_0$, T_1, v_0, $expected_0$, to_0, be_0, $someone_0$, $here_0$}

     b. [$_{vP}$ John [$_{v'}$ v [$_{VP}$ expected [$_{TP}$ someone$_i$ to be t_i here]]]]

（35）a. N_4= {$John_0$, T_0, v_0, $expected_0$, to_0, be_0, $someone_0$, $here_0$}

     b. [$_{TP}$ John$_k$ T [$_{vP}$ t_k [$_{v'}$ v [$_{VP}$ expected [$_{TP}$ someone$_i$ to be t_i here]]]]]

从（30）里的（简化）枚举词项集合 N_0 开始，运算系统选择一些词项，生成（31b）中的 TP。然后，someone 移位以检查 to 的 EPP-特征，如（32）所示，进一步运算形成（33b）里的 vP 结构。然后，John 与该结构合并，获得域外 θ-角色，最后，John 移至主句 [Spec, TP]，形成（35b）中的结构，表现为（29）。

初看起来，该推导过程似乎与 10.3.2 节中基于经济性的分析方案相矛盾。问题是：如果缩减版枚举词项集合 N_1 含有一个可以核查 to 的 EPP-特征的元素（即 John），为什么 someone 可以在（31）所示推导步骤之后移位？我们这里难道没有违反"合并优先于移位原则"？注意，（36a）中的句子［通过将 John 合并于内嵌 [Spec, TP] 形成，如（36b）所示］不可接受。

（36）a. *John expected to be someone here.

     b. [$_{TP}$ John$_k$ T [$_{vP}$ t_k [$_{v'}$ v [$_{VP}$ expected [$_{TP}$ t_k to be someone here]]]]]

不过，仔细观察可以发现，（29）与（36a）之间的对比不一定与我们前面看到的情况相矛盾。我们讨论过，如果更经济的选项无法形成收敛的结果，则允许运用经济性较低的操作。在本例中，相关问题是（36b）中的推导是否收敛。

乔姆斯基（Chomsky 1995）建议，该推导不能收敛，原因与题元理论有关。我们不妨像在前几章所做的那样假设，DP 合并到 θ-位即可获得 θ-角色（见 2.3.2.2）。进一步假设，一个论元必须通过题元的门才能进入推导。换言之，论元必须首次合并到题位。借助这两个假设，（36）背后的推导不能收敛，因为 John 首次合并到内嵌 [Spec, TP]，这不是题元位。假如这是正确的，我们就可以解释（29）中的句子为什么可以接受。（36b）中较廉价的选项导致结果崩溃，由于崩溃的推导式不会阻止经济性较低的选项，所以（32b）中的 someone 可以移位。

然而，这种解释方案会带来一个有意思的理论问题：为什么论元必须首次合并到 θ-位？注意，这一要求类似于以前 GB 框架下的要求：所有元素从深层结构开始推导，该层次要求填充所有 θ-位，并且只能填充 θ-位。如果我们要从语法中消除深层结构，这会构成问题吗？不一定会。我们在 2.3.2.2 节中曾讨论过，没有深层结构并不意味着不存在类似于深层结构的条件。我们建议，"首次合并"到题元位，无须提到深层结构这个层次。乔姆斯基建议称，如果 θ-角色不是特征，这种限制自然成立。我们在前面讨论过，根据最后手段，仅当移位操作允许消除 [– 可解读] 形式特征时，移位操作才合法（见 9.3）。如果 θ-关系不涉及 [– 可解读] 形式特征，则移位至 θ-位不符合最后手段条件，会被禁止。如果 DP 要获得 θ-角色，它就必须合并——而非移位——到题元位。换言之，如果 θ-角色与特征不同，则"首次合并"要求自然成立。

这些讨论必然带来另一个问题：如果 θ-角色不是特征，它们是什么？这方面有一个历史悠久的传统观点（可以追溯到弗雷格和罗素），该观点认为，θ-角色是与论元有关的位置事实或关系事实，也就是说，如果你在

342

逻辑主语位，你就是逻辑主语，如果在宾语位，你就是宾语。[1] 如果这是正确的话，则具有某个 θ-角色，并不是有某个特征，而是处于某个位置。若是如此，则 θ-角色不是特征，因此最后手段会禁止移位至 θ-位，论元必须"首次合并"到题元位。

343   这一思路极具争议，目前关于这一话题有大量的论辩。[2] 为便于读者理解为什么会出现这种情况，我们专门进行说明。根据上述观点，格与 θ-角色相反，因为格是一个特征。格的性质是如何确定的？换言之，在英语里什么元素获得主格，什么元素获得宾格？与有时态的 T 有关的 DP 获得主格，V 宾语获得宾格。但这是否意味着，格只是一个关系属性？若是如此，以核查格为目的的移位也会违反最后手段吗？事实上，几乎每个特征都是在构型环境下指派/核查的，所以标志着一种关系。如果这一事实足以排除 θ-角色作为特征的可能，这些其他事实为什么不行？

    我们不会在此处进一步探究这些问题。相反，我们要探讨另一个替代方案，该方案能解释（29）与（36a）之间的对比，无论以 θ-位为目的地的移位是否合法。[3] 注意，由于这些句子涉及 ECM 结构，内嵌论元的格应该由主句谓词核查。基于此，我们来更详细地考察（37）—（40）中的相关推导步骤。[4]

    （37）a. N_1= {John$_1$, T_1, v_2, expected$_1$, to$_0$, be$_0$, someone$_0$, here$_0$}

---

    [1]   见 Dowty（1991）、Bouchard（1995）、Williams（1995）、Ackerman and Moore（2001）、Salo（2003）和 Reinhart（2004），了解批判性讨论和更多参考文献。

    [2]   若要了解支持移位到题元位的论据，见 Bošković（1994）；Lasnik（1995b）；Bošković and Takahashi（1998）；Castillo，Drury and Grohmann（1999）；Hornstein（1999, 2001）；Ferreira（2000）；Grohmann，Drury and Castillo（2000）；Manzini and Roussou（2000）；Pires（2001）；Hornstein and Nunes（2002）；Kiguchi（2002）；Boeckx and Hornstein（2003, 2004）；Grohmann（2003b）；Hornstein and Kiguchi（2004）；Nunes（2004）和 Rodrigues（2004）。

    [3]   见 Nunes（1995, 2004）和 Hornstein（2001）。

    [4]   为便于说明，这里的讨论将采用一致方案。但如果我们采用形式特征隐性移位方案，本质上不会有什么变化。

b. [$_{TP}$ to$_{\{STRONG\}}$ [$_{VP}$ be someone$_{\{P:3; N:SG; CASE:?\}}$here]]

（38）a. N_2= {John$_0$, T_1, v_1, expected$_1$, to$_0$, be$_0$, someone$_0$, here$_0$}

b. [$_{TP}$ John$_{\{P:3; N:SG; CASE:?\}}$ to$_{\{STRONG\}}$

[$_{VP}$ be someone$_{\{P:3; N:SG; CASE:?\}}$ here]]

（39）a. N_3= {John$_0$, T_1, v_0, expected$_0$, to$_0$, be$_0$, someone$_0$, here$_0$}

b. [$_{vP}$ $v_{\{P:?; N:?\}}$ [$_{VP}$ expected [$_{TP}$ John$_{\{P:3; N:SG; CASE:?\}}$

to$_{\{STRONG\}}$ [$_{VP}$ be someone$_{\{P:3; N:SG;CASE:?\}}$ here]]]]

（40）a. N_4= {John$_0$, T_1, v_0, expected$_0$, to$_0$, be$_0$, someone$_0$, here$_0$}

b. [$_{vP}$ $v_{\{P:3; N:SG\}}$ [$_{VP}$ expected [$_{TP}$ John$_{\{P:3; N:SG; CASE:ACC\}}$ to $_{\{STRONG\}}$

[$_{VP}$ be someone$_{\{P:3; N:SG; CASE:?\}}$ here]]]]

鉴于（37）中的 to 有一个 EPP-特征要核查且 John 仍可参与运算，于是 John 与（37b）中的结构合并，然后核查 EPP-特征，如（38b）所示。进一步运算形成（39b）中的结构，其轻动词必须为其 φ-特征赋值。然后，与 John 形成一致关系，为其自己的 φ-特征以及 John 的格特征赋 344 值，如（40b）所示。重要的是，轻动词不能与 someone 形成一致关系，因为二者之间存在干扰元素 John。从此时开始，该推导注定要失败，无论是否允许 John 移至（40b）中的 [Spec, vP] 以获得域外 θ-角色。当 T 进入推导时，它不会核查其特征：John 失去了活力，因为它已经核查了其格特征，虽然 someone 处于活跃状态，但距离不够近。

（36a）的推导因而崩溃，不会阻止（29）中的推导式，在（37）所示步骤之后，后者采取（41）—（45）所示推导路径。

（41）a. N_1= {John$_1$, T_1, v_1, expected$_1$, to$_0$, be$_0$, someone$_0$, here$_0$}

b. [$_{TP}$ someone$_{\{P:3; N:SG; CASE:?\}i}$ to$_{\{STRONG\}}$ [$_{VP}$ be t_i here]]

（42）a. N_2' ={John$_1$, T_1, v_0, expected$_0$, to$_0$, be$_0$, someone$_0$, here$_0$}

b. [$_{vP}$ $v_{\{P:?; N:?\}}$ [$_{VP}$ expected [$_{TP}$ someone$_{\{P:3; N:SG; CASE:?\}i}$

to$_{\{STRONG\}}$[$_{VP}$ be t_i here]]]]

（43）a. N_2' ={John$_1$, T_1, v_0, expected$_0$, to$_0$, be$_0$, someone$_0$, here$_0$}

b. [$_{vP}$ $v_{\{P:3; N:SG\}}$ [$_{VP}$ expected [$_{TP}$ someone$_{\{P:3; N:SG; CASE:ACC\}i}$

to$_{\{STRONG\}}$[$_{VP}$ be t_i here]]]]

（44） a. $N_3' =\{John_0, T_0, v_0, expected_0, to_0, be_0, someone_0, here_0\}$

　　　 b. $[_{TP} T_{\{P:?; N:?; STRONG\}} \ [_{vP} John_{\{P:3; N:SG; CASE:?\}} [_{v'} v_{\{P:3; N:SG\}}[_{VP} expected \ [_{TP}$
$someone_{\{P:3; N:SG; CASE:ACC\}i} \ to_{\{STRONG\}} [_{VP} be \ t_i \ here \ ] \ ] \ ] \ ] \ ] \ ]$

（45） a. $N_3' =\{John_0, T_0, v_0, expected_0, to_0, be_0, someone_0, here_0\}$

　　　 b. $[_{TP} John_{\{P:3; N:SG; CASE:NOM\}k} \ T_{\{P:3; N:SG; STRONG\}}$
$[_{vP} \ t_k \ [_{v'} v_{\{P:3; N:SG\}}[_{VP} expected \ [_{TP} someone_{\{P:3; N:SG; CASE:ACC\}i}$
$to_{\{STRONG\}} [_{VP} be \ t_i \ here \ ] \ ] \ ] \ ] \ ] \ ] \ ]$

Someone 核查（41b）中 to 的 EPP-特征，然后与轻动词形成一致关系［参照（43b）］。John 被插入 [Spec, vP]，在此获得域名θ-角色，并与限定性 T 形成一致关系，同时核查主句 EPP-特征［参照（45b）］。一旦所有 [– 可解读] 特征都以适当方式得到核查，推导式最终收敛，正如预期。

总而言之，（29）与（36a）［即此处的（46）］之间的对比并没有带来新的问题，而是为只有收敛的推导式可以参与经济性运算这一假设提供了支持。

（46） a. John expected someone to be here.

345　　　　 b. *John expected to be someone here.

目前的讨论的要义是，如果我们发现有句子虽然局部违反"合并优先于移位原则"，但最终得以收敛，则采用合并的竞争推导式一定不能收敛。

练习 10.7

本节考察的数据似乎指向这样的结论：即使语法允许移位至θ-位，结果形成的结构也可能会遇到格的问题。如果按（ii）所示方式推导（i）中的句子，讨论这一结论是否适用（见 Lasnik 1992b；Hornstein 1999, 2001 和 Grohmann 2000b, 2003b）。

（i）　a. John tried to solve the problem.

　　　 b. John shaved

（ii）　a. $[_{TP} John_i [_{vP} t_i \ tried \ [_{TP} t_i \ to \ [_{vP} t_i \ solve \ the \ problem \ ] \ ] \ ] \ ]$

　　　 b. $[_{TP} John_i [_{vP} t_i \ [_{VP} shaved \ t_i \ ] \ ] \ ]$

10.4　语段推导

10.4.1　经济性和运算复杂性补议

我们来回顾一下前面讨论的内容。首先，运算系统不会对可以从整个词库中选词的运算进行比较，而侧重于始于给定预选词项阵列（即枚举词项集合）的运算。其次，运算系统只考虑作为推导式的句法运算；不用尽枚举词项集合中的词项或者不形成组对（π, λ）的句法运算都会被抛弃。运算系统将可比推导式进一步限制在收敛推导式的范围以内。最后，运算系统只比较在比较前拥有相同推导历史的收敛推导式。

如果假设在涉及经济性问题的情况下，运算复杂性至关重要，则上述限制代表着巨大的进步，有利于降低经济性比较中的运算复杂性。然而，经济性在计算方式方面还存在一个全局性的特点，这个特点与只有收敛的推导式才能参与经济性计算这一假设息息相关。我们来看看其原因。

我们一直假设收敛是推导式的一个属性，另外推导式必须形成组对（π, λ）。因此，为了确定在给定推导步骤是否采用某个选项，系统必须 346 "前瞻"，看看用该特定选项最后形成的句法树能否收敛。我们重新看看（37）〔即此处的（47）〕中的推导步骤。

（47）a. $N_1 = \{John_1, T_1, \nu_1, expected_1, to_0, be_0, someone_0, here_0\}$

　　　b. $[_{TP}\ to_{\{STRONG\}}\ [_{VP}\ be\ someone_{\{P:3;\ N:SG;\ CASE:?\}}\ here\ ]\ ]$

在 10.3.3 节中曾讨论过，运算系统有两个选项可用于核查（47）中 to 的 EPP-特征：合并 John 或移动 someone。也就是说，在这个推导步骤，两个选项都是合法的。如前所述，合并 John 的问题是，在推导之路上的某个点，该操作会防止 someone 核查其格特征，导致推导式在逻辑式和语音式崩溃。换言之，我们需要构建（48）所示的整棵句法树，才能知道合并 John 会引起不良的推导后果，因而在（47）所示推导步骤不能选择该选项。对于目前的示例而言，这里的负担似乎很小，但是鉴于自然语言里的句子可能涉及无限次递归，（操作上的）运算复杂性很快就会成为棘手问题。

（48）$[_{TP}$ John$_k$ T $[_{vP}$ t$_k$ $[_{v'}$ v $[_{VP}$ expected $[_{TP}$ t$_k$ to be someone here $]]]]]$

注意，我们并不清楚系统是否没有相应的手段，用于在运算过程早期检测因合并 John［如（47）所示］造成的格问题。鉴于格核查关系受最简性条件制约，一旦形成（49）所示结构，我们就能知道推导式不会收敛：从这一点开始，John 会阻止形成涉及 someone 的任何潜在格核查关系。

（49）$[_{TP}$ John$_{\{P:3;\ N:SG;\ CASE:?\}}$ to$_{\{STRONG\}}$

$\qquad$ $[_{VP}$ be someone$_{\{P:3;\ N:SG;\ CASE:?\}}$ here $]]$

我们的任务就是找到一种更注重局部性的收敛计算方式，以尽量降低经济性比较涉及的计算复杂性。我们将在下一节讨论一种可能的办法。

10.4.2 语段

以（47）的两种潜在持续推导方式为例，如（50）所示，其中（50a）为合并 John，（50b）为移动 someone。

（50）a. $[_{vP}v_{\{P:3;\ N:SG\}}$ $[_{VP}$ expected $[_{TP}$ John$_{\{P:3;\ N:SG;\ CASE:ACC\}}$ to$_{\{STRONG\}}$ $[_{VP}$ be

$\qquad$ someone$_{\{P:3;\ N:SG;\ CASE:?\}}$ here $]]]]$

$\qquad$ b. $[_{vP}v_{\{P:3;\ N:SG\}}$$[_{VP}$ expected $[_{TP}$ someone$_{\{P:3;\ N:SG;\ CASE:ACC\}i}$ to$_{\{STRONG\}}$ $[_{VP}$ be

$\qquad$ t$_i$ here $]]]]$

我们在 10.4.1 节曾提到，无论在（50a）所示结构形成之后发生什么，推导式都不会收敛，因为由于 John 的干扰，someone 无法核查其格。如果运算系统可以利用该信息，就无须同时进行（50）所示两种运算，直到完全完成推导为止。问题是如何实施。

乔姆斯基（Chomsky 2000）观察到，收敛不是到达接口的最终句法实体的内在属性；毕竟在运算过程中构建的任何"部分"句法树在接口可能合法也可能不合法。然而要注意的是，如果我们允许运算系统始终都能核查句法表达式是否收敛，我们不但会排除（50a）所示不可修复的结构，还会排除可能在后续推导步骤收敛的结构。例如，（51a）中的 DP 只有在

（51b）中的 *v*P 形成以后才能收敛。

　　（51）a. [_VP love [_DP the baby]_{P:3; N:SG; CASE:?}]

　　　　　b. [_vP *v*_{P:3; N:SG} [_VP love [_DP the baby]_{P:3; N:SG; CASE:ACC}]]

　　系统如何能肯定当前不收敛的推导式后来不能得到补救？（50a）与（51a）之间的具体对比表明，*v*P 一形成就能解决这个问题。如果在 *v*P 形成后检查（50a）和（51a）的 VP 是否收敛，（50a）会因 someone 的格特征未得到核查而被排除，但（51a）则符合要求，这正是我们想要的结果。

　　乔姆斯基（Chomsky 2000, 2001, 2004）提出，推导式实际上是按照这类思路分步进行的；也就是说，随着运算过程的展开，分期检查收敛情况。更具体地，乔姆斯基提出，推导按语段进行，语段则是一种句法实体，运算系统可以检查其组成部分（具体而言是其中心语的补足语）是否收敛。①

　　以具有赋格能力的轻动词为中心语的 *v*P 就是这样一个语段。一旦形成 *v*P，拼读操作就会应用于其中心语的补足语（即 VP），语义部门和语音部门负责检查收到的材料。如果在两个接口都合格（所有特征都能得到适当的解读），如（50b）和（51b）所示，推导就能继续下去。否则，如（50a）所示，推导将在该推导步骤被取消。

348

　　在该方案中，CP 也是一个语段。为了厘清背后的动因，我们来看看（52）中的抽象结构。

　　（52）[_vP *v* [_VP V [_CP C [_TP DP_i T [_vP t_i [_v' *v* [V DP]]]]]]]

T 中心语可能与一个格特征关联，也可能不与格特征关联。ECM 和提升谓词选择由无格 T 为中心语的 TP，C 则选择以带格标记的 T 为中心语的 TP。在后一种情况下，如果 T 为限定性，T 将与主格关联，如果 T 为非限定性，则与空格关联（见 4.3.4）。如果（52）中的 DP_i 是 PRO 且 T 为

---

　　① Castillo, Drury and Grohmann（1999）和 Uriagereka（1999c）指出，这种方案反映了 Chomsky（1955, 1957）提出的思路，即核心句（kernel sentences）——该术语可追溯到 Harris（1951）——是句法分析的基本单位，须遵循内嵌规则。

非限定性，或者如果 DP$_i$ 是 John 且 T 为限定性，则会出现适当的核查关系，整个推导式可以收敛；推导式是否收敛取决于后续运算。另一方面，如果 T 和 DP$_i$ 的格特征不匹配，无论后续运算怎样，推导式都不会收敛，即使主句轻动词可以核查 DP$_i$ 的格，T 的 φ-特征也无法得到适当核查。换言之，（52）中 TP 的格属性是密封起来的，因为它们与更高的层次无关。因此，CP 在这方面可能符合语段的要求。运算系统一旦构建出 CP，它就会拼读 C 的补足语（即 TP），并且如果 TP 不是收敛的表达式，运算就会在这个推导点终止。

为了进一步降低计算复杂性，乔姆斯基同时采用（53）所述语段不透性条件（PIC），其中，边缘（edge）指 H 或 HP 的标志语和附加语。[①]

（53）*语段不透性条件*

在以 H 为中心语的语段 α 中，H 的域不能接受 α 以外的操作，只有 H 及其边缘能接受这些操作。

PIC 所体现的语言直觉是，给定句法实体一旦被认定达到收敛要求，就进入"就绪"状态，不再参与任何其他句法运算。换言之，运算系统并不会为了在新的环境下重新评估以前收敛的结论而进行"回溯"。鉴于我们前面假设，只有处于活跃状态的元素（即带有 [- 可解读] 特征的元素）可以形成核查/一致关系（见 9.4.3），这一点非常重要。因此，如果一个句法表达式被认定达到收敛要求，则根据定义，其中的所有元素都失去活力，不再参与运算。

349 为便于说明，我们来看看在该语段句法运算方案下，下面（54）一类句子如何进行推导。运算系统构建出（55d）中的 νP 之后，VP 补足语由拼读操作交给语音接口和语义接口。当其所有 [- 可解读] 特征都得到适当核查后，表达式被认定达到收敛条件（标为√），运算可以继续。然而，在（53）所示 PIC 条件下，被拼读出来的材料不能进入更多的一致/核查

---

① 见 Chomsky（2000, 2001, 2004）中的不同提法和相关讨论。

关系。

（54）John thinks that Peter loves Mary.

（55）语段 1：

    a. [$_{VP}$ love Mary$_{\{P:3;\ N:SG;\ \textbf{CASE:?}\}}$]

    b. [$_{vP}$ $v_{\{P:?;\ \textbf{N:?};\ \textbf{STRONG-V}\}}$ [$_{VP}$ love Mary$_{\{P:3;\ N:SG;\ \textbf{CASE:?}\}}$]]

    c. [$_{vP}$ love$_i$+$v_{\{P:3;\ N:SG;\ STRONG-V\}}$ [$_{VP}$ t_i Mary$_{\{P:3;\ N:SG;\ CASE:ACC\}}$]]

    d. [$_{vP}$ Peter$_{\{P:3;\ N:SG;\ CASE:?\}}$ [$_{v'}$ love$_i$+$v_{\{P:3;\ N:SG;\ STRONG-V\}}$[$_{VP}$ t_i Mary$_{\{P:3;\ N:SG;}$
    $_{CASE:ACC\}}$]]]

    e. 拼读：

        [$_{VP}$ t_i Mary$_{\{P:3;\ N:SG;\ CASE:ACC\}}$] = $\sqrt{}$

　　然后，运算系统构建下面（56c）中的 CP 语段，其中，VP$^\vee$ 表示 VP 已经被认定为收敛的表达式，其内容不再参与句法运算。TP 拼读 [参照（56d）]，由于它没有尚未核查的 [– 可解读] 特征，因而收敛。然后，运算得到绿灯，进入下一个语段，如（57）所示。

（56）语段 2：

    a. [$_{TP}$ T$_{\{\textbf{P:?};\ \textbf{N:?};\ \textbf{STRONG}\}}$ [$_{vP}$ Peter$_{\{P:3;\ N:SG;\ \textbf{CASE:?}\}}$ [$_{v'}$ love$_i$+ $v_{\{P:3;\ N:SG;}$
    $_{STRONG-V\}}$VP$^\vee$]]]

    b. [$_{TP}$ Peter$_{\{P:3;\ N:SG;\ CASE:NOM\}k}$ [$_{T'}$ T$_{\{P:3;\ N:SG;\ STRONG\}}$[$_{vP}$ t_k [$_{v'}$ love$_i$+ $v_{\{P:3;\ N:SG;}$
    $_{STRONG-V\}}$ VP$^\vee$]]]]

    c. [$_{CP}$ that [$_{TP}$ Peter$_{\{P:3;\ N:SG;\ CASE:NOM\}}$ [$_{T'}$ T$_{\{P:3;\ N:SG;\ STRONG\}}$ [$_{vP}$ t_k [$_{v'}$ love$_i$+
    $v_{\{P:3;\ N:SG;\ STRONG-V\}}$ VP$^\vee$]]]]]

    d. 拼读：[$_{TP}$ Peter$_{\{P:3;\ N:SG;\ CASE:NOM\}}$ [$_{T'}$ T$_{\{P:3;\ N:SG;\ STRONG\}}$[$_{vP}$ t_k [$_{v'}$ love$_i$+ $v_{\{P:3;}$
    $_{N:SG;\ STRONG-V\}}$ VP$^\vee$]]]] = $\sqrt{}$

（57）语段 3：

    a. [$_{vP}$ $v_{\{\textbf{P:?};\ \textbf{N:?};\ \textbf{STRONG-V}\}}$ [$_{VP}$ think [$_{CP}$ that TP$^\vee$]]]

    b. [$_{vP}$ think$_m$+ $v_{\{P:3;\ N:SG;\ STRONG-V\}}$ [$_{VP}$ t_m [$_{CP}$ that TP$^\vee$]]]

    c. [$_{vP}$ John$_{\{P:3;N:SG;\ \textbf{CASE:?}\}}$ [$_{v'}$ think$_m$+ $v_{\{P:3;\ N:SG;\ STRONG-V\}}$ [$_{VP}$ t_m [$_{CP}$ that
    TP$^\vee$]]]]

    d. 拼读：[$_{vP}$ t_m [$_{CP}$ that TP$^\vee$]] = $\sqrt{}$

假定 CP 的特征为 {P:3; N:SG;}，（57a）中的轻动词可通过与 CP 一致为其　350

φ-特征赋值，结果形成（57c）中的 vP 语段。同样，拼读后的 VP 收敛，运算系统最终构建出下面（58c）中的 CP 语段。然后拼读操作运用于 TP，结果同样收敛。最后，拼读（默认）运用于整棵树，推导式被认定达到收敛要求。

（58）语段 4：

　　a. $[_{TP} \text{T}_{\{P:?; N:?; STRONG\}} [_{vP} \text{John}_{\{P:3; N:SG; CASE;?\}} \ [_{v'} \text{think}_m + v_{\{P:3; N:SG; STRONG-V\}}$
　　　　$\text{VP}^{\vee}]]]$

　　b. $[_{TP} \text{John}_{\{P:3; N:SG; CASE:NOM\}w} \ [_{T'} \text{T}_{\{P:3; N:SG; STRONG\}} [_{vP} \text{t}_w \ [_{v'} \text{think}_m + v_{\{P:3; N:SG;}$
　　　　$\text{STRONG-V\}}} \text{VP}^{\vee}]]]]$

　　c. $[_{CP} \text{C} \ [_{TP} \text{John}_{\{P:3; N:SG; CASE:NOM\}w} \ [_{T'} \text{T}_{\{P:3; N:SG; STRONG\}} [_{vP} \text{t}_w \ [_{v'} \text{think}_m +$
　　　　$v_{\{P:3; N:SG; STRONG-V\}}} \text{VP}^{\vee}]]]]]$

　　d. 拼读：$[_{TP} \text{John}_{\{P:3; N:SG; CASE:NOM\}w} \ [_{T'} \text{T}_{\{P:3; N:SG; STRONG\}} [_{vP} \text{t}_w \ [_{v'} \text{think}_m + v_{\{P:3;}$
　　　　$\text{N:SG; STRONG-V\}}} \text{VP}^{\vee}]]]]= \vee$

　　e. 拼读：$[_{CP} \text{C TP}^{\vee}] = \vee$

总之，通过假设收敛的运算按语段进行，我们不但能维持关于只有收敛推导式能参与经济性比较这一假设，还能降低这种比较所涉及计算的复杂性。不同运算选项（比如合并与移位）在同一个语段里进行比较。

这种方案会带来几个有意思的理论问题。例如，这种观点下的运算具有激进推导的意味。不但句法实体是逐步形成的，接口也是在推导进行的过程中接收信息的。这样就会存在以下可能性：随着推导的进行，接口动态地直接访问句法计算，无需逻辑式或语音式进行协调。[1]

需要指出的是，从理论角度来看，拼读可以多次运用这一提议是可行的。可以认为拼读只运用一次，如乔姆斯基（Chomsky 1995）所提模型（见 2.3.1.6 的讨论），这一假设背后隐藏着一丝表层结构的意味。[2] 另一方面，如果语段句法运算方案正确的话，该方案没有类似于表层结构的运算分叉，因为将相关信息交给解读部门的操作多次发生，逐步进行。

---

[1]　见 Epstein, Groat, Kawashima and Kitahara（1998）提出的一种具体模型。

[2]　见 Uriagereka（1999c）中的独到观察和进一步讨论。

这种方案带来的另一个问题是：为什么 *v*P 和 CP 应该是语段？在更 351
一般的意义上，有多少种语段？[1] 所有这些问题都是当前热议的话题，这
里我们不可能深入探讨。[2] 为了呈现整个方案的概貌，在接下来的讨论中，
我们将重点探讨 CP 和 *v*P 作为语段的作用。

练习 10.8

假设正文部分所述语段方案是正确的，请给出（i）中句子的完整推导
过程。

（i）a. There seems to be someone here.

b. Someone seems to be here.

c. John expected someone to be here.

d. It seems that John was told that Mary won the competition.

练习 10.9

乔姆斯基（Chomsky 2000: 106）指出，语段应该是"最接近命题的句法
实体：要么是所有 θ-角色均已获得赋值的动词短语，要么是包含时和语力的完
整分句。"如果这一思路是正确的，在（i）中句子的推导过程中，有多少个语
段？把"封闭的"题元单位视为一个语段有问题吗？

（i）a. John arrived.

b. Bill was arrested.

c. Mary's discussion of the paper was very illuminating.

d. Joe considers Susan brilliant.

---

[1]　见 Uriagereka（1999a, 2000b）、Epstein and Seely（2002, 2005）、Boeckx（2003a）和 Grohmann（2003b），了解其中的批判性意见。

[2]　相关讨论，见 Nissenbaum（2000）、Bruening（2001）、Bobaljik and Wurmbrand（2003）、Hiraiwa（2003）、Legate（2003）、Matushansky（2003）、Boeckx and Grohmann（2004）、Müller（2004）、Richards（2004）、Chomsky（2005a, 2005b）和本页注释 1 中给出的参考文献。

练习 10.10

在本节中，我们主要从格的角度探讨了语段。更具体地说，语段被认为是一个投射，其中心语将其补足语定义为一个"密封的"格域。基于此，讨论在理论上，能否将 PP 和 DP 分析成语段，这样做的好处是什么。

10.4.3 子阵列

在 10.3.2 节中，我们讨论了为什么要假定只有始于相同枚举词项集合并且拥有相同推导历史的推导式才能参与经济性比较。基于此，考察（59）中的句子；可以说，这些句子的推导始于（60）所示（简化）枚举词项集合。

（59）a. Someone is wondering whether there is someone here.

　　　b. There is someone wondering whether someone is here.

（60）a. $N_0 = \{C_1, \text{someone}_2, \text{is}_2, v_1, \text{wondering}_1, \text{whether}_1, \text{there}_1, \text{here}_1\}$

经过一定运算之后，我们到达下面（61）所示推导步骤，有两个选项可以核查 is 的 EPP-特征：合并缩减后的枚举词项集合 N_1 中仍然存在的填位成分，或者移动 someone。基于 10.4.2 节的讨论，我们不需要等到每一个这些选项造成的整个推导结束，也能计算收敛情况并决定要采用哪个选项。相反，我们应该在（61）所示步骤之后的第一个语段推导完成时，检查各选项产生的推导式的收敛情况。分别如（62）（合并 there）和（63）（移动 someone）所示。

（61）a. $N_1 = \{C_1, \text{someone}_1, \text{is}_1, v_1, \text{wondering}_1, \text{whether}_1, \text{there}_1, \text{here}_0\}$

　　　b. [$_{TP}$ is someone here]

（62）a. $N_2 = \{C_1, \text{someone}_1, \text{is}_1, v_1, \text{wondering}_1, \text{whether}_0, \text{there}_0, \text{here}_0\}$

　　　　[$_{CP}$ whether [$_{TP}$ there is someone here]]

　　　b. 拼读：

　　　　[$_{TP}$ there is someone here] = $\sqrt{}$

（63）a. $N_{21} = \{C_1, \text{someone}_1, \text{is}_1, v_1, \text{wondering}_1, \text{whether}_0, \text{there}_1, \text{here}_0\}$

b. [$_{CP}$ whether [$_{TP}$ someone$_i$ is t$_i$ here]]

c. 拼读：

[$_{TP}$ someone$_i$ is t$_i$ here] = $\checkmark$

现在有一个问题：如（62c）和（63c）所示，两个选项形成的结果都达到了收敛的要求。因此，这些选项完全可以在（61）所示推导步骤参与经济性比较，简单一些的合并选项应该会阻止更复杂的移位选项（见 10.3.2）。换言之，我们错误地预测（59a）的推导会阻止（59b）所示推导。[1]

针对这些用例出现了一些合理的反应。我们上面采用的经济性分析方案与有关存现结构正确分析方法的特定假设有着密切的关系。具体来说，我们一直假定联系词与限定性 T 或轻动词核查其格特征，there 不需要核查格。然而，这种分析并非没有受到批评，而且在当前情况下，略有差异的假设可能会引发严重后果。

例如，我们可以假设联系词和填位成分都需要核查格。这样一来，我们就可以合理地假设 there 与限定性 T 或主句轻动词核查格。联系词的格特征呢？这类结构中的 be 是一个可能性很大的候选词。[2] 为便于推理，我们进一步假设 be 有两个词条：可以核查格的"存现 be"和不能核查格的"系词性 be"。许多语言使用不同的动词来表达系词结构和存现结构，这表明存在这种可能性。例如，在巴西葡萄牙语中，针对（59）中句子的翻译要用到表存现的 ter（有）和系词 estar（是），如（64）所示。

（64）*巴西葡萄牙语*

a. Alguém está questionando se tem alguém aqui.
someone is wondering whether has someone here
Someone is wondering whether there is someone here.

---

① Uriagereka（1997, 1999a）指出，Juan Romero 和 Alec Marantz 首次观察到了（59）所示句对存在的问题（另见 Wilder and Gärtner 1997，了解有关这个问题的首次讨论）。更多讨论，另见 Castillo, Drury and Grohmann（1999）和 Frampton and Gutmann（1999）等。

② 见 Belletti（1988）和 Lasnik（1992a）的这一提议。

有人想知道，这里是否有人。

    b. Tem alguém   questionando se   alguém   está aqui.

       Has   someone   wondering   whether   somebody   is   here.

       There is someone wondering whether someone is here.

       有人想知道，这里是否有人。

    如果 be 的确有两个不同的词条，则（59）和（64）中两个句子的可接受性应该不会对经济性计算造成任何问题。例如，（59）中的句子应该是用下面（65）而非（60）中的枚举词项集合构建出来的。重要的是，be 的不同实例在（65）中都有适当的编码。基于此，（59a）和（59b）中的推导不可比，因为它们不具有相同的推导历史。（59a）的推导会先选择"存现 be"，如（66）所示，（59b）的推导则会首先选择"系词性 be"，如（67）所示。由于两个推导式不可比，因此二者的结果都合格，这没有任何问题。

    （65）$N_{0'} = \{C_1, someone_2, is_{\{-Case\}1}, is_{\{+Case\}1}, v_1, wondering_1, whether_1, there_1, here_1\}$

    （66）a. $N_{1'} = \{C_1, someone_1, is_{\{-Case\}1}, is_{\{+Case\}0}, v_1, wondering_1, whether_1, there_1, here_0\}$

          b. $[_{TP} \ is_{\{+Case\}} \ someone \ here]$

    （67）a. $N_{1''} = \{C_1, someone_1, is_{\{-Case\}0}, is_{\{+Case\}1}, v_1, wondering_1, whether_1, there_1, here_0\}$

          b. $[_{TP} \ is_{\{-Case\}} \ someone \ here]$

    暂且搁置我们在 9.3.3 节中讨论过的关于 there 不具格特征这一假设的动因，应该指出上述分析需要进一步复制词条，因为可能存在问题的用例不只是涉及动词 be 的 there-结构。（68）—（70）所示句对属于同一类情况，都违反了合并优先于移位原则。

    （68）a. There remains the fact that a problem developed.

          b. The fact remains that there developed a problem.

    （69）a. There arose the problem that a typo remained in the proofs.

          b. The problem arose that there remained a typo in the proofs.

    （70）a. There remains the suspicion that a problem exists.

b. The suspicion remains that there exists a problem.

然而，对于（59）以及（68）—（70）所示用例，还有一种解释方案，不必随意复制词条。我们看到以枚举词项集合作为起点，而不是允许运算系统直接访问词库，是降低计算复杂性的一种方式。在 10.4.2 节中我们讨论了一种方案，在该方案中，系统按语段计算收敛，而不只是在推导结束时计算，由此降低计算复杂性。乔姆斯基（Chomsky 2000, 2001, 2004）认为，应该把这两个方案关联起来。更具体来说，他提出枚举词项集合实际上由子阵列构成，每个子阵列含有作为语段中心语的词项的一个实例。如果只有 CP 和 vP 构成语段，则每个枚举词项集合应该采用（71）所示形式。

（71）N ={{C$_1$, ...}, {v_1, ...}, ...}

我们的直觉认为，作为语段中心语的词项构成了运算系统中天然的收敛检查边界。假定运算系统要尽量降低计算复杂性，则枚举词项集合应该以此类词项为核心进行组织。

假设这种提法是正确的，推导就应按以下方式进行。运算系统从枚举词项集合中激活一个子阵列 σ_1，用 σ_1 中列出的所有词项构建一个语段 PH。然后，运算系统拼读 PH 中心语的补足语。如果拼读的表达式不收敛，则运算过程终止，不再执行推导步骤。如果表达式收敛，运算过程继续执行，系统激活一个新的子阵列 σ_2，重复前述步骤。仅当所有子阵列中的词项均被用完之后，推导才结束。

基于此，我们回到（59）所示句子［即此处的（72）］的推导上来，其使用的枚举词项集合为（60）［即此处的（73）］。

（72）a. Someone is wondering whether there is someone here.

b. There is someone wondering whether someone is here.

（73）N$_0$= {C$_1$, someone$_2$, is$_2$, v_1, wondering$_1$, whether$_1$, there$_1$, here$_1$}

根据这种新的枚举词项集合内部组织方案，（73）所示枚举词项集合的词项应（任意地）分布于含有语段中心语 C、v 和 whether 的子阵列之中。（74）和（75）给出了（73）所列词项的两种可能安排方案。

（74）$N_1 = \{\{C_1, is_1\}, \{someone_1, v_1, wondering_1\}, \{whether_1, there_1, is_1, someone_1, here_1\}\}$

（75）$N_2 = \{\{C_1, is_1, there_1\}, \{someone_1, v_1, wondering_1\}, \{whether_1, is_1, someone_1, here_1\}\}$

N_1 和 N_2 之间的唯一区别在于，在（74）中 there 是 whether 定义的子阵列的一部分，而在（75）中则是 C 定义的子阵列的一部分。无论多小，这种区别足以使二者有不同的表现。因此，分别始于 N_1 和 N_2 的推导式不能进行比较，与（76a）和（77a）不能进行比较同理：它们涉及不同的词项阵列！

（76）a. There is someone here.

b. $N = \{\{C_1, there_1, is_1, someone_1, here_1\}\}$

（77）a. Someone is here.

b. $N' = \{\{C_1, is_1, someone_1, here_1\}\}$

现在，我们有办法解释（72）所示句子体现的困惑了。给定（74）中的枚举词项集合 N_1，如果运算系统激活由 whether 决定的阵列，则运算可以继续执行，直到下面（78）所示推导步骤为止。由于在被激活的阵列中有 there 可用，所以合并优先于移位原则就有了保障，经进一步运算之后就能推导出（72a）中的句子。

（78）a. $N_{1'} = \{\{C_1, is_1\}, \{someone_1, v_1, wondering_1\}, \{whether_1, there_1, is_0, someone_0, here_0\}\}$

b. [is someone here]

反过来，给定（75）中的枚举词项集合 N_2，运算系统激活由 whether 决定的子阵列，并一直进行运算，直到到达下面（79）所示推导步骤为止。此处对于要计算的语段没有选择；由于被激活的子阵列中没有填位成分，所以 someone 必须移位以核查 to 的 EPP-特征，进一步的运算推导出（72b）中的句子。[①]

（79）a. $N_{2'} = \{\{C_1, is_1, there_1\}, \{someone_1, v_1, wondering_1\}, \{whether_1, is_0,$

---

① 有关子阵列在运算过程中所起作用的更多讨论，见 Nunes and Uriagereka（2000）、Hornstein and Nunes（2002）和 Nunes（2004）。

someone$_0$, here$_0$}}

b. [is someone here]

总而言之，在本节中我们提出运算系统不会一次性考虑枚举词项集合中词项的所有实例；相反，运算系统每次操作的对象是作为语段中心语的词项定义的较小子阵列。这种思路极大地减少了要考察的潜在选项的范围，从而进一步降低了句法推导的计算复杂性。

练习 10.11

对（70）[即此处的（i）] 的推导进行详细分析，尤其要注意相关语段以及语段背后的子阵列。

（ i ）　a. There remains the suspicion that a problem exists.

b. The suspicion remains that there exists a problem.

练习 10.12

在下面的（ii）所列枚举词项集合中，哪一个能为（i）带来收敛的推导式？概括而言，域外论元属于由轻动词决定的子阵列还是属于由标句词决定的子阵列，这很重要吗？

（ i ）　John loves Mary.

（ ii ）　a. N_1= {{C_1, T_1}, {John$_1$, v_1, love$_1$, Mary$_1$}}

b. N_2= {{C_1, T_1, John$_1$}, {v_1, love$_1$, Mary$_1$}}

357

练习 10.13

下面（i）中的枚举词项集合涉及相同的词项。然而，它们中只有一个能带来收敛的结果，请问是哪一个？为什么从其他枚举词项集合开始的运算都会失败？

（ i ）　a. N_1= {{C_1, T_1, the$_2$,}, {boy$_1$, v_1, saw$_1$, girl$_1$}}

b. N_2= {{C_1, T_1, the$_1$, boy$_1$}, {the$_1$, v_1, saw$_1$, girl$_1$}}

c. N_3= {{C_1, T_1, the$_1$, boy$_1$, saw$_1$}, {the$_1$, v_1, girl$_1$}}

> **练习 10.14**
>
> 在正文里，我们只考察了始于内嵌层次最深的语段所用子阵列的推导式。请讨论我们是否需要在系统里约定这一点。

> **练习 10.15**
>
> 假设 TP 也应符合语段的条件。下面（i）所示句子的推导采用的枚举词项集合应该是什么样子？我们能解释（ia）与（ib）之间的对比吗？如果能，如何解释？如果不能，为什么不能？
>
> （i）　a. There seems to be someone here.
>
> 　　　b. *There seems someone to be here.

> **练习 10.16**
>
> 在本节中，我们假设枚举词项集合决定哪些子阵列会作为运算的输入。如果我们假定运算系统按语段进行，但不采用枚举词项集合的思路。也就是说，运算系统一头扎进词井中，形成一个子阵列，构建一个语段，并拼读语段中心语的补足语；如果被拼读的元素是一个收敛的表达式，系统就返回词库，形成一个新的子阵列，然后继续运算。比较这一方案与正文所提方案，讨论哪一个方案更可取。

358

10.4.4　边缘

目前为止，我们重点讨论的是论元关系（格和 φ-特征核查）。接下来我们转向非论元关系。

我们先考虑（80a）一类 wh-句的标准推导模式，如（80b）所示，其中，wh-移位连续循环地进行，在到达最终位之前，先要经过内嵌 [Spec, CP]。

（80）a. What did you say that John ate?

b. [$_{CP}$ what$_i$ did you say [$_{CP}$ t$_i$ [$_{IP}$ John ate t$_i$]]]

　　有关连续循环移位的证据非常多。[①]多年以来，语法逻辑式和语音式两个分支都为连续循环移位提供了坚实的支持。例如，来自逻辑式的支持包括中间 [Spec, CP] 位的语迹在解读中所起的作用。举例来说，如果 wh- 移位在内嵌 [Spec, CP] 位留下 wh-短语的一个副本，如（81b）所示，（81a）中照应语 himself 的解读能得到直截了当的解释，因为在这里 himself 就能由 John 局部约束（见 8.3.1）。

　　（81）a. Which picture of himself did John say that Mary liked?

　　　　　b. [$_{CP}$ [which picture of himself] did John say [$_{CP}$ [which picture of himself] that Mary liked [which picture of himself]]]

　　对于来自语音式部分的动因，在不同语言中经常会发现连续循环 wh-移位在形态上的体现。例如，在爱尔兰语中，陈述性标句词是 go（that），如下面的（82a）所示；然而，如果 wh-短语移位时经过其标志语位，它就会在语音上实现为 aL，如（82b）所示。[②]如（82c）所示，aL 同时还出现在

---

　　①　长距离依存关系是通过局部步骤形成的，这一观点可追溯到 Chomsky（1973）。见 Chung（1998）、McCloskey（2002）、Boeckx（2003a）和 Grohmann（2003c）中的相关讨论。

　　②　（82a）中，gur 是 go 的一种曲折变化形式；aL 里的 L 表示（形态-）导致辅音减弱的小品词（aL）的音系属性。完整起见，当分句中有代词复述现象时，标句词表现为 aN（其中，N 表示导致鼻音化的小品词的属性），如下面的（i）所示；注意，只要不涉及长距离 wh-移位，（ib）的低位标句词就表现为 go。见 McCloskey（1990, 2002），其中提供了更多的数据，进行了广泛讨论，还给出了与爱尔兰语标句词属性相关的其他参考文献。

　　（i）爱尔兰语

　　　　a. Céacu　ceann　a　　bhuil　dúil　agat　　ann?
　　　　　which　one　　*AN*　is　　　liking　at.you　in.it
　　　　　Which one do you like?
　　　　　你喜欢哪一个？

　　　　b. cúpla　muirear　a　　bhféadfá　a　　rá　　　go　rabhadar　bocht
　　　　　couple　households　*AN*　could.2.SG　say. NON-FIN　GO　were.3.PL　poor
　　　　　a few households that you could say were poor
　　　　　你可以说他们很穷的一些家庭

359　沿途的所有 C 位上，形成长距离非论元依存关系（此处为多重关系化）。

（82）*爱尔兰语*

 a. Creidim **gu-r** inis sé bréag.

 believe.1.SG GO-PAST tell he lie

 I believe that he told a lie.

 我相信，他撒了谎。

 b. Céacu ceann **a** dhíol tú?

 which one *AL* sold you

 Which one did you sell?

 你卖了哪一个？

 b. [[an t-ainm]$_i$ [a hinnseadh dúinn [**a** bhí t$_i$ ar an áit]]]

  the name   *AL* was.told to.us *AL* was on the place

  the name that we were told was on the place

  我们获知的名字在那里。

  鉴于有大量证据有力地证明非论元移位要经过中间的 CP 标志语位，我们不禁会问，语法中为什么会存在连续循环移位。不妨思考一下。如果一个 wh-元素必须移位才能与疑问性标句词形成某种关系，它为什么要在沿途的每个非疑问性标句词的标志语位停留？难道在这些中间移位步骤中不应该存在某种特征不匹配问题吗？在乔姆斯基（Chomsky 1986a）提出的语障-框架中，这个问题甚至更加神秘，因为非论元元素也要嫁接到所有中间 VP 上。例如，（80a）中句子的推导应按（83）所示方式进行，其中，在移至主句 [Spec, CP] 的过程中，what 要嫁接到主句 VP 和内嵌句 VP 上。

（83）[$_{CP}$ what$_i$ did$_k$+ Q [$_{IP}$ you t$_k$ [$_{VP}$ t$_i$ [$_{VP}$ say [$_{CP}$ t$_i$ [$_{IP}$ John [$_{VP}$ t$_i$ [$_{VP}$ ate t$_i$]]]]]]]]]

  虽然在技术实现上还有一些紧迫的问题尚未得到明确的解答，但 10.4.2 节和 10.4.3 节里提出的语段方案却为连续循环移位提供了一个有意思的论据。为便于理解，我们举例说明，如果在语段方案下推导出（80a）。给定（84）所示枚举词项集合，运算系统不断推导，直到到达（85）所示推导步骤为止。

（84）N_0= {{Q_1, did_1}, {you_1, v_1, say_1}, {$that_1$, T_1}, {$John_1$, v_1, ate_1, $what_1$}}　360

（85）a. N_1= {{Q_1, did_1}, {you_1, v_1, say_1}, {$that_1$, T_1}, {$John_0$, v_0, ate_0, $what_0$}}

　　　b. [$_{vP}$ John [$_{v'}$ v [$_{VP}$ eat what]]]

现在，如果拼读运用于（85b）中的 VP，what 将不能参与任何其他运算，符合 PIC〔即此处的（86）〕。具体来说，what 不能核查随后会进入推导的疑问性标句词的强 wh-特征。

（86）*语段不透性条件*

　　　在以 H 为中心语的语段 α 中，H 的域不能接受 α 以外的操作，只有 H 及其边缘能接受这些操作。

注意，根据 PIC，一个语段的中心语的补足语不能参与进一步的运算，但其边缘可以。至此，连续循环性的作用便逐渐明朗了。如果（85）中的 what 得以移至外层 [Spec, vP]，如（87）所示，则在 VP 拼读之前，它可以参与进一步的运算。

（87）a. N_2= {{Q_1, did_1}, {you_1, v_1, say_1}, {$that_1$, T_1}, {$John_0$, v_0, ate_0, $what_0$}}

　　　b. [$_{vP}$ $what_i$ [$_{v'}$ John [$_{v'}$ v [$_{VP}$ eat t_i]]]]

　　　c. 拼读：

　　　　[$_{VP}$ eat t_i] = √

同样的考虑也适用于下面（88）所示推导步骤，下一个语段在此构建。如果 TP 拼读，what 则会被困住，无法移位。然而，如果 what 移至 CP 语段的边缘，如（89）所示，它仍然可以参与运算。

（88）a. N_3={{Q_1, did_1}, {you_1, v_1, say_1}, {$that_0$, T_0}, {$John_0$, v_0, ate_0, $what_0$}}

　　　b. [$_{CP}$ that [$_{TP}$ $John_k$ T [$_{vP}$ $what_i$ [$_{v'}$ t_k [$_{v'}$ v VP$^{\vee}$]]]]]

（89）a. N_3= {{Q_1, did_1}, {you_1, v_1, say_1}, {$that_0$, T_0}, {$John_0$, v_0, ate_0, $what_0$}}

　　　b. [$_{CP}$ $what_i$ [$_{C'}$ that [$_{TP}$ $John_k$ T [$_{vP}$ t_i [$_{v'}$ t_k [$_{v'}$ v VP$^{\vee}$]]]]]]

　　　c. 拼读：

　　　　[$_{TP}$ $John_k$ T [$_{vP}$ t_i [$_{v'}$ t_k [$_{v'}$ v VP$^{\vee}$]]]] = √

在下一个 vP 语段中会发生类似的以边缘为目的地的移位，如（90）所示；最终使得 what 可以到达疑问性标句词的标志语位，如（91）所示。

（90）a. N_4= {{Q_1, did_1}, {you_0, v_0, say_0}, {$that_0$, T_0}, {$John_0$, v_0, ate_0, $what_0$}}

b. $[_{vP}$ what$_i$ $[_{v'}$ you $[_{v'}$ v $[_{VP}$ say $[_{CP}$ t$_i$ $[_{C'}$ that TP$^{\vee}$ $]$ $]$ $]$ $]$ $]$ $]$

c. 拼读：

$[_{VP}$ say $[_{CP}$ t$_i$ $[_{C'}$ that TP$^{\vee}$ $]$ $]$ $]$ $=$ $\sqrt{}$

（91）a. $N_5 = \{\{Q_0, did_0\}, \{you_0, v_0, say_0\}, \{that_0, T_0\}, \{John_0, v_0, ate_0, what_0\}\}$

b. $[_{CP}$ what$_i$ $[_{C'}$ did$_w$+ Q $[_{TP}$ you$_x$ $[_{vP}$ t$_i$ $[_{v'}$ t$_x$ $[_{v'}$ v VP$^{\vee}$ $]$ $]$ $]$ $]$ $]$ $]$

c. 拼读：

$[_{TP}$ you$_x$ $[_{vP}$ t$_i$ $[_{v'}$ t$_x$ $[_{v'}$ v VP$^{\vee}$ $]$ $]$ $]$ $]$ $=$ $\sqrt{}$

d. 拼读：

$[_{CP}$ what$_i$ $[_{C'}$ did$_w$+ Q TP$^{\vee}$ $]$ $]$ $=$ $\sqrt{}$

如上所述，尽管语段模型为考察连续循环非论元移位提供了一种新的方式，但目前为止，我们还不清楚如何在技术上实现。因此，我们这里将不再讨论技术实现的问题，并不是因为这不重要，而是因为我们甚至没有明显的标准来帮助我们从众多可能性中做出选择。唯一清楚的是，语段模型为句法运算提供了一个全新的视角，以更明晰的方式复现了语障框架的某些方面。具体来说，非论元移位必须以 vP 的边缘作为安全出口，与语障框架下以 VP 为目的地的嫁接类似。

有意思的是，逻辑式和语音式两个方面都为以边缘为目的地的这些局部移位提供了证据。以（92）中的句子为例。

（92）Which picture of himself does John expect Mary to buy?

鉴于（92）是一个 ECM 结构，可以认为内嵌分句没有 CP 层。这样一来，如果 wh-短语直接移至 [Spec, CP]，如下面的（93）所示，我们就无法解释 himself 是如何得到允准的。相反，如果句法运算必须按语段进行，则 wh-短语必须经过内嵌句和主句的外层 [Spec, vP]，如（94）所示。一旦主句 vP 中有一个 wh-短语的副本，则该副本就能用于解读目的，himself 可以由 John 适当允准。

（93）$[_{CP}$ [which picture of himself]$_i$ does John expect $[_{IP}$ Mary to buy t$_i$]]

（94）$[_{CP}$ [which picture of himself]$_i$ does John $[_{vP}$ t$_i$ $[_{v'}$ expect $[_{IP}$ Mary to $[_{vP}$ t$_i$ $[_{v'}$ buy t$_i$]]]]]]

现在，我们来看看（95）所示印度尼西亚语数据，这两个例子分别展示了该语言中的原位wh和wh-移位结构。[1]

（95）*印度尼西亚语*

    a. Bill men-gira Tom men-harap Fred men-cintai siapa?

       Bill TR-thinks Tom TR-expects Fred TR-loves   who

    b. Siapa yang Bill Ø-kira Tom Ø-harap Fred Ø-cintai?

      who FOC Bill think   Tom expect   Fred love

      Who did Bill think（that）Tom expects（that）Fred loves?

      比尔认为汤姆期望弗雷德爱谁？

在（95a）中，men- 是一个用于及物动词的前缀。此处的要点是，如果发生 wh-移位，该前缀就会被删除。暂且不论具体情况如何，我们可以将该前缀的删除理解为 wh-短语以各 *v*P 语段边缘为目的地的移位在形态上的体现。

总之，语段句法运算模型的主要动因源于论元类关系。这是因为某些句法实体构成格和一致关系的天然边界，而这些关系都具有突出的局部特性。相反，非论元关系一般为长距离关系，表面上看，这一点为语段模型带来了一个潜在的问题。然而，我们通过例子证明，尽管还有许多技术细节尚未解决，语段模型实际上有可能建立了一个通用的框架；在该框架中，我们可以有意义地解决这样一个棘手的问题，即语法中为什么存在连续循环移位。

∴

练习 10.17

我们来看看下面这个以边缘为目的地的移位的技术实现方案（相关讨论见 Chomsky 2000）。一个语段一旦形成并且运算系统检测到语段中心语的补足语中存在"非论元特征"，运算系统就会向该语段的中心语指派一个与 EPP 类似的特征，我们暂且称之为边缘特征，从而在拼读之前触发连续循环移位。请讨论这一建议是否能解释（ia）所示长距离 wh-移位句，并排除（ib）所示句子。

    （i）a. What did you say John wrote?

        b. *Mary thinks what John ate.

---

[1]（95）所示数据以及关于印度尼西亚语 wh-关系的相关讨论见 Saddy（1991）。

> **练习 10.18**
>
> 在本节中，我们提出连续循环 wh-移位是由 PIC 间接触发的。这一思路能否延伸到如（i）所示连续循环论元移位？如果能，如何实现？如果不能，为什么不能？
>
> （i） John is likely to be expected to be arrested.

> **练习 10.19**
>
> 本节中针对 wh-移位提出的语段分析方案能延伸到（i）所示原位 wh-短语吗？如果能，如何实现？如果不能，为什么不能？
>
> （i） Who gave what to whom?
>
> 你的回答能兼容（95）所示印度尼西亚语数据吗？

10.5　词汇资源的经济性

自生成语法学诞生以来，另一种经济性思路一直都是其描写手段的一部分。以（96）所示英语中的 do-支撑这个经典范式为例。

（96）a. John loves bagels.

b. *John does love bagels. [do 不重读]

c. John does not love bagels.

d. *John not loves bagels.

（96c）与（96d）之间的对比表明，否定句需要 do。原因是否定被认为会阻止屈折形态与动词之间的附着操作（实际原因是否定、动词和词缀相隔太远，无法交互作用）。在此背景下，do 被插入以"支撑"T 中的附缀性元素，从而允许推导式收敛。[①] 对于当前的目的来说，更有意思的是

---

① 自 Chomsky（1957）以来，这类解释方案一直都是生成语法中的主要分析方案（见 Lasnik with Depiante and Stepanov 2000）。较近的版本见 Bobaljik（1995b）和 Lasnik（1995a）。

（96a）与（96b）之间的对比。在（96a）中，时态元素出现在动词 loves 上。奇怪的是，（96b）不合格。后者本应是插入 do 并将时态元素放在它上面的结果，与（96c）差不多。但这种操作却是被禁止的。为什么会这样？

在标准描写方案下，do-支撑只能用于必不可少的地方。用经济性术语来说，这意味着（96a）的可接受性阻止了（96b）的推导。乔姆斯基（Chomsky 1991）借助省力原则（least effort），对这种阻止现象初步提出了一种可能的解释方案（见 1.3 和 5.2）。我们姑且认为像 do 一样的元素的使用成本很高。这可能有多个原因。乔姆斯基提出这可能是因语言而异的"救场"手段。如此一来，相比采用 do 的推导式，不使用 do 就能收敛的推导式更经济一些。当然，如果不使用 do 就不能收敛，如（96c-d）所示，则允许使用 do。

这就是关于 do-支撑的标准描述方式。有意思的是，如果语法确实 364 要遵循经济性考虑，则这种描述有一定的道理。现在我们应该问，如何将这种一般性的思路与前面各节探讨的技术方案整合起来。以（96a）和（96b）的推导为例。如果没猜错，这两个推导式采用的枚举词项集合应该分别是（97）和（98）。

（97）$N_1 = \{\{C_1, T_1\}, \{John_1, v_1, love_1, bagels_1\}\}$

（98）$N_2 = \{\{C_1, T_1, do_1\}, \{John_1, v_1, love_1, bagels_1\}\}$

但如果的确如此，我们怎么能比较（96a）和（96b）所示推导式呢？毕竟（97）和（98）所示两个枚举词项集合不相同，因此用它们构建的推导式应该不能进行比较。实际上，两个推导式都应该收敛，这与事实相反。[①]

对于（96a）和（96b）所示推导式的确会相互竞争这一直觉，最直接的办法是考察（97）里的枚举词项集合是否会产生收敛的结果；仅当其不

· · · · ·

_____

① 这个问题由 Mark Arnold 率先指出（见 Arnold 1995）。

会产生收敛的结果时，系统才能把 do 添加到运算当中。既然（97）能形成收敛的推导式，即（96a），运算系统不会触发替代方案，因此根本不用考虑（96b）。

可见 do-支撑具有最后手段的性质，这意味着 do 是一个非词汇性的语法构形元素，其使用成本较高。从一般意义上来说，运算系统在词汇资源的运用方面似乎也要遵循最优考虑因素：它将尽量使用手头上的词项，仅当迫不得已时才会考虑其他可能性。[①]

练习 10.20

意大利语等语言中的否定协调范式，如（i）所示，与 do-支撑范式相似，因为仅当某个动词前元素不为否定时，才能插入否定元素（见 Bošković 2001）。请讨论能否借助词汇资源的经济性解释（i）所示范式。

（i）*意大利语*

a. *(Non) ho   visto   nessuno.
   not   have.1.SG seen   nobody
   I haven't seen anybody.
   我没看到任何人。

b. Nessuno (*non) ha   detto   niente.
   nobody   not   have.3.SG said   nothing
   Nobody said anything.
   没人说什么。

10.6 结语

在本章中，我们回顾了在语法中引入推导式比较的部分动因。背后的思路是运算系统试图以最优方式完成任务。其实现方式是在任何给定点都

[①] 对于相关讨论，另见 Bošković（1997）的提议，即经济性可能要求部分分句实现为 IP（即 TP）而非 CP；另外，Hornstein（2001）将代名化作为一种成本较高的词汇资源。

尽量使用"最佳"(最少)的规则。我们讨论了两类比较普遍的经济性比较:运算经济性(合并优先于移位,因为后者比前者复杂)和词汇资源经济性(do 一类非词汇性元素的成本天生较高)。另外,对运算简洁性的追求促使我们讨论了语段和子阵列两个概念,这些概念是最近在最简主义框架下开展的大量句法理论研究的核心。

至此,你一定做好了挖掘原始材料,积极参与建设最简主义事业的准备。祝你好运!

术语定义表

（1） Binding Theory（约束理论）

（i）原则 A ：如果 α 为照应语，其解读应与其域中的某个成分统制它的短语同指。

（ii）原则 B ：如果 α 为代词，其解读应与其域中的每个成分统制它的短语互斥。

（iii）原则 C ：如果 α 为 R 表达式，其解读应与每个成分统制它的短语互斥。

［见第八章（61）］

（2） C-Command（成分统制）

α 成分统制 β，当且仅当：

（i）α 为 β 的姊妹节点，或

（ii）α 为 γ 的姊妹节点且 γ 支配 β。

［见第七章（13）］

（3） Equidistance（等距）

如果 α 和 β 两个位置处于同一个最小域内，则它们与其他任何位置的距离相等。

［见第五章（57）/（73）；临时性定义见第五章（22）/（51）和练习 5.7］

（4）　Extension Condition（扩展条件）

合并只能以根性句法实体为目标。

［见第九章（55）；临时性定义见第二章（89），第四章（29）；第八章（73）/（74）和第九章（7）（25）/（54）］

（5）　Extended Minimal Domain（扩展最小域）

中心语 Y^0 嫁接至中心语 X^0 上所形成的语链的最小域是 MinD（Y^0）与 MinD（X^0）之和，不包含 Y^0 的投射。

［见第五章（21）/（42）］

（6）　Inclusiveness Condition（包含条件）

逻辑式（LF）的实体 λ 只能由枚举词项集合中词项的特征构成。

［见第二章（115）］

（7）　Intermediate Projection: X'（中间投射：X'）

中间投射是既非 X^0 也非 XP 的句法实体。

［见第六章（61）］

（8）　Last Resort（最后手段）

仅当某个移位操作可以消除［−可解读］形式特征时，移位操作才能得到允准。

［见第九章（11）］

（9）　Linear Correspondence Axiom，LCA（线性对应定理）

词项 α 位于词项 β 之前，当且仅当

（i）α 非对称性成分统制 β；或

（ii）支配 α 的 XP 非对称性成分统制 β。

［见第七章（17）；临时性定义见第七章（14）］

（10）Maximal Projection: XP（最大投射：XP）

最大投射是不再投射的句法实体。

［见第六章（60）］

（11）Minimal Domain of α, Min（α）（α 的最小域）

中心语 α 的投射直接包含或直接支配的语类集合，不包括 α 本身的投射。

［见第五章（20）］

（12）Minimal Projection: X^0（最小投射：X^0）

最小投射是从枚举词项集合中选择的词项。

［见第六章（59）］

（13）Phase Impenetrability Condition，PIC（语段不透性条件）

在以 H 为中心语的语段 α 中，H 的域不能接受 α 以外的操作，只有 H 及其边缘能接受这些操作。

［见第十章（53）/（86）］

（14）Predicate-Internal Subject Hypothesis，PISH（谓词内主语假设）

带有题元角色的主语基础生成于谓词内部。

［见第三章 3.2.2 小节］

368（15）Preference Principle（优先原则）

尽量减少对算子位置的限制。

［见第八章（47）］

（16）Theta-Role Assignment Principle，TRAP（题元角色指派原则）

题元角色只能在合并操作中被指派。

［见第二章（68）/（105）］

（17）Uniformity Condition（统一性条件）

隐性部门中的操作必须与显性句法中的操作一致。

［见第二章（116）］

参考文献

Abels, K. 2003. "Successive cyclicity, anti-locality, and adposition stranding," PhD thesis, University of Connecticut, Storrs.

Abney, S.R. 1987. "The noun phrase in its sentential aspect," PhD thesis, Massachusetts Institute of Technology, Cambridge.

Abraham, W. 1995. *Deutsche Syntax im Sprachenvergleich: Grundlegung einer typologischen Syntax des Deutschen*, Tübingen: Gunter Narr.

Ackerman, F. and J. Moore. 2001. *Proto-Properties and Grammatical Encoding: A Correspondence Theory of Argument Selection*, Stanford, CA: CSLI Publications.

Ackerman, F. and G. Webelhuth. 1998. *A Theory of Predicates*, Stanford, CA: CSLI Publications.

Adger, D. 1994. "Functional heads and interpretation," PhD thesis, University of Edinburgh.

Adger, D. 2003. *Core Syntax: A Minimalist Approach*, Oxford: Oxford University Press.

Adger, D. and G. Ramchand. 2005. "Merge and move: *Wh*-dependencies revisited," *Linguistic Inquiry* **36**, 161–193.

Agbayani, B. and E. Zoerner. 2004. "Gapping, pseudogapping and sideward movement," *Studia Linguistica* **58**, 185–211.

Albizu, P. 1997. "The syntax of person agreement," PhD thesis, University of Southern California, Los Angeles.

——— 1998. "Generalized person-case constraint: A case for a syntax-driven inflectional morphology", in A. Mendikoetxea and M. Uribe-Etxebarria (eds.), *Theoretical Issues on the Morphology-Syntax Interface*, San Sebastian: Supplements of the *Anuario del Seminario Julio de Urquijo*, 1–34.

Alexiadou, A. 1997. *Adverb Placement: A Case Study in Antisymmetric Syntax*, Amsterdam: John Benjamins.

Alsina, A., J. Bresnan, and P. Sells. 1997. *Complex Predicates*, Stanford, CA: CSLI

Publications.

Anagnostopoulou, E. 2003. *The Syntax of Ditransitives: Evidence from Clitics*, Berlin: Mouton de Gruyter.

Aoun, J. 1979. "On government, case marking, and clitic placement," ms., Massachusetts Institute of Technology, Cambridge.

——— 1982. "On the logical nature of the binding principles: Quantifier lowering, double raising of *there* and the notion empty element," in J. Pustejovsky and P. Sells (eds.), *Proceedings of NELS 12*, Amherst, MA: University of Massachusetts, GLSA Publications, 16−35.

Aoun, J., E. Benmamoun, and D. Sportiche. 1994. "Agreement, word order, and conjunction in some varieties of Arabic," *Linguistic Inquiry* **25**, 195−220.

Aoun, J. and R. Clark. 1985. "On non-overt operators," *Southern California Occasional Papers in Linguistics* **10**, 17−36.

Aoun, J., N. Hornstein, D. W. Lightfoot, and A. Weinberg. 1987. "Two types of locality," *Linguistic Inquiry* **18**, 537−577.

Aoun, J. and Y.-H. A. Li. 1993. *Syntax of Scope*, Cambridge, MA: MIT Press.

Aoun, J. and J. Nunes. 1997. "Vehicle change and Move-F," paper presented at the Colloque de syntaxe et sémantique à Paris, Université de Paris 7, October 16−18, 1997. [To appear as "Vehicle change phenomena as an argument for Move-F," *Linguistic Inquiry*.]

Aoun, J. and D. Sportiche. 1983. "On the formal theory of government," *The Linguistic Review* **2**, 211−236.

Archangeli, D. and T. Langendoen (eds.). 1997. *Optimality Theory: An Overview*, Oxford: Blackwell.

Arnold, M.D. 1995. "Case, periphrastic *do*, and the loss of verb movement in English," PhD thesis, University of Maryland, College Park.

Authier, J.-M. 1988. "The syntax of unselective binding," PhD thesis, University of Southern California, Los Angeles.

——— 1991. "V-governed expletives, case theory, and the projection principle," *Linguistic Iniquiry* **22**, 721−742.

Bach, E. 1962. "The order of elements in a transformational grammar of German," *Language* **38**, 263−269.

Baker, C. L. 1978. *Introduction to Generative-Transformational Syntax*, Englewood Cliffs, NJ: Prentice-Hall.

Baker, M. C. 1988. *Incorporation: A Theory of Grammatical Function changing*,

Chicago, IL: University of Chicago Press.

1997. "Thematic roles and grammatical categories," in L. Haegeman (ed.), *Elements of Grammar: Handbook of Generative Syntax*, Dordrecht: Kluwer, 73–137.

2001. *The Atoms of Language: The Mind's Hidden Rules of Grammar*, New York, NY: Basic Books.

2003. *Lexical Categories: Verbs, Nouns, and Adjectives*, Cambridge: Cambridge University Press.

Baker, M.C., K. Johnson, and I. G. Roberts. 1989. "Passive arguments raised," *Linguistic Inquiry* **20**, 219–251.

Baltin, M. R. and C. Collins (eds.). 2001. *The Handbook of Contemporary Syntactic Theory*, Oxford: Blackwell.

Barss, A. 1986. "Chains and anaphoric dependencies," PhD thesis. Massachusetts Institute of Technology, Cambridge.

Barss, A. and H. Lasnik. 1986. "A note on anaphora and double objects," *Linguistic Inquiry* **17**, 347–354.

Bashir, E. 1987. "Agreement in Kashmiri infinitive complements," in E. Bashir, M. M. Deshpande, and P. E. Hook (eds.), *Select Papers from SALA-7*, Bloomington, IN: Indiana University Linguistics Club, 13–27.

Bastos, A. 2001. "*Fazer, eufaço!* Topicalização de constituintes verbais en português brasileiro," MA thesis, Universidade Estadual de Campinas.

Bayer, J. 1987. "The syntax of scalar predicates and so-called 'floating quantifiers'," ms., Max-Plank-Institut für Psycholinguistik, Nijmegen.

Beck, S. and K. Johnson. 2004. "Double objects again," *Linguistic Inquiry* **35**, 97–124.

Belletti, A. 1988. "The case of unaccusatives," *Linguistic Inquiry* **19**, 1–34.

1990. *Generalized Verb Movement: Aspects of Verb Syntax*, Turin: Rosenberg and Sellier.

(ed.). 2004. *Structures and Beyond: The Cartography of Syntactic Structures*, Vol. III, Oxford: Oxford University Press.

Belletti, A. and L. Rizzi. 1988. "Psych-verbs and θ-theory," *Natural Language & Linguistic Theory* **6**, 291–352.

Bergvall, V. L. 1987. "The position and properties of in situ and right-moved questions in Kikuyu," in D. Odden (ed.), *Current Approaches to African Linguistics*, Vol. IV, Dordrecht: Foris, 37–51.

Bernstein, J. 2001. "The DP hypothesis: Identifying clausal properties in the nominal domain," in Baltin and Collins (2001), 536–561.

Berwick, R. C. 1985. *The Acquisition of Syntactic Knowledge*, Cambridge, MA: MIT Press.

den Besten, H. 1977. "On the interaction of root transformations and lexical deletive verbs," ms., Massachusetts Institute of Technology, Cambridge and Universiteit van Amsterdam. [Appeared in den Besten (1989).]

1985. "The ergative hypothesis and free word order in Dutch and German," in J. Toman (ed.), *Studies in German Grammar*, Dordrecht: Foris, 23–64.

1989. "Studies in West Germanic syntax," PhD thesis, Katholieke Universiteit Brabant, Tilburg.

Bickerton, D. 1990. *Language and Species*, Chicago, IL: University of Chicago Press.

Bobaljik, J. D. 1995a. "In terms of merge: Copy and head movement," *MIT Working Papers in Linguistics* **27**, 41–64.

1995b. "Morphosyntax: The syntax of verbal inflection," PhD thesis, Massachusetts Institute of Technology, Cambridge.

2002. "A-chains at the PF-interface: Copies and 'covert' movement," *Natural Language & Linguistic Theory* **20**, 197–267.

2003. "Floating quantifiers: Handle with care," in L. L.-S, Cheng and R. Sybesma (eds.), *The Second Glot International State-of the-Art Book*, Berlin: Mouton de Gruyter, 107–148.

Bobaljik, J. D. and S. Brown. 1997. "Inter-arboreal operations: Head-movement and the extension requirement," *Linguistic Inquiry*, **28**, 345–356.

Bobaljik, J. D. and D. Jonas. 1996. "Subject positions and the roles of IP," *Linguistic Inquiry* **27**, 195–236.

Bobaljik, J. D. and H. Thráinsson. 1998. "Two heads aren't always better than one," *Syntax* **1**, 37–71.

Bobaljik, J. D. and S. Wurmbrand. 2003. "Relativizing phases," ms., McGill University, Montreal/University of Connecticut, Storrs. [To appear as "Domains of Agreement," *Natural Language & Linguistic Theory*.]

Boeckx, C. 2000. "EPP eliminated," ms., University of Connecticut, Storrs.

2002. "On labels in syntax," ms., University of Illinois, Urbana-Champaign.

2003a. *Islands and Chains*, Amsterdam: John Benjamins.

2003b. "(In)direct binding," *Syntax* **6**, 213–236.

2004. "Bare syntax," ms., Harvard University, Cambridge, MA.

Boeckx, C. and K. K. Grohmann. 2003. "Introduction," in C. Boeckx and K. K. Grohmann (eds.), *Multiple* Wh-*Fronting*, Amsterdam: John Benjamins, 1–15.

2004. "Putting phases into perspective," ms., Harvard University, Cambridge, MA, and University of Cyprus, Nicosia. [To appear in *Syntax*.]

Boeckx, C. and N. Hornstein. 2003. "Reply to 'Control is not movement'," *Linguistic Inquiry* **34**, 269–280.

2004. "Movement under control," *Linguistic Inquiry* **35**, 431–452.

Boeckx, C., N. Hornstein, and J. Nunes. 2004. "Overt copies in reflexive and control structures: A movement analysis," ms., Harvard University, Cambridge, MA, University of Maryland, College Park, and Universidade de São Paulo.

Bonet, E. 1991. "Morphology after syntax," PhD thesis, Massachusetts Institute of Technology, Cambridge.

Borer, H. 1984. *Parametric Syntax*, Dordrecht: Foris.

Bošković, Ž. 1994. "D-structure, theta criterion, and movement into theta positions," *Linguistic Analysis* **24**, 247–286.

1997. *The Syntax of Nonfinite Complementation: An Economy Approach*, Cambridge, MA: MIT Press.

1998. "LF movement and the minimalist program", in P. N. Tamanji and K. Kusumoto (eds.), *Proceedings of NELS 28*, Amherst, MA: University of Massachusetts, GLSA Publications, 43–57.

2001. *On the Nature of the Syntax-Phonology, Interface: Cliticization and Related Phenomena*. Amsterdam: Elsevier Science.

2002a. "On multiple *wh*-fronting," *Linguistic Inquiry* **33**, 351–383.

2002b. "A-movement and the EPP," *Syntax* **5**, 167–218.

2003. "On left branch extraction," in P. Kosta, J. Blaszczak, J. Frasek, L. Geist, and M. Żygis (eds.), *Investigations into Formal Slavic Linguistics: Contributions of the Fourth European Conference on Formal Description of Slavic Languages – FDSL IV*, Frankfurt am Main: Peter Lang, 543–577.

2004. "Be careful where you float your quantifiers," *Natural Language & Linguistic Theory* **22**.

Bošković, Ž. and H. Lasnik. 2005. *The Minimalist Program: Essential Readings*, Oxford: Blackwell.

Bošković, Ž. and J. Nunes. 2004. "The copy theory of movement: A view from PF," ms., University of Connecticut, Storrs and Universidade de São Paulo.

Bošković, Ž. and D. Takahashi. 1998. "Scrambling and last resort," *Linguistic Inquiry* **29**, 347–366.

Bouchard, D. 1984. *On the Content of Empty Categories*, Dordrecht: Foris.

1995. *The Semantics of Syntax*, Chicago, IL: University of Chicago Press.

Bowers, J. S. 1973. "Grammatical relations," PhD thesis, Massachusetts Institute of Technology, Cambridge. [Published 1981 as *The Theory of Grammatical Relations*, Ithaca. NY: Cornell University Press.]

Brame, M. 1982. "The head-selector theory of lexical specifications and the non-existence of coarse categories," *Linguistic Analysis* **10**, 321–325.

Bresnan, J. 1972. "On sentence stress and syntactic transformations." in M. Brame (ed.), *Contributions to Generative Phonology*, Austin, TX: University of Texas Press, 73–107.

1982. *The Mental Representation of Grammatical Relations*, Cambridge, MA: MIT Press.

Brody, M. 1995. *Lexico-Logical Form*, Cambridge, MA: MIT Press.

Browning, M. A. 1987. "Null operator constructions," PhD thesis, Massachusetts Institute of Technology, Cambridge.

Bruening, B. 2001. Syntax at the edge: Cross-clausal phenomena and the Syntax of Passamaquoddy. PhD thesis, Massachusetts Institute of Technology, Cambridge.

Burton, S. and J. Grimshaw. 1992. "Coordination and VP-internal subjects," *Linguistic Inquiry* **23**, 305–313.

Burzio, L. 1986. *Italian Syntax*, Dordrecht: Reidel.

Butler, A. and E. Mathieu. 2004. *The Syntax and Semantics of Split Constructions: A Comparative Study*, Basingstoke: Palgrave-Macmillan.

Cann, R. 1999, "Specifiers as secondary heads," in D. Adger, S. Pintzuk, B. Plunkett, and G. Tsoulas (eds.), *Specifiers: Minimalist Approaches*, Oxford: Oxford University Press, 21–45.

Cardinaletti, A. and M.-T. Guasti (eds.). 1995. *Small Clauses*, San Diego, CA: Academic Press.

Cardinaletti, A. and M. Starke. 1999. "*The typology of structural deficiency*: *A case study of the three classes of pronouns*," in van Riemsdijk (1999), 145–233.

Carnie, A. 2001, *Syntax: A Generative Introduction*, Oxford: Blackwell.

Carston, R. 1996. "The architecture of the mind: Modularity and modularization," in D. W. Green (ed.), *Cognitive Science: An Introduction*, Oxford: Blackwell, 53–83.

Castillo, J. C., J. Drury and K. K. Grohmann. 1999. "Merge over move and the extended projection principle," *University of Maryland Working Papers in Linguistics* **8**, 63–103.

Cattell, R. 1978. "On the source of interrogative adverbs," *Language* **54**, 61–77.

Chametzky, R. A, 2000. *Phrase Structure: From GB to Minimalism*, Oxford: Blackwell.

2003. "Phrase structure," in R. Hendrick (ed.), *Minimalist Syntax*, Oxford: Blackwell,

192−225.

Chang, L. 1997. "*Wh-in situ* phenomena in French," MA thesis, University of British Columbia, Vancouver.

Cheng, L. L.-S. 1991. "On the typology of *wh*-questions," PhD thesis, Massachusetts Institute of Technology, Cambridge. [Published 1997, New York, NY: Garland.]

Cheng, L. L.-S. and J. Rooryck. 2000. "Licensing *wh-in situ*," *Syntax* **3**, 1−19.

Chomsky, N. 1955. "The logical structure of linguistic theory," ms., Harvard University and Massachusetts Institute of Technology, Cambridge. [Revised 1956 manuscript published in part as *The Logical Structure of Linguistic Theory* by New York, NY: Plenum, 1975; Chicago, IL: University of Chicago Press, 1985.]

1957. *Syntactic Structures*, The Hague: Mouton.

1964. *Current Issues in Linguistic Theory*, The Hague: Mouton.

1965. *Aspects of the Theory of Syntax*, Cambridge, MA: MIT Press.

1970. "Remarks on nominalizations," in R. A. Jacobs and P. S. Rosenbaum (eds.), *Readings in English Transformational Grammar*, Waltham, MA: Ginn and Company, 184−221.

1973. "Conditions on transformations," in S. R. Anderson and P. Kiparsky (eds.), *A Festschrift for Morris Halle*, New York, NY: Holt, Rinehart, and Winston, 232−286.

1977. "On *wh*-movement," in P. W. Culicover, T. Wasow, and A. Akmajian (eds.), *Formal Syntax*, New York, NY: Academic Press, 71−132.

1981. *Lectures on Government and Binding*, Dordrecht: Foris.

1982. *Some Concepts and Consequences of the Theory of Government and Binding*, Cambridge, MA: MIT Press.

1986a. *Barriers*, Cambridge, MA: MIT Press.

1986b. *Knowledge of Language: Its Nature, Origin and Use*, New York, NY: Praeger.

1991. "Some notes on economy of derivation and representation," in R. Freidin (ed), *Principles and Parameters in Generative Grammar*, Cambridge, MA: MIT Press, 417−454. [Reprinted in Chomsky (1995), 129−166.]

1993. "A minimalist program for linguistic theory," in K. Hale and S. J. Keyser (eds.), *The View from Building 20: Essays in Linguistics in Honor of Sylvain Bromberger*, Cambridge, MA: MIT Press, 1−52. [Reprinted in Chomsky (1995), 167−217.]

1995. *The Minimalist Program*, Cambridge, MA: MIT Press.

1999. "Derivation by phase," *MIT Occasional Papers in Linguistics* **18**. [Revised version appeared as Chomsky 2001.]

2000. "Minimalist inquiries: The framework," in R. Martin, D. Michaels, and J.

Uriagereka (eds.), *Step by Step: Essays on Minimalist Syntax in Honor of Howard Lasnik*, Cambridge, MA: MIT Press, 89–155.

2001. "Derivation by phase," in M. Kenstowicz (ed.), *Ken Hale: A Life in Language*, Cambridge, MA: MIT Press, 1–52.

2004. "Beyond explanatory adequacy," in Belletti (2004), 104–131.

2005a. "Three factors in language design," *Linguistic Inquiry*, **36**, 1–22.

2005b. "On phases," ms., Massachusetts Institute of Technology, Cambridge. [To appear in C. P. Otero et al. (eds.), *Foundational Issues in Linguistic Theory*, Cambridge, MA: MIT Press.]

Chomsky, N. and H. Lasnik. 1977. "Filters and control," *Linguistic Inquiry* **8**, 425–504.

1993. "The theory of principles and parameters," in J. Jacobs, A. von Stechow, W. Sternefeld, and T. Vennemann (eds.), *Syntax: An International Handbook of Contemporary Research*, Berlin: Walter de Gruyter. 506–569. [Reprinted in Chomsky (1995), 13–127.]

Chung, S. 1998. *The Design of Agreement: Evidence from Chamorro*, Chicago, IL: University of Chicago Press.

Cinque, G. 1984. "A′-bound *pro* vs. variable," ms., Università di Venezia.

1999. *Adverbs and Functional Heads: A Cross-Linguistic Perspective*, Oxford: Oxford University Press.

(ed.). 2002. *The Structure of IP and DP: The Cartography of Syntactic Structures*, Vol. I, Oxford: Oxford University Press.

Citko. B. 2005. "On the nature of merge: external merge, internal merge, and parallel merge," *Linguistic Inquiry* **36**.

Clark, R. and I. G. Roberts. 1993. "A computational model of language learn-ability and language change," *Linguistic Inquiry* **24**, 299–345.

Collins, C. 1996. *Local Economy*, Cambridge, MA: MIT Press.

2002. "Eliminating labels." in S. D. Epstein and T. D. Seely (eds.), *Derivation and Explanation in the Minimalist Program*, Oxford: Blackwell, 42–64.

Collins, C. and H. Thráinsson. 1996. "VP-internal structure and object shift in Icelandic," *Linguistic Inquiry* **27**, 391–444.

Contreras, H. 1987. "Small clauses in Spanish and English," *Natural Language & Linguistic Theory* **5**, 225–444.

1993. "On null operator structures," *Natural Language & Linguistic Theory* **11**, 1–30.

Cook, V. J. and M. Newson. 1996. *Chomsky's Universal Grammar: An Introduction*, Oxford: Blackwell, second edition.

Corver, N. 1990. "The syntax of left branch extractions," PhD thesis, Katholieke Universiteit Brabant, Tilburg.

Crain, S. and D. Lillo-Martin. 1999. *An Introduction to Linguistic Theory and Language Acquisition*, Oxford: Blackwell.

Crain, S. and P. Pietroski. 2001. "Nature, nurture and Universal Grammar," *Linguistics and Philosophy* **24**, 139–186.

Crain, S. and R. Thornton. 1998. *Investigations in Universal Grammar: A Guide to Experiments on the Acquisition of Syntax and Semantics*, Cambridge, MA: MIT Press.

Culicover, P. W. and P. M. Postal. 2001. *Parasitic Gaps*, Cambridge, MA: MIT Press.

Culicover, P. W. and W. K. Wilkins. 1984. *Locality in Linguistic Theory*, Orlando, FL: Academic Press.

Curtiss, S. 1977. *Genie: A Psycholinguistic Study of a Modern-Day "Wild Child"*, New York, NY: Academic Press.

Davis, H. 2001. "Is there a pronominal argument parameter?" paper presented at the Workshop on the Role of Agreement in Argument Structure, Utrecht Institute of Linguistics/OTS, Universiteit Utrecht, August 31-September 1, 2001.

deGraff, M. 1999a. "Creolization, language change, and language acquisition: A prolegomenon," in de Graff (1999b), 1–46.

(ed.). 1999b. *Language Creation and Language Change: Creolization, Diachrony, and Development*, Cambridge, MA: MIT Press.

DeLancey, S. 1997. "What an innatist argument should look like," in T. Haukioja, M.-L. Helasvuo. and M. Miestamo (eds.), *SKY 1997* (*Yearbook of the Linguistic Association of Finland*), Helsinki: Linguistic Association of Finland, 7–24.

den Dikken, M. 1995a. Particles: *On the Syntax of Verb-Particle, Triadic and Causative Constructions*, Oxford: Oxford University Press.

den Dikken, M. 1995b. "Binding, expletives and levels," *Linguistic Inquiry* **26**, 347–354.

den Dikken, M. and A. Giannakidou. 2002. "From *hell* to polarity: 'Aggressively non-D-linked' *wh*-phrases as polarity items," *Linguistic Inquiry* **33**, 31–61.

den Dikken, M. and R. Sybesma. 1998. "*Take* serials light up the middle," ms. CUNY Graduate Center, New York and Universiteit Leiden.

DiSciullo, A.-M. and E. Williams. 1987. *On the Definition of Word*, Cambridge, MA: MIT Press.

Dobrovie-Sorin, C. 1990. "Clitic-doubling, *wh*-movement and quantification," *Linguistic Inquiry*, **22**, 1–27.

Dowty, D. 1991. "Thematic proto-roles, argument selection, and lexical semantic defaults," *Language* **67**, 547–619.

Dresher, B. E. 1998. "Charting the learning path: Cues to parameter setting," *Linguistic Inquiry* **29**, 27–67.

Eliseu, A. 1984. "Trabalho de síntese para provas de aptidão pedagógica e capacidade cientifica," ms., Universidade de Lisboa.

Emonds, J. E. 1976. *A Transformational Approach to English Syntax: Root, Structure-Preserving, and Local Transformations*, New York, NY: Academic Press.

1978. "The verbal complex V′-V in French," *Linguistic Inquiry* **9**, 151–175.

1985. *A Unified Theory of Syntactic Categories*, Dordrecht: Foris.

Emonds, J. E. and R. Ostler. 2005. "Double object constructions," in M. Everaert and H. van Riemsdijk (eds.), *The Blackwell Companion to Syntax*, Oxford: Blackwell.

Engdahl, E. 1983. "Parasitic gaps," *Linguistics and Philosophy* **6**, 5–34.

Epstein, S. D. 1999. "Un-principled syntax: The derivation of syntactic relations," in S. D. Epstein and N. Hornstein (eds.), *Working Minimalism*, Cambridge, MA: MIT Press, 317–345.

Epstein, S. D., E. M. Groat, R. Kawashima, and H. Kitahara. 1998. *A Derivational Approach to Syntacric Relations*, Oxford: Oxford University Press.

Epstein, S. D. and T. D. Seely. 2002. "Rule applications as cycles in a level-free syntax," in S. D. Epstein and T. D. Seely (eds.), *Derivation and Explanation in the Minimalist Program*, Oxford: Blackwell, 65–89.

2005. *Transformations and Derivations*, Cambridge: Cambridge University Press.

Ernst, T. 2001. *The Syntax of Adjuncts*, Cambridge: Cambridge University Press.

Fabb, N. 1984. "Syntactic affixation," PhD thesis, Massachusetts Institute of Technology, Cambridge.

Fanselow, G. 1992. " 'Ergative' Verben und die Struktur des deutschen Mittelfelds," in L. Hoffmann (ed.), *Deutsche. Syntax: Ansichten und Aussichten*, Berlin: de Gruyter, 276–303.

Fassi Fehri, A. 1980. "Some complement phenomena in Arabic, lexical grammar, the complementizer phrase hypothesis and the non-accessibility condition," ms, University of Rabat.

Felser, C. and L. M. Rupp. 2001. "Expletives as arguments: Germanic existential sentences revisited," *Linguistische Berichte* **187**, 289–324.

Ferreira, M. 2000. "Uma observação sobre a lugar da teoria da ligação e do critério temático dentro do programa minimalista," *DELTA* **16.1**, 139–148.

Fiengo, R. and R. May. 1994. *Indices and Identity*, Cambridge, MA: MIT Press.

Fodor, J. A. 1983. *The Modularity of Mind*, Cambridge, MA: MIT Press.

Fodor, J. D. 2001. "Setting syntactic parameters," in Baltin and Collins (2001), 730–767.

Fox, D. 1999. "Reconstruction, binding theory, and the interpretation of chains," *Linguistic Inquiry* **30**, 157–196.

Frampton, J. and S. Gutmann. 1999. "Cyclic computation, a computationally efficient minimalist syntax," *Syntax* **2**, 1–27.

Frank, R. 2002. *Phrase Structure Composition and Syntactic Dependencies*, Cambridge, MA: MIT Press.

Freidin, R. 1978. "Cyclicity and the theory of grammar," *Linguistic Inquiry* **9**, 519–549.

1986. "Fundamental issues in the theory of binding," in B. Lust (ed.), *Studies in the Acquisition of Anaphora*, Dordrecht: Reidel, 151–181.

(ed.). 1991. *Principles and Parameters in Comparative Grammar*, Cambridge, MA: MIT Press.

1992. *Foundations of Generative Syntax*, Cambridge, MA: MIT Press.

1999. "Cyclicity and minimalism," in S. D. Epstein and N. Hornstein (eds.), *Working Minimalism*, Cambridge, MA: MIT Press, 95–126.

Fukui, N. 1986. "A theory of category projection and its applications," PhD thesis, Massachusetts Institute of Technology, Cambridge.

1988. "Deriving the differences between English and Japanese: A case study in parametric syntax," *English Linguistics* **5**, 249–270.

Gärtner, H.-M. 2002. *General Red Transformations and Beyond: Reflections on Minimalist Syntax*, Berlin: Akademie Verlag.

Gazdar, G. 1981. "Unbounded dependencies and coordinate structure," *Linguistic Inquiry* **12**, 155–184.

Gazdar, G., G. Pullum, I. A. Sag, and T. Wasow. 1982. "Coordination and transformational grammar," *Linguistic Inquiry* **13**, 663–677.

Georgopoulos, C. 1991. *Syntactic Variables: Resumptive Pronouns and A'-Binding in Palauan*, Dordrecht: Kluwer.

Gibson, E. and K. Wexler. 1994. "Triggers," *Linguistic Inquiry* **25**, 407–454.

Giusti, G. 1989. "Floating quantifiers, scrambling, and configurationality," *Linguistic Inquiry* **20**, 633–641.

Golston. C. 1995. "Syntax outranks phonology: Evidence from Ancient Greek," *Phonology* **12**, 343–368.

Goodall, G. 1987. *Parallel Structures in Syntax*. Cambridge: Cambridge University

Press.

Green, L. J. 2002. *African American English: A Linguistic Introduction*, Cambridge: Cambridge University Press.

Grimshaw, J. and A. Mester. 1988. "Light verbs and theta-marking," *Linguistic Inquiry* **19**, 205–232.

Groat, E. M. 1995. "English expletives: A minimalist approach," *Linguistic Inquiry* **26**, 354–365.

Grohmann, K. K. 1998. "Syntactic inquiries into discourse restrictions on multiple interrogatives," *Groninger Arbeiten zur germanistischen Linguistik* **42**, 1–60.

2000a. "Towards a syntactic understanding of prosodically reduced pronouns," *Theoretical Linguistics* **25**, 149–184.

2000b. "Prolific peripheries: A radical view from the left," PhD thesis, University of Maryland, College Park.

2003a. "German is a multiple *wh*-fronting language!" in C. Boeckx and K. K. Grohmann (eds.), *Multiple* Wh-*Fronting*, Amsterdam: John Benjamins, 99–130.

2003b. *Prolific Domains: On the Anti-Locality of Movement Dependencies.* Amsterdam: John Benjamins.

2003c. "Successive cyclicity under (anti-)local considerations," *Syntax* **6**, 260–312.

2004. "Natural relations," ms., University of Cyprus, Nicosia.

Grohmann. K. K., J. Drury, and J. C. Castillo. 2000. "No more EPP," in R. Billerey and B. D. Lillehaugen (eds.), *WCCFL 19: Proceedings of the 19th West Coast Conference on Formal Linguistics*, Somerville, MA: Cascadilla Press, 153–66.

Grosu, A. 2003. "A unified theory of 'standard' and 'transparent' free relatives," *Natural Language & Linguistic Theory* **21**, 247–331.

Guasti, M.-T. 2002. *Language Acquisition: The Growth of Grammar*, Cambridge, MA: MIT Press.

Haegeman, L. 1994. *Introduction to Government & Binding Theory*, Oxford: Blackwell, second edition.

Haïk, I. 1985. "The syntax of operators," PhD thesis, Massachusetts Institute of Technology, Cambridge.

Hale, K. and S. J. Keyser. 1993. "On argument structure and the lexical expression of grammatical relations," in K. Hale and S. J. Keyser (eds.), *The View from Building 20: Essays in Linguistics in Honor of Sylvain Bromberger*, Cambridge, MA: MIT Press, 53–110.

2002. *Prolegomenon to a Theory of Argument Structure*, Cambridge, MA: MIT Press.

Halle, M. and A. Marantz. 1993. "Distributed morphology and the pieces of inflection," in K. Hale and S. J. Keyser (eds.), *The View from Building 20: Essays in Linguistics in Honor of Sylvain Bromberger*, Cambridge, MA: MIT Press, 111–176.

Hamblin, C. L. 1973. "Questions in Montague English," *Foundations of Language* **10**, 41–53.

Harbert, W. 1995. "Binding theory, control, and *pro*," in Webelhuth (1995b), 177–240.

Harris, Z. 1951. *Methods in Structural Linguistics*, Chicago, IL: University of Chicago Press.

Henry, A. 1995. *Belfast English and Standard English: Dialect Variation and Parameter Setting*, Oxford: Oxford University Press.

Heycock, C. 1995. "Asymmetries in reconstruction," *Linguistic Inquiry* **26**, 547–70.

Hicks, G. 2003. " 'So easy to look at, so hard to define' : *Tough* movement in the minimalist framework," MA thesis, University of York.

Higginbotham, J. 1983. "Logical form, binding, and nominals," *Linguistic Inquiry* **14**, 395–420.

1985. "On semantics," *Linguistic Inquiry* **16**, 547–593.

Higginbotham, J. and R. May. 1981. "Questions, quantifiers, and crossing," *The Linguistic Review*, **1**, 41–79.

Hiraiwa, K. 2003. "Cyclic locality" , ms., Massachusetts Institute of Technology, Cambridge.

Hirose, T. 2003. "The syntax of D-linking," *Linguistic Inquiry* **34**, 499–506.

Holm, J. 1988. *Pidgins and Creoles, Vol. 1: Theory and Structure*, Cambridge: Cambridge University Press.

2000. *An Introduction to Pidgins and Creoles*, Cambridge: Cambridge University Press.

Holmberg, A. 1986. "Word order and syntactic features in the Scandinavian languages and English," PhD thesis, Stockholms Universitet.

1999. "Remarks on Holmberg's generalization," *Studia Linguistica* **53**, 1–39.

2000. "Scandinavian stylistic fronting: how any category can become an expletive," *Linguistic Inquiry* **31**, 445–483.

2005. "Stylistic Fronting," in M. Everaert and H. van Riemsdijk (eds.), *The Blackwell Companion to Syntax*, Oxford: Blackwell.

Holmberg, A. and C. Platzack. 1995. *The Role of Inflection in Scandinavian Syntax*, Oxford: Oxford University Press.

Holmer, A. 2002. "The Iberian-Caucasian connection in a typological perspective," ms.,

Lunds Universitet.

Hornstein, N. 1995. *Logical Form: From GB to Minimalism*, Oxford: Blackwell.

1998. "Movement and chains," *Syntax* **1**, 99–127.

1999. "Movement and control," *Linguistic Inquiry* **30**, 69–96.

2000. "Existentials, A-chains, and reconstruction," in *DELTA* **16 special**, 45–79.

2001. *Move! A Minimalist Theory of Construal*, Oxford: Blackwell.

2003. "On control", in R. Hendrick (ed.), *Minimalist Syntax*, Oxford: Blackwell, 6–81.

Hornstein, N. and H. Kiguchi. 2004. "PRO gate and movement," *Proceedings of the 25th Annual Penn Linguistics Colloquium. University of Pennsylvania Working Papers in Linguistics* **8.1**, 33–46.

Hornstein, N. and D.W, Lightfoot. 1981. "Introduction," in N. Hornstein and D.W. Lightfoot (eds.), *Explanation in Linguistics: The Logical Problem of Language Acquisition*, London: Longman, 9–31 .

Hornstein, N. and J. Nunes. 2002. "On asymmetries between parasitic gap and across-the-board constructions," *Syntax* **5**, 26–54.

Hornstein, N. and A. Weinberg. 1990. "On the necessity of LF," *The Linguistic Review* **7**. 129–167.

Huang, C.-T. J. 1982. "Logical relations in Chinese and the theory of grammar," PhD thesis, Massachusetts Institute of Technology, Cambridge.

1993. "Reconstruction and the structure of VP: Some theoretical consequences," *Linguistic Inquiry* **24**, 103–138.

Inkelas, S. and D. Zec (eds.). 1990. *The Phonology-Syntax Connection*, Chicago, IL: University of Chicago Press.

1995. "Syntax-phonology interface," in J. A. Goldsmith (ed.), *The Handbook of Phonological Theory*, Oxford: Blackwell, 535–549.

Jackendoff, R. 1972. *Semantic Interpretation in Generative Grammar*, Cambridge, MA: MIT Press.

1977. *X-Bar Syntax: A Study of Phrase Structure*, Cambridge, MA: MIT Press.

1990. "On Larson's account of the double object construction," *Linguistic Inquiry* **21**, 427–454.

Jacobs, R. and P. Rosenbaum 1968. *English Transformational Grammar*, Waltham, MA: Blaisdell.

Jaeggli, O. 1982. *Topics in Romance Syntax*, Dordrecht: Foris.

1986. "Passive." *Linguistic Inquiry* **17**, 587–622.

Jaeggli, O. and K. Safir (eds.). 1989. *The Null Subject Parameter*, Dordrecht: Kluwer.

Janda, R. D. 1980. "On certain constructions of English's," in B. Caron, M. A, B. Hoffman, M. Silva, J. van Oosten, D. K. Alford, K. A. Hunold, M. Macauley, and J. Manley-Buser (eds.), *Proceedings of the Sixth Annual Meeting of the Berkeley Linguistics Society*, Berkeley, CA: BLS, 324–336.

Jenkins, 1. 2000. *Biolinguistics: Exploring the Biology of Language*, Cambridge: Cambridge University Press.

Johnson, D. E. and S. Lappin. 1997. "A critique of the minimalist program," *Linguistics and Philosophy* **20**, 273–333.

1999. *Local Constraints vs. Economy*, Stanford, CA: CSLI Publications.

Jones, C, F. 1985. "Syntax and thematics of infinitival adjuncts," PhD thesis, University of Massachusetts, Amherst.

Jónsson, J. G. 1991. "Stylistic fronting in Icelandic," *Scandinavian Working Papers in Linguistics* **48**, 1–43.

Karttunen, L. 1977. "Presuppositions of compound sentences," *Linguistic Inquiry* **4**, 169–193.

Kato, M. 1999. "Strong pronouns, weak pronominals and the null subject parameter," *Probus* **11**, 1–37.

Kato, M. 2004. "*Two* types of *wh-in-situ* in Brazilian Portuguese," paper presented at the Georgetown University Round Table: Comparative and Cross-Linguistic Research in Syntax, Semantics, and Computational Linguistics (GURT 2004), March 26–29, 2004.

Kato, M. and J. Nunes. 1998. "Two sources for relative clause formation in Brazilian Portuguese," paper presented at the Eighth Colloquium on Generative Grammar, Universidade de Lisboa, April 19–22, 1998.

Kayne, R. S. 1975. *French Syntax: The Transformational Cycle*, Cambridge, MA: MIT Press.

1976. "French relative *que*," in F. Hensey and M. Luján (eds.), *Current Studies in Romance Linguistics*, Washington, DC: Georgetown University Press, 255–299.

1981, "ECP extensions," *Linguistic Inquiry* **12**, 93–133.

1984. *Connectedness and Binary Branching*, Dordrecht: Foris.

1985. "L'accord du participe passe en francais et en italien," *Modèles Linguistiques* 7, 73–89. [English version published as "Past participle agreement in French and Italian," in Kayne (2000), 10–24.]

1989. "Facets of Romance past participle agreement," in P. Benincà (ed.), *Dialect

Variation and the Theory of Grammar, Dordrecht: Foris, 85–104. [Reprinted in Kayne (2000), 25–39.]

1991. "Romance clitics, verb movement, and PRO," *Linguistic Inquiry* **22**, 647–686. [Reprinted in Kayne (2000), 60–97.]

1994. *The Antisymmetry of Syntax*, Cambridge, MA: MIT Press.

2000. *Parameters and Universals*, Oxford: Oxford University Press.

Kiguchi, H. 2002. "Syntax unchained," PhD thesis, University of Maryland, College Park.

É. Kiss, K. 2002. *The Syntax of Hungarian*, Cambridge: Cambridge University Press.

Kitagawa, Y. 1986. "Subjects in Japanese and English," PhD thesis, University of Massachusetts, Amherst.

Kitahara, H. 1997. *Elementary Operations and Optimal Derivations*, Cambridge, MA: MIT Press.

Koizumi, M. 1993. "Object agreement phrases and the split VP hypothesis," *MIT Working Papers in Linguistics* **18**, 99–148.

Koopman, H. 1984. *The Syntax of Verbs: From Verb Movement in the Kru Languages io Universal Grammar*, Dordrecht: Foris.

Koopman, H. and D. Sportiche. 1991. "The position of subjects," *Lingua* **85**, 211–258.

Koster, J. 1975. "Dutch as an SOV language," *Linguistic Analysis* **1**, 111–136.

1978. *Locality Principles in Syntax*, Dordrecht: Foris.

Kratzer, A. 1996. "Severing the external argument from its verb," in J. Rooryck and L. Zaring (eds.), *Phrase Structure and the Lexicon*, Dordrecht: Kluwer, 109–138.

Kural, M, and G. Tsoulas. 2005. "Indices and the theory of grammar," ms., University of California, Irvine and University of York.

Kuroda, S.-Y. 1988. "Whether we agree or not: A comparative syntax of English and Japanese." *Lingvisticae Investigationes* **12**, 1–47.

Labov, W., P, Cohen, C. Robins, and J. Lewis. 1968. "A study of the non-standard English of Negro and Puerto Rican Speakers in New York City," *Cooperative Research Report 3288*, Vols. I and II, Philadelphia, PA: US Regional Survey (Linguistics Laboratory, University of Pennsylvania).

Laenzlinger, C. 1998. *Comparative Studies in Word Order Variation: Adverbs, Pronouns and Clause Structure in Romance and Germanic*, Amsterdam: John Benjamins.

Laka, L 1993. "Unergatives that assign ergative, unaccusatives that assign accusative," *MIT Working Papers in Linguistics* **18**, 149–172.

Landau, 1. 1999. "Elements of control," PhD thesis, Massachusetts Institute of

Technology, Cambridge. [Published 2001 as *Elements of Control: Structure and Meaning in Infinitival Constructions*, Dordrecht: Kluwer.]

Larson, R. K. 1988. "On the double object construction," *Linguistic Inquiry* **19**, 335–391.

1990. "Double objects revisited: Reply to Jackendoff," *Linguistic Inquiry* **21**, 589–632.

Lasnik, H. 1981. "Restricting the theory of transformations: A case study," in N, Hornstein and D.W. Lightfoot (eds.), *Explanations in Linguistics: The Logical Problem of Language Acquisition*, London: Longman, 152–173. [Reprinted in Lasnik, H. 1990. *Essays on Restrictiveness and Learnability*, Dordrecht: Kluwer, 125–145.]

1992a. "Case and expletives: Notes toward a parametric account," *Linguistic Inquiry* **23**, 381–405.

1992b. "Two notes on control and binding," in R. Larson, S. Iatridou, U. Lahiri, and J. Higginbotham (eds.), *Control and Grammar*, Dordrecht: Kluwer, 235–251.

1995a. "Verbal morphology: *Syntactic Structures* meets the minimalist program." in H. Campos and P. Kempchinsky (eds.), *Evolution and Revolution in Linguistic Theory: Essays in Honor of Carlos Otero*, Washington, DC: Georgetown University Press, 251–275. [Reprinted in Lasnik (1999), 97–119.]

1995b. "A note on pseudogapping," *MIT Working Papers in Linguistics* **27**, 143–163. [Reprinted in Lasnik (1999), 151–174.]

1995c. "Last resort and Attract F," in L. Gabriele, D. Hardison, and R. Westmoreland (eds.), *Proceedings of the Sixth Annual Meeting of the Formal Linguistics Society of Mid-America*, Bloomington, IN: Indiana University Linguistics Club, 62–81.

1995d. "Last resort," in S. Haraguchi and M. Funaki (eds.), *Minimalism and Linguistic Theory*, Tokyo: Hituzi Syobo Publishing, 1–32.

Lasnik, H. 1995e. "Case and expletives revisited," *Linguistic Inquiry* **26**, 615–633.

1998. "Some reconstruction riddles," *Proceedings of the 22nd Annual Penn Linguistics Colloquium. University of Pennsylvania Working Papers in Linguistics* **5.1**, 83–98.

1999. *Minimalist Analysis*, Oxford: Blackwell.

200la. "Derivation vs. representation in modern transformational syntax," in Baltin and Collins (2001), 197–217.

200lb. "A note on the EPP," *Linguistic Inquiry* **32**, 356–362.

Lasnik, H. with M. Depiante and A. Stepanov. 2000. *Syntactic Structures Revisited: Contemporary Lectures on Classic Transformational Theory*, Cambridge, MA: MIT Press.

Lasnik, H. and R. Fiengo. 1974. "Complement object deletion," *Linguistic Inquiry* **5**,

535−571.

Lasnik, H. and M. Saito. 1984. "On the nature of proper government," *Linguistic Inquiry* **15**, 235−289.

1991. "On the subject of infinitives," in L. K. Dobrin, L. Nichols, and R. M. Rodriguez (eds.), *Papers from the 27th Regional Meeting of the Chicago Linguistic Society 1991. Part 1: The General Session*, Chicago, IL: Chicago Linguistics Society, 324−343.

1992. *Move α: Conditions on Its Applications and Outputs*, Cambridge, MA: MIT Press.

Lasnik, H. and T. Stowell 1991. "Weakest crossover," *Linguistic Inquiry* **22**, 687−720.

Lasnik, H. and J. Uriagereka. 1988. *A Course in GB Syntax: Lectures on Binding and Empty Categories*, Cambridge, MA: MIT Press.

Lasnik, H. and J. Uriagereka with Cedric Boeckx. 2005. *A Course in Minimalist Syntax: Foundations and Prospects*, Oxford: Blackwell.

Lebeaux, D. 1983. "A distributional difference between reciprocals and reflexives," *Linguistic Inquiry* **14**, 723−730.

1988. "Language acquisition and the form of the grammar." PhD thesis, University of Massachusetts, Amherst. [Published 2000 as *Language Acquisition and the Form of the Grammar*, Amsterdam: John Benjamins.]

1991. "Relative clauses, licensing, and the nature of the derivation," in S. D. Rothstein (ed.), *Perspective on Phrase Structure: Heads and Licensing*, San Diego, CA: Academic Press, 209−239.

1995. "Where does the binding theory apply?" *University, of Maryland Working Papers in Linguistics* **3**. 63−88.

Lefebvre, C. 1991. "*Take* serial verb constructions in Fon," in C. Lefebvre (ed.), *Serial Verbs: Grammatical, Comparative and Cognitive Approaches*, Amsterdam: John Benjamins, 37−78.

Legate, J. 2003. "Some interface properties of the phase," *Linguistic Inquiry* **34**, 506−516.

Legendre, G., J. Grimshaw, and S. Vikner (eds.). 2001. *Optimality-Theoretic Syntax*, Cambridge, MA: MIT Press.

Levin, B. and M. Rappaport-Hovav 1995. *Unaccusativity: At the Syntax-Lexical Semantics Interface*, Cambridge, MA: MIT Press.

Levin, N. S. 1978. "Some identity-of-sense deletions puzzle me. Do they you?" in D. Farkas, W. M. Jacobsen, and K. W. Todrys (eds.), *Papers from the Fourteenth Regional Meeting of the Chicago Linguistic Society*, Chicago, IL: Chicago Linguistics Society,

229-240.

1979. "Main verb ellipsis in spoken English," PhD thesis, Ohio State University, Columbus. [Published 1986 as *Main Verb Ellipsis in Spoken English*, New York, NY: Garland.]

Levine, R. 1984. "A note on right node raising, *tough* constructions and reanalysis rules," *Linguistic Analysis* **13**, 159-172.

Lidz, J. 2003. "Causation and reflexivity in Kannada," in V. Dayal and A. Mahajan (eds.), *Clause Structure in South Asian Languages*, Dordrecht: Kluwer, 93-130.

Lightfoot, D. W. 1991. *How to Set Parameters: Arguments from Language Change*, Cambridge, MA: MIT Press.

1999. *The Development of Language: Acquisition, Change and Evolution*, Oxford: Blackwell.

Lin, T.-H. 2001. "Light verb syntax and the theory of phrase structure," PhD thesis, University of California, Irvine.

Lorimer, D. L. R. 1935. *The Burushaski Language, Vol. I: Introduction and Grammar*. Oslo: Instituttet for sammenlignende kulturforskning.

Lutz, U., G. Müller, and A. von Stechow (eds.). 2000. *Wh-Scope Marking*, Amsterdam: John Benjamins.

Lyon, J. 1968, *Introduction to Theoretical Linguistics*, Cambridge: Cambridge University Press.

Manzini, M. R. 1992. *Locality: A Theory and Some of Its Empirical Consequences*, Cambridge, MA: MIT Press.

Manzini, M. R. and A. Roussou. 2000. "A minimalist approach to A-movement and control," *Lingua* **110**, 409-447.

Manzini, M. R. and K. Wexler. 1987. "Parameters, binding theory, and learn-ability," *Linguistic Inquiry* **18**, 413-444.

Marácz, L. 1989. "Asymmetries in Hungarian," PhD thesis, Rijksuniversiteit Groningen.

Marantz, A. 1984. *On the Nature of Grammatical Relations*, Cambridge, MA: MIT Press.

1997. "No escape from syntax: Don't try morphological analysis in the privacy of your own lexicon," *Proceedings of the 2lst Annual Penn Linguistics Colloquium. University of Pennsylvania Working Papers in Linguistics* **4.2**, 201-225.

Martin, R. 1996. "A minimalist theory of PRO," PhD thesis, University of Connecticut. Storrs.

2001. "Null case and the distribution of PRO," *Linguistic Inquiry* **32**, 141-166,

Martin, R. and J. Uriagereka. 1999. "Lectures on dynamic syntax," lecture series given at the LSA Summer Institute, University of Illinois, Urbana-Champaign, June 21-July 30, 1999.

Mathieu, E. 2002. "The syntax of non-canonical quantification: A comparative study," PhD thesis, University College London.

Matushansky, O. 2003. "Going through a phase," ms., CNRS/Université de Paris 8.

May, R. 1985. *Logical Form., Its Structure and Derivation*, Cambridge, MA: MIT Press.

McCawley, J. 1981. "An un-syntax," in E. A, Moravcsik and J. R. Wirth (eds.), *Current Approaches to Syntax*, New York, NY: Academic Press, 167-193.

McCloskey, J. 1990. "Resumptive pronouns, A-bar binding, and levels of representation in Irish," in R. Hendrick (ed.), *The Syntax of the Modern Celtic Languages*, San Diego, CA: Academic Press, 199-256.

1997. "Subjecthood and subject positions," in L. Haegeman (ed.), *Elements of Grammar: Handbook of Generative Syntax*, Dordrecht: Kluwer, 197-235.

2001. "On the distribution of subject properties in Irish," in W. D. Davies and S. Dubinsky (eds.), *Objects and Other Subjects: Grammatical Functions, Functional Categories and Configurationality*, Dordrecht: Kluwer, 157-192.

2002. "Resumption, successive cyclicity, and the locality of operations," in S. D. Epstein and T. D. Seely (eds.), *Derivation and Explanation in the Minimalist Program*, Oxford: Blackwell, 184-226.

McDaniel, D, 1986. "Conditions on *wh*-chains," PhD thesis, CUNY Graduate Center, New York.

1989. "Partial and multiple *wh*-movement," *Natural Language & Linguistic Theory* **7**, 565-604.

Meisel, J. 1995. "Parameters in acquisition," in P. Fletcher and B. MacWhinney (eds.), *The Handbook of Child Language*, Oxford: Blackwell, 10-35.

Merchant, J. 1996. "Object scrambling and quantifier float in German," in K. Kusumoto (eds.), *Proceedings of NELS 26*, Amherst, MA: University of Massachusetts, GLSA, 179-193.

Miller, G. A. and N. Chomsky. 1963. "Finitary models of language users," in R. D. Luce, R. R. Bush, and E. Galanter (eds.), *Handbook of Mathematical Psychology*, Vol. II, New York, NY: Wiley, 419-491.

Mioto, C. 1994. "A s interrogativas no português brasileiro e o critério-*wh*," *Letras de Hoje* **96**, 19-33.

Miyamoto, T. 2000. *The Light Verb Construction in Japanese: The Role of the Verbal*

Noun, Amsterdam: John Benjamins.

Mohammad, M. 1990. "The sentence structure of Arabic," PhD thesis, University of Southern California, Los Angeles.

Moro, A. 1989. " *There/Ci* as raised predicates," ms., Massachusetts Institute of Technology, Cambridge.

Moro, A. 1997. *The Raising of Predicates*, Cambridge: Cambridge University Press.

2000. *Dynamic Antisymmetry*. Cambridge, MA: MIT Press.

Müller, G. 2003. "Optionality in optimality-theoretic syntax," in L. L.-S. Cheng and R. Sybesma (eds.), *The Second Glot International State-of-the-Art Book*, Berlin: Mouton de Gruyter, 289−321.

2004. "Verb second as *v*P-first," *The Journal of Comparative Germanic Syntax* **7**, 179−234.

Munn, A. 1993. "Topics in the syntax and semantics of coordinate structures," PhD thesis, University of Maryland, College Park.

Muysken, P. 1982. "Parametrizing the notion 'head' ," *Journal of Linguistic Research* **2**, 57−75.

Nasu, N. 2002. "Aspects of the syntax of A-movement: A study of English infinitival constructions and related phenomena," PhD thesis, University of Essex, Colchester.

Neeleman, A. 1994. "Complex predicates," PhD thesis, Universiteit Utrecht.

Neidle, C., J. Kegl, B. Bahan, D. Aarons, and D. MacLaughlin. 1997. "Rightward *wh*-movement in American Sign Language," in D. Beerman, D. LeBlanc, and H. van Riemsdijk (eds.), *Rightward Movement*, Amsterdam: John Benjamins, 247−278.

Nissenbaum. J. 2000. "Investigations of covert phrase movement," PhD thesis, Massachusetts Institute of Technology, Cambridge.

Nunes, J. 1995. "The copy theory of movement and linearization of chains in the minimalist program," PhD thesis, University of Maryland, College Park.

1998. "Bare X′-theory and structures formed by movement," *Linguistic Inquiry* **29**, 160−168.

1999. "Linearization of chains and phonetic realization of chain links," in S. D. Epstein and N. Hornstein (eds.), *Working Minimalism*, Cambridge, MA: MIT Press, 217−249.

2000. "Erasing erasure," *DELTA* **16.2**, 415−429.

2001. "Sideward movement," *Linguistic Inquiry* **31**, 303−344.

2004. *Linearization of Chains and Sideward Movement*, Cambridge, MA: MIT Press.

Nunes. J. and E. Thompson 1998. "Appendix," in Uriagereka (1998), 497−521.

Nunes, J. and J. Uriagereka. 2000. "Cyclicity and extraction domains," *Syntax*. **3**, 20−

43.

Nunes, J. and C. Zocca. 2005. "Morphological identity in ellipsis," *Leiden Papers in Linguistics* **2.2**, 29–42.

Obenauer, H.-G. 1976. *Etudes de syntaxe interrogative du Français*, Tübingen: Niemeyer.

———. 1984. "On the identification of empty categories," *The Linguistic Review* **4**, 153–202.

———. 1994. "Aspects de la syntaxe A-barre: Effets d'intervention et mouvement des quantifieurs," Thèse de doctorat d'Etat, Universite de Paris VIII.

Oishi, M. 1990. "*Concepiual problems of upward X-bar theory*," ms., Tohoku Gakuin University.

Oishi, M. 1997. "Procrastinate to feature strength," *Interdisciplinary Information Sciences* **3**, 65–70.

Oishi, M. 2003. "When linearity meets bare phrase structure," *Current Issues in Linguistics: Special Publications of the English Linguistics Society of Japan*, **2**, 18–41.

Ormazabal, J. 1995. "The syntax of complementation: On the relation between syntactic structure and selection," PhD thesis, University of Connecticut, Storrs.

Ormazabal, J. and J. Romero. 1998. "On the syntactic nature of the *me-lui* and the person-case constraint," *Anuario del Seminario Julio de Urquijo* **XXXII-2**, 415–433.

Ormazabal, J., J. Uriagereka, and M. Uribe-Etxebarria. 1994. "Word order and *wh*-movement: Towards a parametric account," paper presented at the 17th GLOW Colloquium, Vienna, April 6–8, 1994.

Ouhalla, J. 1994. "Verb movement and word order in Arabic," in D. W. Lightfoot and N. Hornstein (eds.), *Verb Movement*, Cambridge: Cambridge University Press, 73–85.

Parsons, T. 1990. *Events in the Semantics of English*, Cambridge, MA: MIT Press.

Perlmutter, D. 1971. *Deep and Surface Constraints in Generative Grammar*, New York, NY: Holt, Rinehart, and Winston.

———. 1978. "Impersonal passives and the unaccusative hypothesis," in J. Jaeger, A. C. Woodbury, and F. Ackerman (eds.), *Proceedings of the Fourth Annual Meeting of the Berkeley Linguistics Society*, Berkeley, CA: University of California, BLS, 157–189.

Perlmutter, D. and S. Soames. 1979. *Syntactic Argumentation and the Structure of English*, Berkeley, CA: University of California Press.

Pesetsky, D. 1987. "*Wh*-in situ: Movement and unselective binding," in A. G. B. ter Meulen and E. Reuland (eds.), *The Representation of (In)definiteness*, Cambridge, MA: MIT Press, 98–129.

1995. *Zero Syntax Experiencers and Cascades*, Cambridge, MA: MIT Press.

2000. *Phrasal Movement and Its Kin*, Cambridge, MA: MIT Press.

Petronio, K. and D. Lillo-Martin 1997. "*Wh*-movement and the position of Spec- CP: Evidence from American Sign Language," *Language* **73**, 18−57.

Pietroski, P. 2004. *Events and Semantic Architecture*, Oxford: Oxford University Press.

Pires, A. 2001. "The syntax of gerunds and infinitives: Subjects, case and control," PhD thesis, University of Maryland, College Park.

du Plessis, H. 1977. "*Wh*-movement in Afrikaans," *Linguistic Inquiry* **8**, 723−726.

Pollard, C. and I. A. Sag. 1994. *Head-Driven Phrase Structure Grammar*, Chicago, IL: University of Chicago Press.

Pollock, J.-Y. 1989. "Verb movement, UG and the structure of IP," *Linguistic Inquiry* **20**, 365−424.

Postal, P. M. 1966. "On the so-called 'pronouns' in English," *Monograph Series in Language and Linguistics* **19**, 177−206. [Reprinted in D. A. Reibel and S. A. Schane (eds.). 1969. *Modern Studies in English*, Englewood Cliffs, NJ: Prentice-Hall, 201−224 and in R. A. Jacobs and P. S. Rosenbaum (eds.). 1970. *Readings in Transformational Grammar*, Waltham, MA: Ginn and Company, 56−82.]

1974. *On Raising: One Rule of English Grammar and Its Theoretical Implications*, Cambridge, MA: MIT Press.

Postal, P. and J. R. Ross 1971. "Tough movement si, tough deletion no!" *Linguistic Inquiry* **2**, 544−546.

Radford, A. 1981. *Transformational Syntax: A Student's Guide io Chomsky's Extended Standard Theory*, Cambridge: Cambridge University Press.

1988. *Transformational Grammar: A First Course*, Cambridge: Cambridge University Press.

Raposo, E. 1973. "Sobre a forma *o* em Português," *Boletim de Filologia* **XXII**, 364−415.

Raposo, E. and J. Uriagereka. 1990. "Long distance case assignment," *Linguistic Inquiry* **21**, 505−537.

Reinhart, T. 1976. "The syntactic domain of anaphora," PhD thesis, Massachusetts Institute of Technology, Cambridge.

2004. *The Theta System*, Cambridge, MA: MIT Press.

Richards, M. D. 2004. "Object Shift and Scrambling in North and West Germanic: A case study in symmetrical Syntax," PhD thesis, University of Cambridge.

Richards, N. 2001. *Movement in Language: Interactions and Architectures*. Oxford:

Oxford University Press.

2002. "A distinctness condition on linearization," ms., Massachusetts Institute of Technology, Cambridge.

van Riemsdijk, H. 1978. *A Case Study in Syntactic Markedness: The Binding Nature of Prepositional Phrases*, Dordrecht: Foris.

(ed.). 1999. *Clitics in the Languages of Europe*, Berlin: Mouton de Gruyter.

van Riemsdijk, H. and E. Williams. 1981. "NP-structure," *The Linguisiic Review* l, 171−217.

1986. *Introduction to the Theory of Grammar*, Cambridge, MA: MIT Press.

Ritter, E. 1991. "Two functional categories in noun phrases: Evidence from Modern Hebrew," in S. D. Rothstein (ed.), *Perspectives on Phrase Strucrure*. San Diego. CA: Academic Press, 37−62.

Rizzi, L. 1980. "Negation, *wh*-movement and the *pro*-drop parameter," paper presented at the 3rd GLOW Colloquium, Max-Planck Institut für Psycholinguistik, Nijmegen, April 10−13, 1980. [Published as "Negation, *wh*-movement and the null-subject parameter" in Rizzi (1982), 117−184.]

1982. *Issues in Italian Syntax*, Dordrecht: Foris.

1986. "Null objects in Italian and the theory of *pro*," *Linguistic Inquiry* **17**, 501−557.

1990. *Relativized Minimality*, Cambridge, MA: MIT Press.

1997. "The fine structure of the left periphery," in L. Haegeman (ed.), *Elements of Grammar: Handbook of Generative Syntax*, Dordrecht: Kluwer, 281−337.

2001. "Relativized minimality effects", in Baltin and Collins (2001), 89−110.

(ed.). 2004. *The Structure Of CP and IP: The Cartography of Syntactic Structures*. Vol. II, Oxford: Oxford University Press.

Roberts, I. G. 1985. "Agreement parameters and the development of English modal auxiliaries," *Natural Language & Linguistic Theory* **3**, 21−58.

1993. *Verbs and Diachronic Syntax: A Comparative History of English and French*, Dordrecht: Kluwer.

1996. *Comparative Syntax*, London: Edward Arnold.

1998. "*Have/Be* raising, Move F, and procrastinate," *Linguistic Inquiry* **29**, 113−125.

2001. "Head movement," in Baltin and Collins (2001), 113−147.

Rodrigues, C. 2004. "Thematic chains," *DELTA* **20.1**, 123−147.

Rosenbaum, P. S. 1967. *The Grammar of English Predicate Complement Constructions*, Cambridge, MA: MIT Press.

1970. "A principle governing deletion in English sentential complementation," in R. A.

Jacobs and P. S. Rosenbaum (eds.), *Readings in English Transformational Grammar*, Waltham, MA: Ginn and Company, 20−29.

Ross, J. R. 1967. "Constraints on variables in syntax," PhD thesis, Massachusetts Institute of Technology, Cambridge. [Published 1986 as *Infinite Syntax!*, Norwood, NJ: Ablex.]

Rothstein, S. D. 1995. "Small clauses and copular constructions," in A. Cardinaletti and M.-T. Guasti (eds.), *Small Clauses*, San Diego, CA: Academic Press, 27−48.

Rouveret, A. 1991. "Functional categories and agreement," *The Linguistic Review* **8**, 353−387.

Rubin, E. 2002. "The structure of modifiers," ms., University of Utah, Salt Lake City. [To appear with Cambridge, MA: MIT Press.]

2003. "Determining pair-merge," *Linguistic Inquiry* **34**, 660−668.

Rudin, C. 1988a. "On multiple questions and multiple *wh*-fronting," *Natural Language & Linguistic Theory* **6**, 445−501 .

1988b. "Finiteness and opacity: Evidence from the Balkans," in M. Hammond. E. A. Moravcsik, and J. R. Wirth (eds.), *Studies in Syntactic Typology*, Amsterdam: John Benjamins, 37−51.

Runner, J. 1995. "Noun phrase licensing and interpretation," PhD thesis. University of Massachusetts, Amherst. [Published 1998 as *Noun Phrase Licensing*, New York. NY: Garland.]

2005. "The accusative plus infinitive construction in English," in M. Everaert and H. van Riemsdijk (eds.), *The Blackwell Companion to Syntax*, Oxford: Blackwell.

Sabel, J, 1996. *Restrukturierung und Lokalität: Universelle Beschränkungen für Wortstellungsvarianten*, Berlin: Akademie Verlag.

1998. "Principles and parameters of *wh*-movement," Habilitationsschrift, Johann Wolfgang Goethe-Universität Frankfurt am Main.

2000. "Expletives as features," in R. Billerey and B. D. Lillehaugen (eds.), *WCCFL 19: Proceedings of the 19th West Coast Conference on Formal Linguistics*, Somerville. MA: Cascadilla Press, 411−424.

Saddy, D. 1991. "*Wh*-scope mechanisms in Bahasa Indonesia," *MIT Working Papers in Linguistics* **15**, 183−218.

Sag, I. A., G. Gazdar, T. Wasow, and S. Weisler. 1985. "Coordination and how to distinguish categories," *Natural Language & Linguistic Theory* 3, 117−171.

Sag, I. A. and T. Wasow. 1999. *Syntactic Theory: A Formal Introduction*, Stanford, CA: CSLI Publications.

Salo, P. 2003. "Causatives and the empty lexicon: A minimalist perspective," PhD thesis, University of Helsinki.

Schachter, P. 1976. "The subject in Philippine languages: Topic, actor, actor-topic, or none of the above?," in C. N. Li (ed.), *Subject and Topic*, New York, NY: Academic Press, 493−518.

　1977. "Reference-related and role-related properties of subjects," in P. Cole and J. M. Sadock (eds.), *Grammatical Relations*, New York. NY: Academic Press, 279−306.

Schein, B. 1993. *Plurals and Events*, Cambridge, MA: MIT Press.

Selkirk, L. 1984. *Phonology and Syntax: The Relation Between Sound and Structure*, Cambridge, MA: MIT Press.

　1986. "On derived domains in sentence phonology," *Phonology Yearbook* **3**, 371−405.

Sells, P., J. Rickford. and T. Wasow. 1996. "An optimality-theoretic approach to variation in negative inversion in AAVE," *Natural Language & Linguistic Theory* **14**, 591−627.

Simpson, A. 2000. Wh-*Movement and the Theory of Feature-Checking.* Amsterdam: John Benjamins.

Smith, N. V. and I.-M. Tsimpli. 1995. *The Mind of a Savant: Language-Learning and Modularity*, Oxford: Blackwell.

Speas, M. 1986. "Adjunctions and projections in syntax," PhD thesis, Massachusetts Institute of Technology, Cambridge.

　1990. *Phrase Structure in Natural Language*, Dordrecht: Kluwer.

　1991. "Generalized transformations and the S-structure position of adjuncts," in S. D. Rothstein (ed.), *Perspective on Phrase Structure: Heads and Licensing*, San Diego, CA: Academic Press, 241−257.

Sportiche, D. 1988. "A theory of floating quantifiers and its corollaries for constituent structure," *Linguistic Inquiry* **19**, 425−449.

Starke, M. 2001. "Move dissolves into merge: A theory of locality," PhD thesis, Université de Genève.

Stowell, T. 1981. "Origins of phrase structure," PhD thesis, Massachusetts Institute of Technology, Cambridge.

　1984. "Null operators and the theory of proper government," ms., University of California, Los Angeles.

Sultan, U. 2002. "*On a few case and agreement puzzles in Standard Arabic*," ms., University of Maryland, College Park.

Svenonius, P. (ed.). 2000. *The Derivation of vo and OV*, Amsterdam: John Benjamins.

2001. "Locality, phases, and the cycle," ms., Universitetet i Tromsø.

2004. "On the edge", in D. Adger, C. de Cat, and G. Tsoulas (eds.), *Peripheries*, Dordrecht: Kluwer, 259−287.

Szabolcsi, A. 1983. "The possessor that ran away from home," *The Linguistic Review* **3**, 89−102.

Takahashi, D. 1994. "Minimality of movement," PhD thesis, University of Connecticut, Storrs.

Taraldsen, K. T. 1981. "On the theoretical interpretation of a class of 'marked' extractions," in A. Belletti, L. Brandi, and L. Rizzi (eds.), *The Theory of Markedness in Generative Grammar*, Pisa: Scuola Normale Superiore, 475−516.

Thiersch, C. 1978. "Topics in German syntax," PhD thesis, Massachusetts Institute of Technology, Cambridge.

Trask, R. L. 1993. *A Dictionary of Grammatical Terms in Linguistics*, London: Routledge.

Travis, L. deMena. 1984. "Parameters and effects of word order variation," PhD thesis, Massachusetts Institute of Technology, Cambridge.

Truckenbrodt, H. 1995. "Phonological phrases: Their relation to syntax, focus, and prominence," PhD thesis, Massachusetts Institute of Technology, Cambridge.

1999. "On the relation between syntactic phrases and phonological phrases," *Linguistic Inquiry* **30**, 219−255.

Tuller, L. A. 1992. "Postverbal focus constructions in Chadic," *Natural Language & Linguistic Theory* **10**, 303−334.

Ura, H. 1994. "Varieties of raising and the feature-based theory of movement," *MIT Occasional Papers in Linguistics* **7**.

Uriagereka, J. 1988. "On government," PhD thesis, University of Connecticut. Storrs.

1997. "Multiple spell-out," *Groninger Arbeiten zur germanistischen Linguistik* **40**, 109−135.

1998. *Rhyme and Reason: An Introduction to Minimalist Syntax*, Cambridge, MA: MIT Press.

1999a. "Comments on 'Minimalist inquiries: The framework'," ms., University of Maryland, College Park.

1999b. "Review of Chomsky (1995)," *Lingua* **107**, 267−273.

1999c. "Multiple spell-out," in S. D. Epstein and N. Hornstein (eds.), *Working Minimalism*, Cambridge, MA: MIT Press, 251−282.

1999d. "Minimal restrictions on Basque movement," *Natural Language & Linguistic*

Theory **17**. 403−444.

2000a. "Warps; Some thoughts on categorization," *Theoretical Linguistics* **25**, 31−73.

2000b. "Comments on 'Derivation by Phase'," ms., University of Maryland, College Park.

2001. "Pure adjuncts," ms., University of Maryland, College Park.

2002. *Derivations*, London: Routledge.

Uribe-Etxebarria, M. 1989. "Some notes on the structure of IP in Basque," ms., University of Connecticut, Storrs.

van Valin, R. 1986. "An empty category as the subject of tensed S in English," *Linguistic Inquiry* **17**, 581−586.

Vergnaud, J.-R. 1982. "Dépendances et niveaux de représentations en syntaxe," Thèse de doctorat d'Etat, Université Paris VII.

Vikner, S. 1995. *Verb Movement and Expletive Subjects in the Germanic Languages*, Oxford: Oxford University Press.

Webelhuth, G. 1995a. "X-bar theory and case theory," in Webelhuth (1995b), 15−95.

(ed.). 1995b. *Government and Binding Theory and the Minimalist Program*, Oxford: Blackwell.

Wilder, C. and H.-M. Gärtner. 1997. Introduction. In Wilder, Gärtner, and Bierwisch (1997), 1−35.

Wilder, C., H.-M. Gärtner, and M. Bierwisch (eds.). 1997. *The Role of Economy Principles in Linguistic Theory*, Berlin: Akademie Verlag.

Williams, E. 1977. "Discourse and logical form," *Linguistic Inquiry* **8**, 101−139.

1978. "Across-the-board rule application," *Linguistic Inquiry* **9**, 31−43.

1981. "Argument structure and morphology," *The Linguistic Review*, **1**, 81−114.

1983. "Syntactic vs. semantic categories," *Linguistics and Philosophy* **6**, 423−446.

1994. *Thematic Structure in Syntax*, Cambridge, MA: MIT Press.

1995. "Theta theory," in Webelhuth (1995b), 97−124.

2003. *Representation Theory*, Cambridge, MA: MIT Press.

vanden Wyngaerd, G. 1994. *PRO-Legomena: Distribution and Reference of Infinitival Subjects*, Berlin: Mouton de Gruyter.

Zagona, K. 1982. "Government and proper government of verbal projections," PhD thesis, University of Washington, Seattle.

Zocca, C. 2003. "O que não está lá? Um estudo sobre morfologia flexional em elipses," MA thesis, Universidade Estadual de Campinas.

Zwart, C. J.-W. 1992. "Dutch expletives and small clause predicate raising," in

K. Broderick (eds.), *Proceedings of NELS 22*, Amherst, MA: University of Massachusetts, GLSA Publications, 477–491,

1993. "Dutch syntax: A minimalist approach," PhD thesis, Rijksuniversiteit Groningen.

1997. *Morphosyntax of Verb Movement: A Minimalist Approach to the Syntax of Dutch*, Dordrecht: Kluwer.

语言索引

索引所标页码为英文版页码，即本汉译版的边码。

人名索引

主题索引

语言学及应用语言学名著译丛书目

图书在版编目(CIP)数据

理解最简主义/(美)诺伯特·霍恩斯坦,(巴)杰罗·努内斯,(德)克莱安西斯·K.格罗曼著;杨大然,熊建国译.—北京:商务印书馆,2022(2023.8 重印)
(语言学及应用语言学名著译丛)
ISBN 978 - 7 - 100 - 20845 - 1

Ⅰ.①理… Ⅱ.①诺… ②杰… ③克… ④杨… ⑤熊…
Ⅲ.①句法—研究 Ⅳ.①H043

中国版本图书馆 CIP 数据核字(2022)第 038773 号

语言学及应用语言学名著译丛
理解最简主义

〔美〕诺伯特·霍恩斯坦
〔巴西〕杰罗·努内斯   著
〔德〕克莱安西斯·K.格罗曼

杨大然 熊建国 译

商 务 印 书 馆 出 版
(北京王府井大街36号 邮政编码100710)
商 务 印 书 馆 发 行
北京市白帆印务有限公司印刷
ISBN 978 - 7 - 100 - 20845 - 1

2022 年 10 月第 1 版　　　　开本 880×1230 1/32
2023 年 8 月北京第 2 次印刷　　印张 15¼
定价:95.00 元